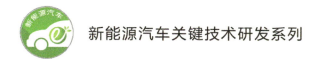

新能源汽车关键技术研发系列

动力电池
管理系统核心算法

第2版

熊瑞 著

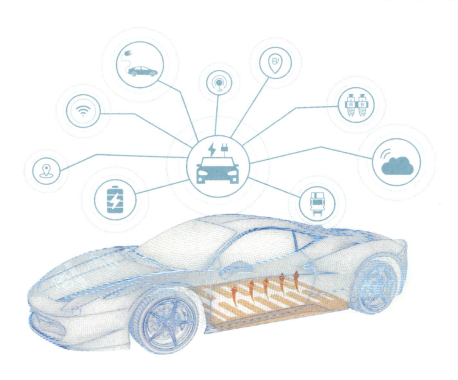

本书结合作者多年来的研究实践，阐述了电动汽车动力电池管理系统的特点及其核心算法开发的关键技术问题，详细介绍了动力电池测试、建模、状态估计、剩余寿命预测、故障诊断、低温加热、优化充电、算法开发、评估与测试以及新一代动力电池管理系统，并配有详细的算法实践步骤和开发流程，专注于分析当代新能源领域及动力电池发展存在的"卡脖子"问题，从技术先进性和共性基础理论两方面帮助读者掌握新能源汽车动力电池管理系统的核心算法。

本书可作为高等院校车辆工程相关专业（特别是新能源汽车专业）高年级和研究生的专业课教科书，也可作为电化学储能、电气化交通等相关领域技术人员的参考书。

图书在版编目（CIP）数据

动力电池管理系统核心算法 / 熊瑞著. —2 版. —北京：机械工业出版社，2021.8（2024.1重印）
（新能源汽车关键技术研发系列）
ISBN 978-7-111-69331-4

Ⅰ.①动… Ⅱ.①熊… Ⅲ.①电动汽车–蓄电池–管理–算法
Ⅳ.① U469.720.3

中国版本图书馆 CIP 数据核字（2021）第 204170 号

机械工业出版社（北京市百万庄大街22号　邮政编码100037）
策划编辑：何士娟　　　责任编辑：何士娟
责任校对：张晓蓉　　　封面设计：张　静
责任印制：常天培
北京机工印刷厂有限公司印刷
2024年1月第2版第3次印刷
169mm×239mm ・ 23 印张 ・ 436 千字
标准书号：ISBN 978-7-111-69331-4
定价：149.90 元

电话服务　　　　　　　　网络服务
客服电话：010-88361066　　机　工　官　网：www.cmpbook.com
　　　　　010-88379833　　机　工　官　博：weibo.com/cmp1952
　　　　　010-68326294　　金　　　书　　　网：www.golden-book.com
封底无防伪标均为盗版　　　机工教育服务网：www.cmpedu.com

丛书序

在新能源汽车成为战略新兴产业之一等国家战略的背景下，以纯电动汽车和燃料电池汽车、插电式混合动力汽车为代表的新能源汽车，作为能源网络中用能、储能和回馈能源的终端，成为我国乃至经济新体系中的重要组成部分。我国经过4个五年计划的科技攻关，基本掌握了新能源汽车的整车技术和关键零部件技术，实现了跨越式发展，并逐步实现了产业化。

但是，在世界这个完全开放的市场中，中国新能源汽车核心关键技术尚未彻底突破，技术竞争压力越来越大，加快新能源汽车持续创新、推进中国汽车产业技术转型升级，是中国科技发展的重大战略需求。中国的新能源汽车技术还需要不断创新，快速发展。

本套丛书将聚焦于新能源汽车整车、零部件关键技术，以及与新能源汽车配套的科技体系和产业链，邀请行业内各领域一直从事研究和试验工作的产品第一线技术人员编写，内容系统、科学，极具实用性，希望能够为我国新能源汽车的持续发展提供技术支撑和智力支持。

第 2 版前言

发展节能与新能源汽车是我国推动绿色发展、实施可再生能源革命、实现"碳达峰"和"碳中和"目标的重要举措。高品质的动力电池管理是电池储能系统、新能源汽车高效安全以及可靠运行的核心技术。本书第 1 版结合了作者十多年来的研究实践，全面系统地介绍了新能源汽车动力电池系统核心算法开发的技术细节，内容包括动力电池管理系统概述、动力电池测试、动力电池建模理论、动力电池状态估计、动力电池寿命预测、低温加热与优化充电、动力电池管理算法开发流程与测试评价等，从技术先进性和共性基础理论两方面帮助读者掌握新能源汽车动力电池管理系统的核心算法，得到了广大读者的认可。

近年来，在国家政策、科技专项、绿色冬奥与科技冬奥以及新能源汽车产销量快速上升等多方面的推动下，新能源汽车动力电池系统的应用领域和技术创新需求发生了深刻的变化，为了适应这种变化的需要，对本书第 2 版内容做了较大调整：

1. 增加了面向冬奥低温环境的动力电池系统环境适应性的应用需求概述以及固态锂电池、电容电池等内容。

2. 完善了动力电池测试设备与测试流程介绍，并补充了相关动力电池测试数据。

3. 完善了动力电池单体和系统状态估计，增加了动力电池组均衡管理、基于差异的动力电池组状态估计内容。

4. 为确保新能源汽车的安全可靠运行，针对动力电池系统的故障诊断必不可少，因此增加第 7 章动力电池故障诊断。

5. 动力电池低温加热和优化充电不仅技术创新需求发展快，而且内容越来越丰富、越来越具有独自形成知识体系的特征，因此本书将两者单独成章，分别为第 8 章动力电池低温加热和第 9 章动力电池优化充电。

6. 在第 10 章算法开发、评估与测试中，增加了系统设计与仿真辅助软件的内容。

7. 为适应动力电池管理技术与新兴技术融合的需求，增加了车 - 云协同架构、先进传感器技术、精细化热管理技术、电池主动管理技术、全寿命周期管理等内容，介绍了区块链技术和数字孪生技术应用于动力电池管理的发展趋势。

在本书第 2 版的编写过程中坚持从实际出发，本着尽力为读者呈现前沿领域技术知识的原则，适当简化了在用但即将淘汰的内容，及时跟进动力电池管理领域的最新发展，力求让读者能系统而全面地掌握动力电池系统管理核心算法开发的全貌和细节，同时使之了解新一代动力电池管理系统的发展趋势与研究方向。

在本书第 1 版的基础上，本书第 2 版凝练了我的导师孙逢春院士领衔的北京理工大学电动车辆国家工程实验室团队和先进储能科学与应用课题组的最新研究进展。在这里，衷心感谢杨瑞鑫博士以及博士生卢家欢、段砚州、李幸港、蒋帅、孙越、李正阳，硕士生王晨旭、黄锦涛、孙万洲、王雯雯、陈翰林、王存斌等对本书所做的校对等工作。

本书可作为高等院校储能科学与工程、电气工程、车辆工程及相关专业的教材，也可供新能源汽车及储能系统管理与运维等领域的工程技术人员使用和参考。由于书中有些研究工作还在不断探索之中，有些理论与技术还在不断完善，书中难免会有疏漏和谬误，敬请业内专家、同行及读者批评指正。

熊瑞

电动车辆国家工程研究中心

第1版前言

发展节能与新能源汽车是国际共识，也是我国的战略性新兴产业和《中国制造 2025》确立的重点发展方向。据中国汽车工业协会统计，我国新能源汽车 2017 年全年产销量分别达到 79.4 万辆和 77.7 万辆，连续三年位居全球第一，目前总量已突破 180 万辆。显然，新能源汽车产业迎来了前所未有的重大发展机遇，与此同时带动了动力电池产业的迅猛发展。

动力电池系统是新能源汽车的技术瓶颈，而动力电池管理技术是保障整车高效、安全以及动力电池长寿命运行的关键所在，也是各国竞相占领的技术制高点。动力电池具有可测参数量有限且特性耦合、即用即衰、强时变、强环境温度依赖和强非线性等特征。因此，高精度、强鲁棒性的动力电池状态量估计成为动力电池主动管理的根本途径。提高动力电池系统动态建模精度、突破多状态协同估计的技术瓶颈、加强剩余寿命预测与耐久性管理、保障预期使用寿命的达成，成为动力电池系统管理的重要内容，是保障新能源汽车市场活力和健康可持续发展的关键，也是树立新能源汽车市场信心的基本要求。

本书结合作者十多年来的研究实践，详细叙述了新能源汽车动力电池管理系统核心算法开发的技术细节。第 1 章剖析了国家"十三五"新能源汽车发展规划以及对动力电池管理系统的技术指标，系统地阐述了动力电池系统及管理的设计与实现要点。第 2 章阐述了动力电池测试平台搭建、实验设计与特性分析，系统分析了动力电池在不同老化、温度和充放电倍率等因素下的工作特性，为动力电池管理系统核心算法开发提供了方向性指引。第 3~7 章系统深入地论述了动力电池系统建模、荷电状态与健康状态协同估计、峰值功率预测、剩余寿命预测、低温快速加热与优化充电等动力电池管理系统核心算法的基础理论、算法构建与实施细节。最后，从核心算法的软硬件在环仿真验证、台架测试和实车验证等角度论述了动力电池管理系统算法的"V"开发流程。本书力求做到文字准确、精练，插图清晰，内容系统、详实、先进，力求站在前沿领域帮助读者掌握新能源汽车动力电池管理系统的核心算法。

本专著是在我的研究生导师孙逢春院士和何洪文教授的亲自指导下完成的，是电动车辆国家工程实验室在新能源汽车动力电池及其管理领域研究开发工作的结晶，也是十多年研究成果的集中体现。参加本书资料整理和提供帮助的有博士后穆浩、马泽宇，博士生陈铖、陈欢、郭姗姗、卢家欢、田金鹏、王春、王榘、杨瑞鑫、于全庆、张永志，硕士生曹家怡、段砚州、方煜、龚浩然、李幸港、李琳琳、李治润、吕亮、宋旬、王侃等。

经过多年酝酿和努力，我们力图将该领域国内外最新的研究进展以及实验室在动力电池系统管理方面的研究成果与心得体会奉献给同仁和读者，助力我国在该领域的创新与进步，推动行业技术发展。虽经多次修改，但仍难如人意，主要是有些工作仍然没有结束，有些理论与技术还在探讨，谬误自然也难以避免，望读者体谅。欢迎读者提出批评与斧正意见，共同推动我国动力电池管理系统的研究与开发工作快速向前发展。

熊瑞
2018 年夏于电动车辆国家工程实验室

目　录

丛书序
第 2 版前言
第 1 版前言

第 1 章　动力电池及其管理概述 ········· 1
1.1　我国新能源汽车的发展规划 ········· 1
1.2　动力电池系统的应用要求 ········· 4
　　1.2.1　纯电动汽车 ········· 5
　　1.2.2　混合动力汽车 ········· 6
　　1.2.3　插电式混合动力汽车 ········· 7
　　1.2.4　相关研发指标 ········· 7
　　1.2.5　全气候动力电池系统应用要求 ········· 8
1.3　动力电池 ········· 8
　　1.3.1　动力电池的发展背景 ········· 9
　　1.3.2　锂离子动力电池的原理与分类 ········· 10
　　1.3.3　磷酸铁锂锂离子动力电池 ········· 12
　　1.3.4　三元锂离子动力电池 ········· 14
　　1.3.5　其他类型的动力电池 ········· 16
1.4　动力电池管理系统 ········· 19
　　1.4.1　BMS 的基本功能 ········· 19
　　1.4.2　BMS 的拓扑结构 ········· 21
　　1.4.3　BMS 的开发流程 ········· 24
1.5　本章小结 ········· 25

第 2 章　动力电池测试 ········· 26
2.1　动力电池测试平台 ········· 26

目 录

    2.1.1 充放电性能测试设备 ································· 26
    2.1.2 交流充放电设备 ····································· 27
    2.1.3 阻抗特性测试设备 ··································· 30
    2.1.4 环境模拟设备 ······································· 31
    2.1.5 加速绝热量热仪 ····································· 32
    2.1.6 电触发加热测试平台 ································· 33
    2.1.7 惰性气体手套箱 ····································· 34
2.2 动力电池测试流程 ··· 35
    2.2.1 国内外测试标准介绍 ································· 35
    2.2.2 BMS 算法开发与实验设计 ····························· 35
    2.2.3 动力电池常规电性能测试 ····························· 36
    2.2.4 交流阻抗测试 ······································· 42
    2.2.5 剩余寿命测试 ······································· 44
2.3 动力电池测试数据 ··· 47
2.4 动力电池实验特性分析 ····································· 48
    2.4.1 动力电池的温度特性 ································· 48
    2.4.2 动力电池的性能衰退特性 ····························· 51
    2.4.3 动力电池的寿命特性 ································· 53
2.5 本章小结 ··· 58

第 3 章 动力电池建模理论 ·· 59
3.1 电化学模型 ··· 59
    3.1.1 模型介绍 ··· 59
    3.1.2 模型构建 ··· 60
    3.1.3 参数辨识 ··· 74
    3.1.4 算例分析 ··· 74
3.2 等效电路模型 ··· 77
    3.2.1 模型介绍 ··· 77
    3.2.2 模型构建 ··· 79
    3.2.3 参数辨识 ··· 81
    3.2.4 算例分析 ··· 84
3.3 分数阶模型 ··· 89
    3.3.1 模型介绍 ··· 89
    3.3.2 模型构建 ··· 91

动力电池
管理系统核心算法 第2版

　　3.3.3　参数辨识 ･･ 92
　　3.3.4　算例分析 ･･ 93
　3.4　多模型融合 ･･ 95
　　3.4.1　模型融合 ･･ 95
　　3.4.2　神经网络融合方法 ･･････････････････････････････････ 96
　　3.4.3　算例分析 ･･ 99
　3.5　本章小结 ･･･ 102

第4章　动力电池状态估计 ･･････････････････････････････････ 104
　4.1　动力电池SOC估计 ････････････････････････････････････ 104
　　4.1.1　SOC估计方法分类 ･････････････････････････････････ 104
　　4.1.2　基于模型的SOC估计方法 ･･････････････････････････ 108
　　4.1.3　基于EKF算法的SOC估计方法 ･････････････････････ 112
　　4.1.4　基于AEKF算法的SOC估计方法 ･･･････････････････ 115
　　4.1.5　基于HIF算法的SOC估计方法 ･････････････････････ 120
　　4.1.6　基于集员估计算法的SOC估计方法 ･････････････････ 122
　4.2　动力电池SOH估计 ････････････････････････････････････ 126
　　4.2.1　SOH估计方法分类 ･････････････････････････････････ 126
　　4.2.2　基于SOC估计值的可用容量估计方法 ････････････････ 131
　　4.2.3　基于响应面的可用容量估计方法 ･････････････････････ 137
　　4.2.4　基于ICA/DVA的SOH估计方法 ･････････････････････ 141
　4.3　动力电池SOC-SOH协同估计 ･･･････････････････････････ 146
　　4.3.1　问题描述 ･･･ 146
　　4.3.2　基于MAEKF的协同估计方法 ･･･････････････････････ 147
　　4.3.3　基于MHIF的协同估计方法 ･････････････････････････ 157
　4.4　动力电池SOP预测 ････････････････････････････････････ 161
　　4.4.1　持续SOP预测方法 ･････････････････････････････････ 161
　　4.4.2　典型瞬时SOP预测方法 ･････････････････････････････ 164
　　4.4.3　动力电池SOC与SOP联合估计方法 ･････････････････ 172
　　4.4.4　SOP评价方法介绍 ･･････････････････････････････････ 179
　4.5　本章小结 ･･･ 181

第5章　动力电池系统管理 ･･････････････････････････････････ 182
　5.1　动力电池系统成组分析 ･････････････････････････････････ 182

5.1.1	动力电池组的"扫帚"现象	182
5.1.2	串联与并联动力电池组	183
5.1.3	典型混联动力电池组性能分析	185

5.2 动力电池组均衡管理 ... 190
    5.2.1 动力电池被动均衡拓扑 ... 190
    5.2.2 动力电池主动均衡拓扑 ... 191
    5.2.3 动力电池均衡策略 ... 199

5.3 动力电池组建模与状态估计 ... 201
    5.3.1 电池组的不一致性分析 ... 201
    5.3.2 动力电池筛选方法 ... 202
    5.3.3 动力电池组系统建模 ... 208
    5.3.4 基于特征电池单体的动力电池组状态估计 ... 212
    5.3.5 基于差异的动力电池组状态估计 ... 214

5.4 本章小结 ... 216

第 6 章 动力电池剩余寿命预测 ... 217

6.1 剩余寿命预测的概述 ... 217
    6.1.1 问题描述 ... 217
    6.1.2 方法分类 ... 218
    6.1.3 概率分布 ... 224

6.2 基于 Box-Cox 变换的剩余寿命预测 ... 225
    6.2.1 Box-Cox 变换技术 ... 225
    6.2.2 应用流程 ... 226
    6.2.3 算例分析 ... 228

6.3 基于长短时记忆循环神经网络的剩余寿命预测 ... 232
    6.3.1 长短时记忆循环神经网络 ... 233
    6.3.2 应用流程 ... 234
    6.3.3 算例分析 ... 237

6.4 本章小结 ... 240

第 7 章 动力电池故障诊断 ... 241

7.1 动力电池系统故障类型 ... 241
    7.1.1 动力电池及部件故障 ... 242
    7.1.2 传感器故障 ... 245

7.1.3　执行器故障 …………………………………………………… 246
7.2　故障诊断方法分类 …………………………………………………… 246
　　7.2.1　基于电池模型的方法 …………………………………………… 247
　　7.2.2　基于信号分析的方法 …………………………………………… 248
　　7.2.3　基于数据驱动的方法 …………………………………………… 248
　　7.2.4　基于统计分析的方法 …………………………………………… 249
　　7.2.5　其他方法 ………………………………………………………… 249
7.3　动力电池系统传感器故障诊断及故障容错 ………………………… 249
　　7.3.1　基于电池模型的故障检测、隔离和辨识方法 ………………… 250
　　7.3.2　传感器故障容错控制及多状态估计校正 ……………………… 256
　　7.3.3　算例分析 ………………………………………………………… 257
7.4　本章小结 ……………………………………………………………… 264

第 8 章　动力电池低温加热 …………………………………………… 265
8.1　动力电池低温加热方法分类 ………………………………………… 265
　　8.1.1　外部加热法 ……………………………………………………… 266
　　8.1.2　内部加热法 ……………………………………………………… 270
8.2　交流加热方法 ………………………………………………………… 273
　　8.2.1　锂离子动力电池生热机理 ……………………………………… 273
　　8.2.2　交流加热机理 …………………………………………………… 273
　　8.2.3　自适应梯度加热方法 …………………………………………… 277
　　8.2.4　自适应梯度加热实例 …………………………………………… 281
8.3　复合加热方法 ………………………………………………………… 283
　　8.3.1　复合加热原理 …………………………………………………… 284
　　8.3.2　复合加热实验流程 ……………………………………………… 285
　　8.3.3　复合加热实例 …………………………………………………… 286
8.4　本章小结 ……………………………………………………………… 288

第 9 章　动力电池优化充电 …………………………………………… 289
9.1　恒流和恒压充电方法 ………………………………………………… 289
　　9.1.1　恒流充电 ………………………………………………………… 289
　　9.1.2　恒压充电 ………………………………………………………… 290
　　9.1.3　恒流恒压充电 …………………………………………………… 290
　　9.1.4　多阶恒流充电 …………………………………………………… 294

9.1.5 脉冲充电 ………………………………………………………… 294
9.2 交流充电方法 …………………………………………………………… 298
9.3 基于模型的优化充电方法 ……………………………………………… 300
 9.3.1 基于等效电路模型的方法 ……………………………………… 300
 9.3.2 基于电化学模型的方法 ………………………………………… 301
 9.3.3 应用算例 ………………………………………………………… 302
9.4 快速充电方法 …………………………………………………………… 307
9.5 本章小结 ………………………………………………………………… 310

第10章 算法开发、评估与测试 …………………………………………… 311
10.1 算法开发流程 ………………………………………………………… 311
 10.1.1 算法开发的一般流程 ………………………………………… 311
 10.1.2 基于模型的"V"开发流程 …………………………………… 312
10.2 系统设计与仿真辅助软件 …………………………………………… 315
 10.2.1 软件总体框架 ………………………………………………… 315
 10.2.2 软件功能 ……………………………………………………… 315
 10.2.3 算例分析 ……………………………………………………… 318
10.3 快速原型仿真测试 …………………………………………………… 320
 10.3.1 系统构成 ……………………………………………………… 320
 10.3.2 算法集成 ……………………………………………………… 322
 10.3.3 算例分析 ……………………………………………………… 324
10.4 硬件在环算法测试 …………………………………………………… 327
 10.4.1 系统构成 ……………………………………………………… 328
 10.4.2 算法集成 ……………………………………………………… 329
 10.4.3 测试评价 ……………………………………………………… 332
10.5 实车实验验证 ………………………………………………………… 335
 10.5.1 转鼓实验台测试 ……………………………………………… 335
 10.5.2 实际道路测试 ………………………………………………… 335
10.6 本章小结 ……………………………………………………………… 337

第11章 新一代动力电池管理系统展望 …………………………………… 338
11.1 新一代动力电池管理系统概述 ……………………………………… 338
11.2 车-云协同架构 ………………………………………………………… 339
11.3 新一代动力电池管理系统核心技术 ………………………………… 341

11.3.1 先进传感器技术 …… 341
11.3.2 动力电池系统精细化热管理技术 …… 343
11.3.3 电池主动管理技术 …… 344
11.3.4 全寿命周期管理技术 …… 345
11.3.5 区块链技术 …… 346
11.3.6 数字孪生技术 …… 347
11.4 本章小结 …… 349

参考文献 …… 350

第 1 章

动力电池及其管理概述

发展以新能源汽车为代表的新能源运载装备，是我国应对气候变化、推动绿色发展、实现"碳达峰"和"碳中和"目标的战略举措。动力电池系统是新能源汽车的技术瓶颈，其中动力电池管理技术是保障整车高效、安全和长寿命运行的关键，也是各国竞相占领的技术制高点。2020年，国务院办公厅印发的《新能源汽车产业发展规划（2021—2035年）》中明确提出，到2025年，纯电动乘用车新车平均电耗降至12.0kW·h/100km，新能源汽车新车销量达到汽车新车销量的20%左右。截至2020年底，我国新能源汽车保有量达492万辆，占全球新能源汽车保有量的50%以上，自2020年4月以来，汽车产销已连续9个月呈现增长。据中国汽车工业协会统计，截至2021年6月底，全国新能源汽车保有量达603万辆，占汽车总量的2.1%。上半年新注册登记新能源汽车110.3万辆，与去年同期相比增长77.4万辆，增长234.9%。

动力电池作为燃油的替代品，循环寿命较短、充电慢、低温放电能力差、衰减程度难以预测，导致用户对续驶里程产生焦虑，在冬季应用场景中表现更为明显。在电动汽车上成组使用时，由于电池单体制造和使用环境差异等原因，电池单体衰减速率和路径不同，电池单体间不一致性格外明显，动力电池组系统精确状态估计难度大。当部分电池的健康状况急剧恶化时，整个系统的性能会受到影响，并加剧寿命衰减，甚至引发安全问题。因此，加强动力电池电能量管理、提升环境适应性能、准确预测剩余寿命、提高耐久性、延缓性能衰退、保障预期使用寿命的达成，成为动力电池系统管理的重要内容，是保障新能源汽车市场活力和健康可持续发展的关键，也是树立新能源汽车市场信心的基本要求。

1.1 我国新能源汽车的发展规划

百年的汽车产业正在迎来有史以来最大的一场变革，统治汽车产业长达百年之久的内燃机体系正面临巨大的革新。为了抢占科技及市场的先机，全球各国争相布局电动车辆技术，积极推动新能源汽车产业的投入和扩大。各国燃油汽车禁售时间见表1-1。

表1-1　各国燃油汽车禁售时间表

禁售时间节点	禁售国家	禁售范围	提出方式
2025年	挪威	汽油/柴油车	国家计划
	荷兰	汽油/柴油车	政府议案
2030年	德国	内燃机车	政府议案
	瑞士	传统化石能源汽车	官员表态
	瑞典	汽油/柴油车	官员表态
	比利时	传统化石能源汽车	国家计划
	丹麦	传统化石能源汽车	官员表态
	印度	汽油/柴油车	官员表态
	以色列	进口汽油/柴油车	官员表态
2040年	英国	汽油/柴油车	政府建议
	法国	汽油/柴油车	官员表态
	西班牙	汽油/柴油车	官员表态
2050年	日本	汽油/柴油车	政府议案
预计2040年以后	中国	汽油/柴油车	研究报告

我国早在20世纪60年代开始试制电动汽车，但受限于当时技术条件及社会环境，只是进行尝试性制造，并未在技术上有所突破。直到1992年，"八五"科技攻关项目"电动汽车总体设计"获批立项，我国电动汽车产业研发才正式开始。

"十五"⊖期间，我国开始对电动汽车技术进行大规模有组织的研究开发。2001年，国家863计划"电动汽车"重大科技专项确立了以混合动力汽车、纯电动汽车、燃料电池汽车为"三纵"，以多能源动力总成控制系统、驱动电机和动力电池为"三横"的电动汽车"三纵三横"研发布局，全面启动大规模电动汽车技术研发，为我国电动汽车发展奠定了技术基础。

"十一五"期间，我国组织了"节能与新能源汽车"重大项目，继续坚持"三纵三横"的总体布局，围绕"建立技术平台、突破关键技术、实现技术跨越"，"建立研发平台、形成标准规范、营造创新环境"和"建立产品平台、培育产业生态、促进产业发展"三大核心目标，全面展开电动汽车关键技术研究和大规模产业化技术攻关，并成功开展了"北京奥运""上海世博""深圳大运会""十城千辆"等示范推广工程。值得一提的是，2007年国家发改委正式公布了《新能源汽车生产准入管理规则》，首次提出了新能源汽车的概念，新能源

⊖　"十五"起止时间为2001年到2005年；"十一五"起止时间为2006年到2010年；"十二五"起止时间为2011年到2015年；"十三五"起止时间为2016年到2020年；"十四五"起止时间为2021年到2025年。

汽车是指采用非常规的车用燃料作为动力来源（或使用常规的车用燃料、采用新型车载动力装置），综合车辆的动力控制和驱动方面的先进技术，形成的技术原理先进，具有新技术、新结构的汽车。该公告还将新能源汽车分为混合动力汽车（Hybrid Electric Vehicle，HEV）、纯电动汽车（Battery Electric Vehicle，BEV）、燃料电池电动汽车（Fuel Cell Electric Vehicle，FCEV）、氢发动机汽车及其他新能源（如高效蓄能器、二甲醚）汽车等，标志着我国开始对新能源汽车的生产企业及产品实施管理和准入制度。

"十二五"期间，我国着力推进关键零部件技术、整车集成技术和公共平台技术的攻关与完善、深化与升级，形成"三横三纵三大平台"战略重点与任务布局。专项指出，突破动力电池瓶颈是主要任务，还要突破动力电池、电机和电控三个核心技术并实现自主化。2015年，新能源汽车纳入《中国制造2025》，并明确了2026年动力电池的能量密度将达到350W·h/kg的目标。同年，习近平总书记在巴黎气候大会上代表中国所做的减排承诺体现在"十三五"规划及具体行动计划中。

"十三五"期间，国务院发布了《"十三五"国家战略性新兴产业发展规划》，再一次明确了新能源汽车、新能源和节能环保等绿色低碳产业的战略地位。要求大幅提升新能源汽车和新能源的应用比例，全面推进高效节能、先进环保和资源循环利用产业体系建设，推动新能源汽车、新能源和节能环保等绿色低碳产业成为支柱产业。作为"十三五"规划中的八大任务之一，新能源汽车发展是国务院关注的重中之重。规划中要求实现新能源汽车的规模应用，并全面提升电动汽车的整车品质与性能。此外，"十三五"规划还明确要求大力推进动力电池技术研发，着力突破电池成组和系统集成技术，推进动力电池梯次利用，并强调开展新能源汽车动力电池提升工程，完善动力电池研发体系，突破高安全性、长寿命、高能量密度锂离子电池等技术瓶颈。

2020年是"十三五"规划的收官之年。2020年11月国务院发布了《中共中央关于制定国民经济和社会发展第十四个五年规划和二〇三五年远景目标的建议》，明确提出了"发展战略性新兴产业，加快壮大新能源汽车等产业，推动互联网、大数据、人工智能等同各产业深度融合"。《新能源汽车产业发展规划（2021—2035年）》中指出，到2025年我国新能源汽车市场竞争力明显增强，动力电池等关键技术取得重大突破，安全水平全面提升。力争经过15年的持续努力，我国新能源汽车核心技术达到国际先进水平，质量品牌具备较强国际竞争力。纯电动汽车成为新销售车辆的主流，公共领域用车全面电动化，燃料电池汽车实现商业化应用，充换电服务网络便捷高效，有效促进节能减排水平和社会运行效率的提升。规划中对新能源汽车提出的技术攻关及未来方向有：攻关新能源汽车智能制造海量异构数据组织分析；建立面向未来出行的新能源汽车与智慧能源、智能交通融合创新平台；加强新能源汽车与电网（V2G）能量互动；促进新能源汽车与可再生能源高效协同；构建人—车—路—云多层数据融合与计算处理平台，开展特定场景、区域及道路的示范应用；依托互联网＋智慧能源，提升智能化水平，积极推广智能有序慢充为主、应急快充为辅的居民区充电服务模式，加快形成适度超前、快充为主、慢充为辅的高速公路和城乡公共充电网络等。此外规划中还要求，提升电池管理等安全技术水平，开展高循环寿命、先进模块化动力电池及其回收利用技术攻关。开展正负极材料、电解液、隔膜、膜电极等关键核心技术研究，加强高强度、轻量化、高安全、低成本、长寿命的动力电池和燃料电池系统短板技术攻关，加快固态动力电池技术研发及产业化。推动动力电池全价值链发展，建立健全动力电池模块化标准体系，完善动力电池回收、梯级利用和再资源化的动力电池高效循环利用体系，加强全生命周期监管。支持动力电池梯次产品在储能、备能、充换电等领域创新应用，加强余能检测、残值评估、重组利用、安全管理等技术研发。提升电池管理、充电连接、结构设计等安全技术水平，进而提高新能源汽车整车综合性能。工信部部长肖亚庆指出，2021年要全力做好工业领域节能减排，制定重点行业"碳达峰"行动方案和路线图，鼓励工业企业、园区建设绿色微电网，优先利用可再生能源，在各行业各地区建设绿色工厂和绿色工业园区。肖亚庆强调，发展新能源汽车是推进节能减排的重点，将围绕"碳达峰、碳中和"目标制定汽车产业实施路线图，强化整车集成技术创新，推动电动化与网联化、智能化并行发展。由此可见，我国正在不断深入推进动力电池在电动汽车领域的应用发展，努力完善动力电池系统的品质，进而促进我国从汽车大国到强国的成功转型和提升，为世界新能源汽车发展贡献中国智慧和中国方案。

1.2　动力电池系统的应用要求

电动汽车的整车性能很大程度上取决于动力电池及其管理系统的性能。为了满足电动汽车的动力性、安全性、经济性以及环境友好性，车用动力电池系统应当满足以下应用要求：

① 能量密度高。提高动力电池的能量密度能够大大改善目前电动汽车续驶里程较短的弱点，同时也有助于减小整车的质量和体积。

② 功率密度大。提高动力电池的功率密度能够有效改善电动汽车的整车动力性，使其获得优异的加速性能。

③ 使用寿命长。电动汽车50%左右的成本来源于动力电池，因此延长动力电池的使用寿命能够大大降低动力电池的使用和维护成本，从而降低整车的

成本。

④ 安全性高。能够有效降低因漏液、短路、碰撞等引起的车辆起火爆炸等危险事故的发生概率。

⑤ 可靠性高。提升动力电池应对复杂工况的适应能力，能够有效防止动力电池因工作环境剧烈变化、人为操作失误而导致的电池特性突变。

⑥ 高低温性能好。对于车辆运行环境的改变具有很强的适应能力，能够在较宽的温度变化区间内正常工作。

⑦ 自放电率低。低的自放电率能够降低动力电池在老化过程中的容量衰退速率，延长动力电池的使用寿命。

⑧ 价格低廉。降低动力电池的成本能够有效降低整车成本，提升电动汽车的产品竞争力。

⑨ 绿色环保。绿色环保的动力电池有助于动力电池回收再利用机制的规范化，防止动力电池对环境造成二次污染。

目前，商品化的电动汽车动力电池可根据其容量的大小和输出功率的高低划分为三类：能量型动力电池、功率型动力电池和能量/功率兼顾型动力电池。

① 能量型动力电池通常具有较大的容量，并且可持续供给能量，常用于纯电动汽车和混合动力汽车。这类动力电池的总能量在整车能源配置中占有较大的比例，通常超过 $10kW \cdot h$。这样不仅有利于回收车辆制动回馈的能量，也可以增加车辆的纯电动续驶里程，降低污染物的总排放量。

② 功率型动力电池的容量一般较小，可以满足瞬间大功率供电，常用于轻度混合动力汽车。这类动力电池主要用于吸收制动回馈的能量，同时为车辆起动、加速工况提供瞬间的额外能量。

③ 能量/功率兼顾型动力电池能量密度高，具备低电量区间的大功率输出能力和高电量区间的大功率接受能力，并且具有高能量、大功率兼顾的特性，常用于插电式混合动力汽车（Plug-in Hybrid Electric Vehicle，PHEV）。

具体来说，不同类型的电动汽车具有不同的构型和工作模式，对动力电池的工作要求也不尽相同。下面分别介绍纯电动汽车、混合动力汽车和插电式混合动力汽车对车用动力电池的具体要求。

1.2.1 纯电动汽车

BEV 是指利用动力电池作为储能动力源，通过动力电池向电机提供电能，驱动电机运转，从而推动汽车前进的一种新能源汽车。BEV 的续驶里程完全取决于动力电池的容量大小。动力电池的容量越大，整车的续驶里程就越长，但是动力电池的体积和重量也随之增大。因此，BEV 需要根据设计目标、道路情况和行驶工况的不同来选择相应的动力电池，具体要求可归纳如下：

① 动力电池组应具备足够的能量和容量，确保电池组连续放电的倍率一般不超过 $1C^{\ominus}$，峰值放电一般不超过 $3C$。对于可回馈制动能量的纯电动汽车，电池组必须可以承受 $5C$ 的脉冲充电电流。

② 动力电池在深度放电时尽可能不影响使用寿命，必要时可以支持满负荷甚至全负荷放电。

③ 需要配备动力电池管理系统（Battery Management System，BMS）以便反馈和控制电池组的实时状态，确保动力电池组的安全性和高效性。

④ 由于动力电池组的体积和质量较大，电池箱的空间布置和安装都需要进行针对性的研究和设计。

1.2.2 混合动力汽车

HEV 是将传统内燃机系统与电力推进系统相结合的一种能源混合式的新能源汽车。一般来说，动力电池是 HEV 中电力推进系统的主要能量源。因此，在 HEV 的开发过程中，动力电池的相关设计同样需要经过详细且严谨的考虑。

一般来说，HEV 不需配备容量太大的动力电池，但需要满足整车的瞬间大功率需求，即实现"小电池提供大电流"。HEV 存在串联式、并联式和混联式三种不同的结构形式，因此相对应的动力电池设计要求也有所不同。

① 串联式 HEV 通常由发动机、发电机和动力电池组共同供能，动力电池的荷电状态（State of Charge，SOC）常处于较高的水平。因此，整车对动力电池的要求近似于 BEV，但是动力电池的容量规格要求相对较小。

② 并联式 HEV 的发动机和电机均可直接提供驱动力，不同的动力组合可以满足整车不同的功率需求。因此，整车可以采用容量较小的动力电池，但是电池的最大放电电流要求达到 $20C$ 以上，以满足车辆加速或爬坡的瞬间大功率需求。

③ 混联式 HEV 并非单纯的串联式结构或并联式结构，而是由串联式结构与并联式结构复合而成的综合式结构，兼备了类似于串联式 HEV 和并联式 HEV 的所有工作模式。因此，需要根据实际情况综合考虑串联式 HEV 和并联式 HEV 的动力电池设计要求。

尽管不同类型的 HEV 对动力电池的工作要求各不相同，但归纳起来仍然存在一些共性的要求：

① 动力电池的峰值功率（State of Power，SOP）应足够大，可以满足车辆短时间内大功率充放电的需求。

⊖ 工程上常以"倍率"描述动力电池电流的大小，符号为 C。例如，对于一个额定容量为 $3A\cdot h$ 的动力电池，$3C$ 放电表示放电电流的数值是额定容量的 3 倍，即 $3\times3=9A$。

② 动力电池的使用寿命应尽可能长，至少满足约 1000 次的深度放电循环和 40 万次的浅度放电循环。

③ 动力电池的 SOC 应尽量保持在 50%~85% 的范围之内。

④ 需要配备 BMS 以便控制和反馈电池组的实时状态，确保动力电池组的安全性和高效性。

1.2.3 插电式混合动力汽车

PHEV 是一种可以通过插电形式充电的混合动力汽车，同时兼有纯电动和混合动力两种模式，可以简单理解为纯电动汽车和传统混合动力汽车的融合。这类汽车通常要求在纯电动模式下的行驶里程能够达到几十千米，在混合动力模式下能够满足高速公路行驶，并且具备低 SOC 区间下的大功率输出能力。因此，PHEV 动力电池的能量密度要求接近于 BEV，而功率密度要求接近于 HEV。事实上，由于 PHEV 的动力电池要求较高，其售价一般高于 BEV 和 HEV。

1.2.4 相关研发指标

科技部 2017 年 12 月发布的《"新能源汽车"重点专项 2018 年度项目申报指南》中明确指出：

1. 新能源乘用车

动力电池及其管理系统的设计需要满足高安全和高比能，要求动力电池系统的能量密度 ≥ 210W·h/kg，循环寿命 ≥ 1200 次 [80% 放电深度（Depth of Discharge，DOD），模拟全年气温分布]，全寿命周期、宽工作温度范围内 SOC、SOP 和健康状态（State of Health，SOH）的估计误差绝对值 ≤ 3%，电池单体之间的最大温差 ≤ 2℃，快速充电至 80% 以上 SOC 状态所需时间 ≤ 1h，满足安全性等国标要求和宽温度使用范围要求，并符合 ISO 26262 ASIL-C 功能安全要求及行业标准要求，成本 ≤ 1.2 元/（W·h），完成热失控和热扩散事故致灾分析和危害评测，建立基于整车一体化的电池系统的设计、制造与测试规范。

2. 电动客车

动力电池及其管理系统的设计需要满足高安全和长寿命，要求动力电池系统的能量密度 ≥ 170W·h/kg，循环寿命 ≥ 3000 次（80%DOD，模拟全年气温分布），全寿命周期、宽工作温度范围内 SOC、SOP 和 SOH 估计误差绝对值 ≤ 3%，电池单体之间的最大温差 ≤ 2℃，快速充电至 80% 以上 SOC 状态所需时间 ≤ 15min，满足安全性等国标要求和宽温度使用范围要求，并符合 ISO26262 ASIL-C 功能安全要求及行业标准要求，确保单体热失控后 30min 内系统无起火爆炸，成本≤1.2元/（W·h），完成热失控和热扩散事故致灾分析和危害评测，建立基于整车一体化的电池系统的设计、制造与测试规范。

1.2.5 全气候动力电池系统应用要求

第24届冬季奥林匹克运动会（冬奥会）将于2022年在北京举行，届时所有场馆区将实现新能源汽车全覆盖。张家口地区作为冬奥会举办地之一，冬季平均温度为-10℃左右，而崇礼室外赛区在极寒时温度将降至-23℃，此外，北京冬奥会河北赛区多为山区，复杂的道路工况进一步增加了新能源汽车安全高效运行的挑战，也对动力电池系统提出了更高的要求。

低温环境下，动力电池的充放电能力显著下降，容量和能量严重衰减，整车的续驶里程和动力性骤降。为保证车辆安全可靠运行、满足冬奥环境下的应用要求、建设具有全球竞争力的新能源汽车体系，需重点突破如下技术：

① 动力电池低温极速加热。当前商业化动力电池系统普遍采用外部加热预热方法，改善了动力电池系统低温环境适用性，但该类方案加热效率低、温升速度慢以及能耗高等制约了其在冬奥场景中的推广应用。美国宾夕法尼亚州立大学王朝阳院士团队发明的全气候动力电池系统产品具备在-30℃时极速加热至0℃以上的潜力，系统能量密度可达170W·h/kg，具有较好的应用前景。

② 动力电池全气候状态估计。精确的状态估计是动力电池系统管理的基础，当前采用的状态估计方案在常温、常用电量范围和有限的老化区间取得了良好的性能，逐步达到误差<5%的精度要求，但是在高/低温、高/低电量和全寿命区间的精准状态估计依然是制约动力电池系统管理的"卡脖子"难题，估计误差高达10%甚至发散，这也是消费者质疑电动汽车容量跳水、电量突变等问题的症结所在。

③ 动力电池主动管理。动力电池主动管理是一种以多状态准确估计为核心，通过对电池温度一致性和老化阶段等的主动调控，实现电池安全、长寿命、高效充放电的管理方法。该技术能够保证电池始终工作在合适的温度区间，在保证车辆动力需求的同时，充分考虑电池的安全性和耐久性，避免了电池处于不良工作状态，有效提升系统一致性水平，从而延长车辆续驶里程和使用寿命。

1.3 动力电池

动力电池是电动汽车的三大件之一，是整个系统的动力来源，一直以来被视为电动汽车发展的重要标志性技术，占到了整车成本的30%左右。随着动力电池技术的不断革新，动力电池的种类也日渐繁多。作为电动汽车的核心部件，动力电池性能的优劣将直接影响到整车的安全性、经济性和动力性。

1.3.1 动力电池的发展背景

动力电池本质上是一种可充电电池,其发展历史最早可追溯到19世纪。1859年,法国科学家Gaston Planté发明了世界上第一个可充电电池——铅酸蓄电池。该电池以硫酸为电解液、以铅为阳极、以二氧化铅为阴极,其化学反应可以通过施加反向的电流而反转,从而实现电池充电。1899年,瑞典科学家Waldemar Jungner发明了另一种可充电电池——镍镉电池。与铅酸蓄电池不同的是,镍镉电池由浸泡在氢氧化钾溶液中的镍和镉电极组成,是世界上第一个使用碱性电解液的电池。在发明镍镉电池的同年,Waldemar Jungner还发明了另一种可充电电池——镍铁电池。然而,当时的镍铁电池在充电的过程中会产生大量的氢气,难以密封且效率低下,Waldemar Jungner一直没有对此申请专利。1903年,美国Thomas Edison将镍铁电池的设计注册专利并开始销售,希望将镍铁电池轻量化和商业化,从而替代当时的铅酸蓄电池成为早期汽车的能量源。然而,人们很快发现当时的镍铁电池寿命短且容易泄漏,性能不如铅酸蓄电池。尽管Thomas Edison在随后几年继续坚持对镍铁电池进行改进,但仍然难以扭转当时廉价可靠的汽油机汽车风靡世界的潮流。直到20世纪70年代,锂离子电池和镍氢电池相继问世,电池的研发生产周期开始大大缩短。在随后的数年,电池在材料、结构和工艺等方面不断地得到改进,电池的各方面性能也飞速地提高。截至目前,电池的技术较以前有了很大的进步,且逐渐应用于航空航天、国防军事、交通运输以及电子移动设备等领域。

在电动汽车领域,动力电池是车辆动力的能量来源。早期的电动汽车续驶里程短,整车质量大,动力性能也难以达到内燃机汽车的水平,总之是动力电池技术的制约。铅酸蓄电池是近代发展最为成熟的一种动力电池,其能量密度为$30W \cdot h/kg$,循环寿命约为300次,性能稳定,可靠性好且价格低廉。然而,汽油的能量密度达到$10000W \cdot h/kg$以上,约为铅酸蓄电池的300倍。这意味着装备铅酸蓄电池的电动汽车需要极大地牺牲空间并且增加整车质量才能换取相同的续驶表现。因此,铅酸蓄电池已经逐渐被其他类型的动力电池所取代。此外,铅酸蓄电池在生产加工和回收利用的过程中会产生大量的铅排放,造成不可逆转的环境破坏,严重违背了电动汽车发展的初衷。镍镉电池是另一种早期的动力电池。与铅酸蓄电池相比,镍镉电池的能量密度和循环寿命分别提高到$50W \cdot h/kg$和500次,并且具有更高的电流密度。但镉金属的毒性巨大,所造成的环境污染更为严重,因此难以应用于电动汽车领域。另外,镍镉电池还具有较强的记忆效应,在不完全充放电的情况下会出现容量的暂时性减少,导致续驶能力下降,难以满足电动汽车的使用要求。镍氢电池是一种污染较小的动力电池,其能量密度达到 60~80W·h/kg,综合表现均优于上述两种电池,并且具有良好的低温特性。因此,在 20 世纪 90 年代,镍氢电池被批量应用于丰田、本田、福特、雪佛兰等大型汽车品牌旗下的混合动力车型。然而,镍氢电池并未完全消除记忆效应,同时还存在充电发热严重、大电流充电性能较差等一系列新的问题。与之相比,锂离子电池无记忆效应,具有更高的能量密度和功率密度,可使车辆电池组的重量下降 40%~50%,体积减小 20%~30%,并且在循环寿命、自放电率以及环境友好等方面的表现均优于上述三种电池。因此,锂离子电池已经成为电动汽车的首选动力电池。

总结目前锂离子动力电池的优势,主要体现在以下方面:

① 工作电压高。锂离子动力电池的工作电压是镍氢电池和镍镉电池的 3 倍,达到 3.6~3.7V。

② 能量密度高。锂离子动力电池的能量密度是镍镉电池的 4 倍,达到镍氢电池的 2 倍以上,可达到 350W·h/kg。

③ 循环寿命长。目前锂离子动力电池的循环寿命次数已达到 2000 次以上,在低放电深度下可达几万次,超过了上述三种动力电池的水平。

④ 自放电率低。锂离子动力电池的自放电率仅为 6%~8%(每月),远低于镍镉电池(25%~30%)和镍氢电池(15%~20%)。

⑤ 无记忆性。锂离子动力电池可以根据需求随时充放电而不会降低性能。

⑥ 环境友好。锂离子动力电池中不存在有害物质,属于无污染电池。

⑦ 体积灵活。锂离子动力电池容易满足电动汽车动力电池系统的布置要求。

1.3.2 锂离子动力电池的原理与分类

锂离子动力电池主要由正极、负极、正负极之间的隔膜、锂盐电解液、正温度系数(Positive Temperature Coefficient,PTC)元件以及安全阀组合而成。

① 正极通常具备接纳锂离子的位置和扩散路径,很大程度上决定着动力电池的整体性能。目前最为常见的正极材料有钴酸锂、锰酸锂、磷酸铁锂以及由多种金属氧化物构成的三元材料(通常为镍钴锰、镍钴铝)等。

② 负极活性物质通常是由碳材料、黏合剂以及有机溶剂调和制成的糊状物质,涂覆在铜基上,呈薄层状分布。此外,部分新型的快速充电电池采用钛酸锂($Li_4Ti_5O_{12}$)作为负极材料。

③ 隔膜用于隔绝正负极之间的电子通过,且只允许锂离子通过,一般使用聚乙烯或聚丙烯材料的微多孔膜制成。

④ 电解液负责传送离子,通常为混有有机溶剂的高电容率锂盐电解液。电解液对于活性物质具有化学稳定性,必须能够良好适应充放电反应过程中发生的剧烈的氧化还原反应。

第1章
动力电池及其管理概述

⑤ 为了保证使用安全,锂离子动力电池的内部一般设有异常电流的切断装置,通常为 PTC 元件。即使这样,在使用过程中仍然可能出现动力电池内压的异常上升。针对这一情况,安全阀的设置能够有效释放高压气体,防止动力电池破裂。

图 1-1 所示为锂离子动力电池的基本结构与工作原理示意图,其正负极都浸泡在电解液中。锂离子动力电池的充放电是通过锂离子在正负极柱之间的嵌入与脱出过程实现的。当电池充电时,锂离子从电池正极极柱脱离进入电解液,由于电解液内锂离子在正负极附近存在较大浓度差,驱使着它向负极移动,穿过隔膜最终嵌入负极。与此同时,外电路的电子由正极向负极移动形成电流,从而实现充电过程,即负极得到电子发生还原反应,正极失去电子发生氧化反应。放电过程与之相反,锂离子由负极脱出向正极移动并嵌入正极,外电路电子也从负极经过负载向正极移动,驱动车辆工作,实现放电过程,即负极失去电子发生氧化反应,正极得到电子发生还原反应。锂离子电池在第一次充电时,负极附近电解质与电极之间会自然地形成一层固态界面膜,俗称固体电解质界面(Solid Electrolyte Interphase,SEI)膜,其形成的最初目的是保护负极不被腐蚀、防止负极与电解液发生还原反应。然而,随着时间的推移,SEI 膜不断地增厚或者溶解,导致可用于循环的锂离子和活性物质不断减少。因此,SEI 膜的物化改变成为电池容量衰退的主要原因。

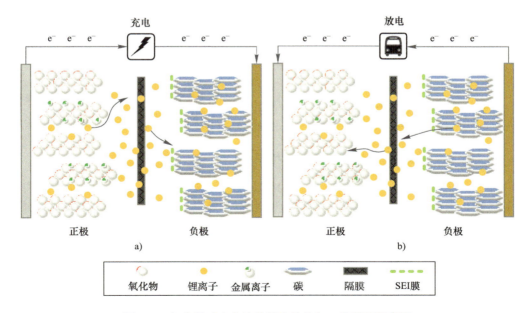

图 1-1 锂离子动力电池的基本结构与工作原理示意图

a)充电 b)放电

锂离子动力电池的正负极材料、电解液材料以及生产工艺上的差异使得电池呈现出不同的性能，并且有着不同的名称。目前，市场上的锂离子动力电池常根据正极材料来命名。例如，最早商业化的锂离子电池采用氧化钴锂（$LiCoO_2$）作为正极材料，因此被称为钴酸锂电池；采用氧化锰锂（$LiMn_2O_4$）、磷酸铁锂（$LiFePO_4$）作为正极材料的电池，分别被称为锰酸锂电池和磷酸铁锂电池。此外，采用三元材料镍钴铝酸锂和镍钴锰酸锂作为正极材料的电池，分别被称为镍钴铝三元锂离子电池和镍钴锰三元锂离子电池。

常见的锂离子动力电池的英文缩写、正极材料化学式及性能特点见表1-2。从表中可以看出，钴酸锂电池和锰酸锂电池的热稳定性能较差，很少用于电动汽车。相比之下，磷酸铁锂电池和三元锂电池的安全性能更好，因此被广泛应用于电动汽车的动力电池领域。

表1-2 常见的锂离子动力电池的英文缩写、正极材料化学式及性能特点

电池名称	英文缩写	正极材料化学式	电池的性能特点
钴酸锂电池	LCO	$LiCoO_2$	高电压（3.9V），能量密度高，但存在起火的安全隐患
锰酸锂电池	LMO	$LiMn_2O_4$	电压、能量密度与LCO相近，容量衰退速度快，热稳定性差
磷酸铁锂电池	LFP	$LiFePO_4$	安全性好，功率密度高，能量密度低，热稳定性好
镍钴铝三元锂电池	NCA	$Li_{0.8}Co_{0.15}Al_{0.05}O_2$	电压略低于LCO，安全性优于LCO，循环寿命特性好
镍钴锰三元锂电池	NMC	$LiNi_{1-x-y}Co_xMn_yO_2$	安全性介于NCA和LMO之间，容量衰退速度比NCA快

1.3.3 磷酸铁锂锂离子动力电池

1996年，德克萨斯大学教授John B. Goodenough的团队在论文中首次提出磷酸铁锂可以作为可充电锂离子电池的正极材料。此后，磷酸铁锂电池凭借其成本低、无毒性、铁元素的天然丰富性以及优秀的热稳定性、安全性、电化学特性获得了广泛的关注，其内部结构简图如图1-2所示。左边是橄榄石结构的磷酸铁锂作为电池的正极，由铝箔与电池正极连接；中间是聚合物的隔膜，负责将正极与负极隔开，只允许锂离子（Li^+）通过而不允许电子（e^-）通过；右边是由碳组成的电池负极，由铜箔与电池的负极连接；电池的上下端之间是电池的电解质，整体由金属外壳密闭封装而成。磷酸铁锂动力电池充放电的化学过程如下。

正极反应：$LiFePO_4 \underset{放电}{\overset{充电}{\rightleftharpoons}} Li_{1-x}FePO_4 + xLi^+ + xe^-$

负极反应：$xLi^+ + xe^- + 6C \underset{放电}{\overset{充电}{\rightleftharpoons}} Li_xC_6$

总反应：$LiFePO_4 + 6C \underset{放电}{\overset{充电}{\rightleftharpoons}} Li_{1-x}FePO_4 + Li_xC_6$

一般来说，磷酸铁锂动力电池的标称电压为3.2V，充电截止电压约为3.6~3.65V，放电截止电压约为2.0V。由于各个生产厂家采用的正、负极材料及电解质材料的质量及工艺不同，其性能上会有些差异。相关数据表明，对于同一种型号（同一种封装）的标准电池，其容量差异最大可达10%~20%。事实上，磷酸铁锂动力电池的容量可以分成三类：小型电池的容量为零点几安时到几安时，中型电池的容量为几十安时，大型电池的容量为几百安时。不同类型电池的同类参数也有一些差异。

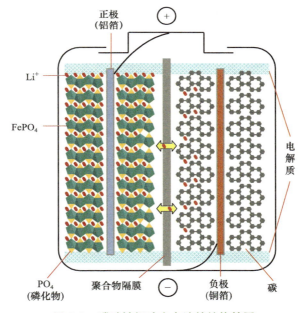

图1-2 磷酸铁锂动力电池的结构简图

磷酸铁锂动力电池的优点主要体现在以下方面：

① 安全性好。磷酸铁锂动力电池不易因内部或外部受损而燃烧或爆炸，大大降低了电动汽车在行驶过程中发生危险事故的概率。

② 成本低。用于制造磷酸铁锂的化学原料资源丰富且容易获得。

③ 循环性能优异。磷酸铁锂动力电池在经过500次充放电循环后仍能维持在出厂容量的95%左右。

④ 高效率输出，充放电特性好。磷酸铁锂动力电池的标准放电倍率为 $2C \sim 5C$，连续高电流放电倍率可达 $10C$，瞬间脉冲放电（10s）倍率可达 $20C$。支持大电流快速充放电，无记忆效应，即使亏电存放也能保持较好的电池性能。

⑤ 环境友好。磷酸铁锂动力电池在制造过程中涉及的所有原料都无毒环保，因此在生产与使用中不会对环境造成污染。

⑥ 温度特性良好。磷酸铁锂动力电池不仅在常温下具有良好的电池特性，还可以在高温环境下维持完好的结构。例如，在外部温度为 65℃ 的情况下，电池内部温度可达 95℃，而放电结束时的温度高达 160℃，但此时动力电池仍然能够保持安全和结构完好。

⑦ 过放电特性安全、稳定。磷酸铁锂动力电池即使过放电到 0V，也不会出现损坏和重大安全事故。

虽然磷酸铁锂动力电池的优势明显，但仍然存在一些不足。例如，这类电池的压实密度很低，通常只能达到 $1.0 \sim 1.4 \text{g/cm}^3$，这就使得动力电池的比表面积和体积较大，能量密度较低，从而影响电动汽车的轻量化和空间利用率。

目前，磷酸铁锂动力电池被广泛应用在新能源商用车和部分新能源乘用车上。磷酸铁锂动力电池在新能源乘用车的部分应用情况见表 1-3。

表 1-3 磷酸铁锂动力电池在新能源乘用车的部分应用情况（按生产厂商首字母排序）

生产厂商	车型名称	电池容量 /kW·h	续驶里程 /km
北汽新能源	EC180	20.3	202
比亚迪	e5	43	360
	e6	82	400
	秦 EV300	47	300
江淮汽车	iEV40	23	260
	iEVA50 豪华	46.5	390
	iEV6E 豪华	29.2	310
	iEV7	24	250
众泰汽车	5008EVL	32	200
	M300EV	32	200

1.3.4 三元锂离子动力电池

三元锂离子动力电池是指以三元复合材料作为正极材料的锂离子动力电池，是近年来开发的一种新型的锂离子动力电池。最为常见的三元锂离子动力电池是以 $LiNi_{1-x-y}Co_xMn_yO_2$ 作为正极材料的镍钴锰三元锂离子动力电池。镍、钴、锰三种元素的构成比例可在一定范围内调整，并且影响着电池的性能。根据镍、钴、锰三种元素构成比例的不同，镍、钴、锰三元锂离子动力电池可细分为

333、523、811等多种体系。由于协同效应的作用，镍钴锰复合材料的电化学性能优于任何单一组分的层状氧化物，能够较好地弥补各自的不足。钴元素能够有效地抑制离子混排，稳定材料的层状结构，提高材料的电导率；镍元素能够保证材料的高容量；锰元素不参与电化学反应，主要负责稳定结构，提高材料的安全性。这类动力电池能够有效克服钴酸锂材料的成本过高、锰酸锂材料的稳定性差以及磷酸铁锂材料的容量过低等问题，结合了钴酸锂电池和锰酸锂电池的优点，因此逐渐受到汽车生产厂商和用户的广泛关注。值得一提的是，镍钴锰三元锂离子动力电池的原料中含有一种价格波动较大的贵金属——钴。钴的价格波动将直接影响钴酸锂的价格。当钴处于价格高位时，镍钴锰三元材料的价格远远低于钴酸锂，具有较强的市场竞争力；但当钴处于价格低位时，镍钴锰三元材料的成本优势将大大减小。

镍钴锰三元锂离子动力电池的优点主要体现在以下方面：

① 能量密度高。镍钴锰三元锂离子动力电池的容量密度高，可达到145mA·h/g以上，制作成18650型电池的容量可达到3A·h以上。

② 循环性能较好。镍钴锰三元锂离子动力电池的循环性能较好。

③ 极片压实密度高。镍钴锰三元锂离子动力电池的极片压实密度可达到3.4g/cm^{3}以上。

④ 电压平台较高。镍钴锰三元锂离子动力电池具有较高的电压平台，$1C$倍率放电的中值电压可达3.66V左右，在$4C$倍率放电的中值电压在3.6V左右。

⑤ 镍钴锰三元锂离子动力电池的晶体结构理想，高低温性能优越，且自放电率低。

镍钴锰三元锂离子动力电池凭借着高能量密度的优势得到广泛应用。然而，这类动力电池也并不是毫无缺陷的。例如，镍钴锰三元锂离子动力电池的制备过程相对复杂，其安全性能相对较差，所含的镍钴元素将会造成环境污染等。

目前，三元锂离子动力电池被广泛应用于新能源乘用车领域。三元锂离子动力电池在新能源乘用车的应用情况见表1-4。

表1-4　三元锂离子动力电池在新能源乘用车的部分应用情况（按生产厂商首字母排序）

生产厂商	车型名称	电池容量/kW·h	续航里程/km
北汽新能源	EU5	53.6	570
	EU400	54.4	360
	EX360	48	390
	EC200	20.5	200
长安汽车	逸EV300	45	360
	CS15EV	45	360

（续）

生产厂商	车型名称	电池容量 /kW·h	续航里程 /km
广汽新能源	传祺 GE3	47	475
江淮新能源	iEV7S	39	350
江铃汽车	E160	20	200
	E200-JMEV	17.3	170
	E400	41	380
吉利新能源	帝豪 GSe	52	460
	帝豪 EV	52	450
奇瑞新能源	eQ	22.3	200
	eQ1	38	410
	艾瑞泽 5e	49	420
上汽乘用车	荣威 ei5	35	401
	荣威 ERX5	48.3	425
腾势汽车	500	70	635
特斯拉汽车	Model S 100D	100	632
	Model X 100D	100	565
蔚来汽车	ES8	70	355
众泰汽车	Z500EV	38.7	250

1.3.5 其他类型的动力电池

1. 固态锂电池

固态锂电池发展于 20 世纪 50 年代，主要由正极、负极和固态电解质组成，与传统锂离子电池相比，固态锂电池采用固态电解质取代了传统的电解液和隔膜，结构如图 1-3 所示。固态电解质的功能与电解液和隔膜相似，因此固态电解质需要满足以下基本要求：

① 在室温下有较高的离子电导率。

② 较高的离子迁移系数和可忽略的电子电导率。

③ 较高的电化学稳定性。

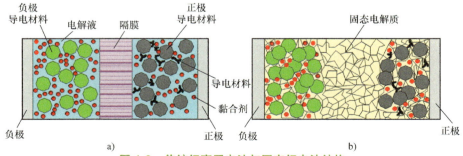

图 1-3 传统锂离子电池与固态锂电池结构

a）传统的锂离子电池 b）固态锂电池

按照电池中电解液和电极的形态组成,可将固态锂电池分为如下几类:

① 半固态锂电池。电解质质量或体积的一半为固体电解质,另一半为液体电解质;或电池某一电极是全固态,另一电极中含有液体。

② 准固态锂电池。电解质中含有一定的固体电解质和液体电解质,且液体电解质的质量或体积小于固体电解质。

③ 全固态锂电池。电池由固态电极和固态电解质构成,电池在工作温度范围内,不含有任何质量分数及体积分数的液体电解质。

固态锂电池的负极材料主要为锂金属及金属氧化物、氮化物和氧化物,正极材料主要为金属氧化物、金属硫化物和钒氧化物,固态电解质主要为无机型固态电解质、固态聚合物型电解质和无机、有机复合型固态电解质等,具体分类见表1-5。

表1-5 固态电解质的具体分类

类别	无机型		聚合物型	复合型
	晶态	玻璃态		
电解质组成	钙钛矿型、反钙钛矿型、NASICON型、Garnet型	氧化物（P_2O_5、Li_2O、SiO_2 等）、硫化物（Li_2S、SiS_2 等）、硫氧化物和氮氧化物等	由锂盐和聚合物基体构成,常见的锂盐有 $LiPF_6$、$LiBF_4$、$LiClO_4$ 等,基体包括聚环氧乙烷、聚硅氧烷和脂肪族聚碳酸酯等几种类型	在聚合物型的固态电解质中加入无机填料

与传统锂离子电池相比,固态锂电池的优点主要体现在以下方面:

① 能量密度提高。全固态锂电池不必使用嵌锂的石墨负极,而是直接使用金属锂作为负极,可以明显减轻负极材料质量,使电池的能量密度进一步提升。另外,使用全固态电解质,可改善新型高性能电极材料与现有电解质体系兼容性不佳的问题。

② 功率密度提高。固态锂电池以锂离子作为单一载流子,不存在浓差极化现象,因此可进行大电流充放电,电池的功率密度更高。

③ 体积减小。固态锂电池利用固态电解质取代传统锂电池中的隔膜和电解液,正负极之间的距离可缩短至十几微米,电池的厚度大幅减小。

④ 安全性提升。固态电解质不可燃、无腐蚀、不挥发、不存在漏液问题,因此固态锂电池具有更高的安全性和更长的使用寿命。

⑤ 工作温度范围增宽。固态电解质在高低温条件下具备良好的稳定性,因此固态锂电池具备更宽的工作温度范围。

⑥ 电化学窗口增宽。全固态锂电池的电化学稳定窗口宽,可达5V,适应于高电压型电极材料,有利于进一步提高能量密度。

⑦ 柔性化前景好。固态锂电池经过轻薄化处理后柔性程度明显提高,通

过使用适当的封装材料，制成的电池可经受几百至几千次的弯曲且性能基本不衰减。

⑧ 回收方便。由于全固态锂电池内部不含液体成分，因此理论上回收过程中不存在废液，回收流程简单。

虽然固态锂电池与传统锂离子电池相比，性能及安全性得到了进一步的提升，但仍有一些问题有待解决。例如，固体电解质材料离子电导率偏低，固态电解质的应用使得界面阻抗大、稳定性差，固态锂电池制备工艺复杂、技术不够成熟、成本偏高等。从整体上看，目前能形成固态锂电池规模产能的企业有限，大规模产业化需要克服的困难还有很多，仍处于推广发展期。但可以预期的是，随着研发和工业技术的不断发展，全固态锂电池中的科学和工艺上的问题会逐步解决，在未来几年固态锂电池产品的市场会迎来蓬勃发展。

2. 电容电池

电容电池是一种介于传统电容器与电池之间、具有特殊性能的电源，其容量大于普通电容器，可作为动力电源，取名"电容电池"，也称作"超级电容"。电容电池主要依靠双电层和氧化还原赝电容电荷储存电能，有多种分类方式：根据储能机理的不同，可分为双电层电容和法拉第准电容；根据电解液的种类，可分为水系电容和有机系电容；根据活性材料的种类是否相同，可分为对称型电容和非对称型电容；根据电解质的状态，又可分为固体电解质电容和液体电解质电容。

电容电池由高比表面积的多孔电极材料、集流体、多孔性电池隔膜及电解液组成，其结构如图1-4所示。电极材料与集流体之间需紧密相连以减小接触电阻；隔膜应具有尽可能高的离子电导率和尽可能低的电子电导率，一般为纤维结构的电子绝缘材料，如聚丙烯膜；电解液的类型则根据电极材料的性质进行选择。

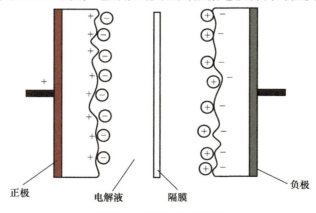

图1-4　电容电池的结构

电容电池的优点主要体现在以下方面：

① 功率密度高。电容电池的功率密度可达 300~5000W/kg，是常用锂离子动力电池的 5~10 倍。

② 充电速度快。电容电池充电 10min 以内即可达到其额定容量的 95% 以上。

③ 循环使用寿命长。电容电池无记忆效应，其深度充放电循环次数可达 50 万次。

④ 超低温特性好。电容电池的工作温度范围可达 −40~70℃。

⑤ 能量转换效率高。电容电池的过程损失小，能量循环效率在 90% 以上。

⑥ 无污染。电容电池的原材料构成、生产、使用、储存以及拆解过程均无污染。

电容电池在新能源汽车中主要有三类应用：一是作为主要动力源，如上海 11 路公交以电容电池作为电源，只需停车时充电 30s，即可行驶 5~8km；二是作为混合动力汽车发动机的辅助驱动电源，在汽车快速起动时提供较大的驱动电流，减少油耗和不完全燃烧的污染排放；三是对制动能量进行回收利用，提高能源的使用效率。但是与其他锂离子动力电池相比，电容电池存在能量密度低、自放电率大、内阻大等缺点，在实际应用过程中还存在诸多需要解决的问题。

1.4 动力电池管理系统

BMS 是以某种方式对动力电池进行管理和控制的产品或技术。典型的电动汽车动力电池组管理系统的工作原理如图 1-5 所示。BMS 由各类传感器、执行器、固化有各种算法的控制器以及信号线等组成。其主要任务是确保动力电池系统的安全可靠，提供汽车控制和能量管理所需的状态信息，而且在出现异常情况下对动力电池系统采取适当的干预措施；通过采样电路实时采集电池组以及各个组成单体的端电压、工作电流、温度等信息；运用既定的算法和策略估算电池组 SOC、SOH、SOP 以及剩余寿命（Remaining Useful Life，RUL）等，并将参数输出到电动汽车整车控制器，为电动汽车的能量管理和动力分配控制提供依据。

1.4.1 BMS 的基本功能

BMS 主要功能有数据采集、状态监测、安全保护、充电控制、能量控制管理、均衡管理、热管理以及信息管理等。

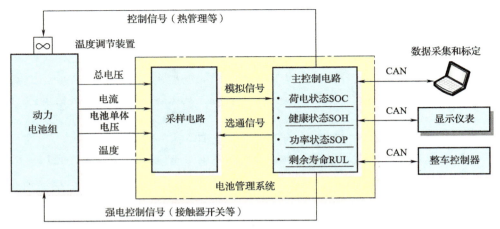

图 1-5 典型的电动汽车动力电池组管理系统的工作原理

1. 数据采集

动力电池在电动汽车中的工作环境及状况十分复杂。电动汽车需要适应复杂多变的气候环境,这意味着动力电池的运行需要常年面对复杂多变的温湿度环境。此外,随着路况和驾驶人操纵方式的改变,动力电池需要时刻适应急剧变化的负载。为了准确获取动力电池的工作状况,更好地实施管理策略,BMS 需要通过采样电路实时采集电池组以及各个电池单体的端电压、工作电流、温度等信息。

2. 状态监测

动力电池是一个复杂的非线性时变系统,具有多个实时变化的状态量。准确而高效地监测动力电池的状态量是电池及成组管理的关键,也是电动汽车能量管理和控制的基础。因此,BMS 需要基于实时采集的动力电池数据,运用既定的算法和策略进行电池组的状态估计,从而获得每一时刻的动力电池状态信息,具体包括动力电池的 SOC、SOH、SOP 以及能量状态(State of Energy,SOE)等,为动力电池的实时状态分析提供支撑。

3. 安全保护

动力电池安全保护功能主要是指动力电池及其成组的在线故障诊断及安全控制。动力电池的在线故障诊断是指通过采集到的传感器信号,采用诊断算法诊断故障类型。动力电池管理需要诊断的故障通常包括过电压(过充电)、欠电压(过放电)、烟雾、过电流、超高温、短路故障、接头松动、绝缘能力降低以及电解液泄漏,还涉及传感器、执行器以及控制器等电子元器件的故障。在诊断出故障类型后,BMS 需要进行早期预警,并尽可能采取相应的措施进行及时干预,以保证电动汽车的行驶安全。

4. 充电控制

动力电池的充电过程将直接影响电池的寿命和安全。因此,BMS 通常需要集成一个充电管理模块，根据动力电池的实时特性、温度高低以及充电机的功率等级，控制充电机给动力电池进行安全充电。

5. 能量控制管理

由于电动汽车的行驶工况十分复杂，急加速、急制动、上下坡等驾驶操作的随机触发将造成复杂多变的动态负载。为了保证车辆安全、经济地运行，BMS 需要根据采集到的动力电池数据和实时状态信息，合理控制动力电池的能量输出以及再生制动的能量回收。若电动汽车装有复合电源，BMS 还需根据复合电源各自的状态信息优化分配动力电池的能量，以保证复合电源的最佳性能。

6. 均衡管理

由于生产工艺、运输储存以及电子元器件的误差积累，动力电池单体之间难免存在不一致性。在保证电池组的使用安全的前提下，为了充分发挥电池单体的性能，BMS 需要根据动力电池单体的信息，采取主动或被动的均衡方式，尽可能降低动力电池单体在使用过程中的不一致性。

7. 热管理

动力电池在正常工作中不仅受环境温度的影响，还受自身充放电产热的影响。因此，BMS 需要集成电池热管理模块。它可以根据电池组内温度分布信息及充放电需求，决定主动加热/散热的强度，使得动力电池尽可能工作在最适合的温度，充分发挥动力电池的性能，延长动力电池的使用寿命。

8. 信息管理

BMS 需要集成多个功能模块，并合理协调各模块之间的通信运行。由于运行的数据量庞大，BMS 需要对动力电池的运行数据进行处理和筛选，储存关键数据，并保持与整车控制器等网络节点进行通信。随着大数据时代的到来，BMS 还需要与云端平台进行实时交互，以便更好地处理动力电池的管理问题，提高管理品质。

1.4.2　BMS 的拓扑结构

设计电动汽车时，通常需要满足一定的加速能力、爬坡能力和最高车速等动力性指标，若只配备单个动力电池单体作为能量源是远远无法达到要求的。因此，工程上通常将动力电池单体进行串并联成组，以满足车辆设计的技术要求。例如，特斯拉 Model S 电动汽车采用松下公司制造的 NCA 系列 18650 镍钴铝三元锂离子动力电池，电池单体的标称容量为 3100mA·h，全车共采用了 7000 多个电池单体进行串并联成组，最终组成一个动力电池包，并安置于车身底板。面对大规模的动力电池管理问题，BMS 的拓扑结构非常重要。

BMS 的拓扑结构直接影响系统成本、可靠性、安装维护便捷性以及测量准确性。一般情况下，电池监测回路（Battery Monitoring Circuit，BMC）与电池组控制单元（Battery Control Unit，BCU）共同构成硬件电路部分。根据 BMC、BCU 与动力电池单体三者之间的结构关系，BMS 可分为集中式拓扑结构和分布式拓扑结构。

集中式 BMS 拓扑结构中的 BMC 和 BCU 集成在单个电路板上，实现采集、计算、安全监控、开关管理、充放电控制以及与整车控制器通信等功能，一般应用于动力电池容量低、总电压低、电池系统体积小的场合。集中式 BMS 拓扑结构如图 1-6 所示，所有动力电池单体的测量信号被集中传输到单个电路板。

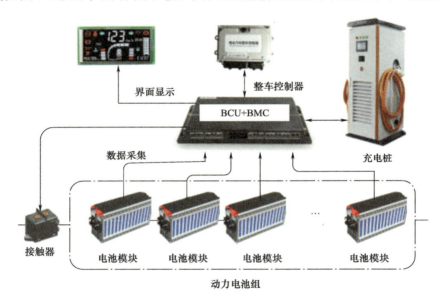

图 1-6 集中式 BMS 拓扑结构

集中式 BMS 拓扑结构一般具有如下优点：
① 通信速率高，高速的板内通信有利于保证数据的同步采集。
② 结构紧凑，抗干扰能力强。
③ 成本较低，仅使用一个封装即可完成 BMS 的全部工作。
同时，集中式 BMS 拓扑结构也存在以下缺点：
① 容易造成大量复杂的布线。
② 当系统的不同部分发生短路和过电流时难以保护电池系统。
③ 考虑到高压安全问题，不同通道之间必须保留足够的安全间隙，最终导致电路板的尺寸过大。
④ 由于所有的组件都集中在单一电路板上，可扩展性和可维护性差。
与集中式 BMS 拓扑结构不同，分布式 BMS 拓扑结构中的 BCU 与 BMC 是

分开布置的，如图 1-7 所示。BCU 主要负责故障检测、电池状态估计、开关管理、充放电控制以及与整车控制器通信；BMC 则用于实现电池单体电压、电流和温度的采集以及安全性和一致性的管理。BCU 和 BMC 之间通过 CAN 总线连接，任何 BMC 都可以与 BCU 通信。此外，每一块 BMC 电路板都属于 CAN 总线的一个节点，且单独与对应的动力电池单体建立连接。因此，BMC 与 BMC 之间同样可以建立通信。

分布式 BMS 拓扑结构一般具有如下优点：
① 采集与计算功能分离，故障排查容易，计算效率高。
② 极大简化了系统的结构，布置位置灵活，适用性好。
③ 可扩展性更强，若想要增加或减少管理的电池数量，只需要在相应电池附近布置或移除 BMC 电路板，再将它与预留的 CAN 总线接口相连或断开即可。

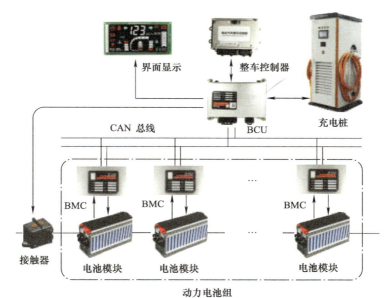

图 1-7　分布式 BMS 拓扑结构

同时，分布式 BMS 拓扑结构也存在以下缺点：
① 部件增多，增加了电路板数量和安装、调试与拆解的步骤。
② 通信网络设计要求高，易形成网络延时，影响采集数据的同步性。

目前，分布式 BMS 拓扑结构在电动汽车领域中的应用最为广泛。例如，特斯拉 Model S、宝马 i3、荣威 eRX5 以及比亚迪秦等商业化电动汽车均采用了这类结构。

1.4.3 BMS 的开发流程

BMS 的基本开发流程如图 1-8 所示。从图中可见，无论是动力电池的开发还是动力电池管理系统的开发，都是从整车的功率要求、能量要求以及其他设计要求出发，再进一步确定整车对动力电池及管理系统的具体要求。在动力电池系统开发方面，首先需要对动力电池进行选型，并开展一系列的动力电池单体特性测试以及循环寿命测试，获取所选动力电池的性能特性，进而确定动力电池的成组方式，包括动力电池单体串并联的数量以及具体的布置形式。在 BMS 开发方面，首先需要进行选型，再确定系统拓扑结构以及需要满足的基本功能和指标（包括防水、防尘、抗震等）。在确定动力电池成组方式、BMS 拓扑结构以及基本功能和指标后，可以有针对性地开展系统的机械结构设计、电子元器件/电路板设计以及底层驱动和应用层软件设计。在完成系统开发之前，还需要对 BMS 进行不同类型的测试，以确保系统设计的完整性和安全性。

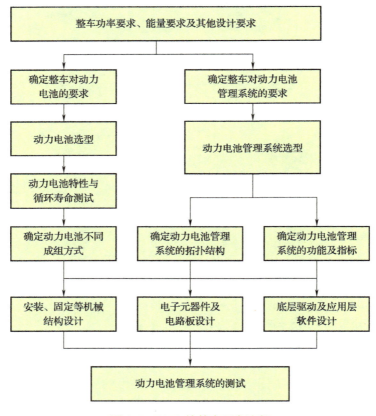

图 1-8 BMS 的基本开发流程

1.5 本章小结

　　本章主要围绕电动汽车的动力电池及其管理展开介绍，概述了我国新能源汽车及动力电池的发展历史和战略规划，梳理了纯电动汽车、混合动力汽车以及插电式混合动力汽车对动力电池及其管理系统的工作要求，并介绍了国家"十三五"新能源专项对动力电池及其管理系统的研发指标，还对面向冬奥环境的电池系统应用要求进行了简要阐述。本章回顾了动力电池的研究背景及现状，概述了锂离子动力电池的基本工作原理及分类，详细介绍了目前电动汽车领域中两类主流的动力电池——磷酸铁锂动力电池和三元锂离子动力电池，并对固态锂电池和电容电池进行了简介。在动力电池管理系统方面，本章从基本功能和拓扑结构的角度进行了详细的介绍，并概括了动力电池管理系统的基本开发流程。

第 2 章

动力电池测试

动力电池是一种典型的电化学系统,以动力电池管理系统研究和设计为目的建立的动力电池测试方案属于实验科学的范畴。为了获取动力电池在不同环境和工况下的工作特性以开展动力电池精确建模,开发高性能的 BMS,需要设计并实施一系列有针对性的动力电池测试。测试方案以及实验数据质量的优劣将直接影响动力电池特性分析的合理性与完整性,进而影响动力电池模型的准确性和可靠性,最终影响 BMS 的控制性能。本章将重点叙述动力电池及其系统测试平台建设、测试方法体系设计、数据分析和动力电池基本实验特性等。

2.1 动力电池测试平台

动力电池测试平台主要包括动力电池直流/交流充放电性能测试设备、阻抗特性测试设备、环境模拟设备、加速绝热量热仪、电触发加热平台与惰性气体手套箱等。

2.1.1 充放电性能测试设备

充放电性能测试设备通过加载特定的测试程序或车用工况,可以获得动力电池的电压、功率、容量、能量、内阻/阻抗、温度以及这些参数的衍生和计算表达,从而考察所测试动力电池是否满足电动汽车对动力电池系统的要求。从 1987 年美国 Arbin 公司推出第一台计算机控制的动力电池测试系统以来,动力电池充放电设备从手动分选测试到自动化、数字化测试,各方面都有了飞速发展。该领域的国外知名公司除美国 Arbin 外,还有美国 MACCOR 公司、日本日置株式会社、德国迪卡龙公司等企业。我国主要的生产企业有武汉蓝电电子有限公司、深圳新威尔电子有限公司、宁波拜特以及哈尔滨子木科技有限公司等。根据市场反应,进口设备因为发展较早,设备进行了持续更新和改进,测试精度、测试系统稳定性和售后较国产设备优势明显,而且测试范围和功能较为广泛,但设备价格昂贵。

第 2 章
动力电池测试

本书主要介绍北京理工大学先进储能科学与应用课题组的测试平台，主要使用了 Arbin-BT2000 动力电池单体和系统测试设备，包括三台单体测试设备和两台系统测试设备。Arbin-BT2000 实物图及工作界面如图 2-1 和图 2-2 所示，设备参数和特征见表 2-1 和表 2-2。

另一方面，合适的电池夹具也是保证动力电池性能测试顺利进行的重要因素。常见的电池夹具有连接夹具和预紧夹具等。连接夹具用于将电池与充放电设备连接，图 2-3a 与图 2-3b 为两类常见的电池连接夹具。预紧夹具如图 2-3c 所示，该夹具对电池施加合适的约束均布力，可促进锂离子传输的均匀分布，减少嵌入与脱出的不对等情况，增强层状结构的石墨间隙的恢复能力，从而减少负极的不可逆膨胀，有利于保持锂电池的容量。

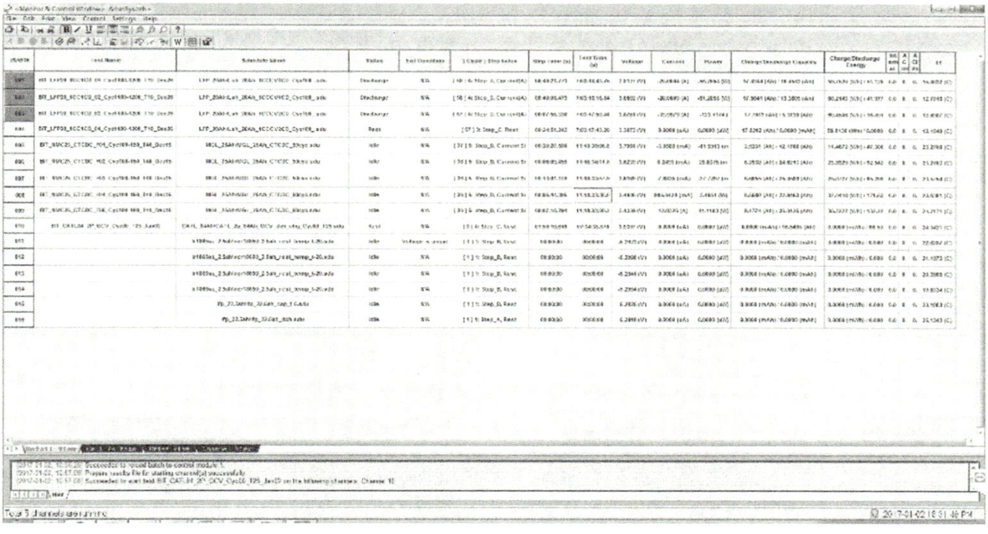

图 2-1　Arbin-BT2000 实物图

图 2-2　Arbin-BT2000 工作界面

2.1.2　交流充放电设备

动力电池交流充放电测试设备是指可依照用户使用要求，对动力电池施加所需的"直流+交流"激励的电源设备。此设备可以实现多种波形的电流激励，如正弦波、三角波等，既可对动力电池高倍率充放电，也可通过提高充放电的频率，对动力电池施加高频的交流激励，从而实现对动力电池的交流加热。

表 2-1　Arbin-BT2000 动力电池单体测试设备的参数和特征

设备规格	量程参数	设备特征
5V@100A	共 16 个独立通道，各通道可以并联使用；每个通道最大充放电流为 100A（分 1A/10A/100A 三个量程），精度为 0.05%	每个通道的电压范围为 0～5V，精度为 0.05%；多种可控模式：恒流充电、恒压充电、恒流转恒压充电、脉冲充放电、阶梯、任意可编程控制功率以及动态工况仿真等 响应速度快，电流上升时间小于 50ms 数据存储的最大频率为 100Hz，能存储多种物理量
5V@60A	共 32 个独立通道，各通道可以并联使用；每个通道最大充放电流为 60A（分 0.5A/5A/60A 三个量程），精度为 0.05%	
5V@30A	共 32 个独立通道，各通道可以并联使用；每个通道最大充放电流为 30A（分 1A/5A/30A 三个量程），精度为 0.05%	
5V@500A	共 4 个独立通道，各通道可以并联使用；每个通道最大充放电流为 500A（分 5A/50A/500A 三个量程），精度为 0.05%，支持 CAN2.0B 通信协议，可通过与 BMS 通信，实现电池系统的状态监控和 BMS 算法开发测试验证	
5V@1A	共 8 个独立通道，各通道可以并联使用；每个通道最大充放电流为 1A（分 100μA/2mA/50mA/1A 四个量程），精度为 0.05%，支持 CAN2.0B 通信协议，可通过与 BMS 通信，实现电池系统的状态监控和 BMS 算法开发测试验证	
10V@50A	共 4 个独立通道，各通道可以并联使用；每个通道最大充放电流为 50A（分 0.02A/0.5A/5A/50A 四个量程），精度为 0.05%，支持 CAN2.0B 通信协议，可通过与 BMS 通信，实现电池系统的状态监控和 BMS 算法开发测试验证	

表 2-2　Arbin-BT2000 动力电池系统测试设备的参数和特征

设备规格	量程参数	设备特征
60V@300A	共 1 个通道，每个通道最大充放电流为 300A（分 5A/50A/300A 三个量程），精度为 0.05%，操作电压范围为 2～60V，精度为 0.05%	多种可控模式：恒流充电、恒压充电、恒流转恒压充电、脉冲充放电、阶梯、任意可编程控制功率以及动态工况仿真等 响应速度快，电流上升时间小于 50ms 数据存储的最大频率为 100Hz，能存储多种物理量
100V@300A	共 2 个通道，每个通道最大充放电流为 300A（分 10A/50A/300A 三个量程），精度为 0.05%，操作电压范围为 10～300V，精度为 0.05%，支持 CAN 总线与 BMS 通信	
100V@500A	共 4 个通道，每个通道最大充放电流为 500A（分 125A/500A 两个量程），精度为 0.05%，操作电压范围为 10～300V，精度为 0.05%，支持 CAN 总线与 BMS 通信	

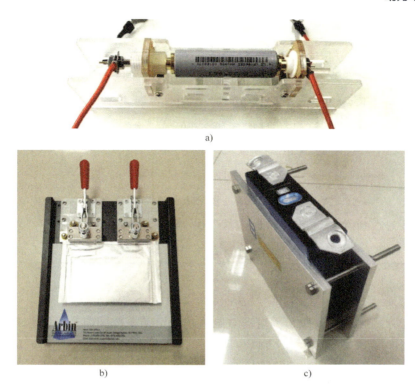

图 2-3　几类常见电池夹具

a）圆柱形电池连接夹具　b）软包电池连接夹具　c）预紧夹具

PZB-20 型双极性交流电源如图 2-4 所示，其具体参数和特征见表 2-3。PZB-20 型双极性交流电源能够产生频率为 0～100kHz（CV 模式）的高速高性能信号，并具有软起动和停止功能，对容性负载和感性负载均可平稳起动，最大激励电压／电流可扩展至 ±(0～20)V/±(0～20)A，可 2～5 台并列运行。

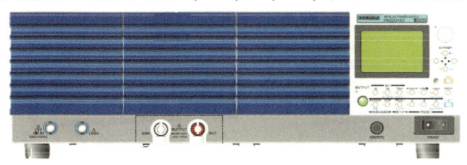

图 2-4　PZB-20 型双极性交流电源

表 2-3 PZB-20 型双极性交流电源的参数与特征

序号	设备参数和特征
1	同时具有单极性/双极性模式
2	CC 模式下最大输出电压范围为 −20.000 ~ +20.000V，分辨率为 0.001V
3	CV 模式下最大输出电流范围为 −20.000 ~ +20.000A，分辨率为 0.001A
4	输出频率：DC 约 100kHz（CV 模式），频率分辨率为 0.01Hz
5	波形种类：正弦波、方波、三角波等任意波形；波形相位 0° ~ 359°
6	可自动进行软起动、软停止，具有过电压保护和过电流保护功能
7	可通过编程设置电源的输出激励情况，通过序列编辑模式制作程序
8	具有多种远程接口，如 RS232C、GPIB、USB、LAN 口等

2.1.3 阻抗特性测试设备

阻抗特性测试设备用于测量动力电池在一定频率范围内、不同频率下的交流阻抗，即电化学阻抗谱（Electrochemical Impedance Spectroscopy，EIS），通常由电化学工作站完成。Zahner IM6 型电化学工作站如图 2-5a 所示，其具体参数和特征见表 2-4。电化学工作站 Zahner IM6 能够测试 10μHz ~ 8MHz 频率范围内动力电池的交流阻抗，并具有高输入阻抗、大电流激励的功能，最大激励电流可扩展至 100A。主控计算机安装 MITS Pro 软件和 Thales 软件，分别用于操控 Arbin-BT2000 测试仪和 Zahner IM6 电化学工作站开展动力电池的相关测试，具有设计测试程序、加载测试工况、储存测试数据等功能，配合图 2-5b 所示多路倍增器共同使用，可以序列测试 32 个独立的单元。其电化学阻抗谱测试界面如图 2-6 所示。

a)　　　　　　　　　　　　　　　b)

图 2-5　阻抗特性测试设备
a）Zahner IM6 型电化学工作站　b）多路倍增器

表 2-4 Zahner IM6 型电化学工作站的参数和特征

序号	具体参数和特征
1	交流阻抗频谱范围：10μHz～8MHz
2	最大线性扫描范围：±4V
3	最大输出电流范围：±3.0A
4	带有电压缓冲器，Gain=0.4 时，电压范围 ±10V；Gain=1 时，电压范围 ±4V
5	特有网络应用模块，可支持仪器的远程起动与测量

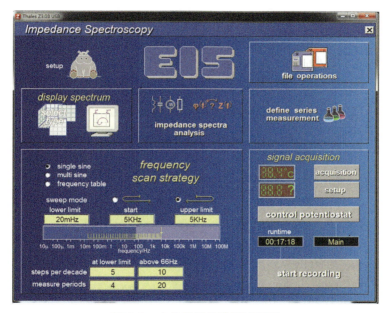

图 2-6 电化学阻抗谱测试界面

2.1.4 环境模拟设备

环境温湿度等条件对动力电池内阻、容量和充放电特性均有显著影响。为了模拟动力电池不同的应用环境，研究温湿度对动力电池特性的影响，需要采用温湿度实验箱控制环境参数。本书测试使用的某型号可程控式温湿度三层实验箱如图 2-7 所示。该实验箱采用工业微电脑控制系统，适用于对各类汽车部件、电子电工零件及其他产品进行高低温恒定、渐变和湿热等环境模拟实验。具体参数和特征见表 2-5。

图 2-7 可程控式温湿度三层实验箱

表 2-5 可程控式温湿度三层实验箱的参数和特征

序号	具体参数和特征
1	温度范围：-70 ~ 180℃
2	湿度范围：20% ~ 98%RH
3	波动度：≤ 0.5℃（温度），≤ 2.5%RH（湿度）
4	调温速率：平均非线性 3.0℃/min（升温），平均非线性 1.0℃/min（降温）
5	总功率：14.0kW（380V 三相四线 + 接地保护）
6	具有高低温恒定、渐变和湿热等功能
7	保温层厚度 100mm，采用耐火级高强度 PU 聚氨酯发泡保温绝缘材料
8	具有样品过温保护、过电流保护和三色灯光报警等功能

2.1.5 加速绝热量热仪

加速绝热量热仪（Accelerating Rate Calorimeter，ARC）通过精确的温度跟踪，提供一个近似绝热的环境，避免被测样品与环境的热量交换，主要用于动力电池的放热行为测试与比热容测试，可以获得绝热条件下表观放热反应的动力学参数与热力学参数。这些参数是建立电池热失控仿真模型和诊断热失控的基础。该平台也可用来进行电池的挤压、针刺等机械滥用与过充/放电、内/外部短路等电滥用引发的热失控实验，并对这些滥用引发的热失控进行热特性和电特性的分析，为 BMS 中的热管理提供支持。ARC 实物如图 2-8 所示。

图 2-8 ARC 实物

2.1.6 电触发加热测试平台

电触发加热平台由低温自加热控制与采集装置、保护电阻、MOSFET、霍尔式传感器等组成，MOSFET 控制电池间歇性的大电流放电，装置通过改变 MOSFET 的开关频率与占空比，以调节自加热速度，保障加热安全与电池长寿性。该平台实物及其原理如图 2-9 所示。当移除保护电阻且开关始终处于闭合状态时，该平台可作为动力电池外部短路测试平台。加热平台中外接保护电阻改变了外部短路的特性，将动力电池的端电压控制在安全范围，同时温升速率控制在 10℃/min 左右，使其与外部短路有本质差别。电池在加热过程中的电压、

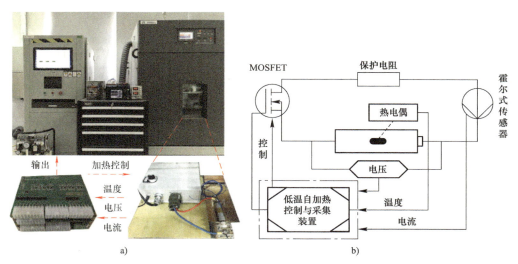

图 2-9 电触发加热平台实物及其原理

a）实物 b）原理

电流及温度由控制采集装置采集并输出至上位机显示。该平台的搭建为动力电池的低温极速加热提供了基础，也为后续围绕面向耐久性和安全性约束的加热策略研究提供了有力支撑。

2.1.7 惰性气体手套箱

惰性气体手套箱是将高纯惰性气体充入箱体内，并循环过滤掉其中的活性物质的实验室设备，用于有无水、无氧、无尘需求的测试环境，如电池的制作与拆解等。本书使用的手套箱如图 2-10 所示，具体参数与特征见表 2-6。

图 2-10 惰性气体手套箱

表 2-6 手套箱的参数和特征

序号	具体参数和特征
1	箱体压力范围：±1.0kPa，超出 ±1.2kPa 系统自动保护
2	箱体尺寸：1220mm × 750mm × 900mm
3	水氧指标（质量分数）：$<1 \times 10^{-6}$
4	泄漏率（体积分数）：<0.001%/h
5	水分析仪测量范围 $0 \sim 500 \times 10^{-6}$，氧分析仪测量范围 $0 \sim 1000 \times 10^{-6}$
6	氧分析仪采用 ZrO_2 传感器，耐久可靠

手套箱工作气体为高纯氩气，净化材料为铜催化剂和分子筛。工作时，箱体内高纯氩气在箱体与净化柱之间通过管道、循环风机等进行密闭循环，并

由西门子 PLC 控制系统监视。工作气体循环经过净化柱时其所含水分和氧气被吸附掉，再返回箱体内，始终维持箱内的水和氧的质量分数小于 1×10^{-6}。净化柱中净化材料经一定时间循环后会吸附饱和，通入氩氢混合气体（氢气质量分数为 5%～10%）作为再生气体对净化材料进行再生，可实现重复使用。

动力电池及其他材料需要进入手套箱时，可通过右侧的大、小过渡仓进行运送。其中，大过渡仓直径 360mm、长度 600mm，小过渡仓直径 150mm、长度 300mm，分别用于过渡不同尺寸物品。特别注意的是，物品放入过渡仓后，需要对过渡仓连续进行 3 次的抽真空与清洗操作，方可在手套箱内打开仓门，防止外界气体进入手套箱。

2.2 动力电池测试流程

锂离子动力电池内部是一个十分复杂的电化学系统，其特性受到工作温度、湿度、老化状态、振动和外夹紧力等诸多因素的制约。为了对动力电池进行实时有效的管理，更精准地估算动力电池的 SOC、SOH 和 SOP 等状态，电池内部参数和外部工作环境相互之间的动态关系便显得尤为重要。本书第 3～第 9 章介绍了基于模型的动力电池状态估算方法以及低温加热和充电策略，这些算法的开发依赖大量、有针对性的动力电池特性数据。因此，设计一套针对动力电池合理而完整的实验方案成为开发电池管理系统核心算法的首要任务。

2.2.1 国内外测试标准介绍

常用的动力电池测试标准包括美国国家能源部发布的《PNGV 电池测试手册》《USABC 电动汽车电池测试手册》《Freedom CAR 寿命测试手册》，欧盟国际电工委员会发布的 IEC 61690，日本发布的 JIS-C-8711 等。我国在动力电池测试方面也有专门的标准，如 GB/T 18385—2016《电动汽车动力性能实验方法》和 GB/T 18386—2017《电动汽车能量消耗率和续驶里程实验方法》等。上述各类标准提出了关于动力电池电压、容量、内阻、放电倍率、温度特性以及循环寿命等测试方法，为动力电池综合测试的设计提供了诸多可借鉴之处。

2.2.2 BMS 算法开发与实验设计

动力电池的 SOC 估计、SOH 估计、SOP 预测、RUL 预测、低温加热和优化充电策略等算法是 BMS 的核心关键。在研发和设计全气候、全寿命的 BMS 中，动力电池的综合测试是精确获取其相关特性数据的最佳手段。

① 静态容量测试是获取动力电池 SOC 基准值和 SOH 映射参数规律的基础，SOC 定义为当前剩余容量与最大可用容量的比，SOH 常被定义为最大可用容量与标称容量的比。通过最大可用容量的测试可以得到动力电池的静态容量，因此对 SOC 和 SOH 的估计意义重大；需要指出的是，在实际工况应用中，实时动态容量比静态容量更为重要，实时动态容量可以更好地反映动力电池工况中的 SOC 和 SOH 水平，但是动态容量精确在线估计具有较大挑战性。因此，定期进行静态容量标定成为一种可行途径。

② 动力电池开路电压（Open Circuit Voltage，OCV）与 SOC 存在单调映射关系，并随着动力电池性能衰退而变化，测试研究 OCV-SOC 的映射规律对提高动力电池建模水平和 SOC、SOH 估计精度具有重要意义。

③ 动力电池的内阻是计算充放电过程中生热速率的关键参数。混合动力脉冲特性测试（Hybrid Pulse Power Characteristic, HPPC）可用于离线辨识动力电池模型参数，便于进行动力电池的 SOP 估计、低温加热和快速充电等研究。

④ 动态工况测试则可模拟动力电池在实车驾驶过程中真实的激励条件，对验证动力电池关键算法在实际工况中的应用性能具有重要作用。

⑤ 电化学阻抗谱既能分析动力电池的性能衰退过程以及表征老化状态，也能为动力电池的分数阶建模和低温加热策略设计提供数据支撑。

另外，受动力电池材料活性影响，不同温度和老化状态下的电池特性数据也不相同。为了完整获得动力电池的工作性能，各项测试均需在多个不同温度、不同老化状态下分别进行，以实现全气候动力电池的全寿命高效管理。

基于现有的动力电池测试平台并结合 BMS 算法的需要，本书设计了综合的动力电池性能测试流程，如图 2-11 所示，主要包括动力电池常规电性能测试、动力电池交流阻抗测试和动力电池剩余寿命测试三大类。其中常规电性能测试由四个子测试组成：最大可用容量测试、开路电压测试、混合动力脉冲特性测试和动态工况测试。动力电池剩余寿命测试则由不同温度、不同倍率、不同截止电压和不同 SOC 区间的充放电测试组成。不同 BMS 算法所涉及的动力电池测试见表 2-7。

2.2.3 动力电池常规电性能测试

1. 最大可用容量测试

该测试的主要目的是通过对动力电池充放电以标定其当前条件下的最大可用容量。随着动力电池的老化，其容量会不断衰减。测试不同循环次数和温度条件下的最大可用容量对动力电池 SOC 和 SOH 的估计算法开发与评价具有重要的支撑作用。

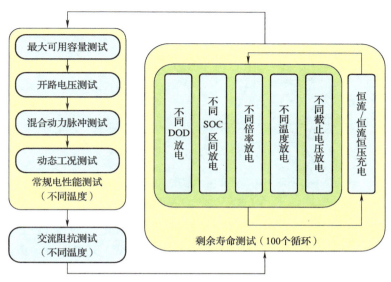

图 2-11 动力电池性能测试流程

表 2-7 不同 BMS 算法所涉及的动力电池测试

BMS 算法	最大可用容量测试	OCV 测试	HPPC 测试	动态工况测试	交流阻抗测试	寿命测试
SOC 估计	√	√	√	√	√	√
SOH 估计	√	√	√	√	√	√
SOP 预测	√		√			
RUL 预测	√					
低温加热	√		√		√	√
优化充电	√	√	√		√	

基于《电动汽车用电池管理系统技术条件》的要求，需要连续三次测量动力电池的最大放电容量。测试方法为将动力电池在标准电流下用图 2-12 所示的恒流恒压（Constant Current Constant Voltage, CCCV）方式充满电。静置一段时间后再以恒流放电至下截止电压，连续测试三次。若这三次测试的放电容量与三次测试结果均值的偏差在 2% 以内，则本次的最大可用容量测试结果有效，满足可用容量测试的确认条件，并取这三次测试结果的平均值作为动力电池的最大可用容量 C_{max}；否则需要继续测试，直至连续三次的放电容量满足可用容量的确认条件。一般取恒流段充放电倍率为 $0.3C$。

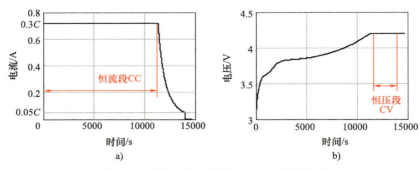

图 2-12 CCCV 充电示意图（充电电流为正）
a）电流曲线 b）电压曲线

某 2.4A·h 三元材料动力电池的容量测试电流和电压曲线（三次测试）如图 2-13 所示，如无特殊说明，本书皆以放电电流为正，充电电流为负。

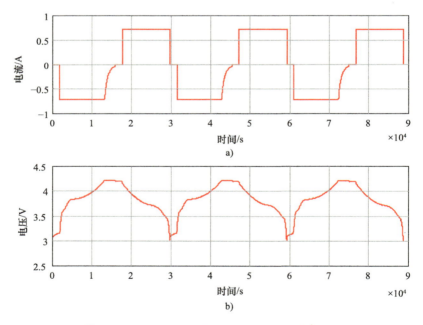

图 2-13 某 2.4A·h 三元材料动力电池的容量测试电流和电压曲线
a）电流曲线 b）电压曲线

2. 开路电压测试

该测试的目的是建立动力电池 OCV 与 SOC 和可用容量的关系表。每种电池体系都有自己特定的 OCV 曲线，同一温度下该曲线与 SOC 存在固定的关系。同时 OCV 也会受到老化的影响，进而可用于动力电池的 SOH 评估。

OCV 分为充电 OCV 和放电 OCV 两组值,其中充电状态下动力电池开路电压测试方法如下:

① 动力电池以标准电流放电至截止电压,静置 5h,测试其端电压值,该值视为 SOC=0% 时的开路电压值。

② 在标准电流下以 CCCV 对动力电池实施充电操作,截止条件是充入容量为 5% 的最大可用容量或者充电电流下降至充电截止电流,静置 5h 后测试端电压值。

③ 跳到步骤②循环进行步骤②和③,直到动力电池完全充满。

放电状态下动力电池开路电压测试方法如下:

① 以标准 CCCV 充电方式将动力电池充满电,静置 5h,测试其端电压值,该值视为 SOC=100% 时的开路电压值。

② 以标准电流恒流放电,截止条件为放电容量达到 5% 的最大可用容量或者动力电池电压降低至放电截止电压,静置 5h 后测试端电压值。

③ 跳到步骤②循环进行步骤②和③,直到动力电池达到其放电截止电压。

充放电开路电压曲线及其差异如图 2-14 所示。

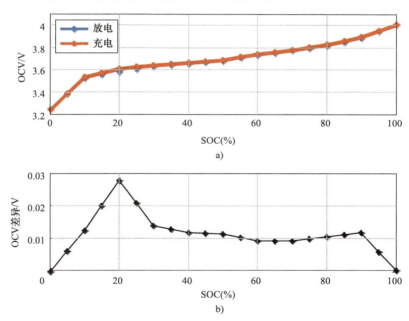

图 2-14 充放电开路电压曲线及其差异

a)OCV 与 SOC 的对应关系 b)充放电 OCV 的差值

3. 混合动力脉冲特性测试

HPPC 测试是采用连续的脉冲激励序列对动力电池进行充放电操作,以获得动力电池在不同 SOC 值下的动态特性。HPPC 测试数据常被用来进行模型参数的离线辨识,以获得不同 SOC 点的模型参数表。HPPC 测试步骤具体如下:

① 准备阶段,使用标准电流以 CCCV 充电方式将待测试动力电池充至满电。

② 静置 5h,使动力电池接近于平衡状态。

③ 加载混合脉冲电流激励序列,接着对动力电池实施一段时间的恒流放电操作,然后静置 1h。注意:该段时间的恒流放电过程是用来保证前后两次脉冲激励序列试验的 SOC 相隔 5%,从而获得 SOC 在 100%、95%……5% 下的测试数据。

④ 重复步骤③所设定的测试操作,直到动力电池达到其放电截止电压。

为获得更加全面的动力电池极化特性,该实验采用四组不同倍率的电流组成脉冲激励。为防止动力电池在满电状态下过充电,采用恒流恒压充放电对动力电池实施脉冲激励。最终得到的混合动力脉冲测试电流如图 2-15 所示(电流幅值取决于不同型号的动力电池)。

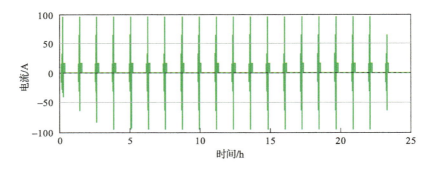

图 2-15 混合动力脉冲特性测试电流

4. 动态工况测试

动态工况测试是指通过模拟实际电动汽车行驶工况中的电流激励而开展的测试,以获取动力电池动态工作特性。基于动态工况测试数据,可以仿真研究 BMS 核心算法在实车应用中的适用性。常见的动态工况测试包括动态应力测试(Dynamic Stress Test,DST)、美国联邦城市运行工况(Federal Urban Driving Schedule,FUDS)、城市道路循环工况(Urban Dynamometer Driving Schedule,UDDS)、新欧洲行驶工况(New European Driving Cycle,NEDC)、中国典型城市运行工况(China Typical City Driving Cycle,CTCDC)。图 2-16 ~ 图 2-20 所示分别为动力电池 DST、FUDS 和 UDDS、NEDC 和 CTCDC 的电流激励曲线(2 个循环)。

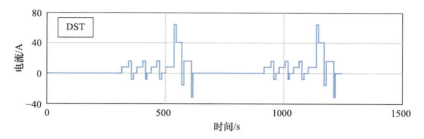

图 2-16　DST 的电流激励曲线（2 个循环）

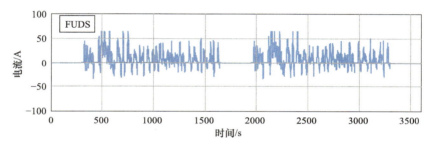

图 2-17　FUDS 的电流激励曲线（2 个循环）

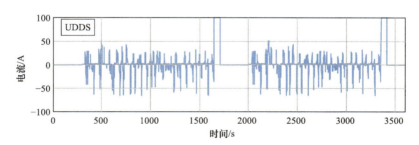

图 2-18　UDDS 的电流激励曲线（2 个循环）

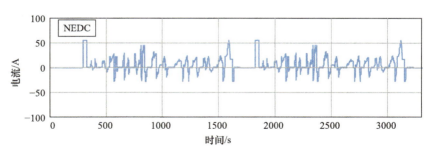

图 2-19　NEDC 的电流激励曲线（2 个循环）

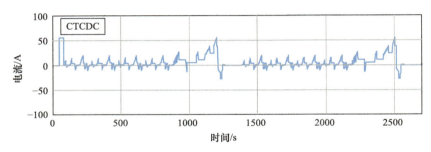

图 2-20 CTCDC 的电流激励曲线（2 个循环）

2.2.4 交流阻抗测试

交流阻抗测试是以小振幅正弦波电压信号（或电流信号）作为扰动，使电极系统产生近似线性关系的电流或电压响应，从而测量动力电池体系在某一频率范围阻抗谱的方法。这种"黑箱方法"以电压、电流为输入、输出，间接得到电池内部阻抗信息。

在研究电化学阻抗谱的过程中，研究人员基于电化学原理发现了电极界面双电层电容偏离纯电容的特性，由此引申出了分数阶模型，显著提高了对电池频域、时域特性的拟合精度。此外，动力电池交流阻抗谱与老化状态存在强单调映射关系。因此，在获取动力电池交流阻抗谱后，可通过对其中某些特征参数的提取来标定动力电池 SOH。

使用电化学工作站对动力电池进行 EIS 测试有多种方式可选，可采用二电极体系、三电极体系、四电极体系等。如图 2-21 所示，二电极体系包含工作电极、对电极，三电极体系相比二电极体系增加了一个已知电位的参比电极，由此可以获得工作电极的电位，同时通过工作电极和对电极回路可以获得流

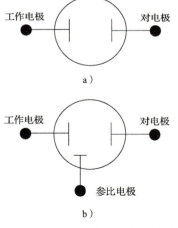

图 2-21 EIS 测试的二电极体系和三电极体系

a）二电极体系 b）三电极体系

过体系的电流，即可研究动力电池某一电极电位与界面反应对的关系。目前较为常用的是二电极体系。

二电极体系下动力电池与电化学工作站的连接方式如图 2-22 所示，实物连接方式如图 2-23 所示。将动力电池的正极作为工作电极，将负极作为对电极，与电化学工作站相应接口连接，用来提供正弦激励信号。此外，参比电极线与

负极连接，感受电极线与正极连接，二者没有电流流过，用来测量它们之间的电压信号。

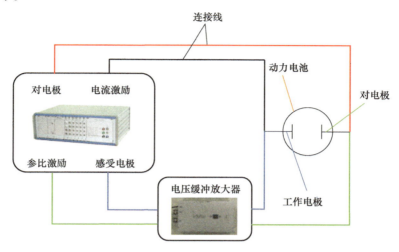

图 2-22　二电极体系下动力电池与电化学工作站的连接方式

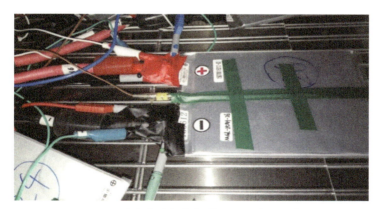

图 2-23　动力电池与电化学工作站的连接方式

EIS 的测试方法通常有两种：恒电流法和恒电位法。从理论上讲，两者的测量结果一致，但实际应用中二者的应用场合不同。恒电位法应用较为广泛，动力电池的激励由一个恒定电压与一个幅值确定的正弦信号叠加得到的复合电压信号来提供，同时电化学工作站测量系统的交流电流响应，根据电压和电流的比例得到阻抗。恒电流法是指对动力电池施加一个由直流电流（可以为 0）与一个幅值确定的正弦电流信号叠加的复合电流信号作为激励，同时电化学工作站测量动力电池系统的电压信号响应，根据电压和电流的比值计算阻抗。这种方法一般应用于与腐蚀相关的测试或者燃料电池测试中。对于锂离子动力电池，恒电位原位 EIS 测试和恒电流原位 EIS 测试均有采用。而恒电流原位 EIS 测试，能够防止在长时间测量过程中导致的动力电池充电或者放电，从而保持 SOC 值恒定。

充放电结束后静置时间的长短直接影响锂离子动力电池系统内部的稳定性，其也是影响电化学阻抗谱测量结果可靠性的一个重要因素。静置时间可以通过测量该时间内电压/电流的变化趋势，和比较不同静置时间下阻抗谱的测量结果来确定。一般情况下，合理的静置时间为 3h，相比更短的静置时间，测量结果的可重复性大大提升，并且低频坏点出现的频率明显降低。另外，EIS 测试还受到很多因素影响，例如电化学工作站夹具在电池极耳上的连接位置、所使用的测试线长度等。这些因素在实验过程中都要统一。

动力电池电化学阻抗谱测试结果通常展示在负奈氏图上，横坐标为阻抗的实部，纵坐标为阻抗的负虚部，从左下到右上频率逐渐降低。某动力电池电化学阻抗谱图如图 2-24 所示。

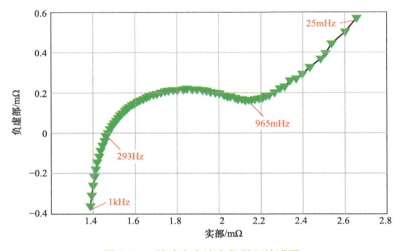

图 2-24　某动力电池电化学阻抗谱图

2.2.5　剩余寿命测试

动力电池的耐久性与其剩余寿命息息相关，它体现了动力电池系统在不同工作条件下，特别是在极限工况条件下的耐受能力。当前对于动力电池耐久性管理研究侧重于对单一应力或复合多应力作用下的动力电池寿命预测与健康状态评估，从而对可预见的电池故障和失效进行预警或干预。

一方面，在电动汽车的实际应用中，动力电池的寿命通常要求达到 10~15 年的时间，但相关测试必须满足成本和时间最小化要求。另一方面，考虑到动力电池在实际应用中外界因素复杂多变,且不同应力水平下电池的寿命衰减轨迹也不同,动力电池的剩余寿命测试还应实现对混合应力的解耦,其中混合应力包括充放电倍率、截止电压、SOC 区间、温度等。研究表明,借助剩余寿命测试获取动力电池的寿命衰退规律和不同老化状态下的特性,是实现动力电池及系统剩余寿命预测与耐久性快速评价的可行方案。

综上,本书介绍了一套包括不同倍率、不同温度、不同 SOC 区间和不同下截止电压放电测试在内的剩余寿命测试方案,该实验的部分测试结果将用于支撑第 6 章的剩余寿命预测研究。测试步骤具体如下:

方案 1:不同倍率的剩余寿命测试(图 2-25)

① 以 0.5C 恒流充电至上截止电压,再恒压充电至截止电流 0.05C。
② 静置 5min。
③ 分别以 1C、2C 和 3.5C 放电至下截止电压,再以 0.5C 放电至下截止电压。
④ 静置 5min,返回步骤①。
⑤ 每 100 个循环进行一次常规电性能测试和交流阻抗测试。

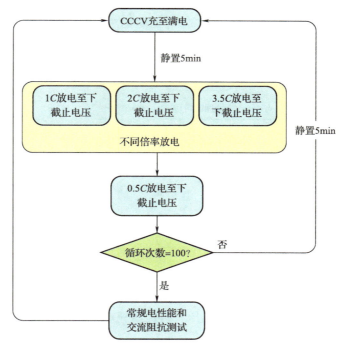

图 2-25 不同倍率的剩余寿命测试

方案 2:不同温度的剩余寿命测试

将环境模拟设备温度分别设为 10℃、25℃和 40℃,重复方案 1。

方案 3：不同 SOC 区间的剩余寿命测试（图 2-26）

① 以 0.5C 恒流充电至 SOC 区间上限，若是 100% SOC 情况，则需再恒压充电至截止电流 0.05C。

② 静置 5min。

③ 分别在 0～100%、10%～90%、50%～100%、25%～75%、0～50%、80%～100%、40%～60%、0～20%、90%～100%、20%～30% 10 个 SOC 区间和 5 个不同 ΔSOC 放电；放电电流均为 1C。

④ 静置 5min，返回步骤①。

⑤ 每 100 个循环进行一次常规电性能测试和交流阻抗测试。

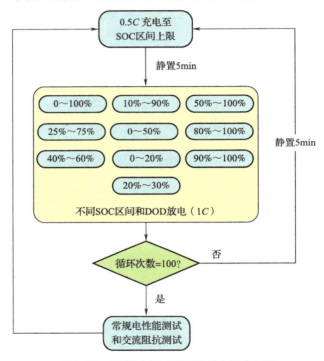

图 2-26　不同 SOC 区间的剩余寿命测试

方案 4：不同截止电压的剩余寿命测试（图 2-27）

① 以 0.5C 恒流充电至上截止电压，再恒压充电至截止电流 0.05C。

② 静置 5min。

③ 以 1C 恒流分别放电至不同下截止电压 2.6V、2.8V 和 3.5V（可依据电池参数自行设定），再以 0.5C 恒流放电至相应的下截止电压 2.6V、2.8V 和 3.5V。

④ 静置 5min，返回步骤①。

⑤ 每 100 个循环进行一次常规电性能测试和交流阻抗测试。

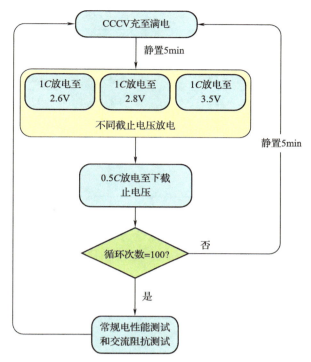

图 2-27　不同截止电压的剩余寿命测试

2.3　动力电池测试数据

基于上述的动力电池测试流程，作者团队历时多年，建立了包含磷酸铁锂动力电池和三元动力电池在内的多种动力电池的数据库，涉及的电池种类和特性见表 2-8。特别注意，本书后文使用的动力电池均以"动力电池编号"或"动力电池编号 - 单体编号"指代，例如，"动力电池 1- 单体 02"指代标称容量为 25A·h 的三元材料动力电池 2 号。

表 2-8　本书涉及的相关动力电池及其基本参数

编号	电池类型	标称容量/(A·h)	上截止电压 /V	下截止电压 /V	外形
动力电池 1	NMC	25	4.2	2.5	方形
动力电池 2	NMC	32	4.05	3.0	方形
动力电池 3	LMO	35	4.2	3.0	方形
动力电池 4	LMO	90	4.2	3.0	方形
动力电池 5	NMC	2	4.1	3.0	圆柱

（续）

编号	电池类型	标称容量/(A·h)	上截止电压 /V	下截止电压 /V	外形
动力电池 6	NCA	2.7	4.2	2.5	圆柱
动力电池 7	LFP	27	3.65	2.65	方形
动力电池 8	NMC	2.5	4.2	3.0	圆柱
动力电池 9	NMC	50	4.25	2.8	方形
动力电池 10	NCA	3	4.2	2.5	圆柱
动力电池 11	LFP	50	3.65	2.5	方形
动力电池 12	NMC	2.1	3.65	2.5	圆柱

在不同循环寿命和温度下进行常规电性能测试和交流阻抗测试，获得的动力电池特性数据也不相同。了解动力电池全寿命周期下的工作特性，才能在新能源汽车的多年使用中保证 BMS 算法的稳定性。目前，作者团队已建立了全气候、全寿命的动力电池测试数据库，部分见表 2-9。

表 2-9 本书涉及的部分数据库列表

电池种类	数据内容
磷酸铁锂类	多批次、多系列动力电池单体（总数 120 个） 宽温度（-10 ~ 45℃）、宽寿命区间（70% ~ 100%）内的老化数据、特性、工况与交流阻抗测试数据，循环次数超过 4000 次
三元类（方形）	多批次动力电池单体（总数 100 个） 宽温度（-10 ~ 45℃）、宽寿命区间（80% ~ 100%）内的老化数据与特性、工况实验数据
三元类（圆柱形）	多批次、不同规格的动力电池单体（总数 300 个） 不同倍率、不同温度、不同截止电压和不同 SOC 区间的全寿命（80% ~ 100%）容量衰减与特性数据 宽温度（-10 ~ 45℃）、不同老化次数下的容量、工况、交流阻抗、效率等数据

2.4 动力电池实验特性分析

2.4.1 动力电池的温度特性

1. 温度对动力电池容量的影响

温度对动力电池特性的影响较大。动力电池 7 在不同温度下（-10℃、0℃、25℃和 40℃）最大可用容量的测试曲线如图 2-28 所示。

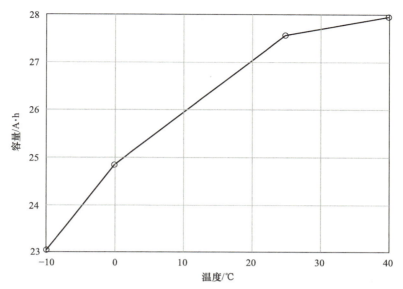

图 2-28　动力电池 7 在不同温度下（-10℃、0℃、25℃和 40℃）
的最大可用容量的测试曲线

由图 2-28 可见，在一定的温度范围内，动力电池的容量随温度的升高而上升，-10℃下和 40℃下最大可用容量相差高达 5A·h，约占额定容量的 18.5%。温度会影响电池材料的活性和充放电性能，直观表现在动力电池模型中的内阻和开路电压，高温时放电过程端电压比低温高。因此，在相同的放电截止电压和放电电流的条件下，温度较高时，动力电池放电持续时间长、放电容量大；低温时，动力电池提前达到截止条件，放出电量少。故动力电池需调控在合适工作温度区间。

2. 温度对开路电压的影响

动力电池的 OCV-SOC 关系是动力电池性能建模和状态估计中最重要的关系之一，在相同温度和实验方法下测得的 OCV-SOC 曲线重复性好。但在不同温度下，该曲线会发生一定变化。不同温度下的 OCV-SOC 曲线如图 2-29 所示，在 10%~100% SOC 区间段该曲线基本重合，而在低 SOC 区间段差异较大。主要原因是低温下的动力电池内阻增大，放电过程会较快到达截止电压，使得动力电池放电不充分。该特性还会影响动力电池建模与状态估计。同时，温度改变后动力电池的最大可用容量也会随之变化，这会对动力电池 SOC 和 SOH 动态估计带来不确定因素，甚至引发算法不收敛。因此，在 BMS 算法的研发过程中，必须充分考虑温度的影响。

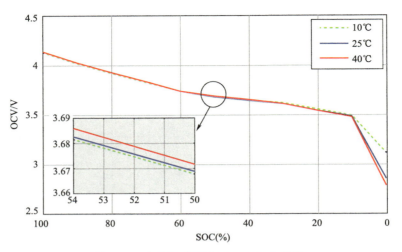

图 2-29　不同温度下的 OCV-SOC 曲线

3. 温度对交流阻抗的影响

动力电池 1 在不同温度下的 EIS 测试结果如图 2-30 所示。可见，温度对于动力电池交流阻抗测试结果影响较大。温度下降后，动力电池的交流阻抗明显增大；低温下，动力电池的能量和容量损失增大，导致动力电池最大可用容量值降低，这也印证了前文的实验结果。因此，考虑动力电池参数的温度特性对

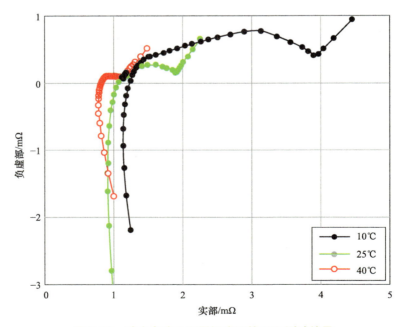

图 2-30　动力电池 1 不同温度下的 EIS 测试结果

于提高模型在不同应用环境下的预测精度显得尤为重要,不合适的模型参数会显著降低动力电池模型的预测精度和 BMS 的管理水平。除此之外,设计合理有效的动力电池热管理系统对于动力电池工作环境的优化和改善意义重大。

2.4.2 动力电池的性能衰退特性

1. 性能衰退与循环次数的关系

随着动力电池工作时间的增加,活性离子浓度会降低,电极活性材料会损失,导致电解液杂质增多、电荷传递阻抗增大和电极的脱嵌能力下降,从而造成动力电池性能衰退。图 2-31 所示为不同老化状态下的动力电池最大可用容量,与预期的一致,两者存在着近似线性的负相关关系。具体衰退轨迹的成因将在 2.4.3 节中详细介绍。值得注意的是,相比三元动力电池,磷酸铁锂动力电池的使用寿命更长。

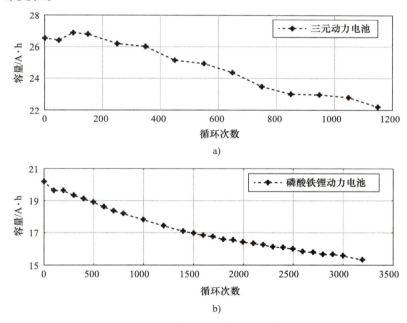

图 2-31 不同老化状态下的动力电池最大可用容量
a)某三元动力电池最大容量变化曲线 b)某磷酸铁锂动力电池最大容量的变化曲线

2. 性能衰退对开路电压的影响特性

动力电池性能衰退不仅会造成容量降低,对 OCV-SOC 曲线同样存在影响。图 2-32a 所示为不同老化状态下的 OCV-SOC 曲线,该图表明,随着动力电池循环次数的增加,其 OCV-SOC 曲线也逐渐变化,尤其在低 SOC 阶段差异较为明显。动力电池的老化状态不同,最大可用容量也不同。横坐标中相同 SOC 所代表的电量并不一致，若将其转化成图 2-32b 所示的放电量，那么电池 OCV 的差异性会更为直观：在放出相同电量的情况下，老化状态越严重的电池其 OCV 下降得越快。

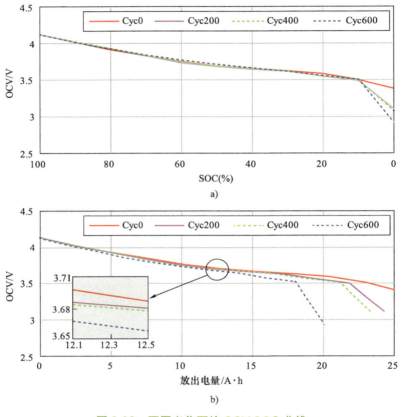

图 2-32　不同老化下的 OCV-SOC 曲线
a）OCV-SOC 曲线　b）OCV-放出电量曲线

3. 性能衰退对交流阻抗的影响

动力电池的老化状态不同，容量和开路电压也不同的本质原因是动力电池的内部结构发生了改变。测试阻抗值更能体现动力电池内部机理的变化。图 2-33 给出了不同老化状态下的动力电池交流阻抗变化曲线（EIS 测试结果）。由图可以看出，动力电池的交流阻抗值与其老化状态关系密切。整体而言，随着动力电池性能衰退，其内阻逐渐增大，这也是造成动力电池寿命衰减的主要原因。因此，动力电池参数的实时更新对于提高模型在不同老化阶段下的预测精度显得尤为重要，只有准确地估计电池的老化状态和其内部参数，才能提高动力电池模型的预测性能。

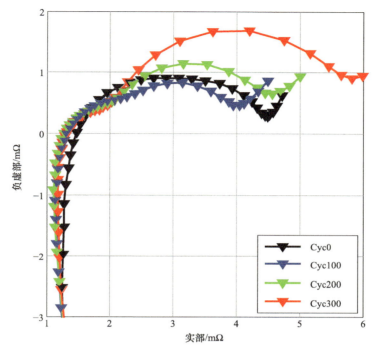

图 2-33 不同老化状态下的 EIS 测试结果

2.4.3 动力电池的寿命特性

本节对动力电池 10 的寿命测试数据进行了具体分析。需要说明的是，动力电池 10 的正极材料为 Li（NiCoAl）O_2、负极材料为石墨碳，其具体容量衰减特性可能与其他型号的动力电池有所差异，但分析方法具有一定的通用性，可推广应用。

1. 寿命衰减特性轨迹

图 2-34 所示为动力电池在不同放电倍率条件下的容量衰减轨迹。图 2-34a 为动力电池在放电倍率 0.5C 和 1C 时的容量衰减轨迹，图 2-34b 为动力电池在放电倍率 1.5C 和 2C 时的容量衰减轨迹。

由图 2-34 可见，动力电池的容量衰减轨迹通常可分为两个阶段：阶段 1 为非线性容量迅速衰减段；阶段 2 为容量近似线性衰减段。两个阶段的分界点在第 50~200 次循环之间。需要说明的是，精确的分段循环数可能与图中所示不完全一致，但并不影响衰减特性分析。阶段 1 中动力电池容量经历了较快的衰减过程，其主要原因是动力电池负极 SEI 膜形成的过程中消耗了内部的活性物质。阶段 2 中动力电池 SEI 膜已经完全形成，此时容量相对稳定且衰减速率降低，从而产生了近似线性的容量衰减轨迹。

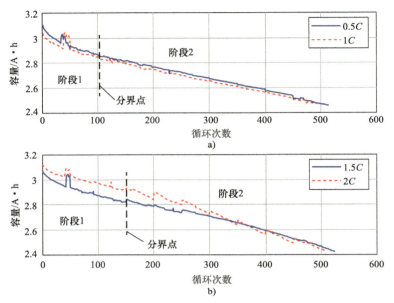

图 2-34　动力电池在不同放电倍率条件下的容量衰减特性

a）0.5C 和 1C　b）1.5C 和 2C

图 2-35 描述了动力电池在不同倍率下的容量平均衰减速率。其中，平均容量衰减速率是该阶段的容量衰减百分比与其循环总数的比值。可见，阶段 1 中动力电池的容量平均衰减速率为 0.15%～0.25%，阶段 2 中动力电池容量平均衰减速率降低至 0.1% 附近。

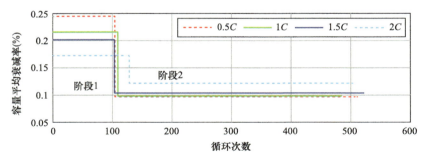

图 2-35　动力电池在不同倍率下的容量平均衰减速率

上述分段特性的发现，为动力电池剩余寿命的预测算法提供了新的思路。若能准确估计阶段分界点，则可以使用线性模型对阶段 2 的容量数据进行拟合，简化计算流程和运算量，并精确预测动力电池的剩余寿命。

2. 寿命与温度的关系

工作温度对动力电池的容量衰减特性以及寿命长度有重要影响，2.4.2 节中已有讨论，本节将具体分析温度对容量衰减轨迹的影响。图 2-36 所示为动力电池在不同温度下的容量衰减特性。

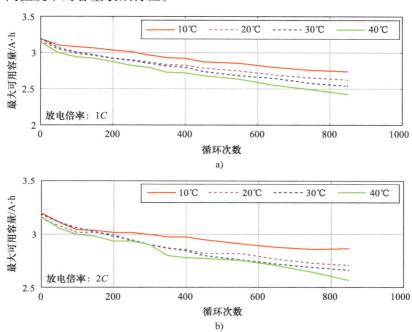

图 2-36　动力电池在不同温度下的容量衰减特性
a）1C 放电倍率　b）2C 放电倍率

由图 2-36 可见，动力电池在 1C 和 2C 放电倍率、10～40℃循环条件下，温度越高，容量衰减速率越快，寿命越短。如图 2-36a 所示，在 10℃下，800 次循环导致容量衰减了 0.5A·h 左右，而在 40℃下，相同循环次数导致容量衰减了 0.8A·h。原因主要在于内部副反应在高温下（40℃）反应速率较快，需消耗更多的活性物质以及锂离子，从而造成更快的容量衰减速率，使动力电池寿命更短。由此可见，相比该实验的其他温度点，在 10℃下，动力电池能够获得更好的耐久性。

3. 寿命与倍率的关系

动力电池放电倍率对其容量衰减特性以及寿命具有重要影响。图 2-37 所示为动力电池在不同放电倍率（0.5C、1C、1.5C 和 2C）下的容量衰减轨迹。

由图 2-37 可见，对该三元材料圆柱形锂离子动力电池，2C 放电倍率内，动力电池的容量衰减速率随倍率的增大而减小。如图 2-37a 所示，800 次循环后，动力电池在0.5C下的容量衰减至2.6A·h以下,而在2C下的容量仍保持在2.8A·h以上。需要说明的是,一般情况下,大倍率放电电流会加快动力电池内部SEI膜增长以及活性物质损失的速率,从而导致动力电池容量衰减速率增加,但是动力电池的衰减速率并不与其倍率呈简单正相关,该特性与动力电池材料设计关系较大。因此,确定动力电池最优工作区间对提高其耐久性具有积极意义。

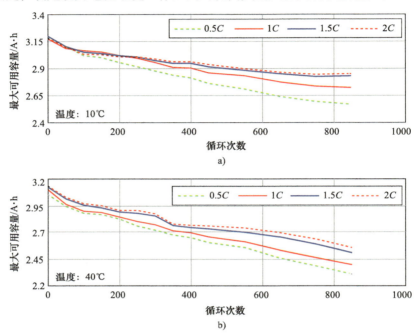

图2-37 不同倍率下动力电池的容量衰减特性
a)10℃循环温度 b)40℃循环温度

4. 寿命与充放电区间的关系

锂离子动力电池容量损失主要来源于SEI膜生长以及电池内部活性物质损失。SEI膜生长由锂离子内部的电化学副反应所致,而活性物质损失则主要由循环过程中活性物质体积和结构改变引发的物质脱落造成。

SEI膜生长是动力电池静置以及在较窄SOC范围内循环时容量损失的主要原因。图2-38所示为动力电池在较窄SOC区间($\Delta SOC \leq 20\%$)下的容量损失轨迹。可见较窄SOC区间循环的容量损失比较接近,600次等效循环后,损失为8%~10%。

> **注意**:这里的等效循环是指累积放电容量(A·h)与动力电池额定容量的比值。

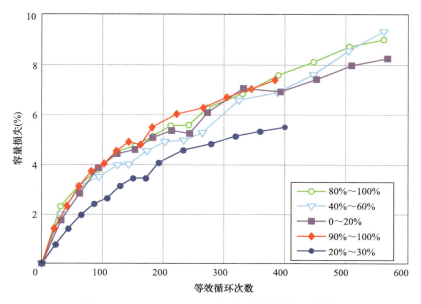

图 2-38　△SOC ≤ 20% 条件下的容量衰减轨迹

当动力电池在较宽 SOC 范围内循环时,嵌入、嵌出动力电池内部活性物质的锂离子容易导致活性物质结构损坏和损失,最终造成锂离子及动力电池容量的损失。此时,动力电池容量损失为 SEI 膜生长与活性物质损失导致的容量损失之和。动力电池在较宽 SOC 区间(△SOC ≥ 50%)循环时的容量衰减轨迹如图 2-39 所示。

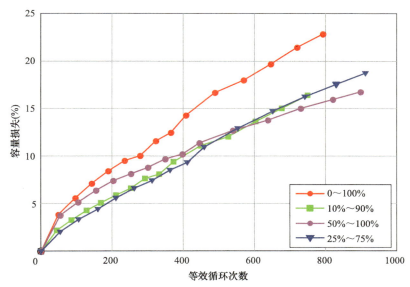

图 2-39　△SOC ≥ 50% 的容量衰减轨迹

由于增加了活性物质损失，图 2-39 中动力电池的容量损失均大于图 2-38 的容量损失。600 次等效循环时，图 2-39 中动力电池的容量损失均超过了 10%。另外，较宽 SOC 区间循环条件下的动力电池容量损失相差较大。例如，当 $\Delta SOC=100\%$ 时，电池在 600 次等效循环时的容量损失已超过 20%；而当 $\Delta SOC=80\%$ 或 50% 时，容量在接近 900 次等效循环的损失仍在 20% 以内。因此，合理控制动力电池充放电区间，可以提高其耐久性。

2.5 本章小结

本章基于由动力电池充放电性能测试设备、交流充放电设备、阻抗特性测试设备、环境模拟设备、加速绝热量热仪以及连接装置等搭建的动力电池测试平台，系统地设计了一套动力电池测试方案和实验流程，建立了包含多种磷酸铁锂动力电池和三元动力电池在内的动力电池特性数据库。同时对动力电池的温度特性、性能衰退特性和寿命特性开展了详细分析。实验数据表明，动力电池的最大可用容量、开路电压以及交流阻抗均会受到其工作温度和老化状态的影响；寿命衰退轨迹也会随着动力电池的工作应力和 SOC 区间的不同而发生改变。因此，在设计动力电池模型时必须要考虑模型参数与工作温度、老化状态的关系，开发动力电池状态估计算法时也需考虑在变应力、宽温度、全寿命周期中的应用性能。上述实验特性分析为 BMS 算法的设计和验证提供了坚实有力的数据和理论基础。

第 3 章

动力电池建模理论

动力电池电化学反应过程复杂，影响因素多且具有不确定性，其数学建模是一个多领域和多学科问题，也一直是学术界和工业界研究的重点和难点。动力电池输入激励量（负载电流）、输出观测量（电压和温度）是动力电池管理系统的有限可测量。试验发现了动力电池输出电压伴随着其电化学反应的极化、正负极材料的多阶段性等特性，表现出迟滞、强时变、非线性等特征。动力电池的输出电压分为动态和静态两部分：动态部分主要包含快速变化电压分量（欧姆极化）和缓慢变化电压分量（浓差和电化学极化等）；静态部分主要包含开路电压分量（平衡电动势）和滞后电压分量（迟滞特性）。其中，滞后电压分量与系统的当前状态和历史激励轨迹密切相关。

为了更准确地描述动力电池的外特性，设计可靠的动力电池状态估计算法，开发出最优的新能源汽车能量管理系统，精确的建模必不可少。常见的动力电池模型主要分为电化学模型、等效电路模型和黑箱模型。随着对动力电池频域特性研究的深入，基于等效电路模型和交流阻抗特性建立了动力电池的分数阶模型，本章将系统介绍电化学模型、等效电路模型和分数阶模型的构建、参数辨识和验证，并简要介绍多模型融合的思路。

3.1 电化学模型

3.1.1 模型介绍

20 世纪 90 年代中期，美国加州大学伯克利分校的 M.Doyle、T.F.Fuller 和 J.Newman 以多孔电极和浓溶液理论建立了伪二维（Pseudo-Two-Dimensional，P2D）模型，奠定了电化学机理模型的发展基础。该模型采用一系列偏微分方程和代数方程组精确描述了动力电池内部锂离子的扩散与迁移、活性粒子表面电化学反应、欧姆定律以及电荷守恒等物理化学现象。迄今为止，大多数电化学模型都是在该模型的基础上衍生和发展而来的。电化学模型是一种第一原理模型，不仅可以准确仿真动力电池外特性，还可以对动力电池内部特性（如电极与电解液中锂离子浓度、反应过电势等难以实测的电池内部物理量）的分布和变化进行仿真。与其他动力电池模型相比，电化学模型能深入描述动力电池内部的微观反应，具有更明确的物理含义。

P2D 模型具有通用性和可扩展性，适用于不同材料体系的电池类型，并可以发展和延伸为更复杂的多场耦合模型。因此，P2D 模型在电池建模过程中扮演了不可替代的角色。但是，其内核含有复杂的偏微分方程和繁多的电化学参数，对 BMS 的运算能力提出了很高的要求。目前 P2D 模型的求解主要采用数值计算方法，如有限差分法、有限元法和有限体积法。

3.1.2 模型构建

图 3-1 所示为钴酸锂动力电池的 P2D 模型示意图。该模型采用两相（固相和液相）、三区域（正极、负极和隔膜）简化描述动力电池内部结构。固相使用球形颗粒进行建模。固相扩散过程利用锂离子沿颗粒半径 r 的扩散过程描述。液相扩散过程利用锂离子沿动力电池厚度，即 x 方向的扩散和迁移运动描述。在放电过程中，锂离子由负极活性材料内部扩散到表面，通过发生在负极活性材料表面的电化学反应释放到电解液中；随后锂离子朝正极方向扩散，通过隔膜后到达正极，并在正极活性材料表面发生电化学反应进而扩散到正极活性粒子内部。与此同时，电子从负极集流体向正极集流体方向运动，从而在外电路中形成电流。

正极反应为

$$LiCoO_2 \underset{放电}{\overset{充电}{\rightleftharpoons}} Li_{(1-x)}CoO_2 + xLi^+ + xe^-$$

负极反应为

$$6C + xLi^+ + xe^- \underset{放电}{\overset{充电}{\rightleftharpoons}} Li_xC_6$$

根据这一工作原理，可以建立以一系列偏微分方程和代数方程为基础的 P2D 模型，用于从电化学角度描述动力电池特性。概括来说，P2D 模型可以总结为如下 6 个数学方程组：

① 锂离子在液相中的扩散方程，描述区域包括正极、负极及隔膜。
② 锂离子在固相中的扩散方程，描述区域包括正极和负极。
③ 液相欧姆定律方程，描述区域包括正极、负极及隔膜。
④ 固相欧姆定律方程，描述区域包括正极和负极。
⑤ 电荷守恒方程，描述区域包括正极、负极及隔膜。
⑥ Butler-Volmer 动力学方程，描述区域为固相和液相交界面处。

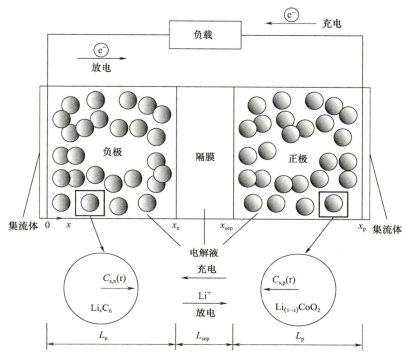

图 3-1 钴酸锂动力电池的 P2D 模型示意图

1. P2D 模型方程

下文将对 P2D 模型方程进行详细描述。注意：动力电池内部不同部位参数用下标 p、n、sep 加以区分，分别表示正极（positive electrode）、负极（negative electrode）和隔膜（separator）。

（1）锂离子在液相中的扩散

锂离子在电解液中的传递方式仅有扩散和迁移，同时考虑到锂离子嵌入/脱出对电解液中锂离子浓度的影响，其传递过程用下式描述：

$$\varepsilon_e \frac{\partial c_e}{\partial t} = \frac{\partial}{\partial x}\left(D_e^{\text{eff}} \frac{\partial c_e}{\partial x}\right) + a\left(1-t_+^0\right)j_r \quad (3-1)$$

式中，方程右边的第一项表示扩散对液相锂离子浓度的影响；第二项表示迁移和固液相交界面上的电化学反应对液相锂离子浓度的影响，该过程通常可忽略不计；ε_e 为液相体积分数；c_e 为液相锂离子浓度；x 为极板厚度方向；D_e^{eff} 为锂离子液相有效扩散系数；a 为电极颗粒单位体积的表面积；t_+^0 为锂离子液相转移系数；j_r 为固相-液相交界面处的锂离子流量密度。其边界条件如下：

$$\begin{cases} \left.\dfrac{\partial c_e}{\partial x}\right|_{x=0} = \left.\dfrac{\partial c_e}{\partial x}\right|_{x=x_p} = 0 \\ D_{e,sep}^{eff} \left.\dfrac{\partial c_e}{\partial x}\right|_{x=x_{sep}^-} = D_{e,p}^{eff} \left.\dfrac{\partial c_e}{\partial x}\right|_{x=x_{sep}^+}, \quad \left.c_e\right|_{x=x_{sep}^-} = \left.c_e\right|_{x=x_{sep}^+} \\ D_{e,n}^{eff} \left.\dfrac{\partial c_e}{\partial x}\right|_{x=x_n^-} = D_{e,sep}^{eff} \left.\dfrac{\partial c_e}{\partial x}\right|_{x=x_n^+}, \quad \left.c_e\right|_{x=x_n^-} = \left.c_e\right|_{x=x_n^+} \end{cases} \quad (3\text{-}2)$$

式中，$x=0$ 处为负极最左端与负极集流体交界处；$x=x_n$ 处为负极最右端与隔膜交界处；$x=x_{sep}$ 处为隔膜最右端与正极交界处；$x=x_p$ 处为正极最右端与正极集流体交界处。

式（3-2）的实际意义为：在正负极与两侧集流体的交界处，锂离子流量为 0；在正、负极和隔膜的交界处，界面两侧的锂离子浓度和流量都是连续的。

（2）锂离子在固相中的扩散

锂离子在正、负电极活性材料中的扩散同样采用 Fick 第二定律描述。与液相中不同的是，由于 P2D 模型将正、负电极活性粒子假设为半径相等的球形颗粒，需采用球形坐标系建立锂离子在固体颗粒中的扩散方程。扩散方程描述如下：

$$\dfrac{\partial c_s}{\partial t} = \dfrac{1}{r^2} \dfrac{\partial}{\partial r}\left(D_s r^2 \dfrac{\partial c_s}{\partial r}\right) = D_s\left(\dfrac{2}{r}\dfrac{\partial c_s}{\partial r} + \dfrac{\partial^2 c_s}{\partial r^2}\right) \quad (3\text{-}3)$$

式中，c_s 为固相锂离子浓度；r 为固体球形颗粒的半径方向；D_s 为锂离子固相扩散系数。其边界条件如下：

$$D_s \left.\dfrac{\partial c_s}{\partial r}\right|_{r=0} = 0, \quad D_s \left.\dfrac{\partial c_s}{\partial r}\right|_{r=R_s} = -j_r \quad (3\text{-}4)$$

式中，R_s 为固相活性颗粒半径。该式表明，在活性颗粒的中心处，锂离子流量为 0；活性颗粒表面处的锂离子流量与参加电化学反应的锂离子流量相同。

（3）液相欧姆定律

锂离子动力电池内部液相电动势的变化规律采用修正的欧姆定律描述：

$$\kappa^{eff} \dfrac{\partial \phi_e}{\partial x} = -\dfrac{2RT\kappa^{eff}}{F}(t_+^0 - 1)\dfrac{\partial \ln c_e}{\partial x} - i_e \quad (3\text{-}5)$$

式中，κ^{eff} 为液相有效离子电导率；ϕ_e 为锂离子电池液相势能；R 为摩尔气体常数；T 为电池温度；F 为法拉第常数；i_e 为液相电流密度。方程右侧第一项为液相锂离子浓度对势能变化的影响，第二项为液相电流对势能变化的影响。该方程边界条件如下：

$$\begin{cases} \kappa^{\text{eff}} \dfrac{\partial \phi_e}{\partial x}\bigg|_{x=x_n^-} = \kappa^{\text{eff}} \dfrac{\partial \phi_e}{\partial x}\bigg|_{x=x_n^+} \\ \kappa^{\text{eff}} \dfrac{\partial \phi_e}{\partial x}\bigg|_{x=x_{\text{sep}}^-} = \kappa^{\text{eff}} \dfrac{\partial \phi_e}{\partial x}\bigg|_{x=x_{\text{sep}}^+} \\ \phi_e\big|_{x=x_n^-} = \phi_e\big|_{x=x_n^+} \\ \phi_e\big|_{x=x_{\text{sep}}^-} = \phi_e\big|_{x=x_{\text{sep}}^+} \end{cases} \quad (3\text{-}6)$$

（4）固相欧姆定律

锂离子动力电池内部固相电势的变化采用欧姆定律描述：

$$\sigma^{\text{eff}} \frac{\partial \phi_s}{\partial x} = -i_s \quad (3\text{-}7)$$

式中，σ^{eff} 为固相有效扩散电导率；ϕ_s 为固相势能；i_s 为固相电流密度。该方程边界条件如下：

$$\begin{cases} \sigma^{\text{eff}} \dfrac{\partial \phi_s}{\partial x}\bigg|_{x=0} = -i, \ \sigma^{\text{eff}} \dfrac{\partial \phi_s}{\partial x}\bigg|_{x=x_p} = -i \\ \sigma^{\text{eff}} \dfrac{\partial \phi_s}{\partial x}\bigg|_{x=x_n} = 0, \ \sigma^{\text{eff}} \dfrac{\partial \phi_s}{\partial x}\bigg|_{x=x_{\text{sep}}} = 0 \end{cases} \quad (3\text{-}8)$$

式中，i 为锂离子动力电池工作时的充放电电流密度。该式表明，在正负极与两侧集流体交界处，锂离子固相电流密度与外部电流密度相等；在正负极与隔膜的交界处，锂离子固相电流密度为 0。

（5）电荷守恒方程

根据电荷守恒定律，在动力电池内部的任意位置处的液相电流密度和固相电流密度之和为动力电池的充放电电流密度，即

$$i_s + i_e = i \quad (3\text{-}9)$$

i 可由下式得到：

$$i = \frac{i_L}{S} \tag{3-10}$$

式中，i_L 为外部电流；S 为电极有效面积。

活性颗粒表面锂离子流量与其形成的电流密度之间的关系可用法拉第定律描述：

$$i_r = nFj_r \tag{3-11}$$

式中，i_r 为活性颗粒表面的电流密度；$n=1$，为锂离子电荷数；F 为法拉第常数。

电解液中锂离子流量与液相电流密度的关系为

$$\frac{\partial i_e}{\partial x} = ai_r = aFj_r \tag{3-12}$$

式中，a 为活性颗粒比表面积，即活性颗粒总表面积与电极体积之比，可由式（3-13）获得：

$$a = \frac{3\varepsilon_s}{R_s} \tag{3-13}$$

式中，ε_s 为固相体积分数。

由实际物理意义可知，式（3-12）的边界条件如下：

$$\begin{cases} i_e|_{x=0} = 0, \quad i_e|_{x=x_p} = 0 \\ \frac{\partial i_e}{\partial x}\bigg|_{x=x_n} = 0, \quad \frac{\partial i_e}{\partial x}\bigg|_{x=x_{sep}} = 0 \end{cases} \tag{3-14}$$

由式（3-9）和式（3-12）可得，固相电流变化规律为

$$\frac{\partial i_s}{\partial x} = -aFj_r \tag{3-15}$$

由实际物理意义可知，式（3-15）的边界条件为

$$\begin{cases} i_s|_{x=0} = i, \quad i_s|_{x=x_p} = i \\ \dfrac{\partial i_s}{\partial x}\bigg|_{x=x_n} = 0, \quad \dfrac{\partial i_s}{\partial x}\bigg|_{x=x_{\text{sep}}} = 0 \end{cases} \quad (3\text{-}16)$$

（6）Butler-Volmer 动力学方程

固相-液相交界面处的电化学反应用 Butler-Volmer 动力学方程描述，通过 Butler-Volmer 动力学方程得到球形固体颗粒表面锂离子流量密度与其表面过电势的关系，表达式为

$$j_r = \dfrac{i_0}{nF}\left(e^{\frac{\alpha_a F}{RT}\eta} - e^{-\frac{\alpha_c F}{RT}\eta} \right) \quad (3\text{-}17)$$

式中，$n=1$，为锂离子电荷数；i_0 为交换电流密度；α_a 和 α_c 分别为阳极、阴极传递系数，通常均取 0.5；η 为球形颗粒表面过电势。

交换电流密度 i_0 反映的是电极反应发生的难易程度，其计算过程为

$$i_0 = nFk_s c_e^{\alpha_a}\left(c_{s,\max} - c_{\text{surf}}\right)^{\alpha_a} c_{\text{surf}}^{\alpha_c} \quad (3\text{-}18)$$

式中，$n=1$，为锂离子电荷数；k_s 为电化学反应常数；$c_{s,\max}$ 为活性材料内锂离子浓度最大值，c_{surf} 为固相-液相交界面处的锂离子浓度。

表面过电势与液相电势、固相电势以及稳态开路电压有关，关系式为

$$\eta = \phi_s - \phi_e - E_{\text{OCV}} \quad (3\text{-}19)$$

式中，电极材料的开路电势 E_{OCV} 由活性材料粒子表面的锂离子浓度比确定，是一个仅与材料特性相关的物理量。

P2D 模型虽然较为复杂，但其实际上仍是单输入单输出系统，其唯一的输入量为电流 i_L，唯一的输出量为端电压 U_t。动力电池最终测得的端电压事实上为正负极两侧集流体处固相电势之差，即

$$U_t = \phi_s|_{x=x_p} - \phi_s|_{x=0} \quad (3\text{-}20)$$

式中，U_t 为动力电池端电压。结合式（3-19），可得端电压表达式为

$$U_t = \phi_e|_{x=x_p} - \phi_e|_{x=0} + \eta_p|_{x=x_p} - \eta_n|_{x=0} + E_{\text{OCV,p}}|_{x=x_p} - E_{\text{OCV,n}}|_{x=x_n} \quad (3\text{-}21)$$

电化学模型的数学表达式见表 3-1。

表 3-1 电化学模型数学表达式

方程名称	表达式	边界条件
液相锂离子浓度	$\varepsilon_e \dfrac{\partial c_e}{\partial t} = \dfrac{\partial}{\partial x}\left(D_e^{\text{eff}} \dfrac{\partial c_e}{\partial x}\right) + a(1-t_+^0)j_r$	$\begin{cases} \dfrac{\partial c_e}{\partial x}\bigg\|_{x=0} = \dfrac{\partial c_e}{\partial x}\bigg\|_{x=x_p} = 0 \\ D_{e,\text{sep}}^{\text{eff}} \dfrac{\partial c_e}{\partial x}\bigg\|_{x=x_{\text{sep}}^-} = D_{e,p}^{\text{eff}} \dfrac{\partial c_e}{\partial x}\bigg\|_{x=x_{\text{sep}}^+}, \quad c_e\|_{x=x_{\text{sep}}^-} = c_e\|_{x=x_{\text{sep}}^+} \\ D_{e,n}^{\text{eff}} \dfrac{\partial c_e}{\partial x}\bigg\|_{x=x_n^-} = D_{e,\text{sep}}^{\text{eff}} \dfrac{\partial c_e}{\partial x}\bigg\|_{x=x_n^+}, \quad c_e\|_{x=x_n^-} = c_e\|_{x=x_n^+} \end{cases}$
固相锂离子浓度	$\dfrac{\partial c_s}{\partial t} = \dfrac{1}{r^2} \dfrac{\partial}{\partial r}\left(D_s r^2 \dfrac{\partial c_s}{\partial r}\right) = D_s\left(\dfrac{2}{r}\dfrac{\partial c_s}{\partial r} + \dfrac{\partial^2 c_s}{\partial r^2}\right)$	$D_s \dfrac{\partial c_s}{\partial r}\bigg\|_{r=0} = 0, \quad D_s \dfrac{\partial c_s}{\partial r}\bigg\|_{r=R_s} = -j_r$
液相欧姆定律	$\kappa^{\text{eff}} \dfrac{\partial \phi_e}{\partial x} = -\dfrac{2RT\kappa^{\text{eff}}}{F}(t_+^0 - 1)\dfrac{\partial \ln c_e}{\partial x} - i_e$	$\begin{cases} \kappa^{\text{eff}} \dfrac{\partial \phi_e}{\partial x}\bigg\|_{x=x_n^-} = \kappa^{\text{eff}} \dfrac{\partial \phi_e}{\partial x}\bigg\|_{x=x_n^+}, \\ \kappa^{\text{eff}} \dfrac{\partial \phi_e}{\partial x}\bigg\|_{x=x_{\text{sep}}^-} = \kappa^{\text{eff}} \dfrac{\partial \phi_e}{\partial x}\bigg\|_{x=x_{\text{sep}}^+}, \\ \phi_e\|_{x=x_n^-} = \phi_e\|_{x=x_n^+}, \quad \phi_e\|_{x=x_{\text{sep}}^-} = \phi_e\|_{x=x_{\text{sep}}^+} \end{cases}$
固相欧姆定律	$\sigma^{\text{eff}} \dfrac{\partial \phi_s}{\partial x} = -i_s$	$\begin{cases} \sigma^{\text{eff}} \dfrac{\partial \phi_s}{\partial x}\bigg\|_{x=0} = -i, \quad \sigma^{\text{eff}} \dfrac{\partial \phi_s}{\partial x}\bigg\|_{x=x_p} = -i \\ \sigma^{\text{eff}} \dfrac{\partial \phi_s}{\partial x}\bigg\|_{x=x_n} = 0, \quad \sigma^{\text{eff}} \dfrac{\partial \phi_s}{\partial x}\bigg\|_{x=x_{\text{sep}}} = 0 \end{cases}$
电荷守恒方程	$\begin{cases} i_s + i_e = i \\ \dfrac{\partial i_e}{\partial x} = ai_s = aFj_r \\ \dfrac{\partial i_s}{\partial x} = -aFj_r \end{cases}$	$\begin{cases} i_e\|_{x=0} = 0, \quad i_e\|_{x=x_p} = 0 \\ \dfrac{\partial i_e}{\partial x}\bigg\|_{x=x_n} = 0, \quad \dfrac{\partial i_e}{\partial x}\bigg\|_{x=x_{\text{sep}}} = 0 \\ i_s\|_{x=0} = i, \quad i_s\|_{x=x_p} = i \\ \dfrac{\partial i_s}{\partial x}\bigg\|_{x=x_n} = 0, \quad \dfrac{\partial i_s}{\partial x}\bigg\|_{x=x_{\text{sep}}} = 0 \end{cases}$
Butler-Volmer 动力学方程	$\begin{cases} j_r = \dfrac{i_0}{nF}\left(e^{\frac{\alpha_a F}{RT}\eta} - e^{-\frac{\alpha_c F}{RT}\eta}\right) \\ i_0 = nFk_s c_e^{\alpha_a}(c_{s,\max} - c_{\text{surf}})^{\alpha_a} c_{\text{surf}}^{\alpha_c} \end{cases}$	—
输出端电压	$U_t = \phi_s\|_{x=x_p} - \phi_s\|_{x=0}$	—

2. 简化的电化学模型

上文详细介绍了 P2D 模型时 6 个主要方程，建立了 P2D 模型的数学模型。由于 P2D 模型计算量大，计算过程复杂，本书介绍一种简化 P2D 模型实现动力电池的仿真，该模型求解流程如图 3-2 所示。首先计算沿 x 方向平均锂离子通量，然后对正负极扩散方程进行降维计算，求解电池内部固相锂离子浓度，电池反应的过电势 η 通过 B-V 动力学方程计算，由固相表面锂离子浓度计算 SOC 从而得到开路电压，最终由简化后的端电压表达式得到输出结果。下面对各简化求解步骤进行详细表述。

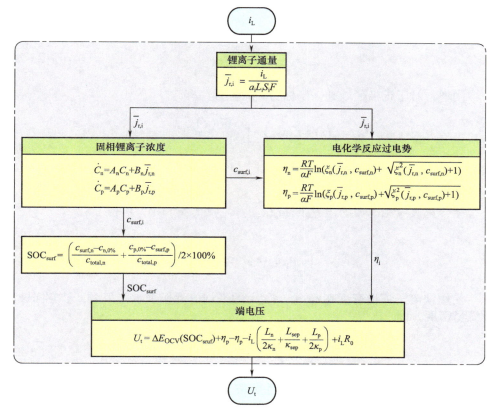

图 3-2　电化学模型求解流程示意图

（1）活性颗粒表面锂离子流量的求解

本书所建立的简化 P2D 模型忽略了固相锂离子浓度沿电极方向的扩散，认为在各电极中沿 x 方向分布的固体球形颗粒是无差异的。因此，这些活性颗粒表面发生的电化学反应强度和锂离子流量密度是一致的。

对于负极区域的某一坐标为 x 的位置，液相电流密度可以写成

$$i_e(x) = i_e(0) + \int_0^x \frac{\partial i_e(x')}{\partial x'} dx' = i_e(0) + \int_0^x a_n j_{r,n}(x') F dx' \qquad (3-22)$$

结合负极液相电流的边界条件 $i_e(0)=0$ 和 $i_e(x_n)=\dfrac{i_L}{S_n}$ 可得

$$\int_0^{x_n} a_n j_{r,n}(x')F\mathrm{d}x' = \frac{i_L}{S_n} \tag{3-23}$$

使用锂离子流量密度在 $0 \leqslant x \leqslant x_n$ 上的平均值近似表示负极沿 x 轴方向锂离子流量密度，即

$$\bar{j}_{r,n} = \frac{i_L}{a_n L_n S_n F} \tag{3-24}$$

同理，对于正极区域某一坐标为 x 的位置，有

$$\begin{aligned} i_e(x) &= i_e(x_{\text{sep}}) + \int_{x_{\text{sep}}}^{x} \frac{\partial i_e(x')}{\partial x'}\mathrm{d}x' \\ &= i_e(x_{\text{sep}}) + \int_{x_{\text{sep}}}^{x} a_p j_{r,p}(x')F\mathrm{d}x' \end{aligned} \tag{3-25}$$

结合正极液相电流的边界条件 $i_e(x_{\text{sep}})=\dfrac{i_L}{S_p}$ 和 $i_e(x_p)=0$，可得

$$\int_{x_{\text{sep}}}^{x_p} a_p j_{r,p}(x')F\mathrm{d}x' = -\frac{i_L}{S_p} \tag{3-26}$$

使用锂离子流量密度在 $x_{\text{sep}} \leqslant x \leqslant x_p$ 上的平均值近似表示正极沿 x 轴方向锂离子流量密度，即

$$\bar{j}_{r,p} = -\frac{i_L}{a_p L_p S_p F} \tag{3-27}$$

通过这一近似处理，可建立活性颗粒表面锂离子流量密度与外部电流之间的联系。

（2）固相扩散方程的降维与求解

固相扩散方程为较为复杂的偏微分方程，需采用有限差分法将活性颗粒沿半径方向网格化处理，将复杂的偏微分方程离散化为常微分方程，从而得到系统的状态空间表达式。

以负极固相锂离子浓度为例，利用有限差分法将式（3-3）离散得到如下方程：

$$\dot{c}_k = \frac{D_{s,n}}{(\Delta r_n)^2}\left(\frac{k+1}{k}c_{k+1} - 2c_k + \frac{k-1}{k}c_{k-1}\right), \quad k=1,2,\cdots,m-1 \tag{3-28}$$

式中，$\Delta r_n = R_{s,n}/m$，m 表示将球形颗粒离散的份数。

特别地，在表面边界处有

$$c_{k=m} = c_{k=m-1} - \frac{\Delta r_n}{D_{s,n}} \bar{j}_{r,n} \qquad (3\text{-}29)$$

以 $m = 10$ 为例，可得系统状态空间表达式为

$$\dot{\boldsymbol{C}}_n = \begin{bmatrix} \dot{c}_{n,1} \\ \dot{c}_{n,2} \\ \vdots \\ \dot{c}_{n,9} \end{bmatrix} = \frac{D_{s,n}}{(\Delta r_n)^2} \begin{bmatrix} -2 & 2 & 0 & 0 & 0 & 0 & 0 & 0 & 0 \\ 1/2 & -2 & 3/2 & 0 & 0 & 0 & 0 & 0 & 0 \\ & & & & \vdots & & & & \\ 0 & 0 & 0 & 0 & 0 & 0 & 7/8 & -2 & 9/8 \\ 0 & 0 & 0 & 0 & 0 & 0 & 0 & 8/9 & -8/9 \end{bmatrix} \begin{bmatrix} c_{n,1} \\ c_{n,2} \\ \vdots \\ c_{n,9} \end{bmatrix} + \begin{bmatrix} 0 \\ 0 \\ \vdots \\ 0 \\ -10/9 \end{bmatrix} \frac{\bar{j}_{r,n}}{\Delta r_n} \qquad (3\text{-}30)$$

简记为

$$\dot{\boldsymbol{C}}_n = \boldsymbol{A}_n \boldsymbol{C}_n + \boldsymbol{B}_n \bar{j}_{r,n} \qquad (3\text{-}31)$$

此时，系统的状态空间表达式阶数为 9 阶。根据现代控制理论，高阶系统无法求得精确解，需使用数值计算方法对其进行近似处理求得数值解。龙格 - 库塔（Runge-Kutta）法是一种在工程上应用广泛的高精度单步算法，用于数值求解微分方程。此算法精度高，并能够采取措施对误差进行抑制。以三阶龙格 - 库塔法为例，其迭代过程如下：

$$\begin{cases} \boldsymbol{k}_1 = \boldsymbol{A}_n \boldsymbol{C}_{k-1} + \boldsymbol{B}_n \bar{j}_{r,n} \\ \boldsymbol{k}_2 = \boldsymbol{A}_n (\boldsymbol{C}_{k-1} + \dfrac{1}{2} \boldsymbol{k}_1) + \boldsymbol{B}_n \bar{j}_{r,n} \\ \boldsymbol{k}_3 = \boldsymbol{A}_n (\boldsymbol{C}_{k-1} - \boldsymbol{k}_1 + 2\boldsymbol{k}_2) + \boldsymbol{B}_n \bar{j}_{r,n} \\ \boldsymbol{C}_k = \boldsymbol{C}_{k-1} + \dfrac{1}{6} (\boldsymbol{k}_1 + 4\boldsymbol{k}_2 + \boldsymbol{k}_3) \end{cases} \qquad (3\text{-}32)$$

正极的处理过程与负极相同。综上所述，锂离子动力电池正负极球形活性颗粒内部锂离子浓度变化规律的表达式为

$$\begin{aligned} \dot{\boldsymbol{C}}_n &= \boldsymbol{A}_n \boldsymbol{C}_n + \boldsymbol{B}_n \bar{j}_{r,n} \\ \dot{\boldsymbol{C}}_p &= \boldsymbol{A}_p \boldsymbol{C}_p + \boldsymbol{B}_p \bar{j}_{r,p} \end{aligned} \qquad (3\text{-}33)$$

活性颗粒表面的锂离子浓度表达式为

$$\begin{cases} c_{\text{surf},n} = c_{n,9} - \dfrac{\Delta r_n}{D_{s,n}} \bar{j}_{r,n} \\ c_{\text{surf},p} = c_{p,9} + \dfrac{\Delta r_p}{D_{s,p}} \bar{j}_{r,p} \end{cases} \quad (3\text{-}34)$$

代入式（3-24）和式（3-25）可得：

$$\begin{cases} c_{\text{surf},n} = c_{n,9} - \dfrac{\Delta r_n i_L}{a_n L_n S_n D_{s,n} F} \\ c_{\text{surf},p} = c_{p,9} + \dfrac{\Delta r_p i_L}{a_p L_p S_p D_{s,p} F} \end{cases} \quad (3\text{-}35)$$

由此，已建立活性颗粒内部锂离子分布和迁移规律与外部电流之间的关系。

（3）液相电势的求解

结合式（3-22）、式（3-24）和液相电流边界条件，可得负极区域任意位置 x 处的液相电流密度：

$$i_e(x) \approx i_e(0) + \int_0^x a_n \bar{j}_{r,n} F \mathrm{d}x' = \frac{i_L x}{S_n L_n} \quad (3\text{-}36)$$

根据液相欧姆定律式（3-5），忽略电解液锂离子浓度分布对液相电势分布的影响，液相欧姆定律可以简化为

$$\kappa^{\text{eff}} \frac{\partial \phi_e}{\partial x} = -i_e \quad (3\text{-}37)$$

根据式（3-36）和式（3-37），可得负极区域任意位置 x 处的液相电势：

$$\begin{aligned} \phi_e(x) &= \phi_e(0) + \int_0^x \frac{\partial \phi_e(x')}{\partial x'} \mathrm{d}x' \\ &\approx \phi_e(0) + \int_0^x -\frac{i_L x'}{\kappa^{\text{eff}} L_n S_n} \mathrm{d}x' \\ &= \phi_e(0) - \frac{x^2 i_L}{2\kappa_n^{\text{eff}} L_n S_n} \end{aligned} \quad (3\text{-}38)$$

负极区域电解液液相电势压降为

$$\phi_e(x_n) - \phi_e(0) = -\frac{i_L L_n}{2\kappa_n^{\text{eff}} S_n} \quad (3\text{-}39)$$

同理可得，隔膜区域电解液液相电势压降为

$$\phi_e(x_{sep}) - \phi_e(x_n) = -\frac{i_L L_{sep}}{2\kappa_{sep}^{eff} S_{sep}} \quad (3\text{-}40)$$

正极区域电解液液相电势压降为

$$\phi_e(x_p) - \phi_e(x_{sep}) = -\frac{i_L L_p}{2\kappa_p^{eff} S_p} \quad (3\text{-}41)$$

则电池内部的总液相电势为

$$\phi_e(x_p) - \phi_e(x_0) = -i_L \left(\frac{L_p}{2\kappa_p^{eff} S_p} + \frac{L_{sep}}{\kappa_{sep}^{eff} S_{sep}} + \frac{L_n}{2\kappa_n^{eff} S_n} \right) \quad (3\text{-}42)$$

由此，建立了液相电势与输入变量 i_L 之间的联系。

（4）Butler-Volmer 方程求解

由式（3-17）和式（3-18）可知，正负极 Butler-Volmer 方程表达式为

$$\begin{cases} j_{r,n} = k_{s,n} c_e^{\alpha_a} \left(c_{s,\max,n} - c_{surf,n} \right)^{\alpha_a} c_{surf,n}^{\alpha_c} \left(e^{\frac{\alpha_a F}{RT}\eta_n} - e^{-\frac{\alpha_c F}{RT}\eta_n} \right) \\ j_{r,p} = k_{s,p} c_e^{\alpha_a} \left(c_{s,\max,p} - c_{surf,p} \right)^{\alpha_a} c_{surf,p}^{\alpha_c} \left(e^{\frac{\alpha_a F}{RT}\eta_p} - e^{-\frac{\alpha_c F}{RT}\eta_p} \right) \end{cases} \quad (3\text{-}43)$$

考虑到阳极、阴极传递系数 α_a 和 α_c 通常均取 0.5，把两者统一，去掉角标，可统一记作 α。将式（3-24）和式（3-27）代入可得

$$\begin{cases} \dfrac{i_L}{a_n L_n S_n F} = k_{s,n} c_e^{\alpha} \left(c_{s,\max,n} - c_{surf,n} \right)^{\alpha} c_{surf,n}^{\alpha} \left(e^{\frac{\alpha F}{RT}\eta_n} - e^{-\frac{\alpha F}{RT}\eta_n} \right) \\ -\dfrac{i_L}{a_p L_p S_p F} = k_{s,p} c_e^{\alpha} \left(c_{s,\max,p} - c_{surf,p} \right)^{\alpha} c_{surf,p}^{\alpha} \left(e^{\frac{\alpha F}{RT}\eta_p} - e^{-\frac{\alpha F}{RT}\eta_p} \right) \end{cases} \quad (3\text{-}44)$$

引入辅助变量：

$$\begin{cases} \xi_n = \dfrac{1}{2}\left(e^{\frac{\alpha F}{RT}\eta_n} - e^{-\frac{\alpha F}{RT}\eta_n} \right) = \sinh\left(e^{\frac{\alpha F}{RT}\eta_n} \right) = \dfrac{i_L}{2 a_n L_n S_n F k_{s,n} c_e^{\alpha} \left(c_{s,\max,n} - c_{surf,n} \right)^{\alpha} c_{surf,n}^{\alpha}} \\ \xi_p = \dfrac{1}{2}\left(e^{\frac{\alpha F}{RT}\eta_p} - e^{-\frac{\alpha F}{RT}\eta_p} \right) = \sinh\left(e^{\frac{\alpha F}{RT}\eta_n} \right) = \dfrac{-i_L}{2 a_p L_p S_p F k_{s,p} c_e^{\alpha} \left(c_{s,\max,p} - c_{surf,p} \right)^{\alpha} c_{surf,p}^{\alpha}} \end{cases}$$

$$(3\text{-}45)$$

根据反双曲正弦函数公式可得

$$\begin{cases} \eta_n = \dfrac{RT}{\alpha F}\ln\left(\xi_n + \sqrt{\xi_n^2 + 1}\right) \\ \eta_p = \dfrac{RT}{\alpha F}\ln\left(\xi_p + \sqrt{\xi_p^2 + 1}\right) \end{cases} \quad (3\text{-}46)$$

由此，已建立正负极电化学反应产生的过电势与输入变量 i_L 之间的联系。

（5）开路电势的求解

电极开路电势由活性颗粒表面的锂离子浓度决定，是一个仅与电极材料特性有关的物理量。目前较为常用的获得正负极开路电势的做法是分别对正负极半电池进行极小电流充放电实验。但该方法需要相关实验设备制作正负极半电池且耗时较长。因此，本章采用动力电池开路电压与 SOC 之间的关系来等效电极开路电势与活性颗粒表面锂离子浓度的关系。

可用锂离子容量是指在动力电池 100% DOD 放电过程中活性颗粒锂离子浓度变化的绝对值。可用锂离子容量与动力电池最大可用容量成正比关系，其表达式为

$$\begin{cases} c_{\text{total,n}} = c_{n,100\%} - c_{n,0\%} = \dfrac{C_{\max}}{S_n L_n F \varepsilon_n} \\ c_{\text{total,p}} = c_{p,0\%} - c_{p,100\%} = \dfrac{C_{\max}}{S_p L_p F \varepsilon_p} \end{cases} \quad (3\text{-}47)$$

式中，$c_{\text{total,n}}$ 为负极可用锂离子容量；$c_{\text{total,p}}$ 为正极可用锂离子容量。

在 P2D 等电化学模型中，动力电池 SOC 被定义为活性颗粒剩余可用锂离子浓度与最大可用锂离子浓度的比值，即

$$\text{SOC} = \dfrac{\overline{c}_n - c_{n,0\%}}{c_{\text{total,n}}} \times 100\% = \dfrac{c_{p,0\%} - \overline{c}_p}{c_{\text{total,p}}} \times 100\% \quad (3\text{-}48)$$

式中，$\overline{c}_p$ 与 $\overline{c}_n$ 分别为正负极活性颗粒平均锂离子浓度，该浓度需考虑活性颗粒内部锂离子的不均匀分布。但电极开路电势与活性颗粒平均锂离子浓度无关，仅与活性颗粒表面的锂离子浓度有关，因此相应地引入表面 SOC 的概念：

$$\text{SOC}_{\text{surf}} = \dfrac{c_{\text{surf,n}} - c_{n,0\%}}{c_{\text{total,n}}} \times 100\% = \dfrac{c_{p,0\%} - c_{\text{surf,p}}}{c_{\text{total,p}}} \times 100\% \quad (3\text{-}49)$$

式中，SOC_{surf} 为动力电池表面 SOC；$c_{\text{surf,n}}$ 和 $c_{\text{surf,p}}$ 分别为负极和正极锂离子活性颗粒表面的锂离子浓度。由正极和负极分别计算获得的表面 SOC 理论上应一致，考虑到计算误差，可得表面 SOC 为

$$\mathrm{SOC}_{\mathrm{surf}}=\frac{\dfrac{c_{\mathrm{surf,n}}-c_{\mathrm{n},0\%}}{c_{\mathrm{total,n}}}+\dfrac{c_{\mathrm{p},0\%}-c_{\mathrm{surf,p}}}{c_{\mathrm{total,p}}}}{2}\times100\% \qquad (3\text{-}50)$$

动力电池开路电压为与 SOC 和可用容量有关的函数，通常使用多项式函数拟合：

$$\begin{aligned}\mathrm{OCV}(\mathrm{SOC},C_{\max})&=\alpha_0+\alpha_1\mathrm{SOC}+\alpha_2\mathrm{SOC}^2+\alpha_3\mathrm{SOC}^3+\alpha_4\mathrm{SOC}^4\\&+\alpha_5\mathrm{SOC}^5+\alpha_6\mathrm{SOC}^6\end{aligned} \qquad (3\text{-}51)$$

式中，$\alpha_0\sim\alpha_6$ 为拟合函数的系数，其取值与可用容量有关。

由于动力电池开路电压试验所测电压为动力电池经过较长时间静止后的电压，此时活性颗粒内部的锂离子经过长时间扩散后，各部分浓度已趋于一致；并且此时电流为 0，电极处于平衡电位，过电势也为 0，式（3-21）中的动力电池端电压表达式除电极正负极开路电势两项以外各项均为 0，有

$$\begin{cases}c_{\mathrm{surf,n}}=\overline{c}_{\mathrm{n}}\\c_{\mathrm{surf,p}}=\overline{c}_{\mathrm{p}}\\\mathrm{OCV}=E_{\mathrm{OCV,p}}-E_{\mathrm{OCV,n}}=\Delta E_{\mathrm{OCV}}\end{cases} \qquad (3\text{-}52)$$

结合式（3-48）、式（3-49）和式（3-52）可得

$$\mathrm{SOC}=\mathrm{SOC}_{\mathrm{surf}} \qquad (3\text{-}53)$$

结合式（3-51）与式（3-53）可得

$$\begin{aligned}\Delta E_{\mathrm{OCV}}(\mathrm{SOC}_{\mathrm{surf}})&=\alpha_0+\alpha_1\mathrm{SOC}_{\mathrm{surf}}+\alpha_2\mathrm{SOC}_{\mathrm{surf}}^2+\alpha_3\mathrm{SOC}_{\mathrm{surf}}^3+\alpha_4\mathrm{SOC}_{\mathrm{surf}}^4\\&+\alpha_5\mathrm{SOC}_{\mathrm{surf}}^5+\alpha_6\mathrm{SOC}_{\mathrm{surf}}^6\end{aligned} \qquad (3\text{-}54)$$

由此，可以建立电极开路电势与活性颗粒表面锂离子浓度的关系。

将简化步骤（1）~（5）的简化结果代入式（3-21）得到简化后的端电压表达式：

$$U_{\mathrm{t}}=\Delta E_{\mathrm{OCV}}(\mathrm{SOC}_{\mathrm{surf}})+\eta_{\mathrm{p}}-\eta_{\mathrm{n}}-i_{\mathrm{L}}\left(\frac{L_{\mathrm{n}}}{2\kappa_{\mathrm{n}}^{\mathrm{eff}}S_{\mathrm{n}}}+\frac{L_{\mathrm{sep}}}{\kappa_{\mathrm{sep}}^{\mathrm{eff}}S_{\mathrm{sep}}}+\frac{L_{\mathrm{p}}}{2\kappa_{\mathrm{p}}^{\mathrm{eff}}S_{\mathrm{p}}}\right)+i_{\mathrm{L}}R_0 \qquad (3\text{-}55)$$

式中，$i_{\mathrm{L}}R_0$ 为补偿电压降。

由于该模型忽略了固液相电势及锂离子通量沿 x 方向的分布情况，且没有讨论由于电池使用过程生成的 SEI 膜等引起的电压降，因此使用 $i_{\mathrm{L}}R_0$ 来近似由于模型简化而忽略的电压降。

本节讲解了简化 P2D 模型一系列数学方程，并介绍了利用有限差分法对偏微分方程进行求解的方法。至此，端电压表达式（3-21）中的各部分电压已全

部求出，可实现对输出量端电压 U_t 的建模仿真。

3.1.3 参数辨识

该简化 P2D 模型内部的参数多达 23 个，其中的部分参数难以甚至无法通过测量获得，部分参数在同一动力电池不同老化状态下的取值差异很大，因此需要对模型内部参数进行辨识。但建模过程涉及多个偏微分方程，具有极强的非线性，因此难以采用传统的最小二乘法、卡尔曼滤波等方法进行参数辨识。遗传算法是一种通过模拟自然进化过程搜索最优解的方法，能够解决强非线性系统的参数辨识问题，非常适用于复杂模型的大规模辨识与优化。

遗传算法是从问题最优解可能所在的解集当中的一个种群开始的，该种群由经过基因编码的若干个体组成。初始种群产生之后，按照适者生存和优胜劣汰的自然法则原理，逐步演化出越来越优的近似解。在每一代中，都会根据问题域中个体的适应度来挑选个体，并借助遗传学的遗传算子进行交叉和变异，从而产生代表新解集的子代种群。这个过程将导致种群像自然进化一样，后代种群比亲代更加适应环境。末代种群中的最优个体经过解码后，可作为问题的近似最优解。本章中遗传算法的优化目标为电化学模型端电压与实际测量端电压误差的二次方和。具体流程图如图 3-3 所示。

遗传算法的具体步骤如下：

步骤①：确定待辨识参数的边界条件，设置遗传算法的运行参数。下节算例中使用的遗传算法设定种群个体数量为 80，最大遗传代数为 200，交叉率设置为 0.5，变异率设置为 0.01。

步骤②：生成初始种群。

步骤③：计算种群中个体适应度，判断是否满足要求。若满足，辨识结束；否则进行下一步。

步骤④：对种群进行遗传、交叉和变异，获得子代。

步骤⑤：返回步骤③。

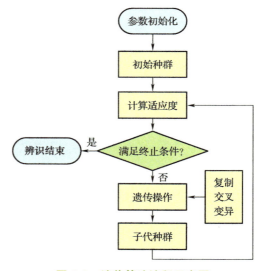

图 3-3　遗传算法流程示意图

3.1.4 算例分析

电化学模型是一个复杂的体系，其中部分参数在设计之初便已确定，在动力电池老化的整个寿命周期中不会发生明显改变，有部分参数在动力电池不同老化状态和使用条件下会发生明显变化。随着动力电池的使用,其内部会发生复杂的、不可逆的副反应。这些副反应会消耗锂离子,并生成副产物沉积在活性材料颗粒表面形成 SEI 膜。随着动力电池的老化,SEI 膜的厚度将会增加,进而导致动力电池内阻增大,同时锂离子在活性颗粒中的嵌入和脱出也会越加困难,具体表现为锂离子固相扩散系数的下降。不可逆的副反应还会永久地消耗锂离子,导致正负极初始锂离子浓度降低。此外,随着动力电池的老化,电化学反应也会越来越难以发生,导致电化学反应速率常数下降。在不同老化状态下会发生显著变化的参数有正、负极活性颗粒最大锂离子浓度 $c_{s,max,p}$、$c_{s,max,n}$,正、负极固相扩散系数 $D_{s,p}$、$D_{s,n}$,正、负极电化学反应速率常数 $k_{s,p}$、$k_{s,n}$,电阻 R_0。

由于电化学模型参数众多,辨识所有的参数将会耗费大量的时间,因此将上述 7 个变量作为待辨识参数,使用遗传算法对锂离子动力电池电化学模型进行参数辨识,其他参数借鉴相同材料体系参数。数据来源于动力电池 1,辨识工况为 DST 工况,环境温度为 25℃。正、负极固相扩散系数 $D_{s,p}$、$D_{s,n}$,正、负极电化学反应速率常数 $k_{s,p}$、$k_{s,n}$,电阻 R_0 这 5 个参数,不仅与动力电池老化有关,还与动力电池 SOC 区间有关,因此需对这五个参数在各个 SOC 区间分区段辨识。为平衡辨识精度和辨识效率,将动力电池放电区间从 100% 至 0% 等分为 10 个区间,参数辨识结果见表 3-2。

表 3-2 电化学模型参数辨识结果

模型参数	100%→90%	90%→80%	80%→70%	70%→60%	60%→50%	50%→40%	40%→30%	30%→20%	20%→10%	10%→0%
$c_{s,max,p}$/(mol/m³)	31423									
$c_{s,max,n}$/(mol/m³)	22754									
$D_{s,p}$/(10^{-15}m²/s)	20.35	21.01	34.06	41.46	43.40	58.10	54.17	34.68	25.87	19.91
$D_{s,n}$/(10^{-15}m²/s)	12.76	13.03	33.37	30.72	49.82	24.65	20.79	22.80	20.58	9.90
$k_{s,p}$/(10^{-10}m$^{2.5}$/mol$^{0.5}$s)	5.735	0.061	0.058	1.356	0.291	1.561	5.194	5.307	0.139	2.443
$k_{s,p}$/(10^{-10}m$^{2.5}$/mol$^{0.5}$s)	5.091	5.162	5.603	5.591	5.635	5.613	4.721	5.363	5.507	6.344
R_0/mΩ	3.308	3.313	3.636	3.314	4.153	4.349	4.173	5.215	6.964	10.103

图 3-4a 所示为 DST 工况下一个循环仿真结果与实验值的比较图，图 3-4b 所示为 100% 到 20% SOC 区间内端电压仿真误差。

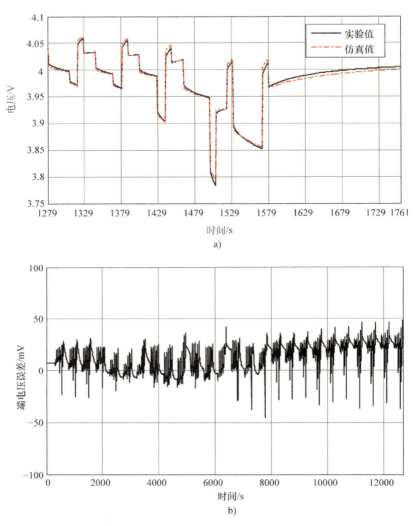

图 3-4 仿真结果与实验值

a）端电压仿真值与实验值对比图　b）仿真误差

从图 3-4 可以看出，在中高 SOC 区段，电化学模型有着良好的仿真精度，仿真误差通常保持在 20mV 以内，在大倍率电流放电时精度有所下降，但仍保持在 50mV 以内。以上结果表明，遗传算法可以有效辨识出 P2D 模型中的参数，且 P2D 模型可以准确模拟动力电池特性。

3.2 等效电路模型

3.2.1 模型介绍

等效电路模型使用传统的电阻、电容、恒压源等电路元件组成电路网络来描述动力电池的外特性。该模型使用电压源表示动力电池的热力学平衡电势，使用 RC 网络描述动力电池的动力学特性。等效电路模型对动力电池的各种工作状态有较好的适用性，而且可以推导出模型的状态方程，便于分析和应用。等效电路模型已广泛应用于新能源汽车建模仿真研究和基于模型的 BMS。图 3-5 所示为典型的由 n 个 RC 网络结构组成的动力电池等效电路模型，简称 n-RC 模型。该模型由三部分组成：

① 电压源：使用开路电压 U_{OC} 表示动力电池的开路电压。

② 欧姆内阻：使用 R_i 表示动力电池电极材料、电解液、隔膜电阻及各部分零件的接触电阻。

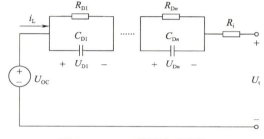

图 3-5 n-RC 模型电路结构

③ RC 网络：通过极化内阻 R_{Di} 和极化电容 C_{Di} 来描述动力电池的动态特性，包括极化特性和扩散效应等，其中 $i = 1, \cdots, n$。

图中，U_{Di} 为动力电池的极化电压。根据基尔霍夫电压定律和基尔霍夫电流定律，以及电容电压变化与其电流的关系，电路模型的状态空间方程可表示为

$$\begin{cases} \dot{U}_{D1} = -\dfrac{U_{D1}}{R_{D1}C_{D1}} + \dfrac{i_L}{C_{D1}} \\ \dot{U}_{D2} = -\dfrac{U_{D2}}{R_{D2}C_{D2}} + \dfrac{i_L}{C_{D2}} \\ \quad\vdots \\ U_t = U_{OC} - U_{D1} - U_{D2} - \cdots - i_L R_i \end{cases} \quad (3\text{-}56)$$

常用的动力电池等效电路 Rint 模型、Thevenin 模型、双极化（Dual Polarization，DP）模型是 n-RC 等效电路模型分别在 $n=0$、$n=1$ 和 $n=2$ 时的特例，已广泛应用于动力电池状态估计和管理算法。下面分别介绍这三种常用的等效电路模型。

1. Rint 模型（$n=0$）

Rint 模型的电路结构如图 3-6 所示。该模型用理想电压源 U_{OC} 描述动力电

池的开路电压，用理想电阻 R_i 描述动力电池欧姆内阻，R_i 和 U_{OC} 是 SOC 和温度的函数。Rint 模型的输出电压与输入电流的关系为

$$U_t = U_{OC} - i_L R_i \tag{3-57}$$

2. Thevenin 模型（$n=1$）

Thevenin 模型的电路结构如图 3-7 所示。

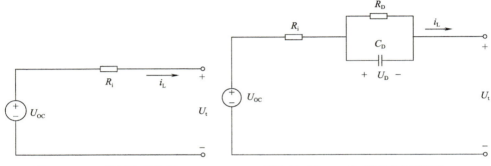

图 3-6　Rint 模型电路结构　　　　图 3-7　Thevenin 模型的电路结构

图中，R_D 和 C_D 分别为极化内阻和极化电容；U_D 为 RC 并联环节的电压降，用于模拟动力电池的极化电压。相比 Rint 模型，该模型增加了对动力电池极化特性的研究。该电路模型的电路方程为

$$\begin{cases} \dot{U}_D = \dfrac{i_L}{C_D} - \dfrac{U_D}{R_D C_D} \\ U_t = U_{OC} - U_D - i_L R_i \end{cases} \tag{3-58}$$

3. 双极化模型（$n=2$）

DP 模型的电路结构如图 3-8 所示。

该模型使用两个 RC 并联环节描述动力电池极化特性。该电路模型的方程为

$$\begin{cases} \dot{U}_{D1} = \dfrac{i_L}{C_{D1}} - \dfrac{U_{D1}}{R_{D1} C_{D1}} \\ \dot{U}_{D2} = \dfrac{i_L}{C_{D2}} - \dfrac{U_{D2}}{R_{D2} C_{D2}} \\ U_t = U_{OC} - U_{D1} - U_{D2} - i_L R_i \end{cases} \tag{3-59}$$

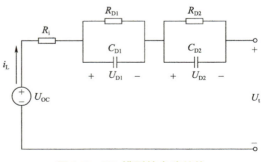

图 3-8　DP 模型的电路结构

3.2.2 模型构建

为便于 BMS 应用,需要将模型进行离散化处理,下面以 n-RC 模型为例推导模型的离散形式。

n-RC 模型的传递函数为

$$G(s) = \frac{U_t(s) - U_{OC}(s)}{i_L(s)}$$
$$= -\left(R_i + \frac{R_{D1}}{1 + R_{D1}C_{D1}s} + \frac{R_{D2}}{1 + R_{D2}C_{D2}s} + \cdots + \frac{R_{Dn}}{1 + R_{Dn}C_{Dn}s} \right) \quad (3\text{-}60)$$

令 $E_L(s) = U_t(s) - U_{OC}(s)$,则有

$$E_L(s) = -i_L(s)\left(R_i + \frac{R_{D1}}{1 + R_{D1}C_{D1}s} + \frac{R_{D2}}{1 + R_{D2}C_{D2}s} + \cdots + \frac{R_{Dn}}{1 + R_{Dn}C_{Dn}s} \right) \quad (3\text{-}61)$$

双线性变换法常被用来进行系统从 s 平面到 z 平面的映射,本书采用式(3-62)所示的双线性变换法,将基于 s 平面的方程映射到 z 平面。

$$s = \frac{2}{\Delta t} \frac{1 - z^{-1}}{1 + z^{-1}} \quad (3\text{-}62)$$

式中,Δt 为系统的采样间隔时间。基于 z 平面的方程为

$$G(z^{-1}) = \frac{c_{n+1} + \cdots + c_{2n+1}z^{-n}}{1 - c_1 z^{-1} - \cdots - c_n z^{-n}} \quad (3\text{-}63)$$

式中,$c_i(i=1, 2, \cdots, 2n+1)$ 为与模型参数相关的系数。式(3-63)可以转化到离散时域中,结果为

$$E_{L,k} = c_1 E_{L,k-1} + \cdots + c_n E_{L,k-n} + c_{n+1} i_{L,k} + \cdots + c_{2n+1} i_{L,k-n} \quad (3\text{-}64)$$

由于动力电池开路电压与 SOC、工作温度 T 和老化状态 A_{ge} 具有耦合性,定义 k 时刻的开路电压 $U_{OC,k}$ 为 SOC 值 z_k、温度值 T_k 和老化状态 $A_{ge,k}$ 的函数,即

$$U_{OC,k} = f(z_k, T_k, A_{ge,k}) \quad (3\text{-}65)$$

则 $U_{OC,k}$ 对时间的导数可以表示为

$$\frac{dU_{OC}}{dt} = \frac{\partial U_{OC}}{\partial z}\frac{dz}{dt} + \frac{\partial U_{OC}}{\partial T}\frac{dT}{dt} + \frac{\partial U_{OC}}{\partial A_{ge}}\frac{dA_{ge}}{dt} \quad (3\text{-}66)$$

为简化计算,特进行以下假设:

假设1：动力电池在单位采样间隔 Δt 内消耗或者吸收的电量对其 SOC 的影响近似为零，即 $dz/dt \approx 0$。

动力电池在单位采样间隔电量的变化对其 SOC 的影响可以表示为

$$\frac{dz}{dt} = \frac{\eta_i i_L \times \Delta t}{C_{max} \times 3600} \tag{3-67}$$

假设动力电池的平均工作电流倍率为 $1C$，当前状态的最大可用容量为 C_{max}，采样间隔 Δt 为 1s，动力电池的充放电倍率效率 η_i 为 1，则式（3-67）可以计算为

$$\frac{dz}{dt} = \frac{1 \times C_{max} \times 1}{C_{max} \times 3600} = \frac{1}{3600} < 0.03\% \tag{3-68}$$

实际采样时间一般小于 1s，该值会更小，因此该假设成立。

假设2：动力电池在单位采样间隔内温度不变，即 $dT/dt \approx 0$。

具有良好通风设施和热管理的动力电池系统，动力电池的温度变化较为缓慢，在正常操作条件下，单位采样时间内温度的变化可以忽略不计。

假设3：动力电池在单位采样间隔内的老化状态不变，即 $dA_{ge}/dt \approx 0$。

动力电池的老化是一个长期而缓慢的过程，因此在单位采样时间内可以认为其老化状态为恒定值。

基于以上假设，式（3-66）可以简化为

$$\frac{dU_{OC}}{dt} = \frac{\partial U_{OC}}{\partial z}\frac{dz}{dt} + \frac{\partial U_{OC}}{\partial T}\frac{dT}{dt} + \frac{\partial U_{OC}}{\partial A_{ge}}\frac{dA_{ge}}{dt} = 0 \tag{3-69}$$

在离散时域中，有

$$\Delta U_{OC,k} = U_{OC,k} - U_{OC,k-1} \approx 0 \tag{3-70}$$

则式（3-64）可以化简为

$$U_{t,k} = \left(1 - \sum_{i=1}^{n} c_i\right) U_{OC,k} + c_1 U_{t,k-1} + c_2 U_{t,k-2} + \cdots + \\ c_n U_{t,k-n} + c_{n+1} i_{L,k} + c_{n+2} i_{L,k-1} + \cdots + c_{2n+1} i_{L,k-n} \tag{3-71}$$

定义系统的数据矩阵和参数矩阵为

$$\begin{cases} \boldsymbol{\Phi}_{n,k} = \begin{bmatrix} 1 & U_{t,k-1} & U_{t,k-2} & \cdots & U_{t,k-n} & i_{L,k} & i_{L,k-1} & i_{L,k-2} & \cdots & i_{L,k-n} \end{bmatrix} \\ \boldsymbol{\theta}_{n,k} = \begin{bmatrix} \left(1 - \sum_{i=1}^{n} c_i\right) U_{OC,k} & c_1 & c_2 & c_3 & \cdots & c_{2n+1} \end{bmatrix}^T \end{cases} \tag{3-72}$$

则式（3-60）可以简化为

$$y_k = \boldsymbol{\Phi}_{n,k} \boldsymbol{\theta}_{n,k} \tag{3-73}$$

基于参数矩阵辨识结果，即可实现模型参数的辨识，例如，OCV 可以解析为

$$U_{\mathrm{OC},k} = \frac{\boldsymbol{\theta}_{n,k}(1)}{1 - \sum_{i=1}^{n} c_i} \tag{3-74}$$

3.2.3 参数辨识

等效电路模型可以利用在线或离线数据进行参数辨识。在线参数辨识方法利用动力电池实时测量的电流、电压和温度等数据进行参数辨识，从而实现模型参数的在线更新。离线参数辨识方法利用 BMS 存储的数据来更新和标定参数，可以依据设计者的意图和 BMS 的需要定期自动更新。在此介绍两类典型的参数辨识方法。

1. 在线参数辨识方法

基于自适应滤波理论发展而来的递推最小二乘算法是一种常用的模型参数辨识和数据挖掘方法。对于系统模型和参数容易受不确定应用环境影响而发生较大变化的情形，递推最小二乘法通过定期的参数校正和更新可以很好地克服模型参数的不确定性，从而精确捕捉系统的实时特性。但是，对于持续缓慢变化的启发式系统，传统的递推最小二乘法很难获得稳定可靠的估计结果。为解决此问题，可以采用带有遗忘因子的递推最小二乘法，实现系统参数的可靠辨识。该方法通过对测量数据置入遗忘因子来减少老数据的信息量，为补充新数据的信息创造条件，其基本计算方程如下：

考虑如下系统：

$$y_k = \boldsymbol{\Phi}_k \boldsymbol{\theta}_k + e_{\mathrm{Ls},k} \tag{3-75}$$

式中，$e_{\mathrm{Ls},k}$ 为平稳零均值白噪声；y_k 为系统的输出变量；$\boldsymbol{\Phi}_k$ 为系统的数据变量；$\boldsymbol{\theta}_k$ 为系统的参数变量。为便于区分，下角标 k 表示数据值为第 k 个采样时刻。算法的计算流程为

$$\begin{cases} \boldsymbol{K}_{\mathrm{Ls},k} = \boldsymbol{P}_{\mathrm{Ls},k-1} \boldsymbol{\Phi}_k^{\mathrm{T}} \left[\boldsymbol{\Phi}_k \boldsymbol{P}_{\mathrm{Ls},k-1} \boldsymbol{\Phi}_k^{\mathrm{T}} + \mu \right]^{-1} \\ \hat{\boldsymbol{\theta}}_k = \hat{\boldsymbol{\theta}}_{k-1} + \boldsymbol{K}_{\mathrm{Ls},k} [y_k - \boldsymbol{\Phi}_k \hat{\boldsymbol{\theta}}_{k-1}] \\ \boldsymbol{P}_{\mathrm{Ls},k} = \frac{1}{\mu} [\boldsymbol{I} - \boldsymbol{K}_{\mathrm{Ls},k} \boldsymbol{\Phi}_k] \boldsymbol{P}_{\mathrm{Ls},k-1} \end{cases} \tag{3-76}$$

式中，μ 为遗忘因子，当该值为 1 时，式（3-76）退化为传统的递推最小二乘法；$K_{\text{Ls},k}$ 为算法的增益；$P_{\text{Ls},k}$ 为状态估计值的误差协方差矩阵。基于式（3-72）、式（3-75）和式（3-76），建立基于最小二乘算法的在线参数辨识方法的计算流程，如图 3-9 所示。

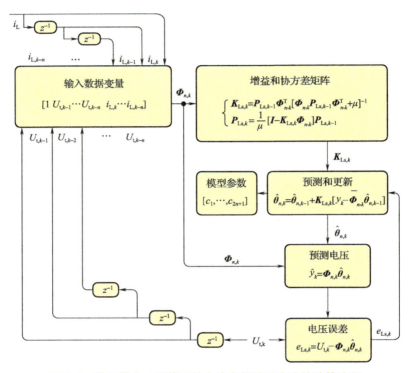

图 3-9　基于最小二乘算法的在线参数辨识方法的计算流程

基于实时采样得到的动力电池电流、电压和温度等数据构建输入数据变量，然后计算相应的最小二乘法增益和协方差，实现参数的在线辨识和更新。

Thevenin 模型在线参数辨识的 MATLAB 代码如下所示：

```
clear ;
load DSTT40.mat ;              % 导入工况数据
Ut = DSTT40（:, 2）;            % 端电压电压
I = DSTT40（:, 1）;             % 电流放电为正
T = length（Ut）;               % 数据长度
Uoc = zeros（T, 1）;            % 存储不同模型的 OCV
Rs1 = zeros（T, 1）;            % 存储 Thevenin 模型的欧姆内阻
```

```
tau1 = zeros（T，1）;              % 存储 Thevenin 模型的时间常数
Rt1 = zeros（T，1）;               % 存储 Thevenin 模型的极化内阻
e = zeros（T，1）;                 % 存储端电压误差

%RLS 参数初始化
u = 0.97 ;                        % 遗忘因子
Phi = zeros（1，4）;               % 数据向量
thita = zeros（4，1）;             % 参数向量
P = 10^6*eye（4）;                 % 协方差矩阵
K = zeros（4，1）;                 % 增益

for t = 1 : T
  if t>1
    % RLS 递推过程
    Phi = [1，Ut（t-1），I（t），I（t-1）] ;
    K = P*Phi'/( Phi*P*Phi'+u) ;
    thita = thita+K*( Ut（t）-Phi*thita ) ;
    P = ( eye（4）-K*Phi )*P/u ;
    % 参数解析
    Uoc（t，2）= thita（1）/（1-thita（2））;
    e（t）=（Ut（t）-Phi*thita）*1000 ;
    Rs1（t）=（thita（4）-thita（3））/（1+thita（2））;
    tau1（t）=（-1-thita（2））/（2*（thita（2）-1））;
    Rt1（t）= -0.5*（thita（4）+thita（3））*（1+2*tau1（t））-Rs1（t）;
  end
end
```

2. 离线参数辨识方法

动力电池模型离线参数辨识方法的操作流程如图 3-10 所示。其具体实现步骤如下：

（1）算法启动、确定参数更新区域

完成寄存器和变量的清零，从系统中提取参与模型参数标定的测量数据，并搜寻 SOC 的范围（z_s，z_e），确定参数更新区域并计算参数表的组数 N。例如，以 5% 的 SOC 间隔计算 N，SOC 的区间选为 10%~100%，则 N 为 19，起始 SOC——z_s 为 10%，末端 SOC——z_e 为 100%。程序开始时，设置当前组数 m = 1，确定选定 SOC 点时的搜寻范围 ∂。

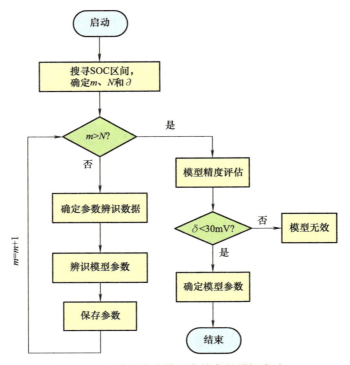

图 3-10 动力电池模型离线参数辨识方法

（2）判断系统辨识工作是否完成

判断所有 SOC 区域的参数辨识是否完成，如果已经完成，则开始模型评估。

（3）动力电池模型参数辨识

首先，计算本次参数辨识的 SOC 区间，以此确定参与本次系统辨识的电流和电压等数据。其次，基于本节建立的 n-RC 等效电路模型的数学方程，应用多元线性回归方法或遗传算法辨识所选阶次 n（$n=0,1,\cdots,5$）的模型参数。最后，保存参数，准备下一时刻的参数辨识或者模型评估。

（4）模型参数评估

以 30mV 为阈值来判断模型的精度。若误差 δ 小于该值，则认为模型精度合理；若误差 δ 大于或等于 30mV，则可认为该模型不可用。

3.2.4 算例分析

1. 在线参数辨识结果

基于上述推导出的 Thevenin 模型数学表达式和最小二乘算法，利用复合脉冲工况实现 Thevenin 模型的参数辨识和模型验证，实验对象为动力电池 2- 单体 1。图 3-11 所示为基于在线数据驱动方法所辨识得到的开路电压（OCV）曲线，

图 3-12 所示为 Thevenin 模型电压误差的对比曲线。

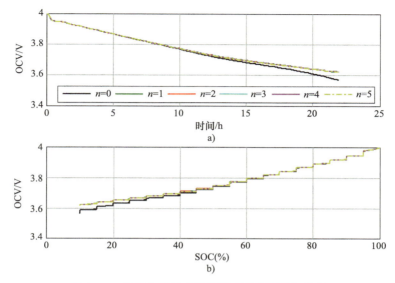

图 3-11 基于复合脉冲数据的开路电压辨识结果

复合脉冲工况下不同阶次的等效电路模型在线辨识得到的开路电压随时间的变化关系如图 3-11a 所示。在 SOC 较高时，各个模型辨识结果相近。随着 SOC 降低，Rint 模型的辨识结果与其他模型的结果差别逐渐增大。图 3-11b 表明在线估计获取的开路电压与 SOC 呈现映射关系，随着 SOC 的增加而逐渐升高，这一特性可以应用于 SOC 估计中。复合脉冲中 SOC 的变化步长为 5%，在相同的 SOC 区域中，开路电压保持恒定。由此可见，基于在线数据驱动方法得到的开路电压辨识结果稳定可靠。

图 3-12 描绘了电压误差随时间的变化关系，表明除 Rint 模型外，其他等效电路模型结合在线数据驱动的参数辨识方法能够实现可靠辨识，最大误差在 30mV 以内。

2. 离线参数辨识结果

图 3-13 和图 3-14 所示为基于五步骤动力电池模型参数辨识方法实现的动力电池 2- 单体 1 的复合脉冲测试数据的仿真结果。其中图 3-13 所示为开路电压的离线辨识结果及其局部放大图，图 3-14 所示为动力电池电压预测误差的对比分析结果。

开路电压是动力电池最为重要的参数之一。图 3-13 表明，不同 RC 网络等效电路模型的开路电压估计结果较为接近，尤其是考虑 RC 网络后模型开路电压估计值的偏差基本都在 0.5mV 以内。图 3-14 表明，Rint 模型的预测精度达不到

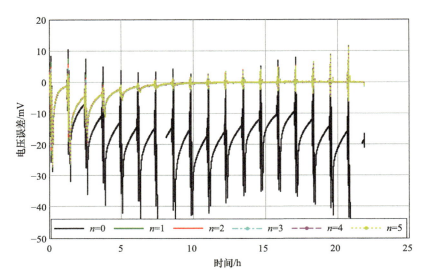

图 3-12 电压误差随时间的变化关系

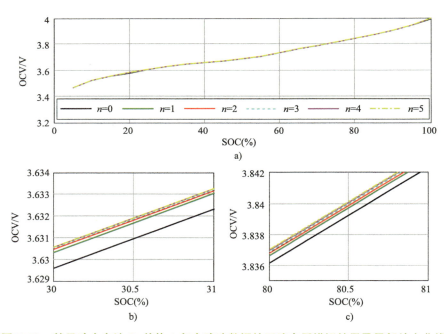

图 3-13 基于动力电池 2-单体 1 复合脉冲数据的开路电压辨识结果及局部放大曲线

设计要求,最大预测误差达 63mV,超过所设定的阈值,视为无效模型;同时,其他模型的预测误差满足要求。为方便比较各阶数模型的精度与计算成本,本节从相关程度评价系数 R^2、误差绝对值的最大值和平均值、使用查表方式的计算时间和使用拟合方式的计算时间这五个方面进行不同 RC 网络等效电路模型的精度分析与评价，见表 3-3。值得注意的是，R^2 数据选取的是各模型参数辨识过程中最小的一组值。为了客观评价误差值，本节所有误差统计结果均使用预测误差的绝对值，例如表 3-3 中的电压误差为电压误差的绝对值，然后计算相应的最大值、平均值和标准差。

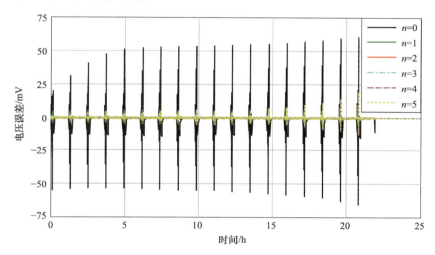

图 3-14　基于动力电池 2- 单体 1 复合脉冲数据的电压预测误差曲线

表 3-3　基于动力电池 2- 单体 1 复合脉冲数据的电压预测误差绝对值的分析结果

RC 网络数	R^2	最大误差 /mV	平均误差 /mV	计算时间 - 查表 /s	计算时间 - 拟合 /s
$n = 0$	0.926	63.789	1.701	19.61	0.61
$n = 1$	0.991	19.002	0.116	36.28	1.12
$n = 2$	0.992	18.508	0.114	71.08	3.56
$n = 3$	0.992	18.131	0.112	94.32	7.13
$n = 4$	0.993	19.115	0.112	119.53	15.32
$n = 5$	0.991	19.079	0.111	147.63	27.21

表 3-3 表明，仅 $n = 0$ 时出现 R^2 小于阈值和模型预测误差大于阈值。因此，从模型精度而言，不带 RC 网络的模型难以精确描述动力电池的动态特性。$n = 3$ 时模型的预测精度最好，$n = 5$ 时模型的预测精度反而降低，最大预测误差大于 $n = 3$ 的模型。由此可见，RC 网络数并不是越大越好。

本例中同时比较了查表和拟合两种方式。查表方式是基于辨识得到的 19 组模型参数值，建立相应的 SOC 与各参数的数据表，后续模型参数通过插值获取；

拟合方式是将各参数以 SOC 为变量进行六阶多项式线性拟合。通过计算时间可以看出，参数拟合方式在精度方面与查表基本一致，但是能够节省计算成本。

赤池信息量准则（Akaike Information Criterion，AIC）是模型评价的指标。基于 AIC 可以对所得到的不同阶次的模型（除无效阶次模型以外），评价模型的精度与复杂度。由于模型阶次 n 远小于数据长度 L_D 且在最优参数下的残差二次方的平均值 $\hat{s}_k^2 <1\text{V}^2$，AIC 准则可以简化如下：

$$\text{AIC} = 2\ln \hat{s}_k^2 + 2n \tag{3-77}$$

式中，$\hat{s}_k^2$ 的计算方法如下：

$$\hat{s}_k^2 = \frac{1}{L_D}\sum_{k=1}^{L_D}\{y_k - \hat{y}_k\}^2 \tag{3-78}$$

式中，$\hat{y}_k$ 为模型的端电压估计值。

表 3-4 列出了复合脉冲测试数据的 AIC 评价结果，如果把 AIC 最小值对应的模型看成最佳模型，即精度和结构复杂度最佳平衡的模型，那么 $n = 1$ 时最理想，即 Thevenin 模型对于 NMC 类型的动力电池比较合适。从 AIC 计算结果可以看出，当动力电池模型精度相差不大时，模型复杂度成为影响 AIC 值的主要因素，当模型精度相差悬殊的时候，模型精度是影响 AIC 值的主要指标。为验证所建立模型的适应性，表 3-5 列出了 UDDS 工况下的电压预测误差分析结果。

表 3-4　基于动力电池 2- 单体 1 复合脉冲测试数据的 AIC 评价结果

RC 网络数	$n = 1$	$n = 2$	$n = 3$	$n = 4$	$n = 5$
AIC	2.73	10.46	14.68	17.79	20.53

表 3-5　UDDS 工况下的电压预测误差分析结果

RC 网络数	最大误差 /mV	平均误差 /mV	AIC
$n = 1$	27.966	0.828	6.31
$n = 2$	27.694	0.796	8.21
$n = 3$	27.791	0.775	10.16
$n = 4$	27.913	0.760	12.12
$n = 5$	27.762	0.748	14.08

由表 3-5 可见，基于复合脉冲测试所得到的不同 RC 网络数的动力电池等效电路模型在 UDDS 动态循环工况中均表现出较好的预测精度，AIC 结果也表明，Thevenin 模型比较理想。

3.3 分数阶模型

3.3.1 模型介绍

图 3-15 展示了动力电池 1-单体 2 的电化学阻抗谱测试结果，其中频部分为一个圆心位于横轴下方的半圆，一般认为它与电极和电解液界面处的双电层有关。在拟合这种特性时，研究人员发现使用纯电容元件的等效电路模型往往不能达到理想的拟合精度。实验测得的双电层频响特性和纯电容不一致的现象被称为"弥散效应"。这种与纯电容的偏离，可以通过常相位角元件（Constant Phase Element，CPE）进行拟合，其阻抗表达式为

$$Z'_{CPE}(\omega) = \frac{\omega^{-\alpha}}{Y}\cos\left(\frac{\alpha\pi}{2}\right), \quad Z''_{CPE}(\omega) = \frac{\omega^{-\alpha}}{Y}\sin\left(\frac{\alpha\pi}{2}\right), \quad 0 < \alpha < 1 \quad (3-79)$$

式中，ω 为角频率。常相位角元件有两个参数：第一个参数是 Y，其量纲是 $s^{\alpha}\Omega^{-1}$；第二个参数是 α，是一个无量纲的指数，用来衡量常相位角元件偏离纯电容元件的程度。若 $\alpha = 0$，则常相位角元件即为纯电阻元件；若 $\alpha = 1$，即为纯电容元件。

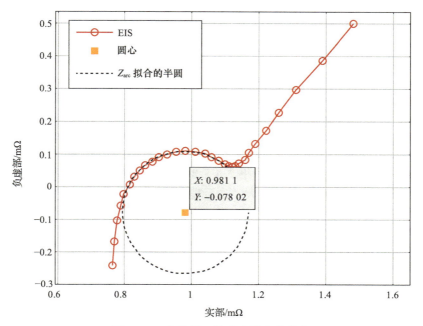

图 3-15 电化学阻抗谱中的弥散效应

由式（3-79）可知，常相位角元件的相位角 ϕ 满足

$$\tan\phi = \tan\left(\frac{\alpha\pi}{2}\right), \quad \phi = \frac{\alpha\pi}{2} \tag{3-80}$$

因此，该元件的相位角与频率无关，故被称为常相位角元件。

在阻抗谱拟合中，常相位角元件常与纯电阻并联使用，其阻抗记作 Z_{arc}，表达式为

$$Z_{\text{arc}}(\omega) = \frac{\dfrac{1}{R} + Y\omega^\alpha \cos\left(\dfrac{\alpha\pi}{2}\right) - jY\omega^\alpha \sin\left(\dfrac{\alpha\pi}{2}\right)}{\left(\dfrac{1}{R}\right)^2 + \left(\dfrac{2}{R}\right)Y\omega^\alpha \cos\left(\dfrac{\alpha\pi}{2}\right) + \left(Y\omega^\alpha\right)^2} \tag{3-81}$$

$$Z'_{\text{arc}}(\omega) = \frac{\dfrac{1}{R} + Y\omega^\alpha \cos\left(\dfrac{\alpha\pi}{2}\right)}{\left(\dfrac{1}{R}\right)^2 + \left(\dfrac{2}{R}\right)Y\omega^\alpha \cos\left(\dfrac{\alpha\pi}{2}\right) + \left(Y\omega^\alpha\right)^2} \tag{3-82}$$

$$Z''_{\text{arc}}(\omega) = \frac{-Y\omega^\alpha \sin\left(\dfrac{\alpha\pi}{2}\right)}{\left(\dfrac{1}{R}\right)^2 + \left(\dfrac{2}{R}\right)Y\omega^\alpha \cos\left(\dfrac{\alpha\pi}{2}\right) + \left(Y\omega^\alpha\right)^2} \tag{3-83}$$

消去 Y 可得

$$\left[Z'_{\text{arc}}(\omega) - \frac{R}{2}\right]^2 + \left[Z''_{\text{arc}}(\omega) - \frac{R}{2}\cot\left(\frac{\alpha\pi}{2}\right)\right]^2 = \left[\frac{R}{2\sin\left(\dfrac{\alpha\pi}{2}\right)}\right]^2 \tag{3-84}$$

可见，图 3-15 中频的圆弧可用式（3-84）所示的方程进行拟合。参数 α 越大，圆弧圆心偏离实轴的距离越大，也证明纯电容元件（$\alpha = 1$）无法拟合弥散效应。

然而，CPE 的特性在时域处理中较为困难，需要借助分数阶微积分理论进行处理。分数阶微积分较为常用的定义有以下三种：

1. Grünwald-Letnikov（G-L）定义

G-L 定义从传统的整数阶微积分归纳推广而来，定义为

$$_a D_t^\alpha f(t) = \lim_{h \to 0} h^{-\alpha} \sum_{j=0}^{[(t-a)/h]} (-1)^j \binom{\alpha}{j} f(t - jh) \tag{3-85}$$

式（3-85）为分数阶微分和积分的统一表达式。式中，${}_a\mathrm{D}_t^\alpha$ 为分数阶微积分算子，阶次 α 的正负分别表示分数阶微分和积分；a 和 t 分别为微积分下限和上限；h 为步长；$[(t-a)/h]$ 表示对 $(t-a)/h$ 进行取整，$\begin{pmatrix}\alpha\\j\end{pmatrix}$ 为二项式系数：

$$\begin{pmatrix}\alpha\\j\end{pmatrix}=\begin{cases}1 & j=0\\ \dfrac{\alpha(\alpha-1)\cdots[\alpha-(j-1)]}{j!} & j>0\end{cases} \quad (3\text{-}86)$$

2. Riemann-Liouville（R-L）定义

R-L 积分定义为

$$_a\mathrm{D}_t^{-\alpha}f(t)=\frac{1}{\Gamma(-\alpha)}\int_a^t (t-\tau)^{-\alpha-1}f(\tau)\mathrm{d}\tau \quad (3\text{-}87)$$

R-L 微分定义为

$$_a\mathrm{D}_t^{\beta}f(t)=\frac{1}{\Gamma(n-\beta)}\frac{\mathrm{d}^n}{\mathrm{d}t^n}\left[\int_a^t (t-\tau)^{n-\beta-1}f(\tau)\mathrm{d}\tau\right] \quad (3\text{-}88)$$

式中，$0<\alpha\leqslant 1$；$n-1<\beta\leqslant n$，$n\in\mathrm{N}$。

3. Caputo 定义

Caputo 积分定义为

$$_a\mathrm{D}_t^{-\alpha}f(t)=\frac{1}{\Gamma(-\alpha)}\int_a^t (t-\tau)^{-\alpha-1}f(\tau)\mathrm{d}\tau \quad (\alpha>0) \quad (3\text{-}89)$$

Caputo 微分定义为

$$_a\mathrm{D}_t^{\beta}f(t)=\frac{1}{\Gamma(n-\beta)}\left[\int_a^t (t-\tau)^{n-\beta-1}f^{(n)}(\tau)\mathrm{d}\tau\right] \quad (3\text{-}90)$$

式中，$n-1<\beta<n$，$n\in\mathrm{N}$。

可以证明，对于大多数函数，G-L 和 R-L 定义完全等效，其中 R-L 定义在理论分析研究中最为常用，Caputo 定义更适用于分数阶微分方程初值问题的描述和讨论，而 G-L 定义则为离散化近似提供了最直接的形式和方法。

3.3.2 模型构建

通过将 Thevenin 模型中的纯电容元件替换为常相位角元件，可建立图 3-16 所示的分数阶模型。

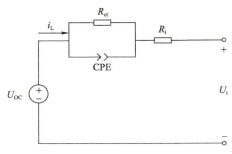

图 3-16　一种常用的分数阶模型

类似于等效电路模型，其传递函数表达为

$$G(s)=\frac{U_\mathrm{t}(s)-U_\mathrm{OC}(s)}{i_\mathrm{L}(s)}=-\left(R_\mathrm{i}+\frac{R_\mathrm{ct}}{1+R_\mathrm{ct}Ys^\alpha}\right)$$
$$=-\frac{(R_\mathrm{ct}+R_\mathrm{i})+R_\mathrm{ct}R_\mathrm{i}Ys^\alpha}{1+R_\mathrm{ct}Ys^\alpha} \quad (3\text{-}91)$$

即

$$U_\mathrm{t}(s)-U_\mathrm{OC}(s)+R_\mathrm{ct}Ys^\alpha\left[U_\mathrm{t}(s)-U_\mathrm{oc}(s)\right]$$
$$=-(R_\mathrm{ct}+R_\mathrm{i})i_\mathrm{L}(s)-R_\mathrm{ct}R_\mathrm{i}Ys^\alpha i_\mathrm{L}(s) \quad (3\text{-}92)$$

对式（3-92）进行反拉普拉斯变换，在第 k 个采样时刻可得

$$U_\mathrm{t}(k)=-(R_\mathrm{ct}+R_\mathrm{i})i_\mathrm{L}(k)-R_\mathrm{ct}R_\mathrm{i}YD^\alpha i_\mathrm{L}(k)+U_\mathrm{OC}(k)+$$
$$R_\mathrm{ct}YD^\alpha\left[U_\mathrm{OC}(k)-U_\mathrm{t}(k)\right] \quad (3\text{-}93)$$

3.3.3　参数辨识

对式（3-93）进行整理可得

$$U_\mathrm{t}(k)=\boldsymbol{\Phi}_k^\mathrm{T}\boldsymbol{\theta}_k=\begin{bmatrix}-i_\mathrm{L}(k) & -D^\alpha i_\mathrm{L}(k) & 1 & -D^\alpha U_\mathrm{t}(k)\end{bmatrix}$$
$$\begin{bmatrix}R_\mathrm{i}+R_\mathrm{ct} & R_\mathrm{ct}R_\mathrm{i}Y & (1+R_\mathrm{ct}YD^\alpha)U_\mathrm{OC}(k) & R_\mathrm{ct}Y\end{bmatrix}^\mathrm{T} \quad (3\text{-}94)$$

式中，D^α 代表的分数阶微积分，可以用前述 G-L 定义进行计算。为了降低计算量，可以将 G-L 定义近似为

$${}_a D_t^\alpha f(t)\approx\lim_{h\to 0}\frac{1}{h^\alpha}\sum_{j=0}^{L}(-1)^j\binom{\alpha}{j}f(t-jh) \quad (3\text{-}95)$$

式中，L 为根据短记忆准则选定的记忆长度。

在固定 α 的条件下，式（3-94）的辨识则为线性问题，通过递推最小二乘法即可实现在线辨识，各个参数可以通过参数向量 $\boldsymbol{\theta}$ 的值解析出来：

$$\begin{cases} U_{\text{OC}}(k) = \dfrac{\hat{\boldsymbol{\theta}}_k(3) - \hat{\boldsymbol{\theta}}_k(4)\left[\dfrac{1}{h^\alpha}\sum\limits_{j=1}^{L}(-1)^j\begin{pmatrix}\alpha\\j\end{pmatrix}U_{\text{OC}}(k-j)\right]}{\left[1 + \dfrac{1}{h^\alpha}\hat{\boldsymbol{\theta}}_k(4)\right]} \\ R_{\text{i}}(k) = \dfrac{\hat{\boldsymbol{\theta}}_k(2)}{\hat{\boldsymbol{\theta}}_k(4)} \\ R_{\text{ct}}(k) = \hat{\boldsymbol{\theta}}_k(1) - R_{\text{i}}(k) \\ Y(k) = \dfrac{\hat{\boldsymbol{\theta}}_k(4)}{R_{\text{ct}}(k)} \end{cases} \quad (3\text{-}96)$$

3.3.4 算例分析

本算例以 40℃ 条件下动力电池 1-单体 2 的 DST 工况数据进行模型参数辨识，其中 $\alpha = 0.8$，辨识的端电压误差如图 3-17 所示。端电压最大误差在 8mV 以内，可见，分数阶模型也具有精确的端电压预测性能。

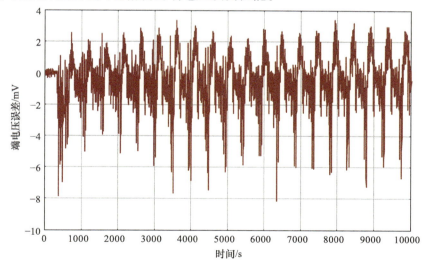

图 3-17 DST 工况下分数阶模型在线辨识的端电压误差

作为模型中的一个重要参数，OCV 可以用于反映动力电池老化状态和计算 SOC，图 3-18 展示了分数阶模型在线辨识得到的 OCV 经过与 SOC 多项式拟合后与实验值的比较，可以看出在 10%~100% SOC 范围内，辨识得到的 OCV 可以很好地与实验值相吻合，最大误差为 15mV。

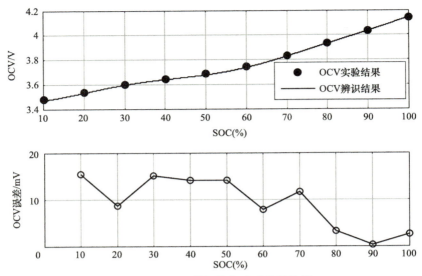

图 3-18 OCV 辨识值与实验值的比较

值得注意的是，以上例子中微分阶次取固定值，而通过遗传算法等优化算法可以实现微分阶次与其他参数的整体离线辨识。以同一动力电池相同老化状态、相同温度下的 HPPC 数据为例，采用遗传算法优化所有参数，得到的模型均方根误差（Root Mean Square Error，RMSE）如图 3-19 所示。在不同 SOC 下，分数阶模型的电压均方根误差小于 1.7mV，说明分数阶模型在离线辨识中同样具有很高的精度。

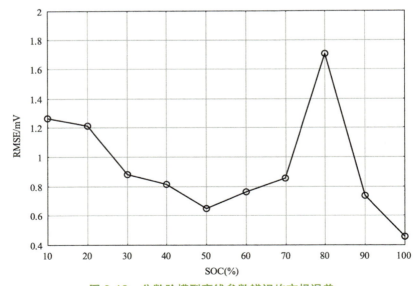

图 3-19 分数阶模型离线参数辨识均方根误差

图 3-20 展示了分数阶模型中 CPE 元件的微分阶次 α 辨识结果与 SOC 的关系，可以看出，α 的优化结果在 0.61~0.93 的范围内波动，且大部分情况下稳定在 0.9 以下，进一步证明了动力电池双电层偏离纯电容的特性。

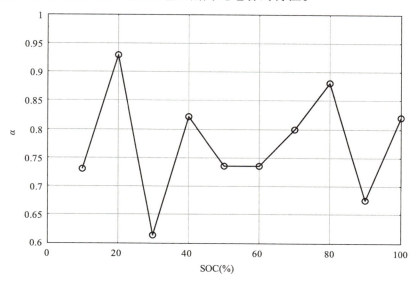

图 3-20　CPE 元件微分阶次 α 辨识结果与 SOC 的关系

3.4　多模型融合

动力电池的模型种类复杂，可供选择的模型结构也十分繁多，它们各有优缺点及适用场景。随着车载硬件水平的不断提高和云端计算技术的日渐成熟，计算复杂但能综合各类模型优势的模型融合思路逐渐受到研究者的关注。模型融合通过求取一定工作环境、电池状态下各模型的权值，对各模型估计结果进行加权融合。本节将介绍一种常见的模型融合思路并进行算例分析。

3.4.1　模型融合

模型融合同时求解多个模型，并根据所设计的权值对这些模型的输出结果进行加权组合，作为最后的输出结果。该方法能同时发挥不同模型的优点，显著提高输出结果的精度。根据模型融合的思路，各模型的权值将显著影响模型融合后的输出结果。基于对模型融合后输出结果的不同需求，权值也有不同的计算公式，下面介绍一种使输出结果均方差最小的权值求取公式。

假设所要估计的参数真实值为 X；各模型估计结果为真值的无偏估计，分别

为 X_1，X_2，$\cdots$，X_n，彼此独立；方差分别为 σ_1，σ_2，$\cdots$，σ_n；对应权值分别为 w_1，w_2，$\cdots$，w_n；融合估计结果为 Y；则有

$$Y = \sum_{i=1}^{n} w_i X_i \qquad (3\text{-}97)$$

$$\sum_{i=1}^{n} w_i = 1 \qquad (3\text{-}98)$$

式（3-98）为权值的归一化条件。

融合估计结果的均方差表达式为

$$\sigma^2 = E\left[(X-Y)^2\right] = E\left[\sum_{i=1}^{n} w_i^2 (X-X_i)^2 - \sum_{\substack{i=1,j=1 \\ i \neq j}}^{n} w_i w_j (X-X_i)(X-X_j)\right] \qquad (3\text{-}99)$$

由于 X_1，X_2，$\cdots$，X_n 是 X 的彼此独立的无偏估计，所以有

$$E\left[(X-X_i)(X-X_j)\right] = 0 \quad (i \neq j; i=1,2,\cdots,n; j=1,2,\cdots,n) \qquad (3\text{-}100)$$

因此，式（3-99）可以写成

$$\sigma^2 = E\left[\sum_{i=1}^{n} w_i^2 (X-X_i)^2\right] = \sum_{i=1}^{n} w_i^2 \sigma_i^2 \qquad (3\text{-}101)$$

w_i 的选取是在式（3-98）的约束条件下使 σ^2 有最小值的最优化问题，根据多元函数极值求解方法即可求得对应的权值 w_i'：

$$w_i' = \frac{1}{\sigma_i^2 \sum_{i=1}^{n} \frac{1}{\sigma_i^2}} \quad (i=1,2,\cdots,n) \qquad (3\text{-}102)$$

对应的 σ^2 最小值为

$$\sigma_{\min}^2 = \frac{1}{\sum_{i=1}^{n} \frac{1}{\sigma_i^2}} \qquad (3\text{-}103)$$

以式（3-102）确立的权值进行模型融合，即可使模型融合结果在统计意义上具有最小均方差。

3.4.2 神经网络融合方法

确立模型权值计算公式后，还需设计合理的方法获得各时刻权值的具体数值，常见的方法可分为在线计算和离线构建两大类。在线计算方法根据之前时

刻各模型输出结果与真实值之间的关系，代入权值计算公式实时求取权值，该方法结构简单，但需要实时更新各模型输出结果与真实值，对硬件需求高。离线构建方法通过一系列实验，获得一定条件下各模型输出结果与真实值，求取权值后通过查表、拟合等方式直接建立实验条件与各模型权值间的映射关系，在模型融合时直接根据所处条件调用权值。下面介绍一种基于神经网络的权值离线构建方法，称为神经网络融合方法。

神经网络融合方法通过神经网络体现模型权值与电池工作环境、状态参数间的非线性映射关系，各模型权值通过所建立的权值神经网络实时求取。该方法能较好地拟合权值与环境、状态参数间的关系，并能结合实际工作数据，进一步更新权值神经网络。

神经网络融合方法算法流程如图 3-21 所示，启动算法后，将所确立的电池工作环境、状态参数及负载电流分别发送给各电池模型及权值神经网络，结合各模型估计结果和权值神经网络的输出权值，进行加权融合，输出融合估计结果。

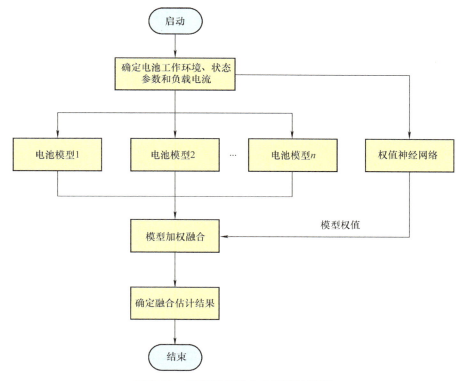

图 3-21 神经网络融合方法算法流程

在得到不同工作环境下各模型的权值后，对神经网络进行训练。下面以 BP

神经网络模型为例，简要介绍其结构及训练过程。

BP神经网络模型仿照生物神经网络，由多层网络（输入层、隐含层、输出层）构成，是目前理论完备、应用广泛的神经网络模型之一，其结构如图3-22所示。理论上，当有足够多的隐含层数和隐含层节点时，该模型可以逼近任意的非线性映射关系，并具有较强的泛化能力，因而可用于表征各模型权值与电池工作环境之间的非线性关系。

BP神经网络的输出求取过程被称为前向传播，其具体求取过程见表3-6。

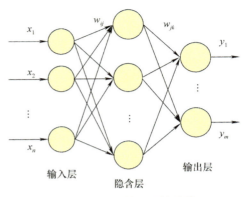

图3-22 BP神经网络结构

表3-6 前向传播过程

步骤	算法
① 计算隐含层神经元输入	隐含层神经元的输入为所有输入的加权和，即 $$z_j = \sum_{i=1}^{n} w_{ij} x_i \quad j=1,2,\cdots,l \quad (3\text{-}104)$$ 式中，z_j为第j个隐含层神经元的输入；x_i为第i个输入层神经元的输入；w_{ij}为第i个输入层神经元和第j个隐含层神经元间的权值
② 计算隐含层神经元输出	隐含层神经元的输出由激活函数决定，这里以Sigmoid型函数为例，其形式为 $$o_j = f(z_j) = \frac{1}{1+e^{-z_j}} \quad (3\text{-}105)$$ 式中，o_j为第j个隐含层神经元的输出 则隐含层神经元的输出o_j对输入z_j的偏导数为 $$\frac{\partial o_j}{\partial z_j} = o_j(1-o_j) \quad (3\text{-}106)$$
③ 计算输出层神经元输出	输出层神经元的输出为隐含层神经元输出的加权和，即 $$y_k = \sum_{j=1}^{l} w_{jk} o_j \quad k=1,2,\cdots,m \quad (3\text{-}107)$$ 式中，y_k为第k个隐含层神经元的输出；w_{jk}为第j个隐含层神经元和第k个输出层神经元间的权值

BP神经网络训练是根据网络输出与理想输出间的关系，调整各层间权值的过程，也被称为反向传播。下面以δ学习算法为例，采用梯度下降法调整权值，其算法流程见表3-7。

表 3-7　反向传播过程

步骤	算法
① 计算误差性能指标	网络第 k 个输出与对应的理想输出 y_k^0 之间的误差 e_k 为 $$e_k = y_k^0 - y_k \tag{3-108}$$ 误差性能指标函数为 $$E = \frac{1}{2}\sum_{k=1}^m e_k^2 \tag{3-109}$$
② 判断是否进行反向传播	判断是否满足精度需求，若满足精度需求或满足其他预先设置的条件，则训练结束，否则开始反向传播
③ 更新输出层与隐含层间的连接权值	梯度下降法根据误差性能指标函数对各权值的导数（梯度）进行权值更新，权值变化量为 $$\Delta w_{jk} = -\eta \frac{\partial E}{\partial w_{jk}} = \eta e_k \frac{\partial y_k}{\partial w_{jk}} = \eta e_k o_j \tag{3-110}$$ 式中，η 为学习速率，取 0~1 之间的值。 为了避免权值在学习过程中发生振荡、收敛速度慢，在更新权值时要考虑上次权值变化对本次权值变化的影响，故 $t+1$ 次更新后的权值为 $$w_{jk}(t+1) = w_{jk}(t) + \Delta w_{jk} + \alpha\left[w_{jk}(t) - w_{jk}(t-1)\right] \tag{3-111}$$ 式中，α 为动量因子，取 0~1 之间的值
④ 更新隐含层与输入层间的连接权值	同理，结合式（3-106）和式（3-110），由误差性能指标函数的导数所确定的权值变化量为 $$\Delta w_{ij} = -\eta \frac{\partial E}{\partial w_{ij}} = \eta \sum_{k=1}^m e_k \frac{\partial y_k}{\partial w_{ij}} = \eta \sum_{k=1}^m e_k \frac{\partial x_k}{\partial o_j}\cdot\frac{\partial o_j}{\partial z_j}\cdot\frac{\partial z_j}{\partial w_{ij}}$$ $$= \eta \sum_{k=1}^m e_k w_{jk} \cdot \frac{\partial o_j}{\partial z_j} \cdot x_i = \eta \sum_{k=1}^m e_k w_{jk} \cdot o_j(1-o_j)\cdot x_i \tag{3-112}$$ 考虑上一次权值变化的影响，$t+1$ 次更新后的权值为 $$w_{ij}(k+1) = w_{ij}(k) + \Delta w_{ij} + \alpha\left[w_{ij}(k) - w_{ij}(k-1)\right] \tag{3-113}$$
⑤ 前向传播	根据新的权值，重新计算前向传播，返回步骤①

由于神经网络模型存在一定的误差，其输出结果不一定满足式（3-98）的归一化条件，需对神经网络输出结果进行近似归一化操作后再用于模型融合。

3.4.3　算例分析

本节选取 Thevenin 模型、双极化模型、分数阶模型和电化学模型四种模型，以动力电池 5- 单体 1 实验数据为例，采用神经网络融合方法进行模型融合。

首先，根据 10℃、25℃和 40℃下 Thevenin 模型、双极化模型、分数阶模型和电化学模型的 UDDS 工况仿真结果，以不同 SOC 区间范围内模型输出的方差 σ_i^2 为主要参数评价模型精度，根据式（3-103）可得到不同 SOC 区间范围内各模型权值。25℃下各模型权值如图 3-23 所示。

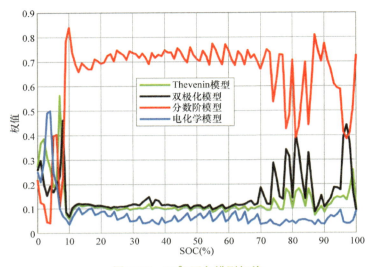

图 3-23　25℃下各模型权值

从图中可以看出，分数阶模型具有较高的精度，因而有较大的权值，这与分数阶模型算例分析中的结论相吻合；而在低 SOC 下，分数阶模型等半经验模型精度有所下降，电化学模型权值得到提高。

接着，以 10℃、25℃ 和 40℃ 下 Thevenin 模型、双极化模型、分数阶模型和电化学模型的权值为输出，工作温度和 SOC 为输入，训练神经网络，得到在 25℃ 不同 SOC 下模型权值的输出结果，如图 3-24 所示。

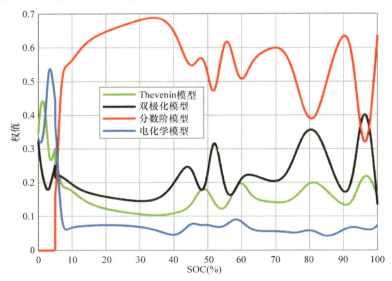

图 3-24　25℃下权值神经网络输出的模型权值

该方法在 25℃ DST 工况下的仿真结果如图 3-25 所示，各模型权值如图 3-26 所示。

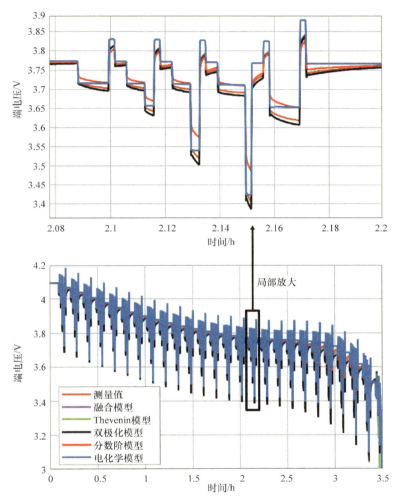

图 3-25　25℃ DST 工况下仿真结果

各模型端电压估计误差见表 3-8，采用本方法建立的动力电池融合模型相较于单个模型，最大误差减小，表明融合模型能够发挥各模型的优势。而从平均误差和均方根误差来看，各模型在不同区段间精度变化较大，融合模型能保持较低的平均误差和均方根误差，保证了其估计结果的稳定性和可靠性。

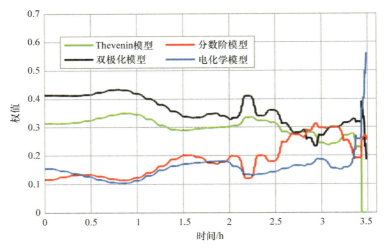

图 3-26　25℃下各模型权值

表 3-8　各模型误差统计表

模型	最大绝对误差（%）	平均误差（%）	均方根误差（%）
Thevenin 模型	4.91	0.05	0.59
双极化模型	3.06	0.02	0.06
分数阶模型	5.53	0.65	0.89
电化学模型	3.76	0.85	1.02
融合模型	1.97	0.27	0.36

3.5　本章小结

本章详细介绍了三类动力电池模型，即电化学模型、等效电路模型和分数阶模型，它们的建模思路和参数辨识方法差异明显。其中，电化学模型从动力电池内部反应原理出发，精度高，但是计算量大，在计算中需要进行降维处理。电化学模型的优势在于其物理意义明确，能够反映动力电池电化学参数与外电压之间的映射关系，在电池衰退机理分析、老化建模、SOH 估计以及故障诊断方面具有明显的优势。

等效电路模型以理想的电气元件描述动力电池的电压响应，以恒压源表征动力电池的静态电压特性、以 RC 网络描述动力电池的极化和迟滞等动态电压特性，参数辨识简单，模型计算量小，实时性好，因此广泛应用于各类 BMS 的 SOC、SOH 估计和 SOP 预测，以及能量管理算法；然而该模型参数辨识过程中由于各参数缺乏实际约束，使得辨识后的参数可能显著偏离实际，以致模型缺乏真正的物理意义。因此，该模型难以反映动力电池内部特性，难以解决动力电池热-电耦合建模以及机理分析。

相比等效电路模型，分数阶模型从电化学阻抗谱的测量结果出发，结合分数阶理论在时域中进行计算，其电压预测和 SOC 估计的精度高于等效电路模型，但计算量也往往较大。该模型可以看作传统等效电路模型的泛化，并且由于频域中分数阶模型常用于拟合 EIS，进而在动力电池反应机理层面获取大量信息，使得其在 SOH 估计方面的应用也具有很大的研究价值。

最后介绍了模型融合的思路，通过模型融合的方式可充分发挥各模型优点。虽然模型融合方法计算量较大，对硬件需求高，在现阶段投入实际运用还有一定困难，但随着车载算力的不断提高以及各类云计算技术的完善，模型融合方法必然有广阔的应用前景。

第 4 章 动力电池状态估计

动力电池状态（SOX，包括 SOC、SOH 和 SOP 等）估计是动力电池管理系统的核心功能之一，精确的 SOX 估计可以保障动力电池系统安全可靠地工作，优化动力电池系统，并为电动汽车的能量管理和安全管理等提供依据。然而，动力电池具有可测参数量有限且特性耦合、即用即衰、强时变、非线性等特征，车载环境应用又面临串并联成组非均一复杂系统、全工况（宽倍率充放电）、全气候（-30~55℃温度范围）应用需求，高精度、强鲁棒性的动力电池状态估计极具挑战，一直是行业技术攻关的难点和国际学术界研究的前沿热点。本章将系统阐述动力电池 SOX 估计的基础理论和应用，并讨论静态容量已知和动态容量在线估计条件下动力电池 SOC 估计方法、SOH 与 SOC 协同估计方法以及瞬时和持续峰值功率预测方法，并提供可用于真实 BMS 的详细算法流程。

4.1 动力电池 SOC 估计

新能源汽车动力电池的 SOC 相当于普通燃油汽车的油表示数，SOC 作为能量管理的重要决策因素之一，对于优化整车能量管理、提高动力电池容量和能量利用率、防止动力电池过充电和过放电、保障动力电池在使用过程中的安全性和长寿命等起着重要作用。本节将详细阐述动力电池静态容量已知情况下的 SOC 估计方法。

4.1.1 SOC 估计方法分类

动力电池结构复杂，电化学反应过程和反应阶段复杂且难以确定，而且车载工况恶劣、多变，作为隐性状态量的 SOC 精确值难以得到，常见的动力电池 SOC 估计方法大致可分为四类：基于表征参数的方法、安时积分法、基于模型的方法以及基于数据驱动的方法，如图 4-1 所示。

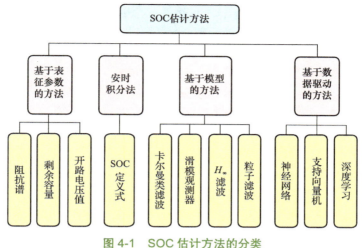

图 4-1　SOC 估计方法的分类

1. 基于表征参数的方法

该方法主要分为两步：

① 建立动力电池表征参数与 SOC 的离线关系。

② 实时计算动力电池表征参数值，并以之标定动力电池 SOC。

该方法的应用需满足两个前提：所建立表征参数与 SOC 的离线关系应该相对稳定，所选表征参数应该是易获取的。可选表征参数包括当前剩余容量、阻抗谱、OCV 等。

当前剩余容量可通过放电实验法得到，该方法被认为是确定动力电池 SOC 最为直接的方法。但是新能源汽车在运行中难以进行长时间的恒流放电来确定剩余容量，使得该方法仅适用于实验室等特定环境。基于阻抗谱的方法则需要借助电化学工作站来测试动力电池不同 SOC 值的阻抗，并制定 SOC 和参数的映射关系，进而采用查表的方式完成 SOC 的标定。相对稳定的 OCV-SOC 关系常被工业界用来标定动力电池 SOC，大量的 BMS 产品也使用这一关系来标定动力电池初始 SOC，但 OCV 的准确直接测量要求动力电池静置足够长的时间，因而在实际中往往需要与 OCV 在线辨识方法结合使用。

2. 安时积分法

该方法又称为库仑计数法，即利用 SOC 定义估计动力电池 SOC：

$$z(t)=z(t_0)-\frac{\int_{t_0}^{t}\eta_i i_L(\tau)\mathrm{d}\tau}{C_{\max}} \tag{4-1}$$

式中，$z(t)$ 为 t 时刻下的动力电池 SOC 估计值；$z(t_0)$ 为动力电池 SOC 初始值；η_i 为动力电池充放电库仑效率，其值通过实验确定，对于锂离子动力电池，其放电效率通常视为1，充电效率为0.98~1（充电电流3C以内）；$i_L(\tau)$ 为 τ 时刻下动力电池充放电电流；C_{max} 为当前条件下动力电池的最大可用容量。

作为目前动力电池SOC计算的核心方法，安时积分法经典易用，应用最为广泛。但它主要存在三个缺陷：

① 动力电池初始SOC的精确值难以获得。

② 该方法对于电流传感器的精度要求很高。但在实际应用中，电流传感器的精度经常受噪声、温度漂移及其他未知随机扰动的影响。在积分计算中，这些随机量容易造成累加误差，控制器的四舍五入计算也会产生一定的影响。

③ 动力电池性能衰退造成其静态容量的退化，从而影响SOC的计算精度。

以上三个因素相互影响，进一步降低了该方法的可靠性。为避免以上因素的制约并提高计算精度，需要复杂烦琐的定期标定。为此，该方法经常与其他方法综合使用。例如，使用OCV确定动力电池初始SOC，使用安时积分法计算后续的SOC轨迹。

3. 基于模型的估计方法

该方法利用模型和状态估计算法完成动力电池的SOC估计，因此该方法首先需要建立可靠的性能模型，本章主要以等效电路模型为例介绍基于模型的动力电池SOC估计方法。基于建立的动力电池等效电路模型及其状态方程，应用滤波算法和观测器，搭建基于模型的SOC估计算法框架，具体实施流程如图4-2所示，包括：

① 基于上一时刻的SOC值或初始SOC与电流测量值，利用安时积分来计算当前时刻的SOC预估值。

② 基于模型参数-SOC关系式计算此时模型参数值，如OCV-SOC关系。

③ 基于模型端电压-参数关系式计算此时模型端电压。

④ 基于电压测量值，获取模型端电压误差，即新息。

⑤ 以新息的一定增益（倍率）来修正上述SOC预估值，从而获取最终的SOC修正值，并将其用于下一时刻的输入。

步骤⑤中增益的表达形式取决于所采用的状态估计算法。显然，基于模型的方法是一种闭环的方法，它通过不断修正SOC估计值，使得算法具有一定的鲁棒性。一般来说，

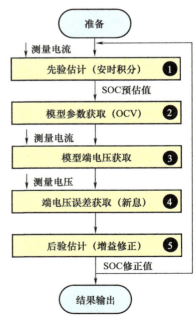

图4-2 基于模型的方法实现流程图

基于模型的方法估计精度由预估过程与修正过程两部分共同决定，当信任安时积分的估计结果（SOC 预估值较准）时，可适当地减小增益修正；否则应增大增益修正。但是过大的修正会使 SOC 值波动剧烈，具体应该根据实际情况调整。

基于模型的估计方法的性能同时取决于模型与状态估计算法两者的性能。卡尔曼滤波（Kalman Filter，KF）类算法是动力电池 SOC 估计中使用最多的算法。KF 是由美国学者 Kalman 在 20 世纪 60 年代初提出的一种最小方差意义上的最优估计方法。它提供了直接处理随机噪声干扰的解决方案，将参数误差看作噪声以及把预估计量作为状态变量，充分利用测量数据，用递推法将系统及随机测量噪声滤掉，得到准确的状态值。但是，最初的 KF 仅适用于线性系统，扩展卡尔曼滤波（Extended Kalman Filter，EKF）算法的提出使其推广到了非线性系统。为进一步提高状态估计算法在实际应用中的鲁棒性，大量改进的状态估计算法被提出，如自适应扩展卡尔曼滤波（Adaptive Extended Kalman Filter，AEKF）、$H\infty$ 滤波（H-Infinity Filter，HIF）、集员（Set-Membership，SM）估计等。

4. 基于数据驱动的方法

该方法指基于大量的离线数据，建立并训练动力电池电流、电压、温度等数据与动力电池 SOC 的直接映射关系模型。具体实现流程图如图 4-3 所示，主要分为三步：

① 离线数据的预处理，即将数据整理为符合所建模型的输入输出要求的数据格式，包括数据清洗、归一化、数据分块等。其中数据分块指将归一化后的数据按照一定比例分为训练集、验证集与测试集。

② 模型的建立与训练。根据数据量的大小，初步确定模型的结构，进而采用训练集训练所建模型，并以验证集验证结果为训练截止条件。

③ 模型的测试。采用测试集来测试模型，判断精度是否符合要求，若符合则判断训练完成；否则返回第①步重新进行设计与规划。

基于数据驱动的方法对解决强非线性问题有特别的优势，估计精度高，但是往往需要大量的实验数据作为先验知识，且所用实验数据应能充分反映动力电池特性；否则极易造成模型的过拟合。同时，所建模型的复杂度、所选训练函数与训练截止条件等也会直接影响模型的估计精度与泛化能力。

这类方法的典型代表是神经网络模型，该方法

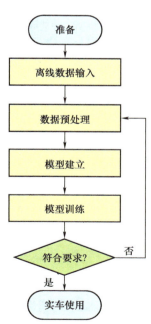

图 4-3 基于数据驱动的方法实现流程图

几乎不需要考虑动力电池的内部化学反应细节，同时它的拟合能力极强，理论上适用于任何种类动力电池的 SOC 估计。但是近年来，人们发现单一地增加神经网络的隐含层层数或单层神经元个数，会使模型参数飞速增加，进而导致模型出现过拟合现象，因此神经网络的研究也逐渐转移到了泛化能力更强的深度学习网络上。同时，训练完成的神经网络模型结构较为复杂，计算量较大，在实车应用时往往需要高性能芯片，因此大量的神经网络/深度学习专用芯片也逐渐被投入市场。

四类 SOC 估计方法的优缺点及估计精度和鲁棒性的评价见表 4-1。

表 4-1 四类 SOC 估计方法的优缺点及估计精度和鲁棒性的评价

方法	优点	缺点	精度	鲁棒性
基于表征参数的方法	简单易实现 计算成本低 实时性好	易受不确定性因素影响，比如：温度、工况、老化程度等 需要定期校准 OCV 或者 EIS 信息 需要精密的测量仪器	差	好
安时积分法	简单易实现 计算成本低 出色的实时性	对准确 SOC 初值的依赖 开环计算方法需要定期的修正 容易受到电流漂移、噪声、老化因素的影响	一般	差
基于模型的方法	估计精度高 采用闭环反馈控制 实时性好 自适应性强	对模型的准确度依赖性强 计算成本比较高 初值不当造成估计结果发散	优秀	优秀
基于数据驱动的方法	估计精度高 善于处理非线性问题	算法复杂度高 对训练数据的依赖程度高	优秀	差

基于模型的状态估计方法在电动汽车动力电池系统中有较大的应用前景，本章将详细描述基于模型的 SOC 估计方法。

4.1.2 基于模型的 SOC 估计方法

基于模型的 SOC 估计方法通过测量的电流、温度数据以及当前时刻的电池状态预估出下一时刻的电池状态，并利用电池模型求解出对应时刻下的电池端电压，通过模型端电压与测量端电压的残差来修正电池的预估状态。不准确的 SOC 初值会得到错误的 SOC 预估值，因此需不断调整 SOC 输出值使得求解出的端电压误差达到最小，从而实现 SOC 的闭环修正。具体实施细节如下。

1. 动力电池模型的建立与离散化

根据第 3 章建立的 Thevenin 模型，其工作方程为

$$\begin{cases} \dot{U}_D = -\dfrac{1}{C_D R_D} U_D + \dfrac{1}{C_D} i_L \\ U_t = U_{OC} - U_D - i_L R_i \end{cases} \quad (4\text{-}2)$$

假设动力电池模型参数在单位采样时间内可视为固定值，则在单位采样时间 Δt 内可将动力电池模型线性化并看作时变定常系统进行相应的简约化计算。则式（4-2）的基本解为

$$U_D(t) = e^{-\frac{1}{C_D R_D}(t-t_0)} U_D(t_0) + \int_{t_0}^{t} e^{-\frac{1}{C_D R_D}(t-\tau)} \frac{1}{C_D} i_L(\tau) d\tau \quad (4\text{-}3)$$

式中，t 为当前时刻；t_0 为初始时刻。取 $t_0 = k\Delta t$, $t = (k+1)\Delta t$, $k = 0, 1, 2, \cdots$，则有

$$\begin{aligned} U_D\big[(k+1)\Delta t\big] = &\, e^{-\frac{\Delta t}{C_D R_D}} U_D(k\Delta t) + \\ & \int_{k\Delta t}^{(k+1)\Delta t} e^{-\frac{1}{C_D R_D}[(k+1)\Delta t - \tau]} \frac{1}{C_D} i_L(\tau) d\tau \end{aligned} \quad (4\text{-}4)$$

式中，τ 在 $k\Delta t$ 和 $(k+1)\Delta t$ 之间，且 $i_L(\tau) = i_L[(k+1)\Delta t] = $ 常数。这是由于在离散化操作中认为单位采样时间内动力电池工作电流具有采样保持特性，故输入 $i_L[(k+1)\Delta t]$ 可以放到积分符号之外，从而可以得到

$$\begin{aligned} U_D\big[(k+1)\Delta t\big] = &\, e^{-\frac{\Delta t}{C_D R_D}} U_D(k\Delta t) + \\ & \int_{k\Delta t}^{(k+1)\Delta t} e^{-\frac{1}{C_D R_D}[(k+1)\Delta t - \tau]} d\tau \frac{1}{C_D} i_L[(k+1)\Delta t] \end{aligned} \quad (4\text{-}5)$$

式中，令 $t = (k+1)\Delta t - \tau$，则 $dt = -d\tau$，积分下限 $\tau = k\Delta t$, $t = (k+1)\Delta t - k\Delta t = \Delta t$。当积分上限 $\tau = (k+1)\Delta t$ 时，$t = (k+1)\Delta t - \tau = 0$，故式（4-5）可化简为

$$U_D\big[(k+1)\Delta t\big] = e^{-\frac{\Delta t}{C_D R_D}} U_D(k\Delta t) + \int_0^{\Delta t} e^{-\frac{1}{C_D R_D} t} dt \frac{1}{C_D} i_L[(k+1)\Delta t] \quad (4\text{-}6)$$

然后，可以计算得到动力电池模型中的极化电压为

$$U_D\big[(k+1)\Delta t\big] = e^{-\Delta t/\tau} U_D(k\Delta t) + R_D i_L[(k+1)\Delta t]\big[1 - e^{-\Delta t/\tau}\big] \quad (4\text{-}7)$$

式中，$\tau = R_D \times C_D$。以 $U_{D,k+1}$ 表示 $U_D\big[(k+1)\Delta t\big]$，$i_{L,k+1}$ 表示 $i_L[(k+1)\Delta t]$，则有

$$U_{D,k} = e^{-\Delta t/\tau} \times U_{D,k-1} + [1-e^{-\Delta t/\tau}] \times i_{L,k} R_D \qquad (4\text{-}8)$$

同时，由安时积分法可得到动力电池 SOC 的离散化计算方程：

$$z_k = z_{k-1} - \eta_i i_{L,k} \Delta t / C_{\max} \qquad (4\text{-}9)$$

式中，下标 k 表示 t_k 时刻；Δt 为电流采集间隔。

2. 状态反馈环节的确定

基于模型的状态估计算法对状态或者参数估计的修正，主要是通过建立所观测系统的状态与观测量之间的映射关系，实施观测误差的反馈修正。不精确的状态观测值会带来显著的观测误差，通过该误差调整滤波器的增益实现状态或者参数的精确估计。图 4-4 所示为动力电池 1 的主要模型参数，OCV 为实验值，其余参数为辨识结果。

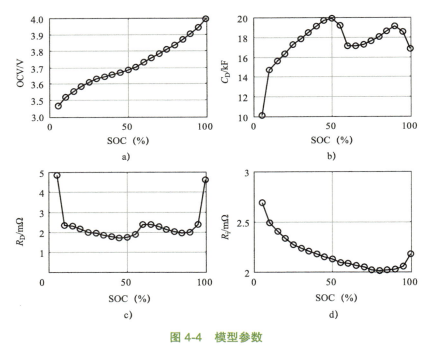

图 4-4 模型参数
a）OCV b）极化电容 c）极化内阻 d）欧姆内阻

可见，上述 4 组参数中仅 OCV 与 SOC 始终保持单调递增关系，因此，OCV 与 SOC 的映射关系可以用来修正 SOC 估计误差。通过 OCV 与 SOC 的单调递增函数，得到动力电池端电压与 SOC 的单调关系，从而提高滤波器状态反馈调节中的优化效率和收敛速度。为精确表征上述四组参数与 SOC 的关系，图 4-5 描述了各参数变化与 SOC 变化的关系，即参数与 SOC 的变化关系。

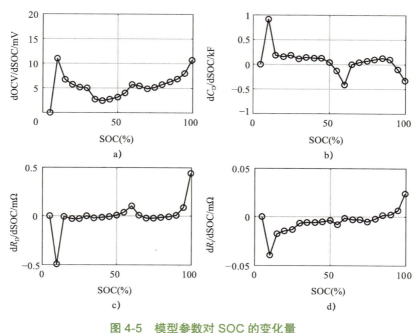

图 4-5 模型参数对 SOC 的变化量

a) dOCV/dSOC　b) dC_D/dSOC　c) dR_D/dSOC　d) dR_i/dSOC

为精确表征动力电池 OCV 与 SOC 的对应关系，使用简化的电化学模型解析动力电池 OCV，见式（4-10）。该模型能够增强动力电池 SOC 与 OCV 的关联性，提高滤波器的收敛速度。

$$U_{OC}(z) = \alpha_0 + \alpha_1 z + \alpha_2 z^2 + \alpha_3 z^3 + \alpha_4/z + \alpha_5 \ln z + \alpha_6 \ln(1-z) \quad (4-10)$$

式中，z 为动力电池 SOC；α_i（$i=0$，1，…，6）为拟合系数，用来拟合动力电池 OCV 与 SOC 的映射关系。

以上为 Thevenin 模型的线性化方程组，将其代入滤波算法，即能实现 SOC 的实时估计，其一般操作流程如图 4-6 所示。基于模型的 SOC 估计方法依赖电池模型的精度与状态估计算法的性能。本书第 3 章中已详细叙述并对比了目前常见的电池模型，本节将重点介绍目前常见的状态估计算法及其相关改进方法。下节将以 EKF 算法为例具体阐述基于模型的动力电池 SOC 估计算法的实施流程。

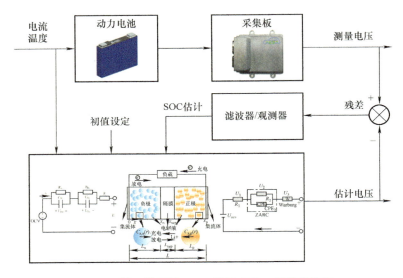

图 4-6 基于模型的 SOC 估计方法一般操作流程

4.1.3 基于 EKF 算法的 SOC 估计方法

1. 扩展卡尔曼滤波算法

对于任意非线性离散系统，以 $f(x_{k-1}, u_{k-1})$ 为系统状态方程函数、$h(x_k, u_k)$ 为系统观测方程函数，其状态方程和观测方程的一般形式为

$$\begin{cases} 状态方程：x_k = f(x_{k-1}, u_{k-1}) + \omega_{k-1} \\ 观测方程：y_k = h(x_k, u_k) + v_k \end{cases} \quad (4\text{-}11)$$

式中，下标 k 表示时刻；x 为 n 维系统状态向量；u 为 r 维系统输入向量；y 为 m 维系统输出向量（或观测值）；ω_{k-1} 为系统白噪声，均值为零，协方差为 Q_k；v_k 为均值为零的测量白噪声序列，协方差为 R_k；ω 和 v 相互独立。

在每一个时刻，对 $f(x_k, u_k)$ 和 $h(x_k, u_k)$ 用一阶泰勒展开线性化，即

$$\begin{cases} f(x_k, u_k) \approx f(\hat{x}_k, u_k) + \dfrac{\partial f(x_k, u_k)}{\partial x_k}\Big|_{x_k = \hat{x}_k}(x_k - \hat{x}_k) \\ h(x_k, u_k) \approx h(\hat{x}_k, u_k) + \dfrac{\partial h(x_k, u_k)}{\partial x_k}\Big|_{x_k = \hat{x}_k}(x_k - \hat{x}_k) \end{cases} \quad (4\text{-}12)$$

式中，$\hat{x}_k$ 为 x_k 的估计值。定义 $A_k \triangleq \dfrac{\partial f(x_k, u_k)}{\partial x_k}\Big|_{x_k = \hat{x}_k}$，$C_k \triangleq \dfrac{\partial h(x_k, u_k)}{\partial x_k}\Big|_{x_k = \hat{x}_k}$，将式（4-12）代入式（4-11）可得线性化后的系统状态方程和观测方程为

第 4 章
动力电池状态估计

$$\begin{cases} x_k \approx A_{k-1}x_{k-1} + \left[f(\hat{x}_{k-1}, u_{k-1}) - A_{k-1}\hat{x}_{k-1}\right] + \omega_{k-1} \\ y_k \approx C_k x_k + \left[h(\hat{x}_k, u_k) - C_k \hat{x}_k\right] + v_k \end{cases} \quad (4\text{-}13)$$

基于式（4-13）所示的非线性离散系统，EKF 具体计算步骤见表 4-2。

表 4-2 基于 EKF 算法的 SOC 估计方法的详细计算流程

步骤 1：算法初始化

设置状态观测器的初始值：x_0, p_0, Q, R $\qquad(4\text{-}14)$

x_0 为状态观测器的初始状态值，p_0 为状态估计误差协方差矩阵的初始值、Q 为系统噪声协方差矩阵，R 为测量噪声协方差矩阵。需要说明的是，EKF 中 Q 和 R 通常为常数

步骤 2：时间更新（先验估计）-$\hat{x}_k^-$

对于 $k = 1, 2, \cdots$，完成下面的先验估计（时间更新）操作，将状态和协方差估计从前一时刻 $(k-1)^+$ 推算到当前时刻 $(k)^-$，EKF 的时间更新方程表示如下：

系统状态预估：$\hat{x}_k^- = f(x_{k-1}, u_{k-1})$ $\qquad(4\text{-}15)$

状态估计误差协方差矩阵更新：$P_k^- = A_{k-1}P_{k-1}^- A_{k-1}^\text{T} + Q$ $\qquad(4\text{-}16)$

步骤 3：测量更新（后验估计）-$\hat{x}_k^+$

此步骤用 k 时刻的测量值 y_k 校正状态估计和协方差估计，估计结果分别用 $\hat{x}_k^+$ 和 P_k^+ 表示，EKF 的测量更新方程表示如下：

状态估计新息矩阵更新：$e_k = y_k - h(\hat{x}_k^-, u_k)$ $\qquad(4\text{-}17)$

卡尔曼增益矩阵：$K_k = P_k^- C_k^\text{T}(C_k P_k^- C_k^\text{T} + R)^{-1}$ $\qquad(4\text{-}18)$

系统状态修正：$\hat{x}_k^+ = \hat{x}_k^- + K_k e_k$ $\qquad(4\text{-}19)$

状态估计误差协方差矩阵更新：$P_k^+ = (I - K_k C_k)P_k^-$ $\qquad(4\text{-}20)$

步骤 4：至此，完成了 k 时刻的状态估计，将算法从时间 (k) 推移至时间 $(k+1)$，准备 $(k+1)$ 时刻的状态估计，且令 $x_k = \hat{x}_k^+$，$p_k = \hat{p}_k^+$

2. EKF 应用于电池状态估计

将 4.1.2 节中获取的 Thevenin 模型线性化方程组代入 EKF 中，即能获取 EKF 中各状态量、各观测量以及各系统矩阵的定义式：

$$x = \begin{bmatrix} U_\text{D} & z \end{bmatrix}^\text{T}, \quad u = i_\text{L}, \quad y = U_\text{t} \qquad(4\text{-}21)$$

$$A_k = \begin{bmatrix} \text{e}^{-\Delta t/\tau} & 0 \\ 0 & 1 \end{bmatrix}, \quad B_k = \begin{pmatrix} (1-\text{e}^{-\Delta t/\tau})R_\text{D} \\ -\eta(i_\text{L})\Delta t/C_\text{max} \end{pmatrix} \qquad(4\text{-}22)$$

$$C_k = \begin{bmatrix} -1 & \dfrac{\text{d}U_\text{OC}(z)}{\text{d}z} \end{bmatrix}, \quad D_k = h(x_k, u_k) - C_k x_k = U_{\text{OC},k} - U_{\text{D},k} - R_\text{i} u_k - C_k x_k \qquad(4\text{-}23)$$

$$\dfrac{\text{d}U_\text{OC}(z)}{\text{d}z} = \alpha_1 + 2\alpha_2 z + 3\alpha_3 z^2 - \dfrac{\alpha_4}{z^2} + \dfrac{\alpha_5}{z} - \dfrac{\alpha_6}{1-z} \qquad(4\text{-}24)$$

式中，系统矩阵 A_k 和 C_k 的各参数的值可以通过本书第 3 章中的参数辨识方法获得。

3. 计算案例

选用额定容量为 50A·h 的动力电池（编号为 11），其充放电截止电压分别为 3.65V、2.5V，已知动力电池静态容量，实验数据均在 5℃下获得。

设置算法 SOC 初值为 80%（准确初值 =100%），分析算法对不精确 SOC 初值的收敛能力，电压预测值与 SOC 估计值分别如图 4-7 所示。结果表明端电压最大绝对误差小于 60mV，SOC 估计误差的绝对值也保持在 2% 以内，基本满足 SOC 估计精度的要求。

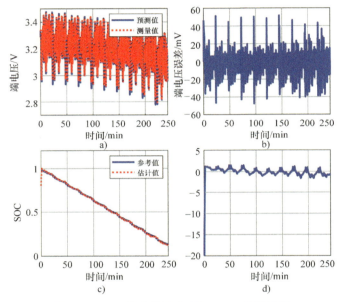

图 4-7　EKF 算法的端电压与 SOC 估计结果

a）端电压预测值与测量值对比　b）端电压预测误差
c）SOC 估计值与参考值对比　d）SOC 估计误差

以上展示了基于 EKF 算法与 Thevenin 模型的 SOC 估计方法的具体实施流程。值得说明的是，虽然 EKF 算法考虑了系统噪声与测量噪声对于状态估计的影响，但其假设噪声为白噪声。在实际应用过程中，噪声的不确定性导致基于 EKF 算法的 SOC 估计方法的鲁棒性不够理想。同时，EKF 应用泰勒展开将动力电池模型线性化，在此过程中带来截断误差，进而增大 SOC 估计误差，在某些初值设置不当的情况下甚至造成结果发散。针对这一系列问题，下面将推荐三种鲁棒性更强的状态估计算法，即 AEKF、HIF 以及集员估计算法。同时，将详细阐述这三种算法的实施流程与估计效果。

4.1.4 基于 AEKF 算法的 SOC 估计方法

1. 自适应扩展卡尔曼滤波算法

实际应用中的噪声在一些场合下无法满足传统 EKF 的假设条件。噪声信息协方差匹配算法的提出则致力于解决这一问题，其使得滤波算法中的噪声统计特性能随着估计结果的变化而自适应更新。引入噪声信息协方差匹配算法的 EKF 被称为 AEKF，通过式（4-31）与式（4-32）分别获取新息矩阵与卡尔曼增益矩阵后，即能实现噪声协方差矩阵的自适应更新，具体实施过程如下：

自适应协方差匹配（电压估计误差窗口函数）：

$$\boldsymbol{H}_k = \frac{1}{M} \sum_{i=k-M+1}^{k} \boldsymbol{e}_i \boldsymbol{e}_i^{\mathrm{T}} \quad (4\text{-}25)$$

式中，$\boldsymbol{H}$ 为由开窗估计原理得到的新息实时估计协方差函数；M 为开窗的大小。

测量噪声协方差矩阵更新：

$$\boldsymbol{R}_k = \boldsymbol{H}_k - \boldsymbol{C}_k \boldsymbol{P}_k^- \boldsymbol{C}_k^{\mathrm{T}} \quad (4\text{-}26)$$

系统噪声协方差矩阵更新：

$$\boldsymbol{Q}_k = \boldsymbol{K}_k \boldsymbol{H}_k \boldsymbol{K}_k^{\mathrm{T}} \quad (4\text{-}27)$$

不同于式（4-14），AEKF 算法中的 $\boldsymbol{R}_k$ 与 $\boldsymbol{Q}_k$ 带有下标 k，表示其不再是常量。在获取更新后的噪声协方差矩阵后，即能用于下一时刻的状态估计。基于噪声信息协方差匹配算法与传统 EKF 算法，建立应用 AEKF 算法的非线性离散系统状态的最优估计流程，如图 4-8 所示。

2. 基于 AEKF 的动力电池 SOC 估计计算流程

基于 4.1.2 节中的动力电池系统状态方程和如图 4-8 所示的 AEKF 算法的计算流程，建立详细的 SOC 估计方法，见表 4-3。

利用 MATLAB 可以快速实现基于 AEKF 的 SOC 估计，与基于 EKF 的 SOC 估计相比，实现基于 AEKF 的 SOC 估计的核心代码如下：

% 噪声矩阵自适应更新

if k>= M+M0 % 历经 M+M0 时刻后开启噪声自适应更新模块，M 为窗口大小，M0 为用于等待初始算法稳定的时间

H = 1/M*sum(e(end-M+1:end).^2); % 计算电压估计误差窗口函数，见式（4-33）

R = H-C*P*C′;   % 更新测量噪声协方差矩阵，见式（4-33）

Q = K*H*K′;   % 更新系统噪声协方差矩阵，见式（4-33）

end % 更新完成，用于下一时刻的估计

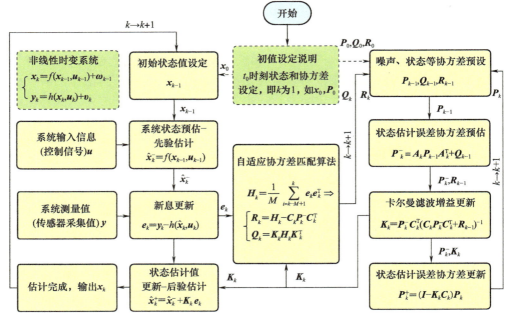

图 4-8　AEKF 算法的计算流程图

表 4-3　基于 AEKF 算法的 SOC 估计方法的详细计算流程

建立 Thevenin 动力电池模型的离散化方程，见式（4-2）
① 初始化
设置状态观测器的初始值：x_0，P_0，Q_0，R_0　　　　　　　　　　　　　　　　　　　　　　　　　　　（4-28）
② 先验估计 - 预测：时间更新 [状态从时间（k-1）$^+$ 到时间（k）$^-$ 的推算]
对于 $k=1,2,\cdots$，完成下面的先验估计（时间更新）操作，将状态和协方差估计从前一时刻（k-1）$^+$ 推算到当前时刻（k）$^-$，自适应扩展卡尔曼滤波器的时间更新方程表示如下： 系统状态预估：$\hat{x}_k^- = f(x_{k-1}, u_{k-1})$　　　　　　　　　　　　　　　　　　　　　　　　　　　　　（4-29） 误差协方差预估：$P_k^- = A_{k-1} P_{k-1} A_{k-1}^T + Q_{k-1}$　　　　　　　　　　　　　　　　　　　　　　　　（4-30）
③ 后验估计 - 修正：测量更新 [状态从时间（k）$^-$ 到时间（k）$^+$ 的推算]
此步骤用 k 时刻的测量值 y_k 校正状态估计和协方差估计，估计结果分别用 $\hat{x}_k^+$ 和 P_k^+ 表示，自适应扩展卡尔曼滤波器的测量更新方程表示如下： 新息矩阵：$e_k = y_k - h(\hat{x}_k^-, u_k)$　　　　　　　　　　　　　　　　　　　　　　　　　　　　　　（4-31） 卡尔曼增益矩阵：$K_k = P_k^- C_k^T (C_k P_k^- C_k^T + R_{k-1})^{-1}$　　　　　　　　　　　　　　　　　　　　（4-32） 自适应噪声协方差匹配： $H_k = \frac{1}{M} \sum_{i=k-M+1}^{k} e_i e_i^T$，$R_k = H_k - C_k P_k^- C_k^T$，$Q_k = K_k H_k K_k^T$　　　　　　　　　　　　（4-33） 系统状态修正：$\hat{x}_k^+ = \hat{x}_k^- + K_k e_k$　　　　　　　　　　　　　　　　　　　　　　　　　　　　　（4-34） 误差协方差修正：$P_k^+ = (I - K_k C_k) P_k^-$　　　　　　　　　　　　　　　　　　　　　　　　　　　（4-35）
④ 将滤波算法从时间（k）推移至时间（k+1），准备（k+1）时刻的状态估计

3. 计算案例

案例1：精确的 SOC 初值，已知动力电池静态容量

以动力电池单体 2 在 25℃时的 UDDS 数据评价 SOC 估计方法。图 4-9 和图 4-10 中 SOC 的初值设定为 90%，即精确 SOC 初值。图 4-9 所示为动力电池端电压和 SOC 的估计结果，图 4-10 所示为极化电压的估计值。

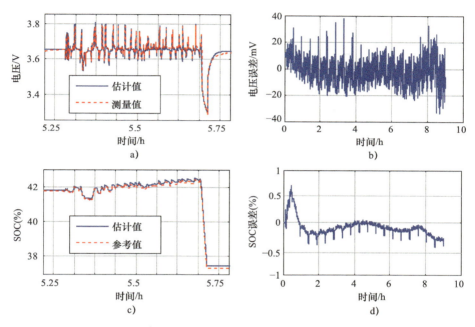

图 4-9 在 UDDS 工况下的电压和 SOC 的估计结果

a）电压测量值与预测值对比（局部） b）电压预测误差
c）SOC 参考值与估计值对比（局部） d）SOC 估计误差

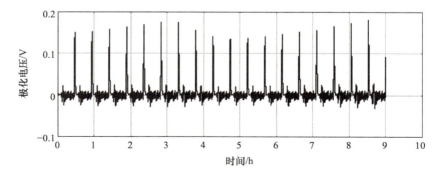

图 4-10 基于 UDDS 循环工况的极化电压估计结果

结果表明，该 SOC 估计方法不仅能精确估计动力电池电压和 SOC，而且还能够计算出动力电池的极化电压。详细的精度评估如表 4-4。

表 4-4 基于 UDDS 循环工况的 SOC 和端电压误差绝对值的统计分析

对象	最大误差	平均误差	标准差
SOC 误差	0.71%	0.16%	0.11%
端电压误差	38mV	5.6mV	4.9mV

该方法中 SOC 的最大估计误差和标准差均不到 1%，端电压最大误差为 38mV、平均误差为 5.6mV。但是，上述结果是基于精确 SOC 初值得到的，而在实际应用中难以确定精确的 SOC 初值。因此，需考虑不精确 SOC 初值时算法的估计性能。

案例 2：不精确的 SOC 初值，已知动力电池静态容量

为探讨提出的 SOC 估计方法对不精确 SOC 初值的收敛能力，下面使用 6 组不精确 SOC 初值进行分析讨论，包括 100%、80%、70%、60%、50% 和 10%。不同 SOC 初值下端电压估计结果如图 4-11 所示。为便于对比分析，仅绘制出第一个循环的电压曲线。SOC 及其误差的对比结果和局部放大图如图 4-12 所示。

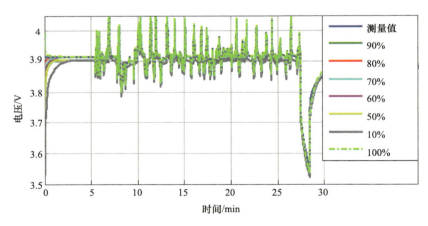

图 4-11 不精确 SOC 初值下的端电压估计结果

可见，随着 SOC 由不精确初值收敛至准确值，端电压估计值也很快收敛至测量值。值得注意的是，该方法在动力电池处于静置过程中仍然能修正动力电池 SOC 的估计误差，此时的校正精度取决于 OCV 和 SOC 的对应关系。另外，SOC 初始误差的大小影响收敛速度。实际上，初始 SOC 的偏差一般在 20% 以内。

图 4-12 表明，当动力电池 SOC 初值为 10% 时，经过 60s，最大估计误差降为 7.2%；经过 120s 的收敛计算，最大估计误差降低至 1.27%。而其他初始值时的估计误差 60s 内已收敛至 1%。因此，收敛速度与 SOC 初值的不精确程度有关，但经过一定次数的迭代运算，任意初始误差都能够得到精确校正。为系统地讨论其估计性能，表 4-5 对不同 SOC 初值条件时的端电压预测误差和 SOC 估计误差的绝对值进行了统计分析，并选取经过 120s 收敛计算后的结果进行评价。

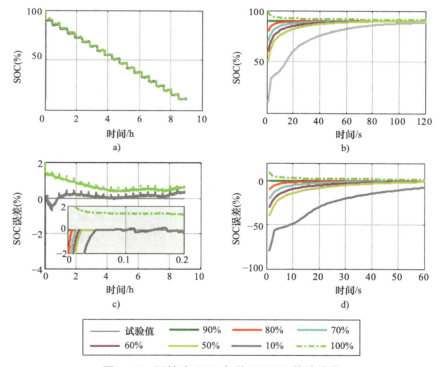

图 4-12 不精确 SOC 初值下 SOC 估计结果

a) SOC 估计结果 b) 前 120s 的 SOC 估计结果 c) SOC 估计误差 d) 前 60s 的 SOC 估计误差

表 4-5 基于不同 SOC 初值的误差统计分析结果

SOC 初值	电压预测误差 /mV			SOC 估计误差（%）		
(%)	最大误差	平均误差	标准差	最大误差	平均误差	标准差
100	36.45	5.29	5.11	0.981	0.279	0.279
90	38.09	5.57	4.91	0.708	0.155	0.109

（续）

SOC 初值 (%)	电压预测误差 /mV			SOC 估计误差 (%)		
	最大误差	平均误差	标准差	最大误差	平均误差	标准差
80	38.09	5.57	4.91	0.708	0.155	0.109
70	38.09	5.57	4.91	0.708	0.155	0.109
60	38.09	5.57	4.90	0.708	0.155	0.109
50	38.09	5.57	4.90	0.708	0.156	0.109
10	39.92	5.59	4.91	1.270	0.158	0.111

可见，不同 SOC 初值时电压和 SOC 估计误差绝对值的最大值、平均值和标准差基本一致。因此，基于 AEKF 算法的 SOC 估计方法对不精确的 SOC 初值具有很强的抑制能力。电压的最大预测误差在 40mV 以内，SOC 最大误差在 1.5% 以内。

4.1.5 基于 HIF 算法的 SOC 估计方法

1. H_∞ 滤波算法

卡尔曼滤波是分析和解决系统状态估计问题的有效工具，但是它以系统模型准确和外部输入统计特性已知为前提，这并不符合实际情况。在实际情况下，噪声的统计特性是很难获得的。同时，在建模过程中很难对某一现象或客观事实建立精准的模型。因此，建模过程中的模型误会也会干扰估计的准确性。为了克服卡尔曼滤波的保守性以及建模过程中模型误差的不确定性，提高估计的鲁棒性，H_∞ 滤波算法应运而生。下面从博弈论的角度对其基本理论进行简要说明。

建立如下离散线性系统：

$$\begin{cases} \boldsymbol{x}_k = \boldsymbol{A}_{k-1}\boldsymbol{x}_{k-1} + \boldsymbol{\omega}_{k-1} \\ \boldsymbol{y}_k = \boldsymbol{C}_k\boldsymbol{x}_k + \boldsymbol{v}_k \end{cases} \quad (4\text{-}36)$$

定义如下代价函数：

$$J_1 = \frac{\sum_{k=0}^{N-1}\|\boldsymbol{x}_k - \hat{\boldsymbol{x}}_k\|_{\boldsymbol{S}_k}^2}{\|\boldsymbol{x}_0 - \hat{\boldsymbol{x}}_0\|_{\boldsymbol{P}_0^{-1}}^2 + \sum_{k=0}^{N-1}\left(\|\boldsymbol{\omega}_k\|_{\boldsymbol{Q}_k^{-1}}^2 + \|\boldsymbol{v}_k\|_{\boldsymbol{R}_k^{-1}}^2\right)} \quad (4\text{-}37)$$

式中，$\boldsymbol{x}_0$ 与 $\hat{\boldsymbol{x}}_0$ 分别为状态量的初值及其初始设定值；$\boldsymbol{P}_0$、$\boldsymbol{Q}_k$、$\boldsymbol{R}_k$ 和 $\boldsymbol{S}_k$ 与自适应

卡尔曼滤波算法中参数矩阵含义不同，为设计者基于特定问题所制定的对称正定阵。这里，P_0 常被设计为初始状态误差协方差矩阵，Q_k 与 R_k 常被设计为状态方程噪声协方差矩阵与测量方程噪声协方差矩阵，S_k 则需基于设计者对于各状态量的重视程度进行设计，比如当我们对状态向量 x_k 的第 3 个元素非常感兴趣时，那么应该使 $S_k(3,3)$ 远远大于 S_k 中其他元素。

我们的目标是找到 x_k 的一个估计 $\hat{x}_k$ 使得 $x_k - \hat{x}_k$ 最小化；与我们的目标相反，假设自然界作为我们的对手（存在干扰），它的目标是通过找到一个合适的 x_0、ω_k、v_k 使得 $x_k - \hat{x}_k$ 最大化。自然界可以通过简单的使 x_0、ω_k、v_k 无穷大来最大化 $x_k - \hat{x}_k$，这显然是不公平的。因此，我们在定义代价函数时，将 x_0、ω_k、v_k 定义在分母上。这样就意味着自然界必须通过选择合适的 x_0、ω_k、v_k 来最大化 $x_k - \hat{x}_k$。同样，我们也必须设计合适的估计策略才能最小化 $x_k - \hat{x}_k$。

直接最小化 J_1 是不易处理的，因此我们选择一个性能边界 λ，使之满足：

$$J_1 < \frac{1}{\lambda} \quad (4\text{-}38)$$

重新编排方程得到

$$J_2 = \frac{-1}{\lambda}\|x_0 - \hat{x}_0\|_{P_0^{-1}}^2 + \sum_{k=0}^{N-1}\left(\|x_k - \hat{x}_k\|_{S_k}^2 - \frac{1}{\lambda}\left(\|\omega_k\|_{Q_k^{-1}}^2 + \|v_k\|_{R_k^{-1}}^2\right)\right) < 0 \quad (4\text{-}39)$$

因此该问题变为：当 x_0、ω_k、v_k 使得 J_2 最大的时候，选择合适的 $\hat{x}_k$ 使得 J_2 最小。通过对上述问题的求解，最终能得到使代价函数 J_1 小于 $1/\lambda$ 的递推关系：

$$\begin{cases} K_k = P_k\left(I - \lambda S_k P_k + C_k^T R_k^{-1} C_k P_k\right)^{-1} C_k^T R_k^{-1} \\ \hat{x}_{k+1} = A_k \hat{x}_k + A_k K_k \left(y_k - C_k \hat{x}_k\right) \\ P_{k+1} = A_k P_k \left(I - \lambda S_k P_k + C_k^T R_k^{-1} C_k P_k\right)^{-1} A_k^T + Q_k \end{cases} \quad (4\text{-}40)$$

式中，K_k 为增益矩阵；P_k 为由选定的对称正定阵 P_0 基于上述递推关系得到的矩阵。

2. 基于 HIF 的动力电池 SOC 估计计算流程

为了方便计算与应用，与卡尔曼滤波类似，递推关系式（4-40）常被分为两步更新：时间更新与测量更新。同样为了区分两步更新的估计结果，采用 $\hat{x}_k^-$ 和 P_k^- 分别表示时间更新之后的 x_k 值与 P_k 值，$\hat{x}_k^+$ 和 P_k^+ 则分别表示测量更新之后的 x_k 值与 P_k 值。具体计算过程见表 4-6。

表 4-6 基于 HIF 算法的 SOC 估计方法的详细计算流程

	建立 Thevenin 动力电池模型的线性离散化方程，见式（4-2）
① 初始化	设置状态观测器的初始值：x_0, P_0, Q, R, λ, S
② 先验估计-预测：时间更新 [状态从时间 $(k-1)^+$ 到时间 $(k)^-$ 的推算]	对于 $k = 1, 2, \cdots$，完成下面的先验估计（时间更新）操作，将状态和协方差估计从前一时刻 $(k-1)^+$ 推算到当前时刻 $(k)^-$，HIF 滤波器的时间更新方程表示如下： 系统状态预估：$\hat{x}_k^- = f(x_{k-1}, u_{k-1})$ (4-41) H_∞ 特征矩阵预估：$P_k^- = A_{k-1} P_{k-1} A_{k-1}^T + Q$ (4-42)
③ 后验估计-修正：测量更新 [状态从时间 $(k)^-$ 到时间 $(k)^+$ 的推算]	此步骤用 k 时刻的测量值 y_k 校正状态估计和协方差估计，估计结果分别用 $\hat{x}_k^+$ 和 P_k^+ 表示，HIF 滤波器的测量更新方程表示如下： 新息矩阵：$e_k = y_k - h(\hat{x}_k^-, u_k)$ (4-43) H_∞ 增益矩阵：$K_k = A_k P_k^- (I - \lambda S P_k^- + C_k^T R^{-1} C_k P_k^-)^{-1} C_k^T R^{-1}$ (4-44) 系统状态修正：$\hat{x}_k^+ = \hat{x}_k^- + K_k e_k$ (4-45) H_∞ 特征矩阵修正：$P_k^+ = P_k^- (I - \lambda S P_k^- + C_k^T R^{-1} C_k P_k^-)^{-1}$ (4-46)
④ 时间尺度更新	将时刻 $(k)^+$ 的状态和协方差矩阵作为最终输出，准备 $(k+1)$ 时刻的状态估计

3. 计算案例

选用额定容量为 35A·h 的动力电池 3，其充放电截止电压分别为 4.2V、3.0V，已知动力电池静态容量，实验数据均在 25℃下获得。

这里直接分析算法对不精确 SOC 初值的收敛能力，设置算法 SOC 初值为 80%（准确初值 =100%）时，HIF 的电压预测值与 SOC 估计值分别如图 4-13 所示。结果表明，HIF 的端电压最大绝对误差略低于 0.06V，同时误差随时间有不断减小的趋势，即算法逐渐趋于稳定；SOC 估计误差的绝对值也保持在 1.5% 以内，基本满足一般 SOC 估计算法的要求；对于收敛速率而言，HIF 需要 70s 左右使得 SOC 基本收敛到参考值。

4.1.6 基于集员估计算法的 SOC 估计方法

1. 集员估计算法

传统卡尔曼滤波算法常对系统受到的噪声扰动做统计特性假设，但当模型精度充满不确定性且系统噪声和测量噪声统计特性较难确定时，估计算法的精度就会受到影响。集员估计不考虑系统噪声的分布和统计特性，只需对噪声的界限做出假设，本质即寻找一个与假设的噪声界限、系统状态方程和观测方程、

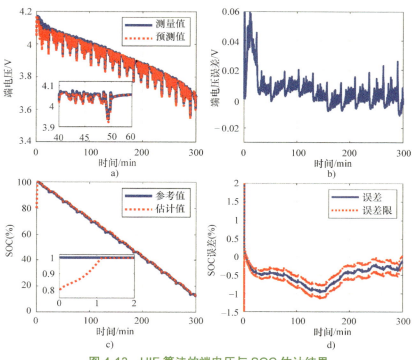

图 4-13 HIF 算法的端电压与 SOC 估计结果

a) 端电压预测值与测量值对比 b) 端电压预测误差 c) SOC 估计值与参考值对比 d) SOC 估计误差

初始条件、系统输入输出的测量值相一致的集合，集合中的任一状态都等概率地为系统状态的估计值，一般将集合中心视作点估计结果。集员估计对非线性系统噪声做出未知但有界的假设，与 EKF 算法一样，采用泰勒展开的方式来线性化，不同之处在于没有忽略高阶线性误差，而是把它和有界噪声整合在一起考虑，使之成为适用于非线性系统的扩展集员（Extended SM, ESM）估计算法，适用于不同背景的噪声情况，且具有递推形式，特有的数据选择能力可以提高收敛速度，同时提高系统状态的估计精度和鲁棒性。

对于非线性系统模型：

$$\begin{cases} \boldsymbol{x}_{k+1} = f(\boldsymbol{x}_k) + \boldsymbol{\omega}_k \\ \boldsymbol{y}_k = h(\boldsymbol{x}_k) + \boldsymbol{\upsilon}_k \end{cases} \tag{4-47}$$

式中，系统噪声和测量噪声 $\boldsymbol{\omega}_k$ 和 $\boldsymbol{\upsilon}_k$ 应满足未知但有界的假设：

$$W_k = \{\boldsymbol{\omega}_k : \boldsymbol{\omega}_k^\mathrm{T} \boldsymbol{Q}_k^{-1} \boldsymbol{\omega}_k \leq 1\} \tag{4-48}$$

$$V_k=\{\upsilon_k:\upsilon_k^{\mathrm{T}}R_k^{-1}\upsilon_k\leqslant 1\} \tag{4-49}$$

式中，Q_k 和 R_k 为正定矩阵；系统噪声 ω_k 和测量噪声 υ_k 分别属于椭球集合 W_k 和 V_k，初始状态 x_0 属于椭球集合 E_0：

$$E_0=\{x_0:(x_0-\hat{x}_0)^{\mathrm{T}}P_0^{-1}(x_0-\hat{x}_0)\leqslant\sigma_0\} \tag{4-50}$$

式中，$\hat{x}_0$ 为椭球的中心，被视作系统状态的点估计结果；P_0 为正定矩阵，与椭球形状和方向相关。为了对式（4-47）所示的系统近似线性化，同 EKF 一样对状态转移函数和观测方程泰勒展开：

$$\begin{cases}x_{k+1}=f(\hat{x}_k)+A_k(x_k-\hat{x}_k)+R_f(x_k,\hat{x}_k)+\omega_k\\ y_k=h(\hat{x}_{k|k-1})+C_k(x_k-\hat{x}_{k|k-1})+R_h(x_k,\hat{x}_{k|k-1})+\upsilon_k\end{cases} \tag{4-51}$$

式中，$\hat{x}_k$ 为 x_k 的估计值；$A_k=\frac{\partial f(x_k)}{\partial x_k}\big|_{x_k=\hat{x}_k}$；$C_k=\frac{\partial h(x_k)}{\partial x_k}\big|_{x_k=\hat{x}_k}$；令 $\eta_k=x_k-\hat{x}_k$，$\hat{\eta}_k=x_k-\hat{x}_{k|k-1}$，利用椭球集合包含式（4-51）中的高阶线性化误差：

$$\begin{aligned}R_f(x_k,\hat{x}_k)&\in\bar{W}_k=\{\eta_k:\eta_k^{\mathrm{T}}\bar{Q}_k^{-1}\eta_k\leqslant 1\}\\ R_h(x_k,\hat{x}_{k|k-1})&\in\bar{V}_k=\{\hat{\eta}_k:\hat{\eta}_k^{\mathrm{T}}\bar{R}_k^{-1}\hat{\eta}_k\leqslant 1\}\end{aligned} \tag{4-52}$$

式中，$\bar{Q}_k$ 和 $\bar{R}_k$ 同样为正定矩阵。扩展集员估计算法与 EKF 算法的不同之处在于没有忽略高阶线性化误差，而是将其与系统噪声和测量噪声整合在一起形成新的噪声项：

$$\begin{aligned}\hat{\omega}_k&=R_f(x_k,\hat{x}_k)+\omega_k\\ \hat{\upsilon}_k&=R_h(x_k,\hat{x}_{k|k-1})+\upsilon_k\end{aligned} \tag{4-53}$$

新噪声项分别属于以下新的椭球集合：

$$\begin{aligned}\hat{W}_k&=\{\hat{\omega}_k:\hat{\omega}_k^{\mathrm{T}}\hat{Q}_k^{-1}\hat{\omega}_k\leqslant 1\}\supset W_k\oplus\bar{W}_k\\ \hat{V}_k&=\{\hat{\upsilon}_k:\hat{\upsilon}_k^{\mathrm{T}}\hat{R}_k^{-1}\hat{\upsilon}_k\leqslant 1\}\supset V_k\oplus\bar{V}_k\end{aligned} \tag{4-54}$$

式中，$\oplus$ 代表椭球集合空间的矢量和。则式（4-51）可以重新描述为

$$\begin{aligned}x_k&=f(\hat{x}_{k-1})+A_{k-1}(x_{k-1}-\hat{x}_{k-1})+\hat{\omega}_{k-1}=A_{k-1}x_{k-1}+[f(\hat{x}_{k-1})-A_{k-1}\hat{x}_{k-1}]+\hat{\omega}_{k-1}\\ y_k&=h(\hat{x}_{k|k-1})+C_k(x_k-\hat{x}_{k|k-1})+\hat{\upsilon}_k=C_kx_k+[h(\hat{x}_{k|k-1})-C_k\hat{x}_{k|k-1}]+\hat{\upsilon}_k\end{aligned} \tag{4-55}$$

2. 基于集员估计算法的动力电池 SOC 估计计算流程

类比于卡尔曼滤波算法的时间更新和测量更新，最终得到基于扩展集员估计算法的 SOC 估计方法计算流程，见表 4-7。

表 4-7 基于扩展集员估计算法的 SOC 估计方法的详细计算流程

建立 Thevenin 动力电池模型的离散化方程，见式（4-2）

① 初始化

设置状态观测器的初始值：x_0，P，Q，R，γ，σ_0^2 （4-56）

式中，P 为正定包络矩阵，Q 为描述系统噪声椭球的正定矩阵，R 为描述测量噪声椭球的正定矩阵，γ 为噪声界，σ_0^2 为半径

② 先验估计 - 预测：时间更新 [状态从时间（$k-1$）到时间（$k|k-1$）的推算]

对于 $k = 1, 2, \cdots$，完成下面的先验估计（时间更新）操作，将状态和其正定包络矩阵估计从前一时刻（$k-1$）推算到当前时刻（$k|k-1$），表示如下：

系统状态预估：$\hat{x}_{k|k-1} = f(\hat{x}_{k-1})$ （4-57）

正定包络矩阵预估：$\sigma_{k|k-1}^2 = \sigma_{k-1}^2$ （4-58）

$$P_{k|k-1} = (1 + \beta_{k-1}^{-1})A_{k-1}P_{k-1}A_{k-1}^{\mathrm{T}} + \frac{1+\beta_{k-1}}{\sigma_{k|k-1}^2}Q \quad (4\text{-}59)$$

$$\beta_k = [\frac{\sigma_{k|k-1}^2 \operatorname{tr}(A_{k-1}P_{k-1}A_{k-1}^{\mathrm{T}})}{\operatorname{tr}(Q)}]^{1/2} \quad (4\text{-}60)$$

式中，β_k 根据优化准则最小化椭球迹计算

③ 后验估计 - 修正：测量更新 [状态从时间（$k|k-1$）到时间（k）的推算]

此步骤用 k 时刻的测量值 y_k 校正状态估计和椭球包络矩阵估计，估计结果分别用 $\hat{x}_k^+$ 和 P_k^+ 表示，测量更新方程表示如下：

新息矩阵：$e_k = y_k - h(\hat{x}_{k|k-1})$ （4-61）

增益矩阵：$K_k = \lambda_k P_k C_k^{\mathrm{T}} = P_{k|k-1}C_k^{\mathrm{T}}\left(C_k P_{k|k-1} C_k^{\mathrm{T}} + \frac{R}{\lambda_k}\right)^{-1}$ （4-62）

式中，λ_k 根据最小化椭球半径 σ_k^2 计算

系统状态修正：$\hat{x}_k^+ = \hat{x}_{k|k-1} + K_k e_k$ （4-63）

正定包络矩阵修正：$P_k^+ = (I - K_k C_k)P_{k|k-1}$ （4-64）

椭球"广义半径"更新：$\sigma_k^2 = \sigma_{k|k-1}^2 + \lambda_k[I - e_k^{\mathrm{T}}(\lambda_k C_k P_{k|k-1} C_k^{\mathrm{T}} + \hat{R})^{-1}e_k]$ （4-65）

式中，$\lambda_k = \begin{cases} 0 & \gamma^2 \geq e_k^2 \\ \dfrac{a}{\gamma G_k}[|e_k - \gamma|] & \gamma^2 < e_k^2 \end{cases}$，$G_k = C_k P_{k|k-1} C_k^{\mathrm{T}}$ （4-66）

④ 将 ESM 算法从时间（k）推移至时间（$k+1$），准备（$k+1$）时刻的状态估计

3. 计算案例

选定额定容量为 25A·h 的动力电池 1，其充放电截止电压为 4.2V、2.50V，已知静态容量，实验数据均在 40℃ 获得。

设置 SOC 的初值为 50%（准确初值为 100%），图 4-14 所示为 DST 工况下基于扩展集员估计算法的端电压与 SOC 估计结果。图 4-14 表明扩展集员估计算法的端电压的最大绝对值误差小于 0.1V，其误差的均方根统计值在 10mV 以内；

SOC 估计的最大绝对值误差小于 1.5%，算法 40s 即可收敛至初始值，收敛速度较快，满足一般 SOC 估计算法的要求。

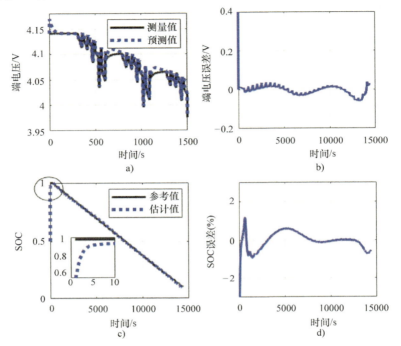

图 4-14　DST 工况下基于扩展集员估计算法的端电压与 SOC 估计结果

a）端电压预测值与测量值对比　b）端电压预测误差　c）SOC 估计值与参考值对比　d）SOC 估计误差

4.2　动力电池 SOH 估计

动力电池的存储能力与快速充放电能力均会随着老化而不断下降，而 SOH 正是用于评价动力电池老化程度的量化指标。动力电池 SOC 的准确估计依赖于精确的 SOH 值，预知 SOH 开展的 SOC 估计不具有实用性，仅能为 SOC 估计方法提供初步借鉴。

4.2.1　SOH 估计方法分类

动力电池的 SOH 与动力电池的老化过程密切相关，而老化最直观的表现为动力电池可释放能量降低和功率等级下降，内部反映为动力电池容量衰减和内阻增加，因此常将动力电池容量和内阻作为 SOH 的评价指标。一般来说，新动力电池的 SOH 被设定为 100%，对于以动力电池容量需求为主的纯电动汽车而言，可认为动力电池容量达到初始容量的 80% 时动力电池不能满足正常需求；而对于以动力电池功率需求为主的混合动力汽车而言，则常采用 2 倍的初始内阻值作为动力电池终止使用条件。

SOH 估计方法可分为两大类，即试验分析法与基于模型的方法，如图 4-15 所示。前者指通过对采集到的动力电池电流、电压、温度等试验数据进行分析，相对直接地获取某些能反映动力电池衰退的特征参数，从而实现动力电池 SOH 的标定，根据所选动力电池参数的不同，它又可分为直接测量法与间接分析法；而后者则需采用动力电池模型对所选动力电池参数进行估计，以实现动力电池 SOH 的标定，根据所选估计算法的不同，它又可分为自适应状态估计算法与基于数据驱动的方法。

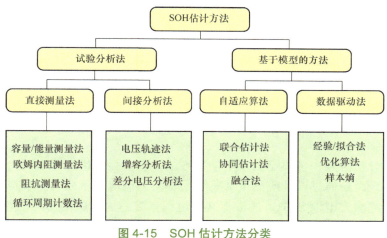

图 4-15　SOH 估计方法分类

1. 直接测量法

直接测量法指通过直接测量动力电池某些特征参数，并以此来评价动力电池 SOH，主要包括容量/能量测量法、欧姆内阻测量法、阻抗测量法以及循环周期计数法。

（1）容量/能量测量法

指通过动力电池容量或能量的准确、直接测量，来确定动力电池 SOH。显然，容量和能量的准确测量至少需要两个前提条件：

① 保证充放电过程的完整性。

② 保证采集精度足够高，这就意味着此方法只能在实验室或其他相对稳定的条件下使用。对于实车环境而言，则往往需要用到容量在线辨识的方法。

（2）欧姆内阻测量法

指通过实时测量动力电池欧姆内阻来评价动力电池 SOH，计算方法如式（4-67）所示，即动力电池电压变化量与电流变化量之比。相对动力电池容量而言，欧姆内阻更容易测量，在实车过程中突然制动或者加速均会引起较大的动力电池电流与电压的变化。但是，除了动力电池 SOH 与温度的影响外，欧姆内阻也会随着 SOC 的变化而变化，且它受电流、电压采样间隔的影响较为显著，即采样间隔越小，越接近于欧姆内阻真实值。同时，在计算欧姆内阻时，应限定 Δi_L 的最小绝对值，否则会导致结果的剧烈波动。

$$R_i = \frac{\Delta U_t}{\Delta i_L} \tag{4-67}$$

式中，ΔU_t 为动力电池脉冲电压；Δi_L 为动力电池脉冲电流。

（3）阻抗测量法

阻抗测量法则需要借助电化学工作站或其他相似功能的交流电激励设备来测量动力电池 EIS。图 2-33 给出了不同老化状态下的动力电池 EIS，可以发现动力电池 EIS 与动力电池老化状态之间存在着明显的关系。而且在不同频率的激励下，动力电池的反馈也有所不同。对于高频阶段，动力电池布线与多孔结构的诱导效应占主导地位，即阻抗更多表现为欧姆特性；而在低频阶段，电容效应则会变得更为显著。因此，在获取动力电池 EIS 后，即可通过对动力电池 EIS 中某些特征参数的提取来标定动力电池 SOH。

2. 间接分析法

间接分析法是一种典型的多步推导方法，它不会直接计算出动力电池容量或内阻值，而是通过设计或测量某些能反映动力电池容量或内阻衰退的过程参数，来标定动力电池 SOH。通常将这些过程参数称为健康因子，主要包括 SEI 膜阻抗、动力电池容量-OCV-SOC 响应面、电压响应轨迹或恒压阶段充电时间、增容（Incremental Capacity，IC）曲线或差分电压（Differential Voltage，DV）曲线、超声波响应特征等。当然，也可以选取两个或两个以上的健康因子共同评价动力电池 SOH。

① 动力电池端电压响应直接反映了动力电池内部反应特性，因而可基于控制变量法，分析特定 SOC、温度以及电流输入下的电压响应轨迹，从而完成 SOH 的标定。这一方法即为电压响应轨迹法。同时考虑到动力电池放电工况较为复杂、多变，因而这一方法常用相对稳定的充电过程作为分析对象。目前，最为常见的充电方法为恒流恒压充电（图 2-12），它分为两个阶段，即先采用恒定电流充电至上截止电压（CC 阶段），然后采用恒压充电的方式降电流直至设定的最小阈值（CV 阶段）。对于相同材料的动力电池，此充电方法的总体充电时间基本保持不变，而 CV 阶段的充电时间会随着动力电池的老化而明显增加。因而，若能获取动力电池完整 CV 阶段的充电曲线，即能准确计算出动力电池 SOH。

② 容量增量法（IC Analysis，ICA）与差分电压法（DV Analysis，DVA）

指分别利用 IC 曲线与 DV 曲线分析动力电池的衰退过程与老化机理，进而实现 SOH 的标定。IC 曲线与 DV 曲线均可由恒流充放电数据变换得到，前者是描述的 dQ/dV-V 的关系，而后者则为 dV/dQ-Q 的关系。这两种方法将会在 4.2.4 节中详细描述。

3. 自适应算法

自适应算法一般需要借助电化学模型或等效电路模型，它通过对模型参数进行辨识，完成 SOH 的标定。这类方法的特点在于闭环控制与反馈，以实现估计结果随动力电池电压的自适应调整，其包括联合估计法、协同估计法以及融合估计法等。

（1）联合估计法

联合估计法需要同时在线估计动力电池的模型参数和 SOC，因而所用的自适应算法一般包括两个及其以上的滤波器或观测器，其中模型参数主要包括内阻、阻抗、OCV 等。鉴于动力电池 SOC 与容量密切相关，在获取相对准确的 SOC 值后，可根据 SOC 估计值来确定动力电池容量，进而完成动力电池 SOH 的标定。基于 SOC 估计值的动力电池容量估计方法将在第 4.2.2 节详细阐述。

（2）协同估计法

协同估计法同样需要实现动力电池模型参数与 SOC 的同时在线估计，但是这里模型参数相比联合估计法增加了动力电池容量一项，即直接完成了动力电池容量与 SOC 的同时估计。从通用的算法基本框架来看，协同估计法与联合估计法的区别主要体现在两个方面：

① 对于两类估计算法，新息（输出预测电压误差）序列的使用模式是不同的。协同估计法中的两个估计器共用同一个新息序列。但在联合估计法中，两个估计器的电压误差则是不相关的。

② 参数估计与状态估计的关系是不同的。在协同估计法中，状态估计与参数估计两部分之间会相互影响，但联合估计法则没有明显的相互作用效应。协同估计法的详细计算过程将在第 4.3 节中介绍。

4. 基于数据驱动的方法

基于数据驱动的 SOH 估计方法不依赖精确的数学模型来描述动力电池老化原理与演变过程，它只依赖历史老化数据，即通过特定的学习算法提取历史数据点的关键老化信息。

① 经验/拟合法指通过使用现有老化数据来预测动力电池寿命，且无须详细了解动力电池的结构与材料特性。多项式、指数、幂律、对数、三角函数是常用的经验模型和拟合模型，其计算量通常较小，计算速度较快。如 Arrhenius 动力学方程，不仅十分简洁，而且精确描述了化学反应速率的温度依赖性，因而常被用于模拟由温度引起的扩散系数、蠕变率和其他热过程的变化。Arrhenius 动力学方程也可以用于描述动力电池依赖于温度的老化速率，其基本方程为

$$\frac{\mathrm{d}C}{\mathrm{d}n} = \varLambda \mathrm{e}^{\frac{\Delta E}{R_\mathrm{g} T}} = \varLambda \mathrm{e}^{-\frac{\lambda}{T}} \quad (4\text{-}68)$$

式中，$\mathrm{d}C/\mathrm{d}n$ 为相对于老化循环的动力电池容量变化率；$\varLambda$ 为数前因子；R_g 为通用气体常数，即 8.314J/（mol·K）；ΔE 为活化能（J/mol）；T 为绝对温度（K）；$\varLambda$ 和 $\lambda = \Delta E/R_\mathrm{g}$ 是需要校准的两个未知参数。对式（4-68）的等号两端进行积分：

$$C_\mathrm{r} = -\varLambda n_\mathrm{c} \mathrm{e}^{-\frac{\lambda}{T}} \quad (4\text{-}69)$$

式中，C_r 为指示动力电池老化的容量降低阈值；n_c 为动力电池循环寿命。取两个不同温度点 T_1 和 T_2（$T_1 > T_2$），有

$$\Delta n_\mathrm{c} = \frac{C_\mathrm{r}}{\varLambda}\left(\mathrm{e}^{-\frac{\lambda}{T_2}} - \mathrm{e}^{-\frac{\lambda}{T_1}}\right) \quad (4\text{-}70)$$

式中，Δn_c 为寿命偏差，定量描述了温度变化对动力电池寿命影响。

在完成 Arrhenius 动力学方程中参数的辨识后，即可基于这一方程实现变温度下的动力电池 SOH 评估。

② 样本熵（Sample Entropy，SampEn）可以用于评估时间序列的可预测性，并且还可以量化数据序列的规律性。因此，可采用样本熵分析动力电池放电电压数据，并指示动力电池 SOH。样本熵算法流程见表 4-8。

表 4-8 样本熵算法流程

步骤 1	获取 N 个采样点下的时间序列数据，记为 $x(1), x(2), \cdots, x(N)$
步骤 2	定义样本熵基本参数：比较向量长度 m 与相似度度量 r
步骤 3	定义比较向量 $X_m(i) = \{x(i), x(i+1), \cdots, x(i+m-1)\}$，$1 \leq i \leq N-m+1$，$i \in \mathbf{N}$
步骤 4	定义向量距离为不同比较向量之间顺序对应元素的最大绝对差，即 $d(X_m(i), X_m(j)) = \max\limits_{k\in[0,m-1]}\left(\left\|X_m(i+k) - X_m(j+k)\right\|\right)$，$0 \leq j \leq N-m+1$，$j \neq i$，$j \in \mathbf{N}$
步骤 5	对于给定的比较向量 $X_m(i)$，与其他所有比较向量 $X_m(j)$ 进行比较，计算出向量距离 $d(X_m(i), X_m(j)) \leq r$ 的向量个数，记为 A_i
步骤 6	计算 A_i 占距离总数的比重 B_i，即 $B_i^m(r) = \dfrac{A_i}{N-m+1}$
步骤 7	计算 $0 \leq i \leq N-m+1$ 时，$B_i^m(r)$ 的平均值 $B_m(r) = \dfrac{1}{N-m}\sum\limits_{i=1}^{N-m} B_i^m(r)$
步骤 8	将向量长度增加到 $m+1$，重复上述步骤 3～步骤 8，计算 $B_{m+1}(r)$
步骤 9	最终，计算样本熵：$\mathrm{SampEn}(m, r, N) = -\ln\left[\dfrac{B_{m+1}(r)}{B_m(r)}\right]$

在已有大量离线数据的情况下，可直接采用机器学习算法，如支持向量机、相关向量机等，学习动力电池 SOH 与样本熵算法输出的离线映射关系，进而可使用这一离线映射关系完成实车过程中的动力电池 SOH 实时估计。

各类 SOH 估计方法的优缺点以及相应的适用范围见表 4-9。

表 4-9 各类 SOH 估计方法的优缺点及相应的适用范围

方法	优点	缺点	适用性	操作难度
容量/能量测量法	简单易实现 计算成本低	易受不确定性因素影响，如温度、工况（电流大小）等 单次测试时间较长 对于采集精度有一定要求，特别是电流采集精度	差	易
欧姆内阻测量法	简单易实现 实时性好	易受不确定性因素影响，如温度、工况、SOC 等 对于采集精度、采样间隔、采样同步性等均有要求	一般	易
阻抗测量法	能直接地反映动力电池的老化状态 包含信息量大	易受不确定性因素影响，如温度、工况、SOC、测量方法与熟练度等 单次测试时间较长 设备成本通常较高	差	一般
循环周期法	简单易实现	实际应用困难	差	一般
电压轨迹法	操作简单	易受不确定性因素影响，如温度、工况、SOC 等 需大量离线数据库	一般	一般
ICA 与 DVA	精度高 反映动力电池老化机理	操作难度高 耗时较长	一般	难
联合估计法	估计精度高	算法需要反复调试 对模型的准确度依赖性强 输出结果波动较大	OCV 曲线变化小	难
协同估计法	估计精度高	算法需要反复调试 对模型的准确度依赖性强	好	难
经验拟合	简单易实现	估计精度差	差	易
优化算法	精度较高 结果输出稳定	算法运算量大	OCV 曲线变化大	一般
样本熵	估计精度高	算法复杂 需大量离线数据库	一般	难

4.2.2 基于 SOC 估计值的可用容量估计方法

在 4.1 节中，相对稳定的 OCV-SOC 关系被用于动力电池 SOC 估计，且取得了不错的效果。动力电池材料体系与 SOC 定义方式不同，OCV-SOC 关系随着动力电池老化的变化特性往往有所不同。对于 OCV-SOC 关系随动力电池老化基本不变或变化较小的情况，常常采用本小节的基于 SOC 估计值的动力电池可用容量估计方法；对于 OCV-SOC 关系随动力电池老化变化明显的情况，4.2.3 节中的基于响应面的动力电池可用容量估计方法是最好的选择；而对于介于两者之间的情况，则可采用更为通用的 4.3 节中的协同估计方法。

1. 问题描述

实车使用过程中，动力电池可用容量难以直接测量，当采用可用容量评价动力电池 SOH 时，必然需要准确估计其可用容量。最简单的可用容量估计方法即通过 4.1.1 节中的安时积分法逆过程获取，即

$$\hat{C}_{\max} = \frac{\int_{t_0}^{t} \eta_i i_L(\tau) \mathrm{d}\tau}{z(t) - z(t_0)} = \frac{\Delta Q}{\Delta z} \tag{4-71}$$

离散化得到

$$\hat{C}_{\max,k} = \frac{\Delta Q_k}{\Delta z_k} = \frac{\sum_{j=k-L_s+1}^{k} \eta_i i_{L,j} \Delta t}{z_k - z_{k-L_s}} \quad (k \geqslant L_s) \tag{4-72}$$

式中，L_s 为给定的时间段长度，即采样次数。

可见，获取间隔时间内动力电池累积电量与 SOC 变化量后，即能直接计算出动力电池 k 时刻可用容量的估计值 $\hat{C}_{\max,k}$。为了保证估计结果的准确性与稳定性，该方法的实现流程中仍存在几个挑战，如图 4-16 所示，包括：

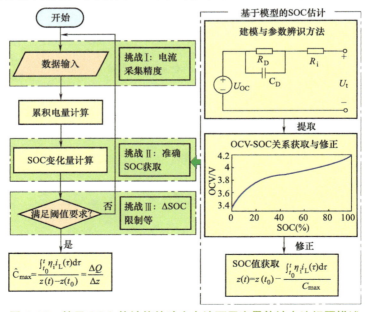

图 4-16 基于 SOC 估计值的动力电池可用容量估计方法问题描述

挑战Ⅰ：累积电量的精度直接取决于测量电流的精度，因而该方法对于电流传感器的精度要求较高。

挑战Ⅱ：容量不准确情况下 SOC 准确值难以获取。

挑战Ⅲ：所用数据段的 SOC 变化量较小时，易引起容量估计结果变化剧烈。

对于挑战Ⅱ，容量不准确导致单一安时积分法无法实现 SOC 准确估计，因而必须使用 OCV-SOC 关系不断标定动力电池 SOC。为了保证在未知动力电池 SOH（容量）下 SOC 修正的稳定与准确，显然该 SOH 估计方法更适用于 OCV-SOC 关系随动力电池老化基本不变或变化较小的情况。同时就 SOC 估计方法而言，常选用基于模型的 SOC 估计方法，且应尽量提高所建模型与相应参数的精度。

2. 算法流程

首先，针对上述挑战Ⅱ，应建立准确的电池模型（以 Thevenin 模型为例），特别是准确的 OCV-SOC 函数关系，以保证 SOC 的准确修正。所建 OCV-SOC 函数关系的准确性直接决定了 SOC 的估计精度，因而其随电池老化的变化幅度应特别讨论：

① 当 OCV-SOC 函数关系随动力电池老化基本不变时，OCV-SOC 函数关系与电池容量不相关，可直接由 OCV 获取准确的 SOC。

② 当 OCV-SOC 函数关系随动力电池老化变化较小时，单一的 OCV-SOC 曲线难以精确描述不同老化状态下的 OCV-SOC 函数关系，因而需建立容量 -OCV-SOC 响应面模型来离线标定任意容量下的 OCV-SOC 曲线。

此后，当得到不精确的可用容量时，尽管通过插值或拟合直接获取的 OCV-SOC 曲线存在一定误差，这会使 SOC 的估计精度降低，但是较小的 SOC 误差不会使容量估计结果偏差过大，而变化的 SOC 和不精确的可用容量难以一直匹配最合适的 OCV 值，只有合适的 SOC、OCV 和可用容量会使得估计误差二次方和保持最小，因而容量估计值会保持在真值附近波动。除 OCV-SOC 函数关系外，动力电池模型的阻抗参数也会直接影响模型的精度，进而影响 SOC 的估计精度，因而这里常采用在线参数辨识方法，以获取更为准确的模型阻抗参数。相关在线参数辨识算法已在第 3 章中详细介绍，这里将以带遗忘因子的 RLS 为例，介绍该可用容量估计方法的实施流程。

同时，针对上述挑战Ⅲ，需要预设多种边界条件来保证算法的精度与稳定性，包括：

① 时间段长度的限制，即预留一定的算法准备时间，以积累足够的充放电数据。

② SOC 变化范围 ΔSOC 的限制，即当 ΔSOC 大于一定的阈值时，才开启动力电池的可用容量估计，这是因为过小的 ΔSOC 会引起容量估计的剧烈波动。

③ 容量变化率的限制，考虑到动力电池正常使用情况下其容量不会发生突变，因此这里使用容量收敛系数 δ 评价估计容量的可靠性，即

$$\delta = \left| \frac{\hat{C}_{\max,k} - \hat{C}_{\max,k-1}}{\hat{C}_{\max,k-1}} \right| \leq \varepsilon \qquad (4\text{-}73)$$

式中，δ 为容量估计的收敛系数；ε 为可接受的收敛范围，这里推荐使用 2%。

在完成上述算法准备工作后，即可实施基于 SOC 估计值的动力电池可用容量估计方法，其计算流程可分为四步：

① 实时动力电池数据采集，包括电流、电压、温度等，采集数据发送到控制器中，用于算法的实时运算。

② 基于在线测量数据驱动的模型参数辨识。基于采集数据计算出 Thevenin 模型的 R_i、R_D 与 C_D，其计算结果用于后续的 SOC 估计。

③ SOC 估计。基于采集数据与在线辨识的参数结果，采用 4.1.4 节中的基于 AEKF 的 SOC 估计算法实现 SOC 的准确估计，其计算结果用于后续的可用容量估计。

④ 可用容量估计。在获得动力电池 SOC 估计值后，应判断上述三个边界条件是否满足要求，若是，则可直接由式（4-73）推算其可用容量；否则，不更新其可用容量。

图 4-17 给出了基于 SOC 估计值的动力电池可用容量估计方法流程图。这里的 SOC 估计方法采用 4.1.4 节中的 AEKF 算法。

需要说明的是，本书介绍了一种基于模型的参数和 SOC 联合估计算法体系。本节以 RLS 与 AEKF 为例实施了模型参数和 SOC 的联合估计，根据算法的特点和计算规则，其他类型的算法也可以组合使用，比如 RLS-UKF、HIF-UKF 等，可参考国家发明专利 ZL201610802342.4。

3. 实施算例

本节使用动力电池 2 的 DST 数据来评价动力电池 SOC 和可用容量联合估计方法的精度，L_s 设置为 360s。图 4-18 所示为使用动力电池 2- 单体 1 数据在精确 SOC 初值下的估计结果。需要说明的是，动力电池 2- 单体 1 的最大可用容量实验值为 31.6A·h，该算法中可用容量的初值设置为 30A·h。因为 360s 后才开启可用容量估算，所以在 0~360s 内的最大可用容量默认为初始值 30 A·h。

可见，动力电池电压估计误差在 15mV 以内，SOC 估计误差在 1% 以内，最大可用容量估计误差在 2A·h 以内。在可用容量估计器开启瞬间，容量估计值会有个跳动，但由于收敛系数的设置会使得初始容量的保持时间延长，避免过大的可用容量估计值的扰动影响 SOC 估计值的稳定性。因此，基于精确 SOC 初值条件下的动力电池电压估计精度、SOC 估计精度和最大可用容量估计精度

均较理想。但是，精确的估计方法不需要依赖精确的状态观测器初值。图 4-19 所示为基于 60% 的 SOC 初值的估计结果，存在 40% 的 SOC 初始误差。

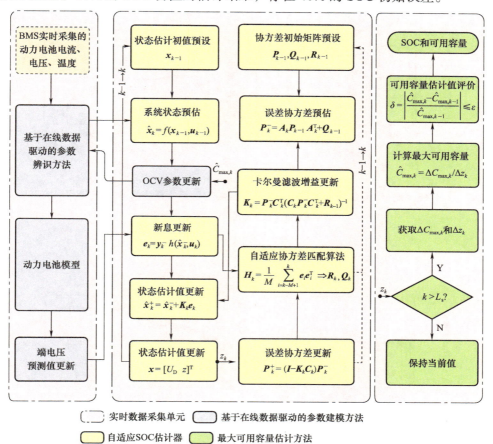

图 4-17　基于 SOC 估计值的动力电池可用容量估计方法流程图

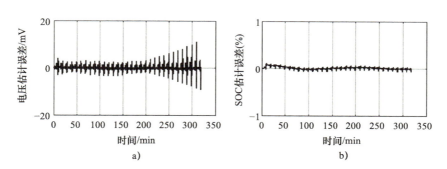

图 4-18　基于 SOC 估计值的动力电池可用容量估算（精确的 SOC 初值）

a）电压估计误差　b）SOC 估计误差

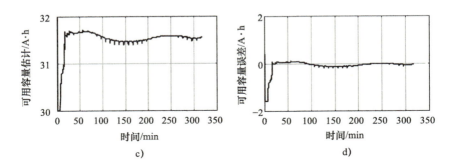

图 4-18 基于 SOC 估计值的动力电池可用容量估算（精确的 SOC 初值）（续）

c）可用容量估计结果　d）可用容量估计误差

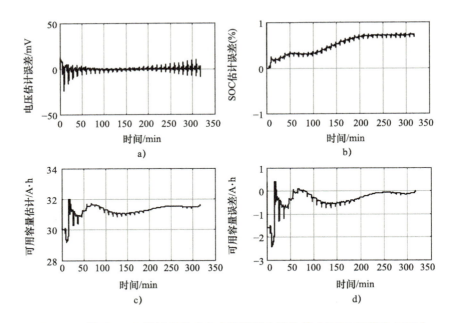

图 4-19 基于 SOC 估计值的动力电池可用容量估算（SOC 初值为 60%）

a）电压估计误差　b）SOC 估计误差　c）可用容量估计结果　d）可用容量估计误差

可见，该算法对不精确的 SOC 和可用容量初值不敏感，初值误差仅影响需要达到稳定估计的迭代次数，50min 后的估计精度较高，此时最大电压预测误差在 20mV 以内，最大 SOC 估计误差在 1% 以内，最大可用容量估计误差在 0.6A·h 以内。为系统评价基于 SOC 估计值的动力电池 SOC 和可用容量估计方法的精度，表 4-10 列出了 SOC 和可用容量估计的统计分析结果。由于 L_s 取值为 360s，选取经过 480s 收敛计算后估计误差的绝对值进行分析，其中 SOC 的初值为 60%。

表 4-10 基于 SOC 估计值的动力电池 SOC 和可用容量估计误差
（初始 SOC 为 60%，480s）

动力电池 2	SOC 估计误差（%）			可用容量估计误差 /A·h			
	最大误差	平均误差	标准差	最大误差	平均误差	标准差	稳定后
单体 01	0.753	0.513	0.191	2.431	0.334	0.367	< 0.5
单体 02	0.867	0.491	0.298	2.598	0.458	0.458	< 0.6
单体 03	0.919	0.332	0.325	3.500	0.246	0.301	< 0.4

可见，动力电池 SOC 的估计误差在 1% 以内，稳定后的可用容量估计误差在 0.6A·h 以内。考虑到动力电池额定容量为 32A·h，则可用容量估计误差在 2% 以内，而且小于所设置的收敛系数。

4.2.3 基于响应面的可用容量估计方法

1. 问题描述

对于 OCV-SOC 关系随动力电池老化变化明显的情况，当错误容量值造成安时积分与 OCV-SOC 关系同时不准确时，难以完成 SOC 的准确修正。这时可利用容量与 OCV-SOC 关系之间的联系，建立容量 -OCV-SOC 响应面，并通过采集数据段搜寻同时符合当前容量的 OCV-SOC 关系。该方法主要存在三方面的挑战，如图 4-20 所示，包括：

挑战 I：对于电流传感器的精度有较高的要求。

挑战 II：所用数据段的长度难以确定，数据段过长使得搜寻算法计算量飞速增加，而数据段过短使得搜寻算法易陷入局部最优。

挑战 III：曲线的搜寻过程计算量庞大，耗时过长。

挑战 III 的关键在于优化算法的选取，其以端电压误差最小为目标函数。容易发现，当不同老化状态下，OCV-SOC 关系差距越大，越容易找到全局最优，而当 OCV-SOC 关系完全不随动力电池老化而变化时，所有容量均为最优解，即无法完成容量估计。

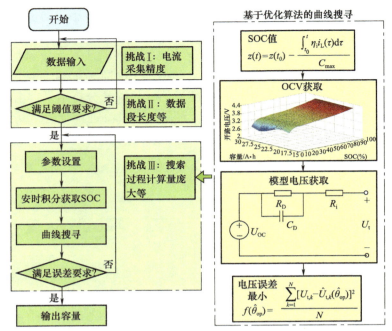

图 4-20 基于响应面的动力电池可用容量估计方法问题描述

2. 算法流程

首先，根据不同容量下的 OCV-SOC 曲线可以获得一个曲线簇 $U_{\text{OC}}(z, C_{\text{max},i})$：

$$U_{\text{OC}}(z, C_{\text{max},i}) = \alpha_{0,i} + \alpha_{1,i}z + \alpha_{2,i}/z + \alpha_{3,i}\ln z + \alpha_{4,i}\ln(1-z) \quad (4-74)$$

式中，$C_{\text{max},i}$ 为第 i 个容量点下的动力电池可用容量；$\alpha_{j,i}$（$j = 0$，1，…，4）为第 i 个容量点下 OCV-SOC 的拟合系数，其为 $C_{\text{max},i}$ 的函数。与式（4-10）相比，式（4-74）为简化后的 OCV-SOC 关系拟合方程。

然后再对获得的曲线簇的系数进行二维插值，即可得到容量 -OCV-SOC 的响应面。图 4-21 所示为利用动力电池 1- 单体 3 不同容量点下 OCV-SOC 曲线构造的响应面。

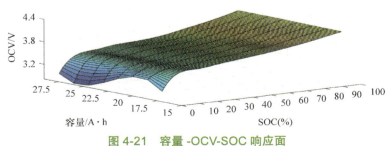

图 4-21 容量 -OCV-SOC 响应面

各个容量下拟合系数与可用容量的关系由表 4-11 给出，这样就可以通过可用容量确定唯一的 OCV-SOC 关系曲线。

表 4-11　动力电池不同容量下的 OCV 参数

模型参数	拟合方程
α_0	$\alpha_0 = 0.0212 C_{\max}^2 - 0.8828 C_{\max} + 11.8447$
α_1	$\alpha_1 = -0.0231 C_{\max}^2 + 0.9595 C_{\max} - 8.6399$
α_2	$\alpha_2 = 0.0019 C_{\max}^2 - 0.0773 C_{\max} + 0.7259$
α_3	$\alpha_3 = 0.0151 C_{\max}^2 - 0.6285 C_{\max} + 5.9196$
α_4	$\alpha_4 = 0.000487 C_{\max}^2 - 0.0224 C_{\max} + 0.1579$

在进行模型参数辨识过程中，模型参数的改变最终通过端电压估计结果的差异体现。利用优化方法（比如遗传算法）辨识模型参数，不同的模型参数组合对应不同的端电压估计结果，能够使得端电压误差的均方根值最小的那组参数即认为是最优的模型估计结果。以 Thevenin 模型为例，端电压为

$$U_t = U_{OC}(z, C_{\max}) - U_D - i_L R_i \tag{4-75}$$

式（4-75）已将式（4-74）中的容量 -OCV-SOC 响应面引入动力电池模型，因此不同可用容量值反映在 OCV-SOC 曲线上的差异，最终将反映在端电压估计值上。利用该特性，可将动力电池的可用容量纳入模型参数一同进行参数辨识。

注意到式（4-75）中 $U_{oc}(z, C_{\max})$ 项与动力电池的 SOC 也有关系，可用容量可以确定 OCV-SOC 关系，但是无法确定初始的 SOC，只有当两者都已知时才能够得到 OCV 估计值。因此，SOC 的初值 z_{ini} 也应纳入待辨识参数中。而工况中每个采样时刻的 SOC 可通过安时积分法得到。

至此，对于可用容量的估计问题可以转化为在容量 -OCV-SOC 响应面上搜索最佳的 OCV-SOC 关系的匹配问题。利用响应面优化方法离线估计动力电池可用容量的待辨识参量可以表示为

$$\hat{\theta}_{op} = [z_{ini} \quad R_i \quad R_D \quad C_D \quad C_{\max}] \tag{4-76}$$

选择合适的优化方法，以端电压的均方根误差值最小为适应度函数，如式（4-77）所示，利用安时积分法计算工况下任意时刻的 SOC，通过辨识结果即可得到动力电池的容量。

$$\begin{cases} \min\left\{f\left(\hat{\theta}_{\mathrm{op}}\right)\right\} \\ f\left(\hat{\theta}_{\mathrm{op}}\right) = \sqrt{\dfrac{\sum\limits_{k=1}^{N}\left[U_{\mathrm{t},k} - \hat{U}_{\mathrm{t},k}\left(\hat{\theta}_{\mathrm{op}}\right)\right]^{2}}{N}} \end{cases} \quad (4\text{-}77)$$

3. 实施算例

利用经过循环老化实验的动力电池 1- 单体 3，及其在 25℃新电池状态下的 DST 工况实验数据，来评价基于响应面优化方法对可用容量估计的准确性。此时该动力电池的可用容量为 27.31A·h。选择上述 DST 工况实验数据 3000～13800s 区间的端电压和电流数据进行辨识，辨识结果由表 4-12 给出。

表 4-12 参数辨识结果

	模型参数				
	z_{ini}(%)	R_{o}/mΩ	R_{D1}/mΩ	C_{D1}/F	$C_{\max}$/A·h
辨识结果	84.3	2.1	2.3	2.28e4	27.13

工况 3000s 开始时动力电池的真实 SOC 为 82.7%，辨识结果为 84.3%，估计误差为 1.6%。可用容量的真实值与估计值相差 0.18A·h，相对误差为 0.66%。由此可见，辨识出的初始 SOC 以及可用容量能够很好地估计动力电池的真实情况。

另外，在 25℃条件不变的前提下，选择该动力电池在老化过程中不同容量点下的工况数据进行评价。DST 工况下可用容量与初始 SOC 的估计结果以及估计误差由表 4-13 和表 4-14 给出。估计结果相对误差的统计柱状图如图 4-22 所示。

表 4-13 不同容量点下的 DST 工况数据估计的可用容量及估计误差

容量点	真实值/A·h	估计值/A·h	绝对误差/A·h
1	27.31	27.13	0.18
2	25.83	25.84	0.01
3	25.28	24.45	0.83
4	24.86	24.13	0.73
5	23.82	23.19	0.62

表 4-14 不同容量点下的 DST 工况数据估计的初始 SOC 及估计误差

容量点	真实值（%）	估计值（%）	绝对误差（%）
1	82.7	84.3	1.6
2	81.6	84.6	3.0
3	81.3	83.3	2.0
4	80.8	83.4	2.6
5	80.2	83.4	3.1

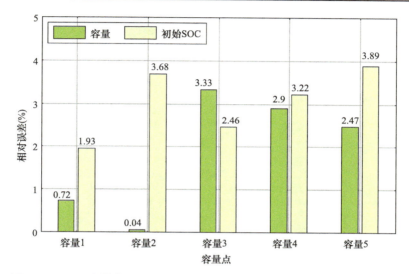

图 4-22 不同容量点下可用容量与初始 SOC 估计的相对误差统计柱状图

从图 4-22 中可以看到，在五个容量点下，无论是可用容量还是初始 SOC 估计的相对误差都可以保证在 4% 以内，说明利用响应面优化的方法辨识的参数能够有效地估计动力电池的可用容量。

4.2.4 基于 ICA/DVA 的 SOH 估计方法

1. 容量增量分析法

作为一种非破坏性手段，ICA 法通过分析 IC 曲线以揭示出动力电池老化过程中其内部的细微变化，进而明确动力电池的衰退过程与老化机理。这已成为目前离线环境下研究动力电池老化与 SOH 的一种有效手段。

相比于变换前的原始曲线，IC 曲线最为明显的特征即为 IC 峰，且每个 IC 峰均代表在动力电池内部发生的电化学过程，具有独特的形状、高度和位置，因而 IC 峰的位置和形状的任何变化都是动力电池老化的表现。以动力电池 4 为例，分析 IC 曲线与动力电池内部电化学反应过程、老化过程的相关关系。

图 4-23 显示了在环境温度 25℃下,分别以 C/20 与 C/3 倍率进行充放电试验,获取的电压-容量曲线和相应的 IC 曲线。IC 曲线中的 IC 峰对应于动力电池电极上的相变过程。在石墨负极(Negative Electrode,NE)中,锂嵌入过程将 C 转化为 LiC_6,其至少需要五个不同的相变过程,记为①~⑤;而在正极(Positive Electrode,PE)中,存在 $LiMn_2O_4$ 材料的两个相变过程,其分别在 4.1V 和 4.0V 下产生,记为Ⅰ和Ⅱ,相应的正负极材料相结构变化见表 4-15。

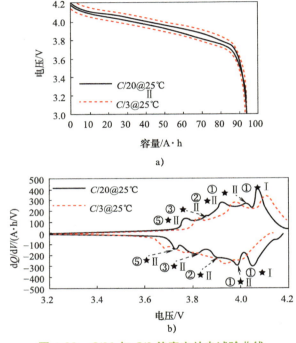

图 4-23　C/20 与 C/3 倍率充放电试验曲线

a)电压-容量曲线　b)充放电 IC 曲线

表 4-15　正负极材料相结构变化

类型	编号	相结构变化
正极材料（PE）	Ⅰ	$Li_{0.5}Mn_2O_4 \leftrightarrow Mn_2O_4$
	Ⅱ	$LiMn_2O_4 \leftrightarrow Li_{0.5}Mn_2O_4$
负极材料（NE）	①	$LiC_{12} \leftrightarrow LiC_6$
	②	$LiC_{18} \leftrightarrow LiC_{12}$
	③	$LiC_{36} \leftrightarrow LiC_2 \leftrightarrow LiC_{18}$
	④	$LiC_{72} \leftrightarrow LiC_{36}$
	⑤	$C_6 \leftrightarrow LiC_{72}$

注:过程④在图 4-23 中并不明显,故未在图中标记。

由于 NE 中不同的相变过程,与 PE 中相变Ⅱ相对应的 IC 峰被分成四个峰,如图 4-23b 中的 IC 曲线（实线）所示。同样，NE 中的相变过程也会被 PE 不同的相变过程划分为不同的峰。为了方便介绍，这里将各个 IC 峰进行编号，编号为①★Ⅰ的 IC 峰代表了 NE 中相变①与 PE 中相变Ⅰ的联合作用，其余以此类推。可以发现，IC 曲线具有比传统充放电曲线更高的灵敏度，使我们能够监测动力电池老化过程中的任何行为变化。

为了跟踪 SOH 并确保更准确地了解老化机制，IC 曲线总是以非常低的电流激励，如 $C/25$。然而，在实际应用中很难采用较小的电流完成相对完整的充放电过程，因此基于较大电流（$C/3$）的 IC 曲线已逐渐被用于分析动力电池行为。如图 4-23b 所示，在 $C/3$ 充电过程的 IC 曲线（虚线）中只有三个明显的 IC 峰值，分别表示为①★Ⅰ、②★Ⅱ、⑤★Ⅱ。每个峰下面的区域代表了整个反应过程中的容量变化量，这表明较大电流的 IC 曲线同样也可以提供动力电池老化信息。

图 4-24 显示了在不同温度的老化循环下动力电池 IC 曲线的比较，其中老化温度包括 40℃ 与 10℃，放电深度均设置为 50%DOD，且 IC 曲线均由相应老化循环次数下容量实验（25℃、倍率 $C/3$）的充电曲线获取。动力电池 IC 峰显示了动力电池电压响应与动力电池老化的相关关系。从图中发现，随着循环次数的增加，IC 峰通常会有规律地向右下侧移动。因而可以通过 IC 峰的改变来指示动力电池 SOH 的变化。进一步，动力电池 SOH 值也可以通过循环次数和 IC 峰之间的关系推导出来。

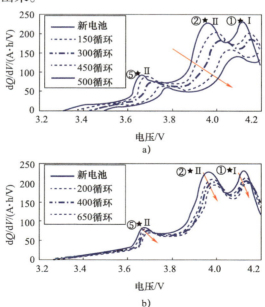

图 4-24　在不同温度的老化循环下动力电池 IC 曲线的演变

a）40℃、50%DOD　b）10℃、50%DOD

2. 差分电压分析法

DVA 方法同样可用于分析动力电池的衰退过程与老化机理,其特点在于 DV 曲线上往往能呈现出清晰可辨识的峰。上一节的 IC 曲线有利于更好地理解动力电池老化,同样 DVA 也展现了识别多种动力电池老化机理的能力,包括正负极活性物质损失、锂离子损失等。图 4-25 展示了在 25℃、C/3 倍率的情况下,动力电池电压-容量曲线以及相应的 DV 曲线。

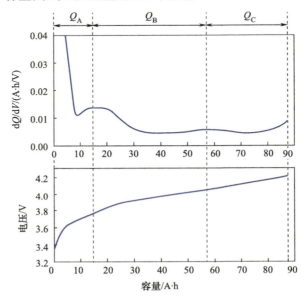

图 4-25 在 25℃、C/3 倍率的情况下,动力电池电压-容量曲线以及相应的 DV 曲线

在 DV 曲线中,上节描述相变现象的 IC 峰变成了波谷,而 DV 峰则对应单相固溶区的非化学计量的"夹层"反应。DV 曲线被 DV 峰分割成三个区域,每个区域对应于反应中相变的容量。将充电容量按上述三个区域划分,记为 Q_A、Q_B 与 Q_C,分别与 IC 峰⑤★Ⅱ、②★Ⅱ和①★Ⅰ对应。类似地,我们可以通过 DV 曲线的特征对比,分析动力电池的老化机理。图 4-26 显示了在不同温度的老化循环下动力电池 DV 曲线的比较结果,其中老化温度包括 40℃与 10℃,放电深度均设置为 50%DOD。

DVA 法更容易量化 IC 曲线中三个峰值所对应的容量损失。图 4-27 给出了动力电池在不同温度的老化循环下 Q_A、Q_B 和 Q_C 随循环次数的演化,其中老化温度包括 40℃与 10℃,放电深度均设置为 50%DOD。

结果表明,随着循环次数的增加,Q_A、Q_B 和 Q_C 显著减小。Q_A 和 Q_B 的下降速度几乎相同,说明其容量损失是由 NE 中活性物质的损失引起的。Q_C 则以更高的速度下降,表明除了失去活性物质外,还存在锂离子的损失。显然,Q_B

和动力电池老化之间的映射关系适用于动力电池 SOH 估计。

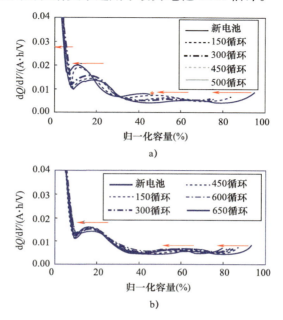

图 4-26　在不同温度的老化循环下 DV 曲线的演变

a）40℃、50%DOD　b）10℃、50%DOD

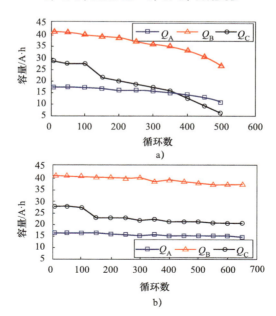

图 4-27　不同温度的老化循环下 Q_A、Q_B 和 Q_C 的演变

a）40℃、50%DOD　b）10℃、50%DOD

4.3 动力电池 SOC-SOH 协同估计

动力电池 SOC 与 SOH 的耦合关系使得 SOC 与 SOH 估计算法相互依存，因此建立能反映 SOC 与 SOH 相关关系的动力电池模型、设计出 SOC 与 SOH 的协同估计算法至关重要。在 SOC-SOH 协同估计框架中，SOC 估计所用的容量值需要动态更新，相比 4.1 节中所用的静态容量，动态容量会随着动力电池工况变化而自适应调整，因而往往能取得更加优秀的估计性能。

4.3.1 问题描述

动力电池模型的建立引入了模型参数，主要包括 OCV、阻抗参数和容量，这些模型参数直接反映了动力电池 SOH，因此可直接将这些参数视为动力电池 SOH 的映射参数值。此时，SOC 与 SOH 的耦合估计问题可以转换为其状态（SOC）与参数（SOH）的耦合估计问题。针对这一问题，可采用两个互为输入的估计器，即协同估计，分别用于动力电池状态与参数的估计，同时二者共用同一新息，以保证算法的稳定和收敛。

考虑动力电池参数（容量、内阻等）具有缓慢的时变特性，而其状态（SOC、SOP 等）具有快速的时变特性，如果使用同一时间尺度进行动力电池系统中所有单体的参数和状态估计，势必将耗费 BMS 巨大计算成本，而且过于频繁的参数更新使得参数波动剧烈，甚至会影响状态更新的精度。因此，以宏观时间尺度估计动力电池参数，包括可用容量、极化内阻和欧姆内阻等，以微观时间尺度估计动力电池的状态，可以建立基于多时间尺度的动力电池参数和状态估计方法。

为便于分析，使用如式（4-78）所示的非线性离散系统描述包含隐含状态 χ 和参数 θ 的多时间尺度系统，即

$$\begin{cases} \chi_{k,l+1} = F(\chi_{k,l}, \theta_k, u_{k,l}) + \omega_{k,l}, \theta_{k+1} = \theta_k + \rho_k \\ Y_{k,l} = G(\chi_{k,l}, \theta_k, u_{k,l}) + v_{k,l} \end{cases} \quad (4\text{-}78)$$

式中，$\chi_{k,l}$ 为 $t_{k,l} = t_{k,0} + l \times \Delta t (1 \leq l \leq L_z)$ 时刻系统的状态，其中双时间尺度 k 和 l 分别描述宏观时间尺度和微观时间尺度，L_z 为尺度转换限值，即一个宏观时间尺度等于 L_z 个微观时间尺度；$u_{k,l}$ 为 $t_{k,l}$ 时刻系统的输入信息（控制矩阵）；$Y_{k,l}$ 为 $t_{k,l}$ 时刻系统的观测矩阵（测量矩阵）；$\omega_{k,l}$ 和 ρ_k 分别为系统状态和参数白噪声，其协方差分别为 $Q_{k,l}^{\chi}$ 和 Q_k^{θ}；$v_{k,l}$ 为测量白噪声，其协方差 $R_{k,l}$。使用微观时间尺度估计系统的状态、宏观时间尺度估计系统参数。对于系统参数而言，其宏观

尺度在 $0 \sim L_z-1$ 时的值保持不变，即 $\theta_k = \theta_{k,0:L_z-1}$。

基于建立的多时间尺度系统，采用两个估计器对系统状态与参数进行逐步估计，即一个估计器负责模型参数估计，另一个负责 SOC 估计，两者交替进行，且互为输入，从而构成了多时间尺度下动力电池 SOC-SOH 协同估计的基本框架。图 4-28 所示为多时间尺度双滤波算法的原理流程图，包括：参数先验估计（参数时间更新）、状态先验估计（状态时间更新）、状态后验估计（状态测量更新）和参数后验估计（参数测量更新）。将 4.2 节中介绍的 AEKF 算法与 HIF 算法应用于这一基本框架中，即能分别形成多时间尺度自适应扩展卡尔曼滤波（Multi-scale AEKF，MAEFK）算法与多时间尺度 H_∞ 滤波（Multi-scale HIF，MHIF）算法。

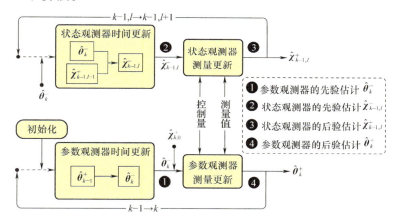

图 4-28 多时间尺度滤波算法的原理流程图

4.3.2 基于 MAEKF 的协同估计方法

1. 算法流程

基于图 4-28 所描述多时间尺度滤波算法的原理流程图，以 AEKF_χ 作为使用微观时间尺度的状态观测器，以 AEKF_θ 作为使用宏观时间尺度的参数观测器，采用两层 AEKF 算法实施系统的参数和状态多时间尺度估计，具体计算步骤概括如下：

算法的初始化：分别设置参数观测器 AEKF_θ 和状态观测器 AEKF_χ 的初始参数值。

$$\theta_0,\ P_0^\theta,\ Q_0^\theta,\ R_0,\ \chi_{0,0},\ P_{0,0}^\chi,\ Q_{0,0}^\chi,\ R_{0,0} \quad (4\text{-}79)$$

式中，θ_0、P_0^θ 和 Q_0^θ 分别为参数观测器 AEKF_θ 的初始参数值、参数估计误差协方

差矩阵的初始值和系统噪声协方差矩阵的初始值；$\chi_{0,0}$、$P_{0,0}^{\chi}$ 和 $Q_{0,0}^{\chi}$ 分别为状态观测器 AEKF_{χ} 的系统状态初始值、状态估计误差协方差矩阵初始值和系统噪声协方差矩阵初始值；R_0 和 $R_{0,0}$ 为观测噪声协方差，且满足 $R_k = R_{k,0:Lz-1}$，则 $R_0 = R_{0,0}$。当估计开始时，(0) 时刻的值转化为 ($k-1$) 时刻、(0,0) 时刻的值转化为 ($k-1$, $l-1$) 的值。

对于宏观时间尺度序列，$k=1,2,\cdots$ [从时间 $(k-1)^+$ 到时间 $(k)^-$ 的推算]。

步骤 1：基于宏观时间尺度的参数观测器 AEKF_{θ} 的时间更新（先验估计）——$\hat{\theta}_k^-$

$$\hat{\theta}_k^- = \hat{\theta}_{k-1}, \quad P_k^{\theta,-} = P_{k-1}^{\theta} + Q_{k-1}^{\theta} \tag{4-80}$$

对于微观时间尺度序列，$l=1,2,\cdots,L_z$ [从时间 $(k-1, l-1)^+$ 到时间 $(k-1, L_z)^+$ 的推算]。

步骤 2：基于微观时间尺度的状态观测器 AEKF_{χ} 的时间更新（先验估计）——$\hat{\chi}_{k-1,l}^-$

$$\hat{\chi}_{k-1,l}^- = F(\hat{\chi}_{k-1,l-1}, \hat{\theta}_k^-, u_{k-1,l-1}), \quad P_{k-1,l}^{\chi,-} = A_{k-1,l-1} P_{k-1,l-1}^{\chi} A_{k-1,l-1}^{\mathrm{T}} + Q_{k-1,l-1}^{\chi} \tag{4-81}$$

步骤 3：基于微观时间尺度的状态观测器 AEKF_{χ} 的测量更新（后验估计）——$\hat{\chi}_{k-1,l}^+$

状态估计新息矩阵更新：

$$e_{k-1,l} = Y_{k-1,l} - G(\hat{\chi}_{k-1,l}^-, \hat{\theta}_k^-, u_{k-1,l}) \tag{4-82}$$

卡尔曼增益矩阵：

$$K_{k-1,l}^{\chi} = P_{k-1,l}^{\chi,-} (C_{k-1,l}^{\chi})^{\mathrm{T}} \left[C_{k-1,l}^{\chi} P_{k-1,l}^{\chi,-} (C_{k-1,l}^{\chi})^{\mathrm{T}} + R_{k-1,l-1} \right]^{-1} \tag{4-83}$$

自适应协方差匹配（电压估计误差窗口函数）：

$$H_{k-1,l}^{\chi} = \frac{1}{M_{\chi}} \sum_{i=l-M_{\chi}+1}^{l} e_{k-1,i} e_{k-1,i}^{\mathrm{T}} \tag{4-84}$$

噪声协方差更新：

$$R_{k-1,l} = H_{k-1,l}^{\chi} - C_{k-1,l}^{\chi} P_{k-1,l}^{\chi,-} (C_{k-1,l}^{\chi})^{\mathrm{T}}, \quad Q_{k-1,l}^{\chi} = K_{k-1,l}^{\chi} H_{k-1,l}^{\chi} (K_{k-1,l}^{\chi})^{\mathrm{T}} \tag{4-85}$$

系统状态估计值修正：

$$\hat{\chi}_{k-1,l}^+ = \hat{\chi}_{k-1,l}^- + K_{k-1,l}^{\chi} \left[Y_{k-1,l} - G(\hat{\chi}_{k-1,l}^-, \hat{\theta}_k^-, u_{k-1,l}) \right] \tag{4-86}$$

状态估计误差协方差更新：

$$P_{k-1,l}^{\chi,+}=(I-K_{k-1,l}^{\chi}C_{k-1,l}^{\chi})P_{k-1,l}^{\chi,-} \qquad (4\text{-}87)$$

微观时间尺度循环计算（$l = 1 : L_z$）和尺度转换（当 $l = L_z$ 时）：

$$\hat{\chi}_{k,0}^{+} = \hat{\chi}_{k-1,L_z}^{+},\ P_{k,0}^{\chi,+} = P_{k-1,L_z}^{\chi,+}, Y_{k,0} = Y_{k-1,L_z}, u_{k,0} = u_{k-1,L_z} \qquad (4\text{-}88)$$

至此，完成一个宏观时间尺度下微观时间尺度循环计算，下一步回到宏观时间尺度进行参数估计的测量更新（后验估计）。

步骤 4：基于宏观时间尺度的状态观测器 AEKF_θ 的测量更新（后验估计）—— $\hat{\theta}_k^{+}$

参数估计新息矩阵更新：

$$e_k^{\theta} = Y_{k,0} - G(\hat{\chi}_{k,0}^{+}, \hat{\theta}_k^{-}, u_{k,0}) \qquad (4\text{-}89)$$

卡尔曼增益矩阵：

$$K_k^{\theta}=P_k^{\theta,-}\left(C_k^{\theta}\right)^{\text{T}}\left[C_k^{\theta}P_k^{\theta,-}\left(C_k^{\theta}\right)^{\text{T}}+R_{k-1}\right]^{-1} \qquad (4\text{-}90)$$

自适应协方差匹配（电压估计误差窗口函数）：

$$H_k^{\theta} = \frac{1}{M_\theta} \sum_{i=k-M_\theta+1}^{k} e_i^{\theta} \left(e_i^{\theta}\right)^{\text{T}} \qquad (4\text{-}91)$$

噪声协方差更新：

$$R_k = H_k^{\theta} - C_k^{\theta} P_k^{\theta,-}\left(C_k^{\theta}\right)^{\text{T}},\ Q_k^{\theta} = K_k^{\theta} H_k^{\theta} \left(K_k^{\theta}\right)^{\text{T}} \qquad (4\text{-}92)$$

系统参数估计值修正：

$$\hat{\theta}_k^{+} = \hat{\theta}_k^{-} + K_k^{\theta} e_k^{\theta} \qquad (4\text{-}93)$$

状态估计误差协方差更新：

$$P_k^{\theta,+} = (I - K_k^{\theta} C_k^{\theta}) P_k^{\theta,-} \qquad (4\text{-}94)$$

式中，

$$A_{k-1,l-1} = \left.\frac{\partial F(\chi, \hat{\theta}_k^{-}, u_{k-1,l-1})}{\partial \chi}\right|_{\chi=\hat{\chi}_{k-1,l-1}}$$

$$C_{k-1,l}^{\chi} = \left.\frac{\partial G(\chi, \hat{\theta}_k^{-}, u_{k-1,l})}{\partial \chi}\right|_{\chi=\hat{\chi}_{k-1,l}^{-}} \qquad (4\text{-}95)$$

$$C_k^{\theta} = \left.\frac{\partial G(\hat{\chi}_{k,0}, \theta, u_{k,0})}{\partial \theta}\right|_{\theta=\hat{\theta}_k^{-}}$$

其中，C_k^θ 计算如下：

$$C_k^\theta = \left.\frac{\partial G(\hat{\chi}_{k,0},\theta,u_{k,0})}{\partial \theta}\right|_{\theta=\hat{\theta}_k^-} = \frac{\partial G(\hat{\chi}_{k,0},\hat{\theta}_k^-,u_{k,0})}{\partial \hat{\theta}_k^-} + \frac{\partial G(\hat{\chi}_{k,0},\hat{\theta}_k^-,u_{k,0})}{\partial \hat{\chi}_{k,0}}\frac{d\hat{\chi}_{k,0}}{d\hat{\theta}_k^-} \quad (4\text{-}96)$$

考虑到 $\hat{\chi}_{k,0} = \hat{\chi}_{k-1,L_z}^+$，由式（4-86），可得

$$\frac{d\hat{\chi}_{k,0}}{d\hat{\theta}_k^-} = \frac{d\hat{\chi}_{k-1,L_z}^+}{d\hat{\theta}_k^-} = \frac{d}{d\hat{\theta}_k^-}\left\{\hat{\chi}_{k-1,L_z}^- + K_{k-1,L_z-1}^\chi\left[Y_{k-1,L_z-1} - G\left(\hat{\chi}_{k-1,L_z-1}^-,\hat{\theta}_k^-,u_{k-1,L_z-1}\right)\right]\right\} \quad (4\text{-}97)$$

$$\frac{d}{d\hat{\theta}_k^-}\left(K_{k-1,L_z-1}^\chi Y_{k-1,L_z-1}\right) = Y_{k-1,L_z-1}\frac{\partial K_{k-1,L_z-1}^\chi}{\partial \hat{\theta}_k^-} \quad (4\text{-}98)$$

$$\frac{d}{d\hat{\theta}_k^-}\left[K_{k-1,L_z-1}^\chi G\left(\hat{\chi}_{k-1,L_z-1}^-,\hat{\theta}_k^-,u_{k-1,L_z-1}\right)\right]$$

$$= K_{k-1,L_z-1}^\chi \frac{dG\left(\hat{\chi}_{k-1,L_z-1}^-,\hat{\theta}_k^-,u_{k-1,L_z-1}\right)}{d\hat{\theta}_k^-} + \frac{\partial K_{k-1,L_z-1}^\chi}{\partial \hat{\theta}_k^-}G\left(\hat{\chi}_{k-1,L_z-1}^-,\hat{\theta}_k^-,u_{k-1,L_z-1}\right) \quad (4\text{-}99)$$

至此，完成了 k 时刻参数和状态的多时间尺度估计，准备（$k+1$）时刻的状态估计，且令 $\hat{\chi}_{k,0} = \hat{\chi}_{k,0}^+$，$\hat{\theta}_k = \hat{\theta}_k^+$。

基于上述 MAEKF 算法实时流程，针对动力电池参数的缓慢时变特性、状态的快速时变特性问题，分别采用微观时间尺度和宏观时间尺度来实施动力电池状态和参数的估计。将动力电池状态方程转化为式（4-100）所示的非线性离散系统，即

$$\begin{bmatrix} U_{k,l}^D \\ z_{k,l} \end{bmatrix} = \begin{bmatrix} e^{-\frac{\Delta t}{R_D C_D}} & 0 \\ 0 & 1 \end{bmatrix}\begin{bmatrix} U_{k,l-1}^D \\ z_{k,l-1} \end{bmatrix} + \begin{bmatrix} \left(1-e^{-\frac{\Delta t}{R_D C_D}}\right)R_D \\ -\frac{\eta_i \Delta t}{C_{max}} \end{bmatrix} i_{k,l} \quad (4\text{-}100)$$

式中，$U_{k,l}^D$ 和 $z_{k,l}$ 分别为动力电池在 $t_{k,l}$ 时刻的极化电压和 SOC；$i_{k,l}$ 为在 $t_{k,l}$ 时刻的动力电池电流。则动力电池的系统方程可以描述为

$$\begin{cases} \boldsymbol{\chi}_{k,l+1} = \boldsymbol{F}(\boldsymbol{\chi}_{k,l},\boldsymbol{\theta}_k,\boldsymbol{u}_{k,l}) = \begin{bmatrix} e^{-\frac{\Delta t}{R_D C_D}} & 0 \\ 0 & 1 \end{bmatrix} \boldsymbol{\chi}_{k,l} + \begin{bmatrix} \left(1 - e^{-\frac{\Delta t}{R_D C_D}}\right) R_D \\ -\dfrac{\eta_i \Delta t}{C_{\max}} \end{bmatrix} \boldsymbol{u}_{k,l+1} \\ \boldsymbol{Y}_{k,l} = \boldsymbol{G}(\boldsymbol{\chi}_{k,l},\boldsymbol{\theta}_k,\boldsymbol{u}_{k,l}) = g(z_{k,l}, C_{\max}) - U_{k,l}^D - R_o \boldsymbol{u}_{k,l} \end{cases} \quad (4\text{-}101)$$

式中，系统的状态矩阵、参数矩阵、控制矩阵和输出矩阵为

$$\begin{cases} \boldsymbol{\chi}_{k,l} = \begin{bmatrix} U_{k,l}^D & z_{k,l} \end{bmatrix}^T \\ \boldsymbol{\theta}_k = [R_o \quad R_D \quad C_D \quad C_{\max}]_k^T \\ \boldsymbol{u}_{k,l} = i_{k,l} \\ \boldsymbol{Y}_{k,l} = U_{k,l}^t \end{cases} \quad (4\text{-}102)$$

式中，$U_{k,l}^t$ 为在 $t_{k,l}$ 时刻的端电压值。

基于算法的计算流程，建立动力电池参数和状态多时间尺度估计算法的实施流程图。其中，系统的状态矩阵和观测矩阵分别为

$$\boldsymbol{A}_{k-1,l-1} = \begin{bmatrix} e^{-\frac{\Delta t}{R_D C_D}} & 0 \\ 0 & 1 \end{bmatrix} \quad (4\text{-}103)$$

$$\boldsymbol{C}_{k-1,l}^{\chi} = \begin{bmatrix} -1 & \dfrac{\partial g_{k-1,l}(z, C_{\max})}{\partial z_{k-1,l}^-} \end{bmatrix} \quad (4\text{-}104)$$

$$\boldsymbol{C}_k^{\boldsymbol{\theta}} = \begin{bmatrix} -i_{k,0} & 0 & 0 & \dfrac{\partial g(z, C_{\max})}{\partial z_{k,0}} \dfrac{\partial z_{k,0}}{\partial \hat{C}_{\max,k}^-} \end{bmatrix} + \boldsymbol{C}_{k,0}^{\chi} \left(\dfrac{\partial \boldsymbol{F}\left(\hat{\boldsymbol{\chi}}_{k-1,L_z-1}, \hat{\boldsymbol{\theta}}_k^-, \boldsymbol{u}_{k-1,L_z-1}\right)}{\partial \hat{\boldsymbol{\theta}}_k^-} + \dfrac{\partial \boldsymbol{F}\left(\hat{\boldsymbol{\chi}}_{k-1,L_z-1}, \hat{\boldsymbol{\theta}}_k^-, \boldsymbol{u}_{k-1,L_z-1}\right)}{\partial \hat{\boldsymbol{\chi}}_{k-1,L_z-1}} \dfrac{\mathrm{d}\hat{\boldsymbol{\chi}}_{k-1,L_z-1}}{\mathrm{d}\hat{\boldsymbol{\theta}}_k^-} \right) \quad (4\text{-}105)$$

由 OCV-SOC 函数关系式可得

$$\frac{\partial g_{k-1,l}(z,C_{\max})}{\partial z_{k,l}}=\alpha_1+2\alpha_2 z_{k,l}+3\alpha_3(z_{k,l})^2-\alpha_4/(z_{k,l})^2+\alpha_5/z_{k,l}-\alpha_6/(1-z_{k,l})$$
(4-106)

式（4-105）中，

$$\frac{\partial z_{k,0}}{\partial \hat{C}_{\max,k}^-}=\frac{\eta_i i_{k,l-1}\Delta t}{(\hat{C}_{\max,k}^-)^2}$$
(4-107)

$$\frac{\partial \boldsymbol{F}(\hat{\boldsymbol{\chi}}_{k-1,L_z-1},\hat{\boldsymbol{\theta}}_k^-,\boldsymbol{u}_{k-1,L_z-1})}{\partial \hat{\boldsymbol{\theta}}_k^-}=\begin{bmatrix}0 & \sigma_1 & \sigma_2 & 0 \\ 0 & 0 & 0 & \sigma_3\end{bmatrix}$$
(4-108)

式中，σ_1，σ_2，σ_3 分别为

$$\begin{cases}\sigma_{1,k}=\dfrac{\hat{U}_{k-1,L_z-1}^{\mathrm{D}}\Delta t}{R_\mathrm{D}^2 C_\mathrm{D}}\mathrm{e}^{-\frac{\Delta t}{R_\mathrm{D}C_\mathrm{D}}}-\dfrac{i_{k-1,L_z-1}\Delta t}{R_\mathrm{D}C_\mathrm{D}}\mathrm{e}^{-\frac{\Delta t}{R_\mathrm{D}C_\mathrm{D}}}-\\[2pt] \quad i_{k-1,L_z-1}(\mathrm{e}^{-\frac{\Delta t}{R_\mathrm{D}C_\mathrm{D}}}-1) \\[4pt] \sigma_{2,k}=\dfrac{\hat{U}_{k-1,L_z-1}^{\mathrm{D}}\Delta t}{R_\mathrm{D}C_\mathrm{D}^2}\mathrm{e}^{-\frac{\Delta t}{R_\mathrm{D}C_\mathrm{D}}}-\dfrac{i_{k-1,L_z-1}\Delta t}{C_\mathrm{D}^2}\mathrm{e}^{-\frac{\Delta t}{R_\mathrm{D}C_\mathrm{D}}} \\[4pt] \sigma_{3,k}=\eta_i i_{k-1,L_z-1}\Delta t\Big/(\hat{C}_{\max,k}^-)^2\end{cases}$$
(4-109)

图 4-29 所示为基于 MAEKF 算法的动力电池参数和状态多时间尺度估计流程图。当电流或者功率激励加载到动力电池时，数据采集系统将实时测量动力电池电流 $i_{k,l}$ 和电压 $U_{k,l}^t$ 等信息，并传递至基于 MAEKF 算法的动力电池参数和状态多尺度计算系统中。具体的动力电池参数和状态估计过程可以分为四个步骤：

步骤 1：使用宏观时间尺度的参数观测器的时间更新 - 预估（先验估计）

在基于宏观时间尺度的参数估计开始时，参数观测器 AEKF_θ 需要执行时间更新操作，即系统参数的预估 - 先验估计，主要进行系统参数 $\boldsymbol{\theta}$ 和参数估计误差协方差 $\boldsymbol{P}^\theta$ 的预估，得到相应的预估值 $\hat{\boldsymbol{\theta}}_k^-$ 和 $\boldsymbol{P}_k^{\theta,-}$。

第 4 章 动力电池状态估计

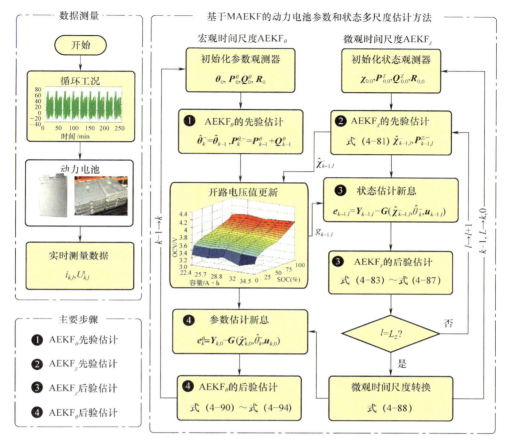

图 4-29 基于 MAEKF 算法的动力电池参数和状态多尺度估计方法

步骤 2：使用微观时间尺度的状态观测器的时间更新 - 预估（先验估计）

在完成参数观测器 $AEKF_\theta$ 的预估之后，基于参数先验估计值 $\hat{\theta}_k^-$ 和状态观测器的初始值，启动状态观测器 $AEKF_\chi$ 的时间更新，得到系统状态 χ 的先验估计值 $\hat{\chi}_{k-1,l}^-$ 和其误差协方差 P^χ 的先验估计值 $P_{k-1,l}^{\chi,-}$。基于动力电池可用容量的先验估计值 $\hat{C}_{\max,k}^-$ 和状态的先验估计值 $\hat{z}_{k-1,l}^-$，更新动力电池的 OCV 值 $g_{k-1,l}(\hat{z}_{k-1,l}^-, \hat{C}_{\max,k}^-)$。

步骤 3：使用微观时间尺度的状态观测器的测量更新 - 修正（后验估计）

该步骤共包含 5 个主要计算步骤：

① 基于动力电池参数和状态的先验估计值以及更新后的 OCV 值，计算电压估计误差 $e_{k-1,l}$，作为状态估计的新息。

② 基于状态估计误差协方差的先验估计值和初始的测量噪声协方差，实时更新卡尔曼增益，得到 $K_{k-1,l}^\chi$。

③ 基于电压估计误差，使用自适应协方差匹配技术更新系统噪声协方差和测量噪声协方差，得到 $R_{k-1,l}$ 和 $Q_{k-1,l}^{\chi}$ 供下一次状态更新使用。

④ 基于卡尔曼增益和电压估计误差，实施系统状态估计值的修正，得到系统状态和状态估计误差协方差的后验估计值 $\hat{\chi}_{k-1,l}^{+}$ 和 $P_{k-1,l}^{\chi,+}$。

⑤ 判断微观时间尺度 l，如果该值未达到时间尺度转换限值 L_z，继续开展微观时间尺度的预测和修正。如果达到尺度转换限值 L_z，则进行尺度转换，即式（4-89）所示，然后将系统状态传递至参数观测器，为参数估计的修正操作做准备。

步骤 4：使用宏观时间尺度的状态观测器的测量更新 - 修正（后验估计）

该步骤包含 4 个主要计算步骤。

① 基于动力电池参数先验估计值以及系统状态，重新标定动力电池 OCV 值，进而计算电压估计误差 e_k^{θ}，作为参数修正的新息。需要说明的是，此时 $e_k^{\theta} = e_{k-1,L_z}$。在 MAEKF 中，参数观测器和状态观测器中使用的是同一来源的新息，即电压估计误差。该算法具有耦合结构，能够确保最终状态值稳定的闭环估计。

② 基于参数估计误差协方差的先验估计值和初始测量噪声协方差，更新参数估计卡尔曼增益，得到 K_k^{θ}。

③ 基于电压估计误差，使用自适应协方差匹配技术更新系统噪声协方差和测量噪声协方差，得到 R_k 和 Q_k^{θ}，供下一次参数更新使用。

④ 基于卡尔曼增益和电压估计误差，实施系统参数估计的修正，得到系统参数及其估计误差协方差的后验估计值 $\hat{\theta}_k^{+}$ 和 $P_k^{\theta,+}$。至此，完成动力电池参数和状态的多时间尺度估计，得到动力电池可用容量和 SOC 的实时估计值。

2. 实施算例

案例 1：不同时间尺度估计效果的评价

图 4-30 所示为动力电池 2- 单体 02 在不精确 SOC 和可用容量初值下的估计结果。需要说明的是，此处动力电池的时间转换尺度 L_z 为 1s，多时间尺度算法转化为单一时间尺度算法。

可见，动力电池模型端电压、SOC 和可用容量均能快速收敛，且收敛后端电压最大估计误差不到 35mV，SOC 最大估计误差不到 1%，可用容量最大估计误差不到 1A·h。这表明 MAEKF 算法能够保证动力电池 SOC 和可用容量的精确估计，即使在初始误差较大的 SOC 值和可用容量下，该方法仍然能够得到精确的参数和状态估计结果。值得注意的是，虽然基于单一时间尺度的方法能够获得精确的估计值，但是该方法易受到不确定性工况的影响。当动力电池工作电流较大时，其电压和可用容量估计值的波动较大，图 4-30a 和图 4-30c 中均出现明显的尖峰，此时动力电池 DST 工况正由大电流激励转为静置状态。另外，由于包含大量的矩阵计算，算法所消耗计算时间的平均值较长，约为 4.709s。需要说明的是，这里所用仿真计算机的处理器为 Intel Core i5-3320 CPU @ 2.6GHz，RAM 为 8GByte，MATLAB 版本为 2012b。

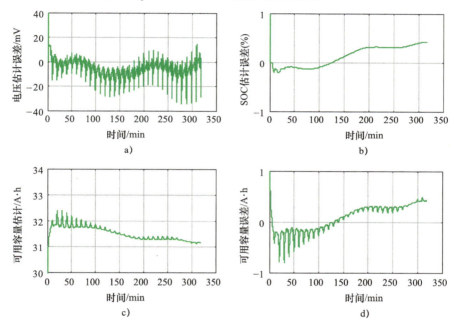

图 4-30　基于多时间尺度计算方法的动力电池可用容量估算（L_z=1s，SOC 初值为 60%）
　　a）电压估计误差　b）SOC 估计误差　c）可用容量估计　d）可用容量估计误差

为讨论 MAEKF 多时间尺度下的估计性能，进行了不同时间尺度计算能力的比较，如图 4-31 所示，其中时间转换尺度 L_z 为 60s。

可见，当使用多时间尺度时，针对不精确的可用容量和 SOC 初值，动力电池模型端电压、SOC 和可用容量同样能快速收敛，且收敛后的动力电池电压估计误差能够有效地限制在 25mV 以内、动力电池 SOC 估计误差在 0.5% 以内、动力电池可用容量估计误差在 0.5A·h 以内。更为重要的是，可用容量的估计并不因为不确定性的电流或者功率激励而发生估计抖动，其估计结果更加平稳，能够很快地收敛于参考值。另一方面，在相同计算机配置下，算法所消耗计算时间的平均值为 2.512s。

基于不同时间尺度的结果表明：

① MAEKF 算法应用于动力电池参数和状态的多尺度估计时，对不精确的动力电池可用容量和 SOC 初值均具有较好的校正能力，即算法本身的鲁棒性较好。

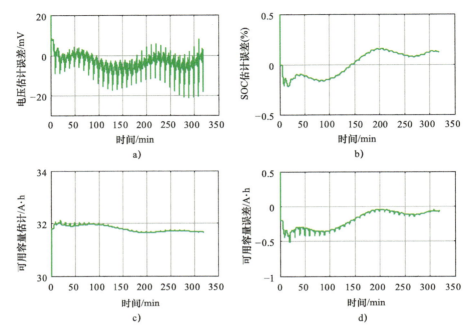

图 4-31 基于多时间尺度计算方法的动力电池可用容量估算（L_z=60s，SOC 初值为 60%）

a）电压估计误差　b）SOC 估计误差　c）可用容量估计　d）可用容量估计误差

② 相比单一时间尺度，使用多时间尺度的方法能够获得更高精度、更为平稳的估计结果，且其计算时间由 4.709s 缩短至 2.512s，节省了 47% 的计算成本。

需要说明的是，以上结果并不意味着 L_z 越大越好。经过对不同时间尺度估计结果的对比分析得出，对于本节所使用的动力电池而言，L_z 在 60～150s 时的估计精度最为理想。实际上当 L_z 选得过小时，容量估计值容易发生抖动。出现该问题的原因在于动力电池的可用容量变化较为缓慢，动力电池容量在短时间内不会对动力电池电压估计误差产生明显影响，而且还容易受工况的影响。当 L_z 过大时，容量估计值收敛速度过慢。出现该问题的原因在于当动力电池 SOC 发生明显变化时，动力电池模型参数会发生变化，从而影响了容量估计的收敛性。

案例 2：不同老化状态的估计效果评价

基于上述分析，选择 L_z = 60s 评价 MAEKF 算法对不同老化状态动力电池的估计精度。在表 4-16 所列出的结果中，动力电池可用容量和 SOC 的初值均为 30A·h 和 60%，并选择经过 10min（10L_z）收敛计算后的估计误差的绝对值进行统计分析。

表 4-16 基于 SOC 估计值的动力电池 SOC 和可用容量
估计误差（初始 SOC 为 60%，L_z = 60s）

动力电池 2	SOC 估计误差（%）			可用容量估计误差 /A·h			
	最大误差	平均误差	标准差	最大误差	平均误差	标准差	稳定后
单体 1	0.424	0.215	0.120	0.678	0.055	0.086	< 0.2
单体 2	0.392	0.199	0.108	0.597	0.049	0.069	< 0.2
单体 3	0.673	0.756	0.204	0.843	0.061	0.071	< 0.3

可见，动力电池 SOC 的估计误差在 1% 以内，可用容量估计误差在 0.3A·h（0.94%）以内。

因此，基于 MAEKF 算法的动力电池参数和状态多时间尺度估计方法能够实现动力电池可用容量和 SOC 的精确估计。针对不同老化程度、不精确的可用容量和 SOC 初值的影响，收敛后的动力电池 SOC 和容量估计误差均在 1% 以内。该方法不仅保证了估计精度，而且对不确定的电流激励、老化状态、可用容量和 SOC 初值等影响因素具有较好的鲁棒性。

4.3.3 基于 MHIF 的协同估计方法

1. 算法流程

基于图 4-28 所描述的多时间尺度滤波算法的原理流程图，以 HIF$_\chi$ 作为使用微观时间尺度的状态观测器，以 HIF$_\theta$ 作为使用宏观时间尺度的参数观测器，采用两层 HIF 算法实施系统的参数和状态多时间尺度估计。具体计算步骤概括如下。

算法的初始化：分别设置参数观测器 HIF$_\theta$ 和状态观测器 HIF$_\chi$ 的初始参值。

$$\theta_0, \lambda^\theta, S^\theta, P_0^\theta, Q^\theta, R^\theta, \chi_{0,0}, \lambda^\chi, S^\chi, P_{0,0}^\chi, Q^\chi, R^\chi \quad (4-110)$$

式中，θ_0 为参数观测器 HIF$_\theta$ 的初始参数值；λ^θ 为参数观测器 HIF$_\theta$ 的性能边界；S^θ、P_0^θ、Q^θ 和 R^θ 为参数观测器 HIF$_\theta$ 的自定义矩阵；$\chi_{0,0}$ 为状态观测器 HIF$_\chi$ 的初始参数值；λ^χ 为状态观测器 HIF$_\chi$ 的性能边界；S^χ、$P_{0,0}^\chi$、Q^χ 和 R^χ 为状态观测器 HIF$_\chi$ 的自定义矩阵。4.1.5 节中已详细描述 HIF 自定义矩阵的常见制定方法。值得说明的是，这里介绍的 MHIF 未使用噪声信息协方差匹配算法，因而相应矩阵也由变量转换为常量。

对于宏观时间尺度序列，$k = 1, 2, \cdots,$ [从时间 $(k-1)^+$ 到时间 $(k)^-$ 的推算]

步骤 1：基于宏观时间尺度的参数观测器 HIF$_\theta$ 的时间更新（先验估计）——$\hat{\theta}_k^-$

$$\hat{\theta}_k^- = \hat{\theta}_{k-1}, P_k^{\theta,-} = P_{k-1}^\theta + Q_{k-1}^\theta \quad (4-111)$$

对于微观时间尺度序列，$l=1,2,\cdots,L_z$ [从时间$(k-1,l-1)^+$到时间$(k-1,L_z)^+$的推算]。

步骤2：基于微观时间尺度的状态观测器HIF_χ的时间更新（先验估计）——$\hat{\chi}_{k-1,l}^-$

$$\hat{\chi}_{k-1,l}^- = F(\hat{\chi}_{k-1,l-1},\hat{\theta}_k^-,u_{k-1,l-1}), \quad P_{k-1,l}^{\chi,-} = A_{k-1,l-1}P_{k-1,l-1}^{\chi}A_{k-1,l-1}^{\mathrm{T}} + Q^\chi \tag{4-112}$$

步骤3：基于微观时间尺度的状态观测器HIF_χ的测量更新（后验估计）——$\hat{\chi}_{k-1,l}^+$

状态估计新息矩阵更新：

$$e_{k-1,l} = Y_{k-1,l} - G(\hat{\chi}_{k-1,l}^-,\hat{\theta}_k^-,u_{k-1,l}) \tag{4-113}$$

H_∞增益矩阵为

$$K_{k-1,l}^\chi = A_{k-1,l}P_{k-1,l}^{\chi,-}\left[I - \lambda^\chi S^\chi P_{k-1,l}^{\chi,-} + \left(C_{k-1,l}^\chi\right)^{\mathrm{T}}\left(R^\chi\right)^{-1}C_{k-1,l}^\chi P_{k-1,l}^{\chi,-}\right]^{-1}\left(C_{k-1,l}^\chi\right)^{\mathrm{T}}\left(R^\chi\right)^{-1} \tag{4-114}$$

系统状态估计值修正：

$$\hat{\chi}_{k-1,l}^+ = \hat{\chi}_{k-1,l}^- + K_{k-1,l}^\chi\left[Y_{k-1,l} - G(\hat{\chi}_{k-1,l}^-,\hat{\theta}_k^-,u_{k-1,l})\right] \tag{4-115}$$

H_∞特征矩阵更新：

$$P_{k-1,l}^{\chi,+} = P_{k-1,l}^{\chi,-}\left[I - \lambda^\chi S^\chi P_{k-1,l}^{\chi,-} + \left(C_{k-1,l}^\chi\right)^{\mathrm{T}}\left(R^\chi\right)^{-1}C_{k-1,l}^\chi P_{k-1,l}^{\chi,-}\right]^{-1} \tag{4-116}$$

微观时间尺度循环计算（$l=1:L_z$）和尺度转换（当$l=L_z$时）：

$$\hat{\chi}_{k,0}^+ = \hat{\chi}_{k-1,L_z}^+, \quad P_{k,0}^{\chi,+} = P_{k-1,L_z}^{\chi,+}, Y_{k,0} = Y_{k-1,L_z}, u_{k,0} = u_{k-1,L_z} \tag{4-117}$$

至此，完成一个宏观时间尺度下微观时间尺度循环计算，下一步回到宏观时间尺度进行参数估计的测量更新（后验估计）。

步骤4：基于宏观时间尺度的状态观测器HIF_θ的测量更新（后验估计）——$\hat{\theta}_k^+$参数估计新息矩阵更新：

$$e_k^\theta = Y_{k,0} - G(\hat{\chi}_{k,0}^+,\hat{\theta}_k^-,u_{k,0}) \tag{4-118}$$

H_∞增益矩阵：

$$K_k^\theta = P_k^{\theta,-}\left(I - \lambda^\theta S^\theta P_k^{\theta,-} + \left(C_k^\theta\right)^{\mathrm{T}}\left(R^\theta\right)^{-1}C_k^\theta P_k^{\theta,-}\right)^{-1}\left(C_k^\theta\right)^{\mathrm{T}}\left(R^\theta\right)^{-1} \tag{4-119}$$

系统参数估计值修正：

$$\hat{\boldsymbol{\theta}}_k^+ = \hat{\boldsymbol{\theta}}_k^- + \boldsymbol{K}_k^\theta \boldsymbol{e}_k^\theta \quad (4\text{-}120)$$

H_∞ 特征矩阵更新：

$$\boldsymbol{P}_k^{\theta,+} = \boldsymbol{P}_k^{\theta,-} \left[\boldsymbol{I} - \lambda^\theta \boldsymbol{S}^\theta \boldsymbol{P}_k^{\theta,-} + \left(\boldsymbol{C}_k^\theta \right)^{\mathrm{T}} \left(\boldsymbol{R}^\theta \right)^{-1} \boldsymbol{C}_k^\theta \boldsymbol{P}_k^{\theta,-} \right]^{-1} \quad (4\text{-}121)$$

至此，完成了 k 时刻参数和状态的多时间尺度估计，准备 $(k+1)$ 时刻的状态估计，且令 $\hat{\boldsymbol{\chi}}_{k,0} = \hat{\boldsymbol{\chi}}_{k,0}^+$，$\hat{\boldsymbol{\theta}}_k = \hat{\boldsymbol{\theta}}_k^+$。

将上述多时间尺度 H_∞ 滤波算法（MHIF）运用到动力电池系统中，以实现动力电池参数和状态的多时间尺度联合估计。基于 MHIF 算法的锂离子动力电池参数和状态多尺度估计方法流程图如图 4-32 所示，具体过程可参考 4.3.2 节或国家发明专利 ZL201610675853.4。

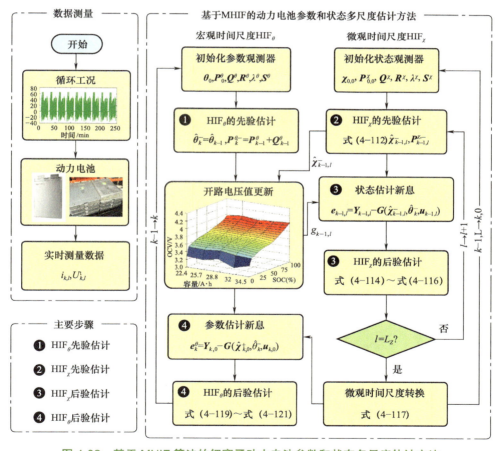

图 4-32　基于 MHIF 算法的锂离子动力电池参数和状态多尺度估计方法

2. 实施算例

以动力电池 5 在室温下的 DST 工况数据为基础,评价基于多时间尺度 HIF 的动力电池 SOC 与可用容量联合估计方法。该动力电池在室温下的可用容量为 2.096A·h,设置初始 SOC 有 20% 的估计误差,可用容量初始预估值设置为 1.5A·h。图 4-33a~f 分别展示了端电压估计值及其误差、SOC 估计值及其误差、可用容量估计值及其误差。其中 MHIF 表示 MHIF 算法估计结果,且 L_z 设置为 60s。

图 4-33a、b 结果显示,在算法开启时端电压估计值存在较大的误差,这是由 SOC 与容量设置不准确导致的,后续随着算法不断的自适应修正,端电压估计值逐渐收敛到测量值,且稳定后的端电压绝对误差基本保持在 30mV 以下;图 4-33c、d 结果表明,算法 SOC 估计值不仅能快速收敛到参考值,而且其稳定后估计绝对误差能保持在 1% 以内;图 4-33e、f 结果表明,算法容量估计值同样能快速收敛到参考值,且其稳定后绝对误差始终低于 1%。

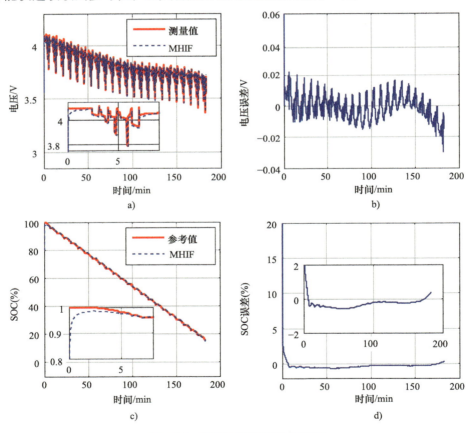

图 4-33 DST 工况误差分布情况

a)端电压估计值与测量值比较 b)端电压估计误差
c)SOC 估计值与参考值比较 d)SOC 估计误差

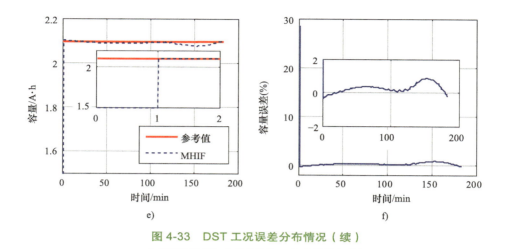

图 4-33 DST 工况误差分布情况（续）

e）容量估计值与参考值比较　f）容量估计误差

4.4 动力电池 SOP 预测

SOP 是在预定时间间隔内，动力电池所能持续释放或吸收的最大功率。进行动力电池峰值功率估计，可评估动力电池在不同 SOC 和 SOH 下的充电、放电功率极限能力，最优匹配动力电池系统与汽车动力性能间的关系，以满足电动汽车加速和爬坡性能，最大限度发挥电机再生制动性能。受动力电池内部电化学动力学和热力学的影响，动力电池的实时峰值功率受其电压、电流、温度、可用容量以及 SOC 的制约。本节将详细讲述瞬时和持续峰值功率预测方法。

4.4.1 持续 SOP 预测方法

针对需要持续采样间隔的 SOP 预测的问题，本节详细讲述了针对多采样间隔的持续 SOP 预测方法。

1. 持续峰值电流估计

Thevenin 模型中 OCV 可以表示为 SOC 的函数，例如

$$U_{OC} = K_0 + K_1 \ln \text{SOC} + K_2 \ln(1-\text{SOC}) \tag{4-122}$$

模型的状态空间表达方程为

$$\begin{cases} \boldsymbol{X}_{k+1} = \boldsymbol{A}\boldsymbol{X}_k + \boldsymbol{B}\boldsymbol{u}_k + \boldsymbol{\omega}_k \\ \boldsymbol{Y}_{k+1} = \boldsymbol{C}\boldsymbol{X}_{k+1} + \boldsymbol{D}\boldsymbol{u}_k + \boldsymbol{\upsilon}_k \end{cases} \quad (4\text{-}123)$$

式中，各个矩阵的定义为

$$\begin{cases} \boldsymbol{X}_k = \begin{pmatrix} U_{\mathrm{D},k} \\ z_k \end{pmatrix}, \boldsymbol{Y}_k = U_{\mathrm{t},k}, \boldsymbol{u}_k = I_{\mathrm{L},k}, \boldsymbol{A} = \begin{pmatrix} \mathrm{e}^{\frac{-\Delta t}{\tau}} & 0 \\ 0 & 1 \end{pmatrix}, \boldsymbol{D} = [-R_{\mathrm{i}}] \\ \boldsymbol{B} = \begin{pmatrix} R_{\mathrm{D}}(1-\mathrm{e}^{\frac{-\Delta t}{\tau}}) \\ -\dfrac{\eta_{\mathrm{i}}\Delta t}{C_{\max}} \end{pmatrix}, \boldsymbol{C} = \dfrac{\partial U_{\mathrm{t}}}{\partial \boldsymbol{X}}\bigg|_{\boldsymbol{X}=\hat{\boldsymbol{X}}_{k+1}} = \begin{bmatrix} -1 & \dfrac{\mathrm{d}U_{\mathrm{oc}}(z)}{\mathrm{d}z}\bigg|_{z=\hat{z}_{k+1}} \end{bmatrix} \end{cases} \quad (4\text{-}124)$$

假设在第 k 至 $k+L$ 采样间隔中系统输出是恒流，L 为持续采样时间长度，即 $\boldsymbol{u}_{k+L} = \boldsymbol{u}_k$，采用 Thevenin 模型能估计在第 $k+L$ 采样时刻的电压，表达式为

$$\begin{cases} \boldsymbol{X}_{k+L} = \boldsymbol{A}\boldsymbol{X}_{k+L-1} + \boldsymbol{B}\boldsymbol{u}_{k+L-1} \\ \boldsymbol{Y}_{k+L} = \boldsymbol{C}\boldsymbol{X}_{k+L} + \boldsymbol{D}\boldsymbol{u}_{k+L-1} \end{cases} \quad (4\text{-}125)$$

为便于计算，将 $L \times \Delta t$ 的持续时间内的动力电池预测模型视为定常系统，即模型参数保持不变可以进一步推导出：

$$\boldsymbol{X}_{k+L} = \boldsymbol{A}^L \boldsymbol{X}_k + \left(\sum_{j=0}^{L-1} \boldsymbol{A}^{L-1-j} \boldsymbol{B}\right) \boldsymbol{u}_k \quad (4\text{-}126)$$

为求解出最大放电电流 $I_{\max,L}^{\mathrm{dis}}$ 和最小充电电流 $I_{\min,L}^{\mathrm{chg}}$，电池模型的输出应当满足下面两个方程：

$$U_{\mathrm{OC}}(z_{k+L}) - U_{\mathrm{D},k}\left(\mathrm{e}^{\frac{-\Delta t}{\tau}}\right)^L - I_{\min,L}^{\mathrm{chg}}\left[R_{\mathrm{i}} + R_{\mathrm{D}}\left(1-\mathrm{e}^{\frac{-\Delta t}{\tau}}\right)\sum_{j=0}^{L-1}\left(\mathrm{e}^{\frac{-\Delta t}{\tau}}\right)^{L-1-j}\right] - U_{\mathrm{t,min}} = 0 \quad (4\text{-}127)$$

$$U_{\mathrm{OC}}(z_{k+L}) - U_{\mathrm{D},k}\left(\mathrm{e}^{\frac{-\Delta t}{\tau}}\right)^L - I_{\max,L}^{\mathrm{dis}}\left[R_{\mathrm{i}} + R_{\mathrm{D}}\left(1-\mathrm{e}^{\frac{-\Delta t}{\tau}}\right)\sum_{j=0}^{L-1}\left(\mathrm{e}^{\frac{-\Delta t}{\tau}}\right)^{L-1-j}\right] - U_{\mathrm{t,max}} = 0 \quad (4\text{-}128)$$

动力电池在 $L \times \Delta t$ 时间内的持续峰值电流估计方程为

$$\begin{cases} I_{\max,L}^{\mathrm{dis}} = \dfrac{U_{\mathrm{OC}}(z_k) - U_{\mathrm{D},k}\left(\mathrm{e}^{\frac{-\Delta t}{\tau}}\right)^L - U_{\mathrm{t,min}}}{\dfrac{\eta_\mathrm{i} L \Delta t}{C_{\max}} \dfrac{\mathrm{d}U_{\mathrm{OC}}(z)}{\mathrm{d}z}\bigg|_{z_k} + R_{\mathrm{D}}\left(1 - \mathrm{e}^{\frac{-\Delta t}{\tau}}\right) \sum\limits_{j=0}^{L-1}\left(\mathrm{e}^{\frac{-\Delta t}{\tau}}\right)^{L-1-j} + R_\mathrm{i}} \\[2ex] I_{\min,L}^{\mathrm{chg}} = \dfrac{U_{\mathrm{OC}}(z_k) - U_{\mathrm{D},k}\left(\mathrm{e}^{\frac{-\Delta t}{\tau}}\right)^L - U_{\mathrm{t,max}}}{\dfrac{\eta_\mathrm{i} L \Delta t}{C_{\max}} \dfrac{\mathrm{d}U_{\mathrm{OC}}(z)}{\mathrm{d}z}\bigg|_{z_k} + R_{\mathrm{D}}\left(1 - \mathrm{e}^{\frac{-\Delta t}{\tau}}\right) \sum\limits_{j=0}^{L-1}\left(\mathrm{e}^{\frac{-\Delta t}{\tau}}\right)^{L-1-j} + R_\mathrm{i}} \end{cases} \quad (4\text{-}129)$$

> **注意**：若 L 为 1，则上式可以退化为式（4-146）所示的峰值电流计算式。

2. 持续 SOP 估计

当 SOC 接近下限 $z_{\min}$ 时，应当对最大的放电电流进行约束，充电电流应当最大化，否则动力电池系统会面临过放的危险。相反当 SOC 接近上限值 $z_{\max}$ 时，应当对最大充电电流进行约束，放电电流应当最大化，否则会面临过充电的危险。采用 SOC 约束是峰值电流估计的一个关键原则，其方程表述为

$$\begin{cases} I_{\min,L}^{\mathrm{chg,SOC}} = \dfrac{z_k - z_{\max}}{\eta_\mathrm{i} L \Delta t / C_{\max}} \\[2ex] I_{\max,L}^{\mathrm{dis,SOC}} = \dfrac{z_k - z_{\min}}{\eta_\mathrm{i} L \Delta t / C_{\max}} \end{cases} \quad (4\text{-}130)$$

式中，$I_{\min,L}^{\mathrm{chg,SOC}}$ 和 $I_{\max,L}^{\mathrm{dis,SOC}}$ 分别为在采样间隔 $L \times \Delta t$ 中的最小的充电电流和最大的放电电流。一旦求出约束电流，则峰值电流表达式为

$$\begin{cases} I_{\max}^{\mathrm{dis}} = \min\left(I_{\max}, I_{\max,L}^{\mathrm{dis,SOC}}, I_{\max,L}^{\mathrm{dis}}\right) \\ I_{\min}^{\mathrm{chg}} = \max\left(I_{\min}, I_{\min,L}^{\mathrm{chg,SOC}}, I_{\min,L}^{\mathrm{chg}}\right) \end{cases} \quad (4\text{-}131)$$

式中，$I_{\max}$ 和 $I_{\min}$ 分别为动力电池许用最大放电电流约束值和最小许用充电电流约束值；$I_{\min}^{\mathrm{chg}}$ 和 $I_{\max}^{\mathrm{dis}}$ 分别为考虑所有约束下的最小充电电流和最大放电电流。基于 Thevenin 模型的持续功率能力可以由下式进行估计：

$$\begin{cases} P_{\min}^{\mathrm{chg}} = \max\left(P_{\min}, U_{t,k+L} I_{\min}^{\mathrm{chg}}\right) \\ P_{\max}^{\mathrm{dis}} = \min\left(P_{\max}, U_{t,k+L} I_{\max}^{\mathrm{dis}}\right) \end{cases} \quad (4\text{-}132)$$

然后推导出充放电峰值功率 $P_{\min}^{\mathrm{chg}}$ 和 $P_{\max}^{\mathrm{dis}}$ 估计结果为

$$\begin{cases} P_{\min}^{\text{chg}} \approx \max\left\{P_{\min}, \left\{U_{\text{OC}}(z_{k+L}) - U_{\text{D},k}\left(\text{e}^{\frac{-\Delta t}{\tau}}\right)^L \right.\right. \\ \left.\left. \qquad -I_{\min}^{\text{chg}}\left[R_{\text{i}} + R_{\text{D}}\left(1 - \text{e}^{\frac{-\Delta t}{\tau}}\right)\sum_{j=0}^{L-1}\left(\text{e}^{\frac{-\Delta t}{\tau}}\right)^{L-1-j}\right]\right\}I_{\min}^{\text{chg}}\right\} \\ P_{\max}^{\text{dis}} \approx \min\left\{P_{\max}, \left\{U_{\text{OC}}(z_{k+L}) - U_{\text{D},k}\left(\text{e}^{\frac{-\Delta t}{\tau}}\right)^L \right.\right. \\ \left.\left. \qquad -I_{\max}^{\text{dis}}\left[R_{\text{i}} + R_{\text{D}}\left(1 - \text{e}^{\frac{-\Delta t}{\tau}}\right)\sum_{j=0}^{L-1}\left(\text{e}^{\frac{-\Delta t}{\tau}}\right)^{L-1-j}\right]\right\}I_{\max}^{\text{dis}}\right\} \end{cases}$$
（4-133）

式中，$P_{\max}$ 和 $P_{\min}$ 分别为动力电池放电功率设计约束和充电功率设计约束。

4.4.2 典型瞬时 SOP 预测方法

瞬时 SOP 是指在下一时刻动力电池所能充电或者放电的最大功率能力，瞬时 SOP 估计方法主要包括以下四类：

① 混合脉冲功率特性法（HPPC）。该方法基于动力电池上下截止电压，计算动力电池的瞬时峰值电流和功率。由于算法简单，被广泛应用于车辆能量管理领域。

② 基于 SOC 约束的预测方法，该方法基于许用最大和最小 SOC 约束实现动力电池峰值电流预测，常与其他方法组合使用。

③ 基于电压约束的预测法。该方法克服了 HPPC 法的不足，考虑了峰值功率预测周期内动力电池 OCV 的变化，预测结果更为可靠。

④ 多约束动态法（Multi-Constrained Dynamic Method，MCD）。该方法综合多个约束变量，如端电压、电流、SOC 等，实时预测动力电池系统 SOP；同时综合考虑电化学动力学、热力学、迟滞效应等动态响应特性对 SOP 预测结果的影响。

上述四种 SOP 预测方法的实施细节如下：

1. HPPC 法

HPPC 法是在美国"新一代汽车联合体"合作框架下由爱达荷国家工程与环境实验室提出的计算方法。该方法使用 Rint 模型估计动力电池单体的 SOP。动力电池系统中每个单体的端电压可以表示为

$$U_{\text{t},m}(t) = U_{\text{OC},m}[z_m(t)] - R_{\text{i}} i_{\text{L},m}(t)$$
（4-134）

式中，下标 m 指的是第 m 个动力电池单体；$U_{\text{OC},m}[z_m(t)]$ 为单体 m 在 SOC 为 $z_m(t)$ 处的 OCV 值；$i_{\text{L},m}(t)$ 为单体 m 的负载电流；R_{i} 为每一个单体在充电或放电

时的内阻，其值的大小需根据电流方向而定。考虑到动力电池端电压受限于上下截止电压的约束，单体 m 的充放电峰值电流可以计算为

$$\begin{cases} i_{\min,m}^{\text{chg,HPPC}} = \dfrac{U_{\text{OC},m} - U_{\text{t,max}}}{R_{\text{cha}}} \\ i_{\max,m}^{\text{dis,HPPC}} = \dfrac{U_{\text{OC},m} - U_{\text{t,min}}}{R_{\text{dis}}} \end{cases} \quad (4\text{-}135)$$

式中，$U_{\text{t,max}}$ 和 $U_{\text{t,min}}$ 分别为动力电池的充电截止电压和放电截止电压；$i_{\min,m}^{\text{chg,HPPC}}$ 和 $i_{\max,m}^{\text{dis,HPPC}}$ 分别为单体 m 的峰值充电电流和峰值放电电流。本章以充电电流为负，所以采用 $i_{\min}$ 和 $P_{\min}$ 表示充电峰值电流大小和充电峰值功率大小的最大值。假设动力电池组由 n 个单体组成，其中有 n_s 个模组串联，每个模组由 n_p 个单体并联组成，则动力电池组峰值功率可表示为

$$\begin{cases} P_{\min}^{\text{chg}} = n_s n_p \max_m (U_{\text{t,max}} i_{\min,m}^{\text{chg,HPPC}}) \\ P_{\max}^{\text{dis}} = n_s n_p \min_m (U_{\text{t,min}} i_{\max,m}^{\text{dis,HPPC}}) \end{cases} \quad (4\text{-}136)$$

HPPC 法可预测动力电池系统的瞬时 SOP，但是不能预测 $L\Delta t$ 时间间隔的持续功率（L 为持续时间）；另外所使用的 Rint 模型未能精确描述动力电池的动态电压特性，导致预测的 SOP 过大而引起过充电和过放电问题，进而威胁动力电池的使用安全。因此，该方法有两个主要缺点：

① 不适用于持续 SOP 的预测。
② 忽视了电流、功率、SOC 的约束，导致电池系统的安全性受到威胁。

2. 基于 SOC 约束的预测方法

该方法基于动力电池使用过程中最大 SOC 或最小 SOC 的限制获得动力电池的峰值充放电电流，进而计算出动力电池组的峰值功率。动力电池从当前某一时刻 t 开始，在给定时间 Δt 内以恒定电流放电（或者充电），第 $t + \Delta t$ 时刻单体 m 的 SOC 可表达为

$$z_m(t+\Delta t) = z_m(t) - i_{\text{L},m}(t)\left(\dfrac{\eta_i \Delta t}{C_{\max}}\right) \quad (4\text{-}137)$$

式中，η_i 为充放电效率。考虑到 SOC 的上下限约束 $z_{\max}$ 和 $z_{\min}$，单体 m 的充放电峰值电流为

$$\begin{cases} i_{\min,m}^{\text{chg,SOC}} = \dfrac{z_m(t) - z_{\max}}{\eta_i \Delta t / C_{\max}} \\ i_{\max,m}^{\text{dis,SOC}} = \dfrac{z_m(t) - z_{\min}}{\eta_i \Delta t / C_{\max}} \end{cases} \quad (4\text{-}138)$$

则基于 SOC 的动力电池系统的峰值电流为

$$\begin{cases} i_{\min}^{\text{chg,SOC}} = \max_m (i_{\min,m}^{\text{chg,SOC}}) \\ i_{\max}^{\text{dis,SOC}} = \max_m (i_{\max,m}^{\text{dis,SOC}}) \end{cases} \quad (4\text{-}139)$$

该方法假设电池系统中的每个单体的 SOC 是准确的。若该假设不满足，那么充放电峰值电流可以采用下式近似估算：

$$\begin{cases} i_{\min}^{\text{chg,SOC}} \approx \dfrac{z(t)-z_{\max}}{\eta_i \Delta t / C_{\max}} \\ i_{\max}^{\text{dis,SOC}} \approx \dfrac{z(t)-z_{\min}}{\eta_i \Delta t / C_{\max}} \end{cases} \quad (4\text{-}140)$$

基于动力电池 SOC 状态极限的计算方法考虑了 Δt 时间内的峰值功率，符合动力电池实际充放电过程。但研究表明，当 SOC 允许使用范围较大时，仅用 SOC 作为约束计算出的峰值电流结果偏大，一般将此方法与其他方法组合使用，尤其实现 SOC 临近操作边界时的峰值功率预测。

3. 基于电压约束的估计方法

HPPC 法可以预测一个采样间隔 Δt 内的瞬时峰值电流。若采样间隔 Δt 过长，则动力电池会面临过充电或者过放电的危险。为解决该问题，将 Rint 模型表达式（4-134）改写为

$$U_{t,m}(t+\Delta t) = U_{\text{OC},m}[z_m(t+\Delta t)] - R i_{L,m}(t) \quad (4\text{-}141)$$

由于 $z_m(t+\Delta t)$ 是动力电池电流的函数，并且由于 OCV-SOC 的非线性关系，峰值电流不能直接求解出，需将该方程进行泰勒级数展开：

$$\begin{aligned} U_{\text{OC},m}[z_m(t+\Delta t)] &= U_{\text{OC},m}\left[z_m(t) - i_{L,m}(t)\dfrac{\eta_i \Delta t}{C_{\max}}\right] \\ &= U_{\text{OC},m}[z_m(t)] - i_{L,m}(t)\dfrac{\eta_i \Delta t}{C_{\max}}\dfrac{\partial U_{\text{OC}}(z)}{\partial z}\bigg|_{z=z_m(t)} + R_n\left[z_m(t), i_{L,m}(t)\dfrac{\eta_i \Delta t}{C_{\max}}\right] \end{aligned} \quad (4\text{-}142)$$

$R_n(\cdot)$ 为一阶展开的余项。因为每个采样间隔内 SOC 变化很小，OCV 变化可以忽略，所以 $R_n(\cdot) \approx 0$ 成立。OCV 的导数 $\partial U_{\text{OC}}(z)/\partial z$ 可以由 OCV-SOC 关系确定。以磷酸铁锂锂离子动力电池为例，其 $\partial U_{\text{OC}}(z)/\partial z$ 值如图 4-34 所示。

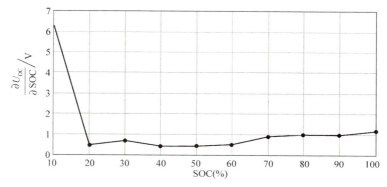

图 4-34 $\partial U_{OC}(z)/\partial z$ 变化曲线

基于电压约束的估计方法中峰值电流计算为

$$\begin{cases} i_{\max,m}^{\mathrm{dis,volt}} = \dfrac{U_{OC}[z_m(t)] - U_{t,\min}}{\dfrac{\eta_i \Delta t}{C_{\max}} \dfrac{\partial U_{OC}(z)}{\partial z}\bigg|_{z_m(t)} + R_{\mathrm{dis}}} \\ i_{\min,m}^{\mathrm{chg,volt}} = \dfrac{U_{OC}[z_k(t)] - U_{t,\max}}{\dfrac{\eta_i \Delta t}{C_{\max}} \dfrac{\partial U_{OC}(z)}{\partial z}\bigg|_{z_m(t)} + R_{\mathrm{chg}}} \end{cases} \quad (4\text{-}143)$$

式中，$i_{\min,m}^{\mathrm{chg,volt}}$ 和 $i_{\max,m}^{\mathrm{dis,volt}}$ 分别为由电压约束法计算出的峰值充电电流和峰值放电电流。对多数电池，在整个 SOC 工作区间均有 $\partial U_{OC}(z)/\partial z > 0$。因此，在相同 SOC 条件下，由式（4-143）计算出的峰值电流要小于式（4-135）的计算值。与 HPPC 法相比，电压约束的方法考虑到 SOC 的变化，并且允许更长的采样间隔 Δt。但是，由于 Rint 模型的静态性，该方法忽视了动力电池动态极化和迟滞等特性对峰值电流的影响。

4. 多约束动态（MCD）法

基于第 3 章的结论，相比 Rint 模型，Thevenin 模型使用 RC 网络描述动力电池的动态电压特性，能够精确模拟动力电池的极化、迟滞等现象，应用于动力电池的 SOP 预测，将能够进一步提升预测结果的合理性。由 5.2.2 节可知，动力电池充放电过程中欧姆内阻有一定的差异性，在动力电池 SOP 预测工作站需要单独考虑。本节将单独考虑充放电内阻，改进第 3 章中的 Thevenin 模型，其中欧姆内阻 R_i 由充放电内阻 R_{chg} 和 R_{dis} 替换，如图 4-35 所示。

类似地，该模型也由三部分构成：开路电压 U_{OC}、内阻和等效电容。内阻包括欧姆内阻 R_{chg} 和 R_{dis}，以及极化内阻 R_D，理想极化电容用于描述暂态响应。U_D 和 U_R 分别是流经极化内阻和欧姆内阻的压降。i_D 是流经 C_D 支路的电流。该

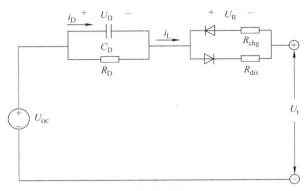

图 4-35　改进的 Thevenin 模型

模型的状态空间方程为

$$\begin{cases} U_t = U_{OC} - U_D - R_i i_L \\ \dot{U}_D = \dfrac{i_L}{C_D} - \dfrac{U_D}{C_D R_D} \end{cases} \quad (4\text{-}144)$$

进一步离散化为

$$U_{D,m}(t+\Delta t) = e^{-\Delta t/\tau} U_{D,m}(t) + R_D\left(1 - e^{-\Delta t/\tau}\right) i_{L,m}(t) \quad (4\text{-}145)$$

式中，极化的时间常数可定义为 $\tau = R_D C_D$。与基于 Rint 模型的电压约束法相似，基于改进模型的峰值电流计算为

$$\begin{cases} i_{\max,m}^{\text{dis,MCD}} = \dfrac{U_{OC}[z_m(t)] - U_{D,m}(t)e^{-\Delta t/\tau} - U_{t,\min}}{\dfrac{\eta_i \Delta t}{C_{\max}} \left.\dfrac{\partial U_{OC}(z)}{\partial z}\right|_{z_m(t)} + R_D\left(1 - e^{-\Delta t/\tau}\right) + R_{\text{dis}}} \\[2ex] i_{\min,m}^{\text{chg,MCD}} = \dfrac{U_{OC}[z_m(t)] - U_{D,m}(t)e^{-\Delta t/\tau} - U_{t,\max}}{\dfrac{\eta_i \Delta t}{C_{\max}} \left.\dfrac{\partial U_{OC}(z)}{\partial z}\right|_{z_m(t)} + R_D\left(1 - e^{-\Delta t/\tau}\right) + R_{\text{chg}}} \end{cases} \quad (4\text{-}146)$$

式中，$i_{\min,m}^{\text{chg,MCD}}$ 和 $i_{\max,m}^{\text{dis,MCD}}$ 分别为用 MCD 计算单体 m 的峰值充电电流和峰值放电电流。当动力电池放电时，极化电压 $U_D > 0$，充电时极化电压 $U_D < 0$。故在欧姆内阻相同时，由式（4-146）计算出的值小于式（4-143）的计算结果。因为在 SOC 全区间的 $\partial U_{OC}(z)/\partial z$ 不是常数，尤其是在高 SOC 区和低 SOC 区，所以基于电压约束的 SOP 计算方法得到的峰值电流更加准确可靠。

考虑到动力电池单体电流的限制，动力电池系统的峰值电流受到下式约束：

$$\begin{cases} i_{\max}^{\text{dis}} = \min(i_{\max}, \min_m i_{\max,m}^{\text{dis,SOC}}, \min_m i_{\max,m}^{\text{dis,MCD}}) \\ i_{\min}^{\text{chg}} = \max(i_{\min}, \max_m i_{\min,m}^{\text{chg,SOC}}, \max_m i_{\min,m}^{\text{chg,MCD}}) \end{cases} \quad (4\text{-}147)$$

式中，$i_{\max}^{\text{dis}}$、$i_{\min}^{\text{chg}}$ 分别为峰值放电电流和峰值充电电流。动力电池系统的峰值功率是所有并联单体的峰值功率之和：

$$\begin{cases} P_{\min}^{\text{chg}} = n_{\text{p}} \sum_{m=1}^{n_{\text{s}}} i_{\min}^{\text{chg}} U_{\text{t},m}(t+\Delta t) \approx n_{\text{p}} \sum_{m=1}^{n_{\text{s}}} i_{\min}^{\text{chg}} \left\{ U_{\text{OC}} \left[z_m(t) - i_{\min}^{\text{chg}} \frac{\eta_{\text{i}} \Delta t}{C_{\max}} \right] - \right. \\ \left. \text{e}^{-\Delta t/\tau} \times U_{\text{D},m}(t) - \left[R_{\text{i}} + R_{\text{D}} \left(1-\text{e}^{-\Delta t/\tau}\right) \right] \right\} i_{\min}^{\text{chg}} \\ P_{\max}^{\text{dis}} = n_{\text{p}} \sum_{k=1}^{n_{\text{s}}} i_{\max}^{\text{dis}} U_{\text{t},m}(t+\Delta t) \approx n_{\text{p}} \sum_{m=1}^{n_{\text{s}}} i_{\max}^{\text{dis}} \left\{ U_{\text{OC}} \left[z_m(t) - i_{\max}^{\text{dis}} \frac{\eta_{\text{i}} \Delta t}{C_{\max}} \right] - \right. \\ \left. \text{e}^{-\Delta t/\tau} \times U_{\text{D},m}(t) - \left[R_{\text{i}} + R_{\text{D}} \left(1-\text{e}^{-\Delta t/\tau}\right) \right] \right\} i_{\max}^{\text{dis}} \end{cases}$$

（4-148）

其中每一个并联单体的功率等于预测电压和最大许用电流相乘之积。另外，若已知最大单体和最小单体的功率限制，那么 MCD 方法也可以将它们考虑其中。需要注意的是，MCD 方法中所有的参数 U_{OC}、$C_{\max}$、$U_{\text{t, max}}$、$U_{\text{t, min}}$、$z_{\max}$、$z_{\min}$、$I_{\text{L, max}}$、$I_{\text{L, min}}$、R_{chg} 和 R_{dis} 都可能受温度、SOC 和其他与工况相关的因素影响。

5. 应用算例分析

使用磷酸铁锂锂离子动力电池组（$n_{\text{s}} = 1$，$n_{\text{p}} = 9$）评价动力电池的瞬时 SOP 预测方法。动力电池参数见表 2-8，其单体容量为 3A·h，额定电压为 3.2V。该电池的 SOC、端电压、电流约束见表 4-17。

表 4-17 锂离子电池约束值

参数	下限	上限
SOC（%）	35	85
U_{t}/V	2.65	3.65
i_{L}/A	-135	270

为综合比较 HPPC 法、SOC 约束法、电压约束法、MCD 法，需先分析改进 Thevenin 模型的精度。该模型的端电压误差如图 4-36 所示，其统计结果见表 4-18。其中平均绝对误差（Mean Absolute Error，MAE）按下式定义：

$$U_{\text{MAE},k} = \frac{1}{k+1} \sum_{j=0}^{k} \left| e_j - \hat{e}_j \right|$$

（4-149）

式中，e_j 为第 j 步长时的端电压误差；$\hat{e}_j$ 为截止到 k 步的端电压平均误差。

图 4-36b 所示为 MAE 结果，可看出改进的 Thevenin 模型精度较高，可用于 SOP 估计。

表 4-18 电压误差统计结果

最大误差 /V	最小误差 /V	平均误差 /V	误差方差 /V²
0.0489	−0.0263	8.3797×10^{-4}	1.1987×10^{-4}

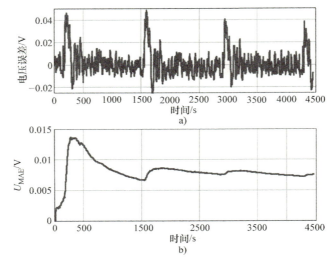

图 4-36　FUDS 工况下改进 Thevenin 模型输出曲线

a）电压误差曲线　b）电压 MAE 曲线

峰值电流估计结果如图 4-37 所示。图 4-37a 所示为由 HPPC 法和电压约束法预测的放电峰值电流。由于考虑了在 Δt 内对电流的影响，HPPC 法预测的峰值电流大于电压约束法的预测值；由于增加了对图 4-34 所示的 $\partial U_{oc}/\partial z > 0$ 的考虑，HPPC 法预测的峰值电流也要大于基于电压约束法。然而，基于 Rint 模型的电压约束法忽略了动力电池的极化特性，而在 MCD 法中，由于放电时 $U_D > 0$，MCD 法得到的峰值电流小于 HPPC 和电压约束法。图 4-37b 表明 SOC 约束法预测的峰值电流较大，当 SOC 接近上下截止约束时，峰值电流迅速下降至合理约束区间，而 HPPC 法和电压约束法无法实现 SOC 边界条件的峰值功率约束，因此 SOC 约束预测法能够与其他方法组合提高 SOP 预测的可靠性。图 4-37c 表明由 HPPC 法预测的充电峰值电流要小于电压约束法得到的峰值电流，同样，这也是受到了 $\partial U_{oc}/\partial z$ 的影响。图 4-37d 所示为基于改进 Thevenin 模型的 MCD 法计算的充放电峰值电流曲线。在 SOC 达到上限时，充电峰值电流会变小，而放电峰值电流会增大。因此该方法能优化电池的使用区间，延长电池的使用寿命。同时，当电池在高倍率电流放电时，预测出的峰值放电能力会严重降低，而峰值充电能力会提高，这与动力电池真实的使用特点十分吻合。

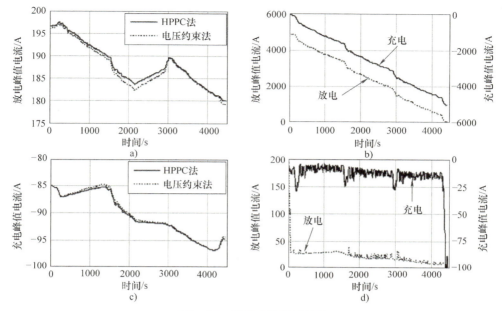

图 4-37 峰值电流估计结果

a）基于 HPPC 和电压约束法的放电峰值电流　b）基于 SOC 约束法的充放电峰值电流
c）基于 HPPC 和电压约束法的充电峰值电流　d）基于 MCD 法的充放电峰值电流

式（4-136）和式（4-148）给出了采用 HPPC 法和 MCD 法的 SOP 预测方法，图 4-38 所示为这两种方法预测出的 SOP 曲线。

图 4-38a 所示为由 HPPC 法和 MCD 法计算出的放电过程的 SOP 预测值，可见由 HPPC 法得到的放电峰值功率明显大于由 MCD 法得到的，这是因为 HPPC 法仅考虑了动力电池电压的约束，没有考虑动力电池电流和 SOC 工作范围限制，以及忽视了 $\partial U_{OC}(z)/\partial z$ 的影响，因此该方法估计值偏大。此外，由于 HPPC 法忽视了 SOC 设计限制，在实际使用时会导致严重的问题，该问题同样也会出现在持续峰值电流预测中；同时该方法也未考虑到动态极化效应，因此该预测方法可能导致动力电池组出现过放电隐患。与之不同，MCD 法的显著特点是在实时估计中考虑到了模组的全动态特性，因此当出现大倍率放电时，端电压会产生突降，相比 HPPC 法，MCD 法预测的放电 SOP 会较小。HPPC 法和 MCD 法的充电 SOP 比较如图 4-38b 所示。由于忽略了动力电池的 SOC 约束和动态性能，HPPC 法预测结果较高，当有大电流出现时，动力电池的许用充电功率变大，而 HPPC 估算结果无明显变化。因动态极化效应，MCD 法实时预测的结果有一定波动，这符合动力电池的实际工作特点，故 MCD 法能预测出较为满意 SOP 值。

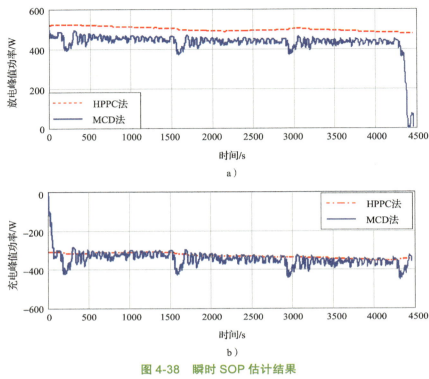

图 4-38 瞬时 SOP 估计结果

a）放电峰值功率 b）充电峰值功率

4.4.3 动力电池 SOC 与 SOP 联合估计方法

由于动力电池多参数之间存在耦合关系，不准确的 SOC 难以获得精确的参数。动力电池准确的峰值功率能力估计受限于难以获得准确的 SOC，本节重点讨论动力电池峰值功率能力与 SOC 的联合估计方法，并给出详细的应用算例。准确的峰值功率能力估计受限于 SOC 和模型参数的准确性，前文详细阐述了基于模型的状态估计方法的实施流程，基于数据模型融合的 RLS-AEKF 参数状态联合估计算法能够解决噪声和初值不确定性问题，在状态估计方面具备较强的鲁棒性。采用 4.4.1 节持续峰值功率计算方法对 SOP 进行预测，可以获得 SOC-SOP 联合估计算法。

1. 动力电池 SOC 与 SOP 联合估计算法

以基于模型的动力电池 SOC 估计方法和式（4-133）所示的持续峰值功率估计算方法为依据，提出图 4-39 所示的基于模型的动力电池 SOC 和 SOP 联合估计方法，具体操作步骤如下：

① 实时动力电池数据采集。

② 模型的在线参数辨识。

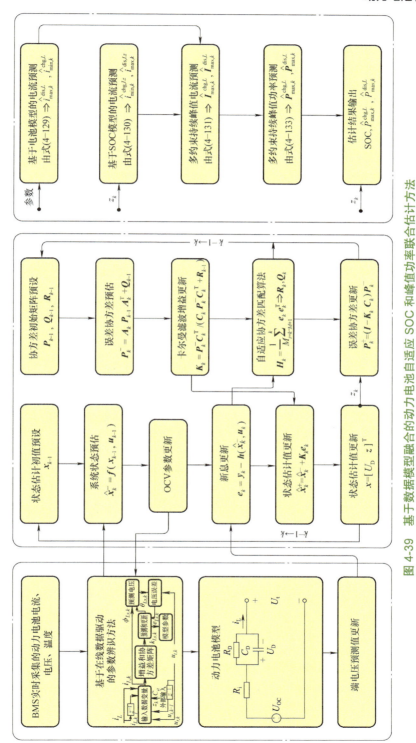

图 4-39 基于数据模型融合的动力电池自适应 SOC 和峰值功率联合估计方法

③ 基于 AEKF 算法的 SOC 估计。
④ 持续峰值功率能力估计。

需要指出的是，操作流程图中的详细实施过程请参见 4.2.2 节内容。

2. 应用算例分析

采用动力电池 2- 单体 2 的 DST 循环工况进行算法的应用评估。本节仅使用 SOC 在 20%～100% 常用区间内的数据。动力电池 30s 持续峰值功率输出时的约束条件见表 4-19。

表 4-19 持续峰值功率估计中的动力电池单体约束条件（30s）

参数	最大值	最小值
SOC (z_{max}, z_{min})（%）	100	20
U_t ($U_{t,max}$, $U_{t,min}$)/V	4.05	3.0
I_L (I_{max}, I_{min})/A	320	−160
P (P_{max}, P_{min})/W	1000	−450

（1）动力电池 SOC 估计精度评估

在进行动力电池峰值功率能力预测前，需要先对动力电池电压和 SOC 的估计精度进行评估。图 4-40 所示为基于 DST 工况的电压和 SOC 估计结果。其中，SOC 初值设为 100%。

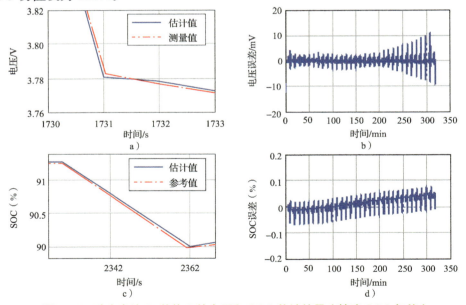

图 4-40 动力电池 2- 单体 2 的电压和 SOC 估计结果（精确 SOC 初值）
a）电压测量值与估计值对比　b）电压估计误差　c）SOC 参考值与估计值对比　d）SOC 估计误差

图 4-40 表明,在精确 SOC 初值下,联合估计方法能保证动力电池电压和 SOC 的估计精度,其中电压估计误差在 15mV 以内,SOC 估计误差在 1% 以内。但是,实际应用中很难得到精确的 SOC 初值。为探讨该联合估计方法对不精确 SOC 初值的收敛情况,以 60% 作为初始 SOC 值(40% 的初始误差)进行动力 SOC 估计结果评估,结果如图 4-41 所示。

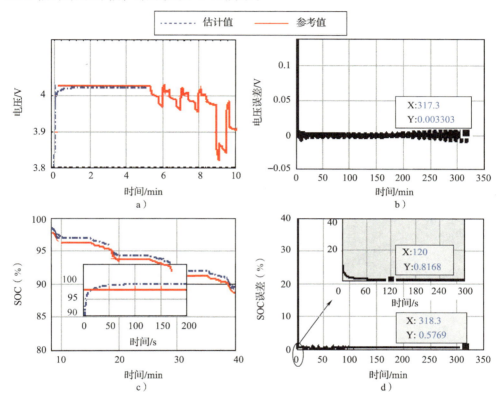

图 4-41　动力电池 2- 单体 2 的电压和 SOC 估计结果(SOC 初值不精确)
a)电压测量值与估计值对比　b)电压估计误差
c)SOC 参考值与估计值对比　d)SOC 估计误差及其局部放大图

图 4-41 表明,在不精确的 SOC 初值下,联合估计方法仍能够精确估计动力电池电压和 SOC,收敛后的电压估计误差和 SOC 估计误差与在精确初始 SOC 值下所得出的结果一致。因此,联合估计方法能够保持基于数据模型融合 SOC 估计方法的精度和可靠性,对于不确定的 SOC 初值,联合估计方法同样具有较强的鲁棒性。

(2)动力电池峰值功率能力估计

图 4-42 所示为动力电池 2- 单体 2 的 30s 持续峰值充放电电流估计结果,其中动力电池组初始 SOC 为 100%,即精确的 SOC 初值。图 4-42a 和图 4-42b 所

示为基于 HPPC 的峰值电流估计、基于动力电池 SOC 的峰值电流估计和多参数约束峰值电流估计结果的对比及其局部放大图。图 4-42c 和图 4-42d 所示为多参数约束峰值充电电流和放电电流的估计结果。

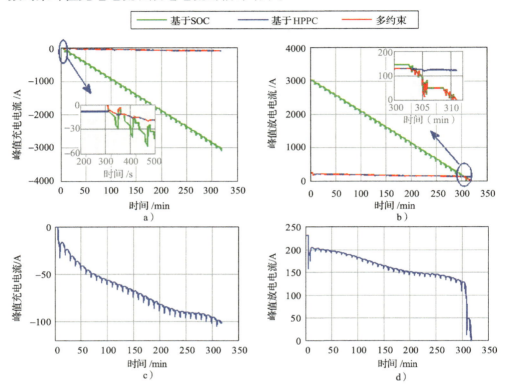

图 4-42　峰值电流估计结果（精确 SOC 初值，30s）
a）峰值充电电流估计结果对比　b）峰值放电电流估计结果对比
c）多约束峰值充电电流估计结果　d）多约束峰值充电电流估计结果

峰值电流估计结果分为两部分：一是基于 HPPC 的峰值电流估计结果；另一部分是基于 SOC 值的峰值电流估计结果。当动力电池实际 SOC 值接近于设计条件的最大限值时，基于 SOC 值的峰值电流估计方法将降低甚至关闭动力电池的峰值充电电流，以防动力电池可能出现的过充电危险，此时多约束峰值充电电流估计结果以基于 SOC 值的峰值电流估计值为主。同样，当动力电池实际 SOC 值接近于设计条件的最低限值时，基于 SOC 值的峰值电流估计方法将降低甚至关闭动力电池的峰值放电电流，以防动力电池可能会出现的过放电危险，此时多约束峰值充电电流估计结果也以基于 SOC 值的峰值电流估计值为主。其他时刻的峰值电流估计结果主要以基于模型的估计值为主，但是如果估计结果超过设计限制,估计结果也会以限值为主。由此可见,基于动力电池 SOC 的峰值电流估计可以有效避免动力电池出现过充电、过放电危险,提高动力电池在新能源汽车上应用的安全性和可靠性。当然,该估计结果依赖于精确的 SOC 估计值;随着动力电池 SOC 值的降低,峰值充电电流逐渐变大,峰值放电电流逐渐变小。

基于持续峰值电流的估计结果以及动力电池电压模型,可以推导出动力电池的持续峰值功率估计结果。动力电池 30s 持续峰值功率估计结果如图 4-43 所示,与图 4-42 所得到的 30s 持续峰值电流估计结果趋势一样。可见,峰值功率并没有超过设计限制,实际上是因为实验使用的动力电池为在新能源汽车上使用过两年的二次电池,其实际功率能力达不到标定值。

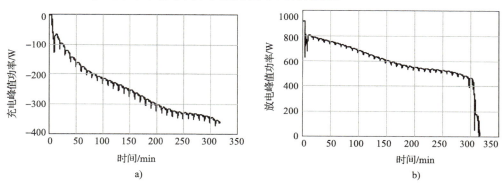

图 4-43 峰值功率估计结果(精确的 SOC 初值,30s)

a)多约束峰值充电功率估计结果 b)多约束峰值放电功率估计结果

为评价动力电池峰值充放电能力与持续时间的关系,进行了不同持续时间下的峰值电流估计,结果如图 4-44 所示。

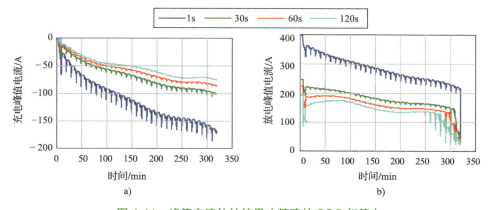

图 4-44 峰值电流估计结果(精确的 SOC 初值)

a)多约束峰值充电电流估计结果 b)多约束峰值放电电流估计结果

可见，动力电池的充放电电流能力与所持续输出的时间长度有很大关系，瞬时（1s）的峰值充电电流可达到190A，峰值放电电流可达到395A。因此，短路产生的放电电流将非常大。随着持续输出时间的增大，峰值充放电能力降低。因此，在新能源汽车设计中，若峰值充放电功率仅用厂家给定的限制条件，而不考虑动力电池持续输出时间的限制，会导致动力电池系统的匹配不当。

图4-45表明：该联合估计方法对不确定的SOC初值具有抑制性，当SOC初值不准确时，该算法能保证SOC收敛至准确的SOC，同时能够预测出准确的峰值功率。

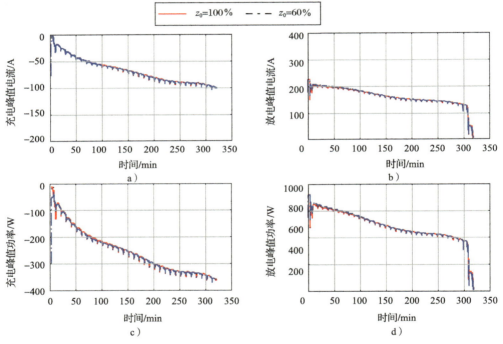

图4-45 不确定初始SOC时峰值电流和峰值功率的估计结果（30s）
a）多约束峰值充电电流估计 b）多约束峰值放电电流估计
c）多约束峰值充电功率估计 d）多约束峰值放电功率估计

综上所述，基于模型的动力电池SOC和峰值功率联合估计方法，不仅能得到可靠的动力电池峰值功率和SOC的联合估计，也实现了动力电池在线参数辨识与多状态（SOC和峰值功率）估计的融合。在保证动力电池模型实时性的前提下，得到了稳定、精确、可靠的动力电池电压、SOC和峰值功率联合估计结果。

4.4.4 SOP 评价方法介绍

由于峰值功率的计算结果会因不同的计算方法而产生差异，为统一评价计算结果的有效性，国家标准制定了相应的测试规范，本节将进行详细的解读。按照《电动汽车用电池管理系统技术条件（工作组草稿）》附录 C 中的 SOP 测试通则，动力电池 SOP 测试环境采用 10℃ ±2℃、25℃ ±2℃、40℃ ±2℃ 三个温度，电池 SOC 设定为 80%、50%、30%，分别进行脉冲充放电实验。SOP 测试应进行相应预处理，即当测试的目标环境温度改变时，待测对象需在新的环境温度下静置，直到动力电池包内单体的表面温度与环境温度的差值小于 2℃，则可认为完成动力电池系统的静置。按照该标准，以 10s 持续峰值功率测试为例。测试流程如图 4-46 所示。

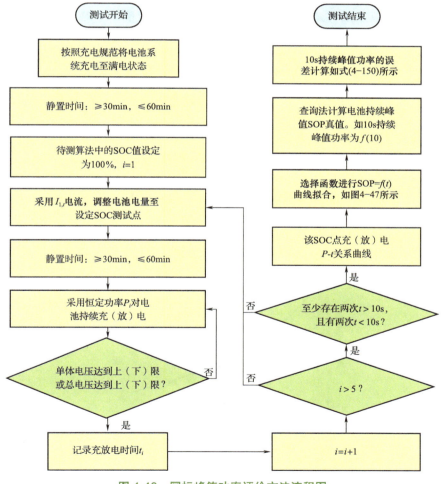

图 4-46 国标峰值功率评价方法流程图

① 以本书第 2 章所采用的充电规范将动力电池系统充至满电。

② 静置不低于 30min 且不高于 60min。

③ 将待测算法中的 SOC 初值设定为 100%。

④ 采用 $I_{1,1}$（A）电流，将动力电池电量调整至设定 SOC 测试点时停止。

⑤ 静置不低于 30min 且不高于 60min。

⑥ 采用某一恒定功率 P_1 对动力电池持续充（放）电，直到达到以下条件之一时终止：动力电池系统的单体（电芯组）电压保护上（下）限，总电压保护上（下）限。记录充（放）电时间 t_1。

⑦ 以 $I_{1,1}$（A）电流充电至设定步骤④的 SOC 点。

⑧ 静置不低于 30min 且不高于 60min。

⑨ 根据 t_1 的大小，将动力电池的放电功率调整至 P_2 开始恒功率充（放）电，直到达到以下条件之一时终止：动力电池系统的单体（电芯组）电压保护上（下）限，总电压保护上（下）限，记录充（放）电时间 t_2。

⑩ 重复峰值功率测试 5 次及以上，至少有 2 次记录时间 $t > 10\mathrm{s}$，有 2 次 $t < 10\mathrm{s}$；从而得到电池在该 SOC 点的充（放）电峰值功率与充（放）电时间的关系曲线。依据曲线的趋势，选择相应的函数类型进行曲线拟合，如图 4-47 所示。

⑪ 基于该拟合曲线，采用查询法计算电池持续 SOP 真值。如 10s 持续峰值功率为 $f(10)$，则 10s 持续峰值功率的误差计算式为

$$\mathrm{Error}_{\mathrm{SOP}} = \frac{f(10) - \mathrm{SOP}_{算法}}{f(10)} \times 100\% \qquad (4\text{-}150)$$

式中，$\mathrm{SOP}_{算法}$ 为算法预测的 SOP 结果。

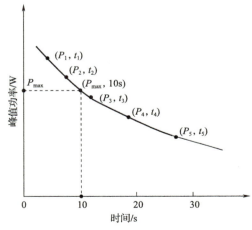

图 4-47　恒功率脉冲充（放）电测试拟合曲线图

4.5 本章小结

车用锂离子动力电池内部反应机理复杂，具有很强的非线性和时变性，这为准确的状态估计带来了巨大的挑战。另一方面，复杂多变的外部使用环境及使用工况，增加了动力电池性能衰退的不确定性，进一步增加了状态估计的难度。所以，针对车用锂离子动力电池状态估计的研究一直是行业的技术瓶颈和学术研究热点。

准确的 SOC 估计能够客观地反映动力电池的续驶能力，并可有效地防止动力电池的滥用，是 BMS 的关键功能之一。本章对目前常用的 SOC 估计方法进行了总结与分类，并介绍了常用的 SOC 估计算法操作流程。特别是基于等效电路模型的 SOC 估计方法，由于其能够平衡估计精度与算法复杂性的关系，是较为有效的估计手段。结果显示，在已知静态容量下，EKF、AEKF、HIF 以及 ESM 的 SOC 估计绝对误差均 < 1.5%。同时，动力电池在使用过程中，老化是不可避免的，即在 SOC 估计的同时往往离不开准确的动态容量（SOH）的实时更新与标定。因此，本章对常用的 SOH 方法进行了介绍与分类，对于目前最为常用的 SOH 估计方法的操作流程进行了详细描述。最后，考虑到动力电池 SOC 与 SOH 的耦合性、动力电池状态量与参数量变化尺度的不同，着重描述了多时间尺度协同估计算法。结果表明，此类方法能快速、稳定地实现 SOC 和容量的准确估计，是当前 SOC 与 SOH 估计算法的重要发展方向。结果显示，在未知容量下，MAEKF 与 MHIF 的 SOC 估计绝对误差均 < 1%，且容量估计相对误差绝对值均 < 1%。

在动力电池 SOP 预测方面，详细阐述了四种典型的 SOP 预测方法，通过应用算例对比分析了瞬时 SOP 预测方法的特点；由于持续峰值功率在实车应用中的重要性，本章还深入探讨了持续峰值电流和持续峰值功率的预测方法，并重点讲述了 SOC-SOP 联合估计的理论框架，结合应用案例对算法进行深入评价，结果表明 SOC 估计误差 < 1%，电压估计误差 < 15mV，并且能预测出可靠的持续 SOP 值。最后，介绍了国家测试标准并详细解读了 SOP 的测试流程，供动力电池 SOP 评价做参考。

第 5 章

动力电池系统管理

动力电池系统主要由动力电池组、BMS 以及动力电池箱体等组成。动力电池单体具有明确的最大可用容量和 SOC 等固有属性，其容量和 SOC 估计具有明确的参考值和评价方法，而动力电池组容量没有统一的定义，不同研究目的和均衡策略可以得到不同的可用容量值。动力电池组中各动力电池单体电压、可用容量、SOC 和内阻等在使用过程中表现出不确定性差异，当前普遍使用的"大电池模型"和"木桶"效应在实际应用中均存在明显局限性。此外，当动力电池单体的老化状态、应用环境和操作温度等发生变化时，动力电池单体的不确定性差异也会变化，从而引起"动力电池组可用容量"的不确定性变化，使得状态估计结果不具备参考价值。针对动力电池组"扫尾"效应导致的"模型建不精、状态估不准、系统管不好"三大行业技术难点，本章从动力电池组成组分析、均衡管理、系统建模、状态估计等方面结合基础理论和工程应用展开详细论述。

5.1 动力电池系统成组分析

动力电池组成组方式包括串联、并联与混联，不同的成组方式可以满足不同的用电需求。动力电池单体串联成组可以满足高工作电压的需求，并联成组可以满足大容量的需求，包含串联和并联的混联方式可以同时兼顾新能源汽车高电压和大容量的双重需求。然而，因制作材料、工艺参数等因素的影响，动力电池单体出厂时便在容量、内阻等方面存在一定差异，成组使用后由于使用条件、应用工况、成组方式以及管理方法等的差异会进一步扩大其不一致性，在充放电末期呈现显著的"扫尾"效应，从而进一步影响动力电池系统的充放电性能。

5.1.1 动力电池组的"扫尾"现象

动力电池充放电末期的强极化非线性会引起动力电池组的"扫尾"效应，

如图 5-1 所示，即充放电末期动力电池单体间的不一致性会显著增大——充放电"帚颈"之前具有良好的一致性，超过"帚颈"截止阈值后一致性会显著恶化。

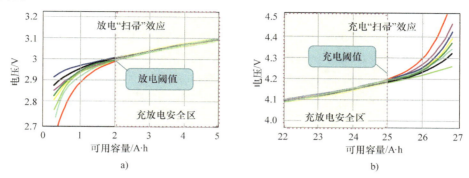

图 5-1　动力电池"扫帚"效应
a）不同动力电池单体放电末期"扫帚"效应曲线　b）不同动力电池单体充电末期"扫帚"效应曲线

动力电池单体间的不一致性严重制约动力电池组的能量/容量利用率，也会加速动力电池老化。为此，北京理工大学孙逢春院士团队提出了充/放电至"帚颈"的截止阈值判定和控制规则。通过实验确定同批次动力电池单体及其系统不一致性分布规律，尤其是在充放电末期根据电压变化与容量的映射关系，建立"帚颈"判断规则，完善动力电池充放电控制策略，提高动力电池系统工作中的一致性和能量利用率，从而降低动力电池单体过充电和过放电风险。

5.1.2　串联与并联动力电池组

串联成组和并联成组是动力电池组中最基本的模组单元，不同的成组方式会导致不一致性产生不同的蔓延趋势。图 5-2a 所示为"4 串"（串联）动力电池组拓扑图，由四个动力电池单体串联组成；图 5-2b 所示为"2 并"（并联）动力电池组拓扑图，由两个动力电池单体并联组成。

图 5-2　串联与并联动力电池组拓扑图
a）"4 串"（串联）动力电池组　b）"2 并"（并联）动力电池组

动力电池单体不一致性对串联、并联动力电池组性能的影响，主要表现在以下方面：

（1）内阻不一致

单体容量相近的串联动力电池组充电时，内阻较大的单体会首先达到充电截止电压。此时若继续充电，则该单体会因过充电而产生安全隐患；若停止充电，则内阻较小的单体并未完全充满。当以较大倍率放电时，内阻较大的单体的产热量较大，动力电池单体内部温升较快。并联动力电池组充放电时，各动力电池单体的端电压相等，内阻不一致将导致各支路电流不同，进而导致动力电池单体的充放电量不同，造成老化轨迹异化。因此，内阻不一致不仅对串联动力电池组的电压和散热直接影响较大，也会对并联动力电池组的长期性能衰退产生较大影响。

（2）容量不一致

串联动力电池组进行充放电时，流经各动力电池单体的电流相同，容量小的单体将先充满或放光，动力电池组将停止充放电以防止过充电或过放电带来的安全隐患。可见，容量最小的动力电池单体将制约串联动力电池组的充放电能力，这正是使用"木桶"效应分析动力电池组性能的原因。需要指出的是，如果将不同 SOC 的动力电池单体串联，动力电池组的放电容量不一定由容量最小的单体决定，而是受剩余容量最小单体制约，此处剩余容量为当前 SOC 与最大可用容量的乘积。因此"木桶"效应并不完全适用于串联动力电池组充放电行为分析。另一方面，并联动力电池组可用容量是动力电池单体可用容量的总和。当并联动力电池组持续充放电时：放电时开路电压最低的电池单体可能会出现充电工况，充电时开路电压最高的电池单体可能会出现放电工况，容量最小单体的开路电压往往最低。可见，并联动力电池组的充放电能力不受容量最小的电池单体的限制，充放电行为也不符合"木桶"效应。

动力电池组的 SOC 可以定义为在一定条件下动力电池组所能放出的最大容量与其最大可用容量的比值，假设不考虑均衡控制，串联和并联两种成组方式下的动力电池组 SOC 定义如下：

① 串联动力电池组 SOC。串联动力电池组的最大可用容量定义为一定条件下动力电池组最大放电容量和最大充电容量的和，即

$$\begin{cases} C_{\text{pack-chg}}^{\text{s}} = \min\left\{C_{a1}[1-z(1)], C_{a2}[1-z(2)], \cdots, C_{an_s}[1-z(n_s)]\right\} \\ C_{\text{pack-dis}}^{\text{s}} = \min\left\{C_{a1}z(1), C_{a2}z(2), \cdots, C_{an_s}z(n_s)\right\} \end{cases} \quad (5\text{-}1)$$

$$\begin{aligned} C_{\text{pack}}^{\text{s}} = &\min\left\{C_{a1}[1-z(1)], C_{a2}[1-z(2)], \cdots, C_{an_s}[1-z(n_s)]\right\} + \\ &\min\left\{C_{a1}z(1), C_{a2}z(2), \cdots, C_{an_s}z(n_s)\right\} \end{aligned} \quad (5\text{-}2)$$

式中，$C_{\text{pack-chg}}^{\text{s}}$ 为串联动力电池组最大充电容量；$C_{\text{pack-dis}}^{\text{s}}$ 为串联动力电池组最大放

电容量；$C_{\text{pack}}^{\text{s}}$ 为串联动力电池组最大可用容量；C_{ai} 为第 i 块单体的最大可用容量；$z(i)$ 为第 i 块单体的 SOC，$i = 1, \cdots, n_{\text{s}}$，$n_{\text{s}}$ 为串联单体数。

串联动力电池组的 SOC 可定义为

$$\text{SOC}_{\text{pack}}^{\text{s}} = \frac{C_{\text{pack-dis}}^{\text{s}}}{C_{\text{pack}}^{\text{s}}} = \frac{\min\{C_{a1}z(1), C_{a2}z(2), \cdots, C_{an_{\text{s}}}z(n_{\text{s}})\}}{\min\{C_{a1}[1-z(1)], C_{a2}[1-z(2)], \cdots, C_{an_{\text{s}}}[1-z(n_{\text{s}})]\} + \min\{C_{a1}z(1), C_{a2}z(2), \cdots, C_{an_{\text{s}}}z(n_{\text{s}})\}} \quad (5\text{-}3)$$

式中，$\text{SOC}_{\text{pack}}^{\text{s}}$ 为串联动力电池组 SOC。

② 并联动力电池组 SOC。并联动力电池组中存在自均衡，充电过程中动力电池组中各单体都能够实现满充，因此并联动力电池组的最大可用容量可以定义为

$$C_{\text{pack}}^{\text{p}} = \sum_{i=1}^{n_{\text{p}}} C_{ai} \quad (5\text{-}4)$$

式中，$C_{\text{pack}}^{\text{p}}$ 为并联动力电池组的最大可用容量；n_{p} 为并联单体数。

并联动力电池组的 SOC 定义为

$$\text{SOC}_{\text{pack}}^{\text{p}} = \frac{C_{\text{pack-dis}}^{\text{p}}}{C_{\text{pack}}^{\text{p}}} = \frac{\sum_{i=1}^{n_{\text{p}}} C_{ai} z(i)}{\sum_{i=1}^{n_{\text{p}}} C_{ai}} \quad (5\text{-}5)$$

式中，$\text{SOC}_{\text{pack}}^{\text{p}}$ 为并联动力电池组 SOC；$C_{\text{pack-dis}}^{\text{p}}$ 为并联动力电池组剩余容量。

需要说明的是，如果并联支路中存在串联分支，可使用串联电池组的计算法得到各分支的最大可用容量和 SOC，然后将其视为"电池单体"计算并联电池组的容量和 SOC。

5.1.3 典型混联动力电池组性能分析

先并后串和先串后并为动力电池组的常用成组方式，且均有广泛应用。例如，特斯拉 Model S 的动力电池组由 96 个动力电池模组经过串联组成，每个模组包含 74 个并联的 3.1A·h 圆柱形动力电池单体；而日产的 Leaf 所使用的动力电池组则由两个电池模组并联组成，每个模组包含 96 个串联的 33A·h 动力电池单体。不同的成组方式，对动力电池组性能的影响不同。通过分析两种动力电池组的性能优劣，为确定动力电池成组方式提供一定依据。为简化分析过

程，本节采用图 5-3 所示的简化成组方式，01～08 为动力电池单体。需要说明的是，本章中串并联动力电池组简写定义为

① $n\mathrm{P}m\mathrm{S}$：由 m 个模组串联组成的动力电池组，其中每个模组包括 n 个并联的动力电池单体。

② $m\mathrm{S}n\mathrm{P}$：由 n 个模组并联组成的动力电池组，其中每个模组包括 m 个串联的动力电池单体。

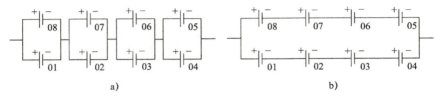

图 5-3　先并后串与先串后并动力电池组拓扑图
a）2P4S　b）4S2P

1. 可靠性分析

采用元器件可靠性的概念分析动力电池成组后的可靠性。假设在两种动力电池组中，动力电池单体正常工作的可靠性均为 r（$0<r<1$），且单体间工作状态相互独立。2P4S 和 4S2P 正常工作的概率分别记为 P_a 和 P_b，则有

$$P_\mathrm{a} = \left[1-(1-r)^2\right]^4 \quad (5\text{-}6)$$

$$P_\mathrm{b} = 1-(1-r^4)^2 \quad (5\text{-}7)$$

当 $r=0.8$ 时，$P_\mathrm{a}\approx 0.8493$、$P_\mathrm{b}\approx 0.6514$；当 $r=0.9$ 时，$P_\mathrm{a}\approx 0.9606$、$P_\mathrm{b}\approx 0.8817$，且对于任意可靠性，均可以得到：$P_\mathrm{a}>P_\mathrm{b}$，即先并后串系统的可靠性大于先串后并系统。需要指出的是，对于使用大容量动力电池单体成组的动力电池系统而言，先串和先并的分析还需与实际情况结合，分别考虑动力电池短路和断路两种故障以及不同成本驱动下动力电池管理方法的差异性，实际结论可能与基于元器件可靠性得出的结论有所差别。

2. 经济性与安全性分析

在先并后串动力电池组中，各并联模组相互独立，动力电池单体间自均衡在一定程度上能够抑制单体间容量及内阻的不一致性。并联模组中各动力电池单体的端电压相等，仅需一个电压采集节点，成本低。如果需要分析并联模组中每一电池单体的工作电流，则需要增加大量的分流器或者霍尔式传感器测量电池单体电流，系统成本显著提高。但是对于常规车用的先并后串动力电池组，

一般不要求测量电池单体支路电流。先串后并动力电池组中两条串联支路进行自均衡，均衡效率低；且需要测量每个电池单体的电压，BMC 采集板数量多，成本高。

先并后串动力电池组中的并联模组由动力电池单体直接并联而成，端电压低，即使单体的端电压有一定偏差，并联时影响较小，安全性较高。先串后并动力电池组中每个串联支路的动力电池单体数目一般较多，在成组前需保证各支路端电压一致，否则即使动力电池单体端电压差异较小，成组后串联支路间也会产生较大的电压偏差，严重时可能引发安全事故。

当某一动力电池单体发生断路时：

（1）对于先串后并动力电池组，将导致该单体所在的整个串联支路从动力电池组中断开，剩余动力电池单体及所在支路将承受更大倍率的充放电电流。

（2）对于先并后串动力电池组，将影响并联模组中的剩余电池单体，其余电池单体保持正常工作，故对电池单体容量较小、并联模组中单体数较多的动力电池组影响较小。

（3）对于电池单体容量较大、并联模组中电池单体数较少的动力电池组影响较大。

当某一动力电池单体发生短路时，对于先串后并动力电池组，该电池单体所在支路的充放电倍率会增加，以稳定输入/输出功率，该支路也可能会接受正常支路的充电；而先并后串动力电池组中该电池单体所在模组的其他动力电池都会发生短路，剩余模组会承受更大的功率负荷，易造成较大的安全事故。可见，对于断路故障，先并后串动力电池组的安全隐患要低于先串后并动力电池组；对于短路工况，先串后并动力电池组的安全隐患略低。

3. 成组容量分析

动力电池可用容量包括可用充电容量和可用放电容量。可用充电容量是指在一定充电制度下，动力电池从当前状态以恒流恒压方式充电至截止条件所能充入的容量；可用放电容量即当前状态下的剩余容量，是指在一定放电制度下，动力电池从当前状态放电至截止电压所能释放的容量。当动力电池串联成组时，串联动力电池组可用容量等于各电池单体中最小可用充电容量与最小可用放电容量之和；当动力电池并联成组时，并联动力电池组可用容量等于全部电池单体的可用容量之和。因此，对于不同成组方式的动力电池组，可用容量的计算依赖于所有动力电池单体的容量和 SOC 值。选择 8 块老化状态不同的动力电池 6，编号为单体 1～单体 8、初始 SOC 均为 50%，分别组成 2P4S 或 4S2P 以分析不同成组方式的容量特性。动力电池单体 25℃时的可用容量如图 5-4 所示。

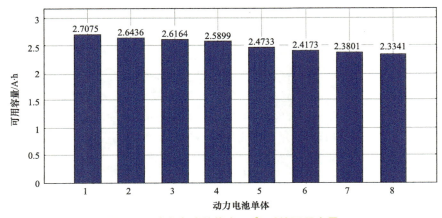

图 5-4 动力电池单体在 25℃时的可用容量

2P4S 或 4S2P 成组时，8 块单体的排列方式共有 40320（8!）种。在全部排列方式下，两种动力电池组的成组容量及其所占的比例如图 5-5 所示。其中，成组容量的比例是生成此容量的排列方式种类与全部排列方式种类的比值。借助数值仿真手段，可以确定全部排列方式下动力电池组容量及其分布特点。结果表明，2P4S 的成组容量最终包含 13 种不同容量值，4S2P 的成组容量仅包含 4 种不同容量值，即 2P4S 的成组容量较 4S2P 更为分散。4S2P 的最大成组容量为 4.9240A·h，仅占 2.9%，而 2P4S 的成组容量大于 4.9240A·h 的比例为 17.2%，即 2P4S 的成组容量大于 4S2P 的最大成组容量的概率为 17.2%。并且，因为 4S2P 的成组容量的期望值为 4.7415A·h，而 2P4S 的相应值为 4.8346A·h，因此 2P4S 具有更优的成组容量性能。需要注意的是，当 8 块单体分别按照图 5-3a、b 排列时，2P4S 与 4S2P 均能达到其最大成组容量，此时，2P4S 中 4 个并联模块的容量相近，而 4S2P 中 2 个串联支路的容量差异最大。

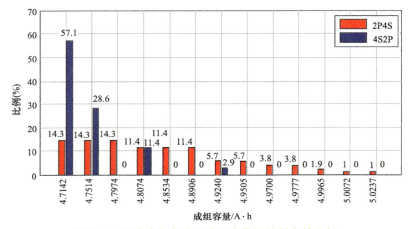

图 5-5 两种动力电池组成组容量及其所占的比例

将两种动力电池组的成组容量分别表示为 $C_{2P4S(0)}$ 与 $C_{4S2P(0)}$，表 5-1 为排列方式相同时两种动力电池组的成组容量的比较结果。可见，存在关系 $C_{2P4S(0)} \geqslant C_{4S2P(0)}$，且 $C_{2P4S(0)} > C_{4S2P(0)}$ 的比例达到 75%。

表 5-1　两种动力电池组的成组容量的比较

	$C_{2P4S(0)} > C_{4S2P(0)}$	$C_{2P4S(0)} = C_{4S2P(0)}$	$C_{2P4S(0)} < C_{4S2P(0)}$	合计
个数	30240	10080	0	40320
比例（%）	75	25	0	100

4. 充放电量分析

动力电池组的电量直接影响整车的续驶里程，成组方式的差异必然造成充放电量的差异。对图 5-3 所示的两种动力电池组开展充放电量测试，动力电池单体初始 SOC 均为 50%，测试步骤如下：

① 静置 2min，然后对动力电池组以 $0.5C$ 倍率恒流放电，任一单体的端电压下降至 3.2V 时将动力电池组静置 1h，此时动力电池单体 SOC 约为 20%。

② 以 $0.5C$ 倍率将动力电池组恒流充电，任一单体端电压到达 4.2V 时停止。

两组动力电池组充放电量如图 5-6 所示。可见，在同等条件下，2P4S 的充放电量更大，两者相差高达 0.15A·h，约为动力电池单体容量的 5.6%。

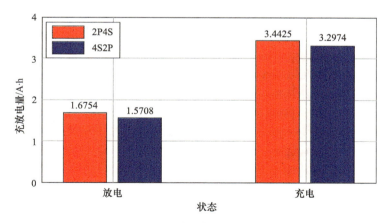

图 5-6　两组动力电池组充放电量

基于数值仿真和实验测试分析可得到如下结论：对于先并后串与先串后并两种成组方式，前者在可靠性、经济性、安全性方面均具有更优的性能。当单体排列方式相同时，先并后串动力电池组的成组容量要大于等于先串后并动力电池组;即使电池单体排列方式不同,先并后串动力电池组也具有更优的成组容量性能。此外,在同等条件下,先并后串动力电池组还具有更大的充放电量。需要说明的是,虽然本节的分析仅测试了 2P4S 和 4S2P 两种三元锂离子动力电池组,但是通过数值仿真分析,上述结论在其他动力电池类型和不同数量电池单体成组的动力电池组中均得到了验证,结果具有一定的普适性。

5.2 动力电池组均衡管理

动力电池组均衡管理是改善单体不一致性、提升动力电池系统整体性能的有效手段。动力电池组均衡管理通常可分为动力电池均衡拓扑设计和均衡策略开发两部分。

5.2.1 动力电池被动均衡拓扑

1. 被动均衡原理

被动均衡即能量耗散型均衡,是通过耗能元件将单体动力电池内的多余电量转换为热能,从而改善动力电池单体间电压及电量的不一致性。被动均衡拓扑的主要形式为开关电阻式。如图 5-7 所示,开关电阻式均衡电路使用可控开关(多采用功率半导体器件,如 MOSFET 等)决定均衡电阻是否接入电路,开关闭合后电阻与动力电池单体并联即进行耗散放电,耗散功率符合焦耳定律:

$$Q_{\text{disspation}} = I_{\text{balance}}^2 R \qquad (5-8)$$

式中,$Q_{\text{disspation}}$ 为能量耗散功率;I_{balance} 为均衡电流;R 为均衡电阻阻值。

针对各类均衡拓扑结构,相关研究人员设计了多种形式的硬件电路。然而,大量的非集成式电路设计方案使得整个系统过于庞杂,系统可靠性大大降低,实车应用时故障发生率较高。而采用车规级的高集成度动力电池管理芯片,则可以大大简化电路结构和设计流程,提升均衡系统整体的可靠性。

2. 被动均衡电路示例

以 12 串 1 并动力电池模组中电位最高单体为例,其外部被动均衡模块电路原理图如图 5-8 所示。

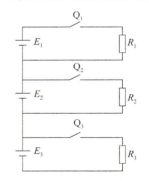

图 5-7 开关电阻式拓扑结构

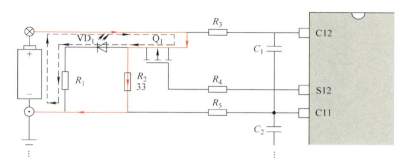

图 5-8 被动均衡模块电路原理图

单体正负极分别与测量芯片的两个电压测量引脚相连,通过差分处理可得到动力电池的端电压。电阻 R_3 和电容 C_1 以及电阻 R_5 和电容 C_2 各构成了一个低通去耦滤波器,用于在高频采样时滤除快速瞬态噪声,同时避免可能出现的瞬时高能量脉冲对芯片造成破坏。Q_1 为 P 型 MOSFET 开关,栅极通过栅极电阻 R_4 连接至 S12 引脚,由测量芯片驱动导通和关断。电阻 R_2 为被动均衡模块的核心,当 Q_1 导通时,Q_1、R_2 和动力电池单体共同构成了一个放电回路,如图 5-8 中红线轨迹所示。动力电池多余电量通过 R_2 转换为热量耗散,以保证单体间电量的一致性。发光二极管 VD_1 和与之串联的电阻 R_1 则用于均衡指示。为防止动力电池反接对芯片造成损伤,还可在各单体两端再并联一个功率二极管。

5.2.2 动力电池主动均衡拓扑

主动均衡为非耗散型均衡,通过不同的电路拓扑结构及控制策略,实现了不同单体间或单体与模组、模组与模组间的能量传递。主动均衡在能量利用率、均衡效率等方面优于被动均衡,但难以开发体积小、易集成、成本低、可靠性高的拓扑结构成为目前限制主动均衡技术发展的主要因素。

目前,主动均衡电路拓扑结构主要包含电容式、电感式和变压器式等,其分别将电容、电感和变压器作为能量存储、转移和缓冲的器件。

1. 电容式均衡拓扑

这种均衡拓扑利用旁接的电容器实现能量在动力电池单体间或单体与动力电池组间的传输,其控制策略相对简单且成本低廉,但均衡耗时较长。电容式均衡电路拓扑可分为单电容式、开关电容式、模块化开关电容式等几种主要结构,典型的电容式均衡拓扑结构示意图如图 5-9 所示。

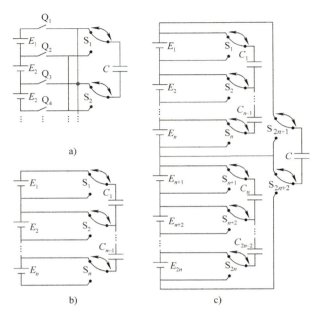

图 5-9 典型的电容式均衡拓扑结构示意图

a) 单电容式拓扑结构 b) 开关电容式拓扑结构 c) 模块化开关电容式拓扑结构

图 5-9a 所示为一种单电容式拓扑结构,首先基于特定均衡策略筛选出容量(或电压)较高与较低的电池单体,假设动力电池单体 E_1 为高能量电池单体,E_2 为低能量电池单体。均衡时先闭合 Q_1、Q_2,且 S_1 拨至上方、S_2 拨至下方,则此时 E_1 向电容转移能量,电容存储电能,能量转移功率符合

$$Q = UI = CU\frac{\mathrm{d}U}{\mathrm{d}t} \tag{5-9}$$

式中,C 为电容的容值;U 为电容的端电压值;I 为流过电容的电流。

随后 Q_1 断开,Q_2、Q_3 闭合,且 S_1 拨至下方、S_2 拨至上方,此时电容向 E_2 充电实现能量转移。

图 5-9b 所示为一种开关电容式均衡拓扑结构,通过控制相邻电池单体间的开关器件,利用电容实现电池单体间的能量转移。控制简单且成本较低,但均衡效率较低,当相邻电池单体的电压差很小时,均衡耗时较长。类似地,双层开关电容式拓扑使用两层电容传递能量,将均衡时间减小至 1/4,但结构更为复杂。

图 5-9c 所示为一种模块化开关电容式均衡拓扑,每个模组对应一组模块化开关电容,除实现单体间能量传递外,还可快速实现模组间的能量平衡,有效提高动力电池组的一致性。

2. 电感式均衡拓扑

这种均衡拓扑以电感作为主要能量储存及缓冲元件，可实现电能在单体或模组间的传输。该类均衡拓扑的元件价格偏高，且存在磁化损失，通常还需要额外使用电容器作为高频滤波器。

常见电感式均衡拓扑结构示意图如图 5-10 所示。图 5-10a 所示为一种单电感均衡拓扑结构，可将电能从高电量电池单体转移至低电量电池单体。该拓扑可根据动力电池单体电压水平差异，通过开关器件控制电感对需要均衡的动力电池进行充放电操作。对多节电池需要均衡时，该拓扑的均衡时间相对较短。

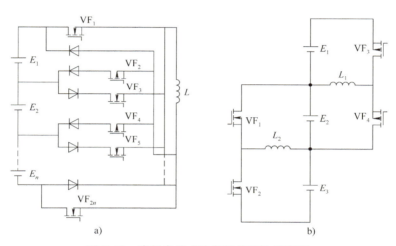

图 5-10 常见电感式均衡拓扑结构示意图

a）单电感式拓扑结构 b）多电感式拓扑结构

假设动力电池单体 E_1 为高电量电池单体，E_2 为低电量电池单体。先闭合 VF_1、VF_2，则此时 E_1 向电感转移能量，电感存储电能，且电压方向符合右手定则，能量转移功率符合：

$$Q = UI = IL\frac{dI}{dt} \tag{5-10}$$

式中，L 为电感值；U 为电感的端电压值。

随后断开 VF_1，闭合 VF_5，此时电感向 E_2 充电。

图 5-10b 所示为一种多电感式均衡拓扑结构，使用脉冲宽度调制（Pulse Width Modulation，PWM）信号控制开关器件在相邻电池单体间传递能量，实现动力电池组的能量均衡。该方法为单向均衡，即电能只能按能量梯度方向传输。对于串联数比较多的动力电池组而言，这种拓扑所需的均衡时间较长。

3. 变压器式均衡拓扑

该类均衡拓扑以变压器作为主要能量储存及缓冲元件，包括单绕组变压器式与多绕组变压器式。单绕组变压器式均衡拓扑也称为开关变压器式均衡拓扑，图 5-11a 所示为一种单绕组变压器式拓扑结构。该拓扑使用开关器件控制变压器通断，可将动力电池模组的电量传递至低电量电池单体，也可将高电量电池单体的电量传递至动力电池模组。

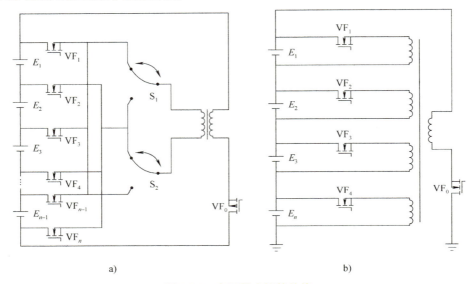

图 5-11 变压器式拓扑结构

a）单绕组变压器式拓扑结构 b）多绕组变压器式拓扑结构

以图 5-11a 所示的单绕组变压器为例，假定单体 E_1 为高电量电池单体。开始放电均衡时，先闭合 VF_1、VF_2，同时 S_1 与 S_2 拨至上方，则此时 E_1 向原边线圈转移能量。随后断开 VF_1、VF_2，打开 VF_0 后二次绕组将变压器存储的能量转移至动力电池组。充电均衡过程是上述过程的逆过程。

图 5-11b 所示为一种多绕组变压器式拓扑结构，使用单原边多副边结构变压器，每个二次绕组与一个电池单体相连，因此当串联单体较多时该方案所需的变压器数目较多，导致系统可靠性差，且成本高昂。

4. DC/DC 变换器式均衡拓扑

利用 Buck、Boost、Buck-Boost 和 Cuk 等 DC/DC 拓扑实现主动均衡的方式称为 DC/DC 变换器式均衡拓扑，由于 DC/DC 拓扑同样会将电感等元件用于能量储存及缓冲，因此其拓扑与电感或变压器式拓扑有相似之处。该类均衡电路的均衡性能较好，但结构复杂且成本较高，常见 DC/DC 式均衡拓扑结构如图 5-12 所示。

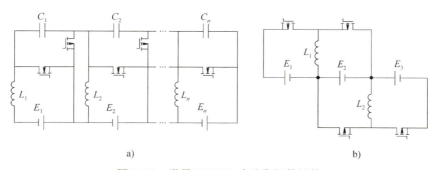

图 5-12 常见 DC/DC 式均衡拓扑结构

a）Cuk 式拓扑结构　b）Buck-Boost 式拓扑结构

图 5-12a 所示为一种 Cuk 式拓扑结构，可实现能量双向传递，但能量只能在相邻电池单体间传递。若均衡电池单体数较多，则均衡效率会受影响。且 Cuk 电路对开关控制精度要求较高，元器件较多，成本也偏高。

图 5-12b 所示为一种 Buck-Boost 式拓扑结构，可将高电量电池单体中的电能通过 DC/DC 变换器储存至储能装置中，而后转移至低电量电池单体。Buck-Boost 电路的设计可实现能量在电池单体间单向或双向流动。Buck-Boost 电路相对简单，所需元器件也很少，但当多个电池单体同时放电时，会出现支路电流叠加的情况，可能导致系统不稳定。Buck-Boost 电路适合双向均衡控制器的高效模块化设计，均衡速度较快，但成本相对较高，设计也较复杂。

5. 主动均衡电路示例

图 5-13 所示为主动均衡模块示意图，主要由变压器 T_1、一次 N 型 MOSFET 开关 Q_P（电池单体一侧）、二次 N 型 MOSFET 开关 VF_S（动力电池组一侧）、一次电流检测电阻 R_P 和二次电流检测电阻 R_S 组成。一次绕组、VF_P、R_P 和与之并联的动力电池单体构成了一次电流回路，而二次绕组、VF_S、R_S 和与之并联的 12 串动力电池模组构成了二次电流回路。G_{1P} 和 G_{1S} 分别为某芯片的一次和二次栅极驱动引脚，用于控制两侧的 N 型 MOSFET 交替开关实现能量转移。I_{1P} 和 I_{1S} 分别为一次和二次电流检测引脚，当一次或二次回路有电流流过时，电流检测电阻两端会形成电压降，芯片通过电流检测引脚获取相应点的电位，判断是否需要改变 MOSFET 开关状态。I_P 和 I_S 分别表示一次和二次回路电流，图中箭头方向为电流正方向。U_P 和 U_S 分别表示图中标识点的对地电位。

开启均衡后，该芯片通过引脚 G_{1P} 控制初级 MOSFET 导通，此时电池单体 1 与主动均衡模块形成一次电流回路，开始给一次绕组充电。因为单个周期内开关实际导通时间为微秒级，所以可近似认为在此过程中电池单体 1 端电压 U_{CELL} 近似不变，此处假设 MOSFET 为理想开关所以其压降为 0。由式（5-11）可知，一次开关导通期间，电流 I_P 呈线性上升，斜率等于电池单体 1 端电压与变压器一次绕组电感L_p之比。

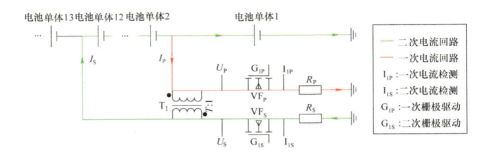

图 5-13 主动均衡模块示意图

$$I_P = \frac{U_{CELL}}{L_P} \times \Delta t_p \quad (5\text{-}11)$$

式中，Δt_p 为 MOSFET 开启时间。

开关导通瞬间，一次绕组靠近 MOSFET 一端与地直连，因此 U_P 瞬间降为 0V，变压器一次绕组两端产生大小为 U_{CELL} 的瞬时电压。由变压器基本公式（5-12）可知，二次绕组将相应产生大小为 TU_{CELL} 的电压脉冲。

$$\frac{N_S}{N_P} = \frac{\Delta I_P}{\Delta I_S} = \frac{\Delta U_S}{\Delta U_P} = T \quad (5\text{-}12)$$

式中，T 为变压器电压比；N_S 和 N_P 分别为二次绕组和一次绕组匝数。

随着一次电流的增加，R_P 两端电压也在不断增大，即 U_P 逐渐增大。当芯片通过引脚 I_{1P} 监测到 U_P 达到设定的最大值 50mV 后，发出指令控制 VF_P 断开，此时 I_P 由式（5-13）所示最大值突变为零。在整个一次绕组充电时间 t_p 内，二次绕组电压下降值为 T50mV。

$$I_{P,MAX}^{DCH} = \frac{0.05}{R_P} \quad (5\text{-}13)$$

VF_P 断开瞬间，G_{1S} 引脚控制 VF_S 导通，由式（5-12）可知，二次回路电流由零突变为 $I_{P,MAX}/T$，一次绕组存储的能量通过变压器转移至二次绕组，开始对 12 串动力电池组模组进行充电。此时 U_S 电位为 $-\Delta U_{S2}$，大小等于 R_S 上的电压降，可由式（5-14）求得。而二次绕组两端电压为 ΔU_{S2} 与 U_{PACK} 之和，U_P 突变为 $U_{P,MAX}$，见式（5-15）。

$$\Delta U_{S2} = \frac{0.05 R_S}{R_P T} \tag{5-14}$$

$$U_{P,MAX} = \frac{(\Delta U_{S2} + U_{PACK})}{T} + U_{CELL} \tag{5-15}$$

随着能量转移的不断进行，二次回路电流线性下降。直到 I_{1S} 检测到二次回路电流下降至 0（即 $U_S = 0$），芯片控制 V_S 断开，该段时间内 U_P 下降值为 $\Delta U_{S2}/T$。至此，电池单体单次放电均衡周期结束，循环此过程即可实现电池单体电量至动力电池模组的转移。而电池单体充电均衡过程与上述过程相反，在此不再赘述。可以看到，该电路仅在电源端线圈对应的 MOSFET 被关断时才会向负载端线圈传输能量，且该过程可逆，因此该拓扑结构为双向同步反激式主动均衡结构。

上述过程中，由于变压器二次绕组电感 L_S 和一次绕组电感 L_P 满足式（5-16），参考式（5-11）可得一次绕组充电总时间 t_P 和二次绕组放电总时间 t_S 之比，见式（5-17）。

$$\frac{L_S}{L_P} = \frac{N_S}{N_P} \cdot \frac{I_P}{I_S} = T^2 \tag{5-16}$$

$$\frac{t_P}{t_S} = \frac{I_P}{I_S} \cdot \frac{L_P}{L_S} \cdot \frac{U_{PACK}}{U_{CELL}} = \frac{S}{T} \tag{5-17}$$

式中，S 为与二次绕组并联的动力电池模组中串联单体个数。所以整个放电均衡周期内，一次回路和二次回路电流平均值分别为

$$\overline{I}_{P,DCH} = \frac{I_{P,MAX}^{DCH}}{2} \times \left(\frac{S}{S+T}\right) \tag{5-18}$$

$$\overline{I}_{S,DCH} = \frac{I_{S,MAX}^{DCH}}{2} \times \left(\frac{T}{S+T}\right) \times \eta_{DCH} = \frac{I_{P,MAX}^{DCH}}{2} \times \left(\frac{1}{S+T}\right) \times \eta_{DCH} \tag{5-19}$$

式中，$\overline{I}_{P,DCH}$ 和 $\overline{I}_{S,DCH}$ 分别为放电均衡周期内一次和二次回路电流平均值；$I_{P,MAX}^{DCH}$ 和 $I_{S,MAX}^{DCH}$ 分别为放电均衡周期内一次和二次回路电流最大值；η_{DCH} 为能量从一次绕组转移至二次绕组的效率。

同理，充电均衡周期内一次回路峰值电流以及一次回路和二次回路平均电流见式（5-20）~式（5-22）：

$$I_{S,MAX}^{CHG} = \frac{0.05}{R_S} \tag{5-20}$$

$$\bar{I}_{P,CHG} = \frac{I_{S,MAX}^{CHG}}{2} \times \left(\frac{ST}{S+T}\right) \times \eta_{CHG} \tag{5-21}$$

$$\bar{I}_{S,CHG} = \frac{I_{S,MAX}^{CHG}}{2} \times \left(\frac{T}{S+T}\right) \tag{5-22}$$

式中，$\bar{I}_{P,CHG}$ 和 $\bar{I}_{S,CHG}$ 分别为充电均衡周期内一次和二次回路电流平均值；$I_{S,MAX}^{CHG}$ 为放电均衡周期内次级回路电流最大值；η_{CHG} 为能量从二次绕组转移至一次绕组的效率。

充放电均衡周期，MOSFET 开关频率分别为

$$f_{DCH} = \frac{S}{S+T} \times \frac{U_{CELL}}{L_P I_{P,MAX}^{DCH}} \tag{5-23}$$

$$f_{CHG} = \frac{S}{S+T} \times \frac{U_{CELL}}{L_P I_{S,MAX}^{CHG} T} \tag{5-24}$$

6. 不同动力电池均衡拓扑的比较

被动均衡在拓扑结构方面非常简单，易于实现，价格低廉，但其均衡速度较慢，同时因其将多余的能量转换为热能，故而均衡控制器的散热问题需要额外考虑。被动均衡是目前实车应用的重要均衡方式，如特斯拉 Model 3、宝马 i3 等车型均采用了被动均衡方式。

主动均衡具有优秀的均衡效率以及较低的能量损耗，但主动均衡的拓扑及控制策略设计等相对更为困难。电感式均衡拓扑可以实现高效双向均衡，并具有较小的功率损耗，但控制复杂且均衡时间较长限制了其发展。变压器式均衡拓扑的均衡时间和均衡效率相对理想，但变压器式均衡拓扑组件庞大，设计成本高，控制策略难，目前也无法广泛普及。基于 DC/DC 变换器的均衡拓扑因其高均衡效率与可集成性而备受关注，已成为主动均衡的重要发展方向，但是其控制策略及实现方案也存在阻碍。表 5-2 对当前应用较多的均衡拓扑结构的优缺点进行了对比。

表 5-2 各类均衡拓扑对比

均衡拓扑类别		均衡时间	系统复杂度	控制难度	均衡效率	系统体积	总成本
被动均衡拓扑	—	—	一般	低	低	低	小	低
电容式	开关电容/单电容	较长	低	一般	一般	一般	低
	双层电容式	较短	一般	一般	高	较大	一般
	模块化电容式	较短	高	高	高	较大	一般
变压器式	电感式	较短	一般	一般	高	大	一般
	多绕组变压器式	短	较高	高	较高	较大	高
DC/DC 式	Cuk 式	一般	较高	高	较高	一般	较高
	Buck-Boost 式	较短	较高	高	高	一般	较高
	反激式	较短	一般	较高	一般	大	一般

5.2.3 动力电池均衡策略

均衡策略是指基于选定的均衡变量，使用一定的算法控制均衡启闭操作，控制动力电池电量的一致性保持在允许范围内。均衡策略的研究内容包括均衡变量的选择及均衡控制算法的制定等。制定均衡策略时，需综合考虑信号采样精度、系统响应特性、系统鲁棒性、迟滞等多方面因素。均衡策略制定不当可能会引发系统误均衡、过均衡现象，不仅造成系统能量损失、动力电池寿命下降等问题，而且可能产生热安全问题，引发电池热失控现象，严重危害整车安全。合理选择均衡变量、制定与之匹配的均衡策略，是提高均衡管理系统性能的重要途径。

均衡变量用于判断动力电池组的一致性状态，是均衡控制策略制定的重要判据。合理选择均衡变量对降低系统算法复杂度、提高均衡效率尤为重要。均衡变量包括端电压、SOC 和容量等，表 5-3 为各均衡变量的对比。

表 5-3 各均衡变量的对比

均衡变量	端电压	SOC	容量
优势	采样精度高，采样速度快，控制策略简单	可以准确反映系统不一致性，良好表征系统状态	可以准确反映系统不一致性
劣势	电压波动大，均衡控制精度差，过均衡、误均衡现象明显	计算方法复杂，精度差，实时性差	计算方法复杂，难以直接测量

1. 基于电压的均衡策略

基于电压的均衡策略以动力电池端电压作为均衡是否开启的判断依据，该类策略由于端电压易于获取且精度较高而被广泛应用。但其存在如下缺点：

① 实际应用过程中端电压波动较大，容易造成误均衡和过均衡现象。

② 如图 5-14 所示，由于磷酸铁锂电池的 OCV-SOC 曲线较为平缓，导致基于电压的均衡策略难以适用。

③ 端电压受内部参数和外部环境因素的影响，无法准确反映动力电池的内部状态。

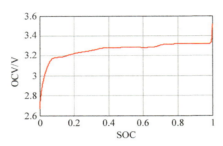

图 5-14　磷酸铁锂电池 OCV-SOC 曲线图

2. 基于 SOC 的均衡策略

基于 SOC 的均衡策略是目前动力电池一致性管理的重要研究方向之一，其可以忽略动力电池单体容量差异，使所有电池单体同时满充满放，充分利用系统容量。然而，将 SOC 作为均衡变量也存在一些不足：

① 系统内各电池单体全寿命周期、全气候条件下的在线 SOC 估计十分困难。

② 精确的电池单体 SOC 估计算法虽然可以提升均衡策略的执行效率，但所有电池单体同时在线估计对算力要求极高，使其难以在车载嵌入式系统中应用。

③ 基于 SOC 的实时均衡策略需要匹配主动均衡拓扑电路，通常成本较高且结构复杂。

3. 基于容量的均衡策略

基于容量的均衡策略以动力电池单体的剩余可用放电容量或剩余可用充电容量作为均衡变量。对于使用被动均衡的动力电池系统，基于容量的均衡策略可以有效避免过均衡现象，大幅缩短均衡时间，提高能量利用率。目前制约该类均衡策略的主要问题在于动力电池容量的在线估算困难，由于动力电池特性受多维因素影响且系统串联单体数较多，所有电池单体的在线容量更新对车载 BMS 的计算与存储能力提出了巨大挑战。

5.3 动力电池组建模与状态估计

动力电池成组性能与其不一致性高度耦合，动力电池组的不一致性表现是其精确建模和状态估计的前提。本节从动力电池单体的不一致性分析着手，针对动力电池成组前的不一致性，详细讲述动力电池单体的筛选方法。对成组后的不一致性进行量化分析，并在此基础上完成动力电池组模型构建与 SOC 估计。其中，使用筛选的表征单体开展整个动力电池组的粗略建模，使用差异模型量化各单体的不一致性，继而应用表征单体模型 + 差异模型开展动力电池组的 SOC 估计。需要说明的是

① 由于不一致性难以避免，仅使用大电池模型难以实施动力电池组状态精确估计。

② 筛选的表征动力电池单体模型相比大电池模型更能反映电池特征，此时差异模型便由表征单体与剩余单体电压不确定性偏差与其描述参数（SOC、充放电倍率、容量等）的映射关系量化获得。

5.3.1 电池组的不一致性分析

由于初始性能参数以及外部使用条件的差异，动力电池组的不一致难以避免，从而导致动力电池工作特性（电流、电压、温度）的差异。该特性差异又进一步加剧了动力电池性能变化的不一致性，两者相互耦合作用如图 5-15 所示。

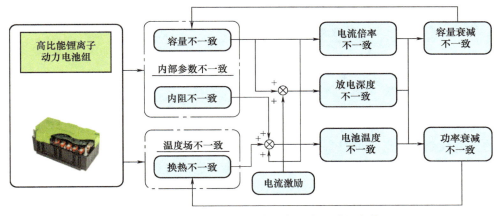

图 5-15 影响电池一致性的内外部因素及其耦合关系

动力电池老化机理和退化速率的分析结果表明，引起动力电池性能衰减的关键因素为工作温度、工作电压、放电深度以及电流倍率等。对于动力电池组内的各个动力电池单体，由于可用容量和内阻的不确定性差异，在相同的电流

激励下，各个单体实际的充放电电流倍率、温升和工作电压差异很大。若动力电池系统的温度场优化设计不合理，则更易加剧各单体温升的不一致程度。上述因素在动力电池实际运行过程中的相互耦合性，将进一步导致动力电池组内各单体性能衰减速率的不一致，表现为动力电池可用容量、内阻、功率等衰退速率不一致，最终形成不一致扩大的正反馈效应。

动力电池单体可用容量和内阻等一次不一致性对动力电池特性影响较大，而这些一次不一致性又加剧了应用中的二次不一致。因此，为提高动力电池系统在新能源汽车上的工作效率和可靠性，需针对动力电池的一次不一致性进行严格筛选后成组，之后还需要对动力电池的二次不一致性进行量化评估。

5.3.2 动力电池筛选方法

动力电池筛选是依据动力电池单体在某些参数或者特征曲线上反映出来的不一致性信息，基于差异分析方法，将极少数差异较大的动力电池单体剔除或者依据不同的参数进行分类的过程。根据筛选参数或特征曲线信息的不同，常用的筛选方法可以分为单参数分选法、多参数分选法、曲线特征分选法和电化学阻抗谱分选法，四种动力电池筛选方法的分析对比见表5-4。

表 5-4 四种动力电池筛选方法的分析对比

筛选方法	优势	局限性
单参数分选法	方法简易，数据量低，挑选效率高	信息单一，对使用环境局限性高
多参数分选法	参数信息全面，数据处理手段成熟	不能反映动态特性变化，需要进行多次测量获取筛选量
曲线特征分选法	反应信息全面	曲线识别数据量大，聚类繁杂，工作量大
电化学阻抗谱分选法	物理意义强	测试设备要求高，条件苛刻，批量检测可操作性差

多参数分选法是一种成熟的数据处理方法，针对大量动力电池单体呈现出的多参数变量信息，可对参数变量之间进行相关性计算，进而减少筛选时的数据。但多参数分选必须依据静态的参数信息，进而忽视了动态的变化过程。曲线特性分选方法采用标准的充放电测试曲线开展动力电池单体的筛选。充放电曲线蕴含大量的动力电池特性信息，因而可在电压特性曲线上等距离采样，提取曲线对应点位置的电压差异，依据设定阈值进行分类，最后完成筛选。为防止遗漏关键信息，该方法需高频采样。由于动力电池数量大，易产生海量统计数据，从而造成分选效率下降。

若将动力电池曲线特征与动力电池多参数信息相结合，则可将曲线识别转化为对多筛选变量的数据处理,然后应用多参数筛选中的数据处理方法可全面有效地对动力电池群进行差异分类,故可形成一种新的动力电池筛选方法——基于动态参数的动力电池筛选方法。

1. 基于动态参数的动力电池筛选方法

依据动力电池电压电流特性曲线,结合等效电路模型对电化学反应过程进行深入的分析,提取出关键信息,构建特征向量,再结合多参数分选中的数据处理方法,进一步简化数据提取过程,获得能够表征动力电池类别的特征,实施动力电池单体的筛选。基于上述思想,采用动力电池充放电曲线,提取出表征动力电池关键信息的特征量并进行相关性分析,得到互不相关的新特征量,以此对动力电池进行聚类,得到分类结果,最后对分类结果在不同工况、不同电流和不同 SOC 条件下进行评价。具体步骤如下。

(1) 关键特征信息提取

采用 CCCV 曲线,提取动力电池特征量。动力电池 6- 单体 1 在 25℃ 下进行的标准充放电电压电流曲线如图 5-16 所示,该图为一个完整的充放电循环,A 点表示上一个循环放电截止时刻,B 点表示该循环放电的截止时刻。

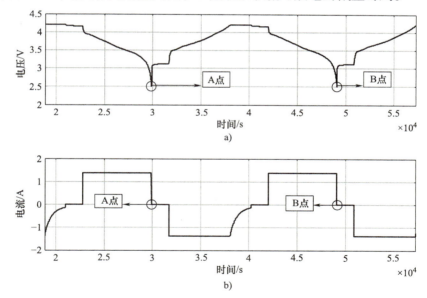

图 5-16 动力电池 6- 单体 1 充放电电压电流曲线(含一个循环)
a) 电压曲线 b) 电流曲线

基于图 5-16 中的电压电流曲线进行分析:在 A 点的上一个循环放电电流截止后,端电压出现回升,其中快速回升部分主要是由放电欧姆内阻导致的,随后电压缓慢回升部分主要反映的是动力电池的极化效应;而依据特定电压区间下的充电曲线，可以建立充电容量与老化状态之间的映射关系。

从等效电路模型参数角度对特性曲线的过程进行解析，可从曲线中提取出与动力电池欧姆内阻、极化特性、老化状态以及充放电容量等相关的特征量。根据动力电池的充放电曲线的分析结果，采用5个曲线特征量$F_1 \sim F_5$可以实现对动力电池相应特性的全面表征：

F_1：放电至截止电压后1s内电压曲线的上升量（对放电欧姆内阻的表征）。

F_2：放电至截止电压后1~100s内电压的上升量（对动力电池的动态极化的表征）。

F_3：恒流充电段开始时电压曲线在1s内的上升量（对充电欧姆内阻的表征）。

F_4：恒流充电阶段充入电量与恒压充电阶段充入电量的比值（对充电容量和动力电池老化程度的双重表征）。

F_5：统计整个恒流阶段的放电容量。

需要特别指出的是，在放电截止后，前一阶段放电欧姆内阻导致的电压降显著高于充电开始时瞬时电压降，由于电流相等、放电欧姆内阻大于充电欧姆内阻，在提取特征量时需对两者单独进行讨论。动力电池老化越严重，在CC段（图2-12）的末端就越容易到达截止电压，故在恒流段充入的电量就会减少。相应地，动力电池CC段充入电量与CV段充入电量的比例就会发生变化，因此该值可作为量化动力电池老化状态的特征值。

采用上述5个特征量可对动力电池的欧姆效应、极化特性、充放电容量、老化状态进行全面表征，同时这5个特征量可以直接从曲线上提取，简化了动力电池筛选的过程，提高了筛选效率。

（2）聚类分析

聚类是将一定数量的同一性质的事物依据一定的标准分为若干类别，常用于数据分选。在动力电池筛选时，为全面衡量5个特征量的一致性，需要对其进行量化分类。依据提取的各动力电池特征量，将其转化为几何空间的各个维度，每个电池都是几何空间的一个点，然后计算点与点之间的距离，其量度常采用二次方欧式距离，表达式为

$$d = \sum_m (x_i^m - x_{i+1}^m)^2 \quad (5\text{-}25)$$

式中，m为维数；d为第i和$i+1$块动力电池之间的空间距离。

由于上述5个特征量存在一定的耦合关系，可通过因子分析，提取新因子来表征原特征量。通过观察新因子对其的解释程度判定表征是否合理。若解释比例超过90%，则可利用新的因子作为聚类的维度。

将所有动力电池特征量输入统计产品与服务解决方案软件（Statistical Product and Service Solutions，SPSS）、可生成特征量之间的相关矩阵进行因子分析。需要说明的是，进行因子分析前必须通过矩阵特性的鉴定，即 Bartlett 球度统计量的相应概率值小于给定的显著值水平，最终得到因子矩阵和得分系数矩阵，用来描述特征量和新因子之间关系。

（3）成组测试

为评价筛选方法的有效性，需采用特定工况对所有动力电池群进行测试。若动力电池样本一致性高，则动力电池群的电压响应具有较高的一致性，即响应向量之间距离近，可通过计算动力电池群电压响应向量的平均距离 a 来衡量动力电池群一致性的高低，a 值计算公式为

$$a = \frac{\sum_{i=1}^{k-1}\sum_{m=i+1}^{k} \text{norm}(\gamma_i - \gamma_m)}{C_k^2} \quad (5\text{-}26)$$

式中，k 为组内动力电池的总数目；γ_i 为对应动力电池的电压向量。

需要注意的是，在统计时必须保证所有样本的电压响应向量维度相同，即电流激励点数量相同。另外，由于此距离是指两两动力电池间距离的均值，所以动力电池群的规模不会影响一致性大小的评价，若待筛选动力电池群的样本数量发生变化，仍可对筛选前后动力电池群的一致性进行比较。

2. 应用算例分析

（1）实验内容

实验对象为动力电池 6，实验温度为 10℃。为保持足够的样本规模，采用 16 只动力电池单体作为初始样本，编号为单体 9~24。为客观评价方法的有效性，采用不同工况、不同电流倍率等测试条件，如 DST 工况和 HPPC 工况。测试流程如下：

① 充放电测试，用于得到动力电池群的充放电曲线。

② DST 工况测试，用于提取在该工况激励下各动力电池电压响应，根据式（5-26）针对分类前和分类后的动力电池群，计算动力电池群间电压响应向量平均距离 a，进而评价筛选方法的有效性。

③ HPPC 测试，用于得到涵盖高中低（90%、50%、20%）的三个 SOC 点下各动力电池对于脉冲电流下电压的响应，其中针对 20% SOC 点下的电流脉冲，需计算两个电流倍率（0.5C 和 1.0C）。

（2）特征量提取

依照上述筛选方法，对 16 个动力电池的标准充放电电压特性曲线进行特征量提取，特征提取结果见表 5-5。

表 5-5 16 个动力电池标准充放电电压特性曲线提取特征量 $F_1 \sim F_5$

电池单体序号	F_1	F_2	F_3	F_4	F_5
单体 9	0.5968	0.0223	0.1937	5.9898	2.4407
单体 10	0.5968	0.0239	0.1928	5.7952	2.4437
单体 11	0.5980	0.0189	0.1913	5.6116	2.4390
单体 12	0.6200	0.0198	0.1931	5.8457	2.4483
单体 13	0.6020	0.0220	0.1875	5.9784	2.4557
单体 14	0.6092	0.0205	0.1910	6.1898	2.4510
单体 15	0.6300	0.0186	0.1950	5.9550	2.4653
单体 16	0.6048	0.0193	0.1925	5.8352	2.4303
单体 17	0.5075	0.0514	0.1894	5.3751	2.4420
单体 18	0.5131	0.0515	0.1897	5.4049	2.4213
单体 19	0.5180	0.0511	0.1906	5.5718	2.4393
单体 20	0.5118	0.0571	0.1844	5.7935	2.4403
单体 21	0.5140	0.0508	0.1866	5.8852	2.4177
单体 22	0.5137	0.0546	0.1922	5.3453	2.4540
单体 23	0.5137	0.0471	0.1854	6.0164	2.4220
单体 24	0.5038	0.0558	0.1857	5.6622	2.4253

可见，不同动力电池的特征量差异性较大，这体现出动力电池群样本间的不一致性程度。

（3）因子分析与聚类

提取曲线特征 $F_1 \sim F_5$，组成待筛选动力电池不一致性数据库，基于 SPSS 软件进行因子分析。首先利用特征量之间的相关矩阵进行 Bartlett 的检验；根据实验数据计算得到的显著水平值小于 0.001，故可进行因子分析，随后将特征量转化为数量更少的因子。

经过 SPSS 的因子分析后可计算出特征量解释的总方差，经主成分分析法得到的一系列新的因子 $T_1 \sim T_6$（表 5-6），新因子是对单体 9 的特征量 $F_1 \sim F_5$ 的解释。可见前三个因子 $T_1 \sim T_3$ 对原特征量 $F_1 \sim F_5$ 累计解释占比超过 90%，因此可确定其为筛选变量，然后计算所有动力电池群的新因子。

表 5-6 新因子对原特征量解释占比

新因子序号	解释占比（%）	累积解释占比（%）
T_1	42.045	42.045
T_2	39.734	81.779
T_3	8.583	90.362
T_4	5.448	95.810
T_5	4.039	99.849
T_6	0.151	100.000

新因子 $T_1 \sim T_3$ 与原特征量之间的因子矩阵见表 5-7，在因子矩阵中数值表示如何基于新的因子来表征原来的特征量，如 $F_1=0.98T_1-0.098T_2-0.092T_3$。数值大小可以反映出新因子对原特征量的表征程度。

表 5-7 因子矩阵

原特征量	T_1	T_2	T_3
F_1	0.980	−0.098	−0.092
F_2	−0.952	0.145	0.192
F_3	0.759	0.525	−0.298
F_4	0.544	−0.800	0.146
F_5	0.695	0.391	0.604

得分系数矩阵见表 5-8，采用该系数矩阵，可用原特征量计算新的因子。如筛选变量 T_1 的表达形式为 $T_1=0.299F_1-0.387F_2+0.663F_3-0.277F_4-0.380F_5$。同理，利用 16 个单体的特征量 $F_1 \sim F_5$ 可计算出对应的筛选变量 $T_1 \sim T_3$。由于 $T_1 \sim T_3$ 对原 5 个特征量的解释程度达到 90% 以上，可将 $T_1 \sim T_3$ 作为聚类维度，因此所有样本单体可映射为聚类空间的点。

表 5-8 因子得分系数矩阵

原特征量	T_1	T_2	T_3
F_1	0.299	0.201	−0.045
F_2	−0.387	−0.206	0.220
F_3	0.663	−0.376	−0.174
F_4	−0.277	0.748	0.018
F_5	−0.380	−0.030	1.174

根据 $T_1 \sim T_3$ 三个维度，采用 K 均值聚类方法对 16 个动力电池进行分类。K 均值聚类流程图如图 5-17 所示，随机选取 K 个样本作为初始的聚类中心，然后计算剩余样本与各个聚类中心之间的距离，把每个样本分配给距离其最近的聚类中心。一旦全部样本都完成分配，每类的聚类中心会根据类中现有的样本进行重新计算，以保证误差二次方和局部最小。该过程将不断迭代直到满足终止条件。终止条件是无（或最小数目）对象被重新分配给相应的类或者（或最小数目）聚类中心不再发生变化。

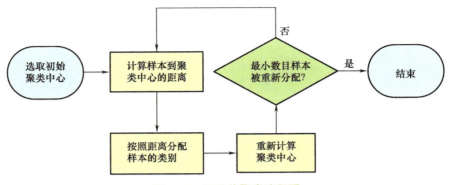

图 5-17　K 均值聚类流程图

（4）筛选结果评价

采用 DST 工况和不同 SOC 点的 HPPC 工况，对所有待筛选动力电池单体进行评价，进行 a 值的计算，并判别筛选的有效性。

表 5-9 表明，在较宽的 SOC 区间范围以及不同电流倍率下，筛选结果都取得了较好效果，尤其是在高 SOC 和较大电流倍率下，优势尤为显著。因此经该方法筛选后，动力电池群的一致性得到明显改善。

表 5-9　分选前后动力电池群 a 值计算结果比较

项目	DST 工况电流脉冲激励	HPPC 工况（90% SOC、0.5C 电流脉冲）	HPPC 工况（50% SOC、0.5C 电流脉冲）	HPPC 工况（20% SOC、0.5C 电流脉冲）	HPPC 工况（20% SOC、1.0C 电流脉冲）
分选前电池群 a 值 /V	0.0263	0.0243	0.0185	0.0118	0.0164
分选后电池群 a 值 /V	0.0231	0.0167	0.0118	0.0109	0.0139

5.3.3　动力电池组系统建模

由于动力电池组结构的特殊性，其建模的方式与单体稍有差异。根据动力电池组一致性的不同，动力电池组模型可分为平均模型和特征单体模型。前者基于一致性良好的动力电池组，可将其视为大容量的动力电池单体，即平均模型；后者因一致性较差，需要基于不一致量化指标对动力电池单体进行特征化筛选，从而获得能够表征动力电池组性能的单体，然后采用第 3 章的等效电路模型理论，构建特征单体模型。

1. 动力电池组平均模型

串联动力电池组的端电压值为各个串联动力电池单体端电压之和，假设动力电池组的结构为 $nS1P$，且每一个单体采用 Thevenin 模型进行动力电池单体建模；则动力电池组模型可以视为每一个 Thevenin 模型的叠加，如图 5-18 所示，该模型包含每个动力电池的开路电压 $U_{OC,i}$，欧姆内阻 $R_{i,i}$，以及映射极化效应的 RC 网络 $C_{D,i}$ 和 $R_{D,i}$，其中 $i=1,\cdots,n$。根据电路等效简化原理，该模型参数可以简化至动力电池组总开路电压 $U_{OC,n}$，总欧姆内阻 $R_{i,N}$，代表动力电池组极化的 RC 网络 $C_{D,n}$ 和 $R_{D,n}$，以及总端电压 $U_{t,n}$。

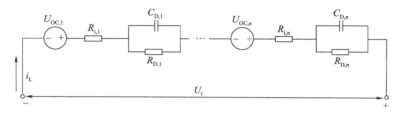

图 5-18 动力电池组集总参数模型

相应假设条件及简化过程如下：

$$U_{OC,N} = \sum_{i=1}^{n} U_{OC,i} = NU_{OC} \quad (5\text{-}27)$$

$$R_{i,N} = \sum_{i=1}^{n} R_{i,i} = NR_i \quad (5\text{-}28)$$

$$R_{D,N} = \sum_{i=1}^{n} R_{D,i} = NR_D \quad (5\text{-}29)$$

$$C_{D,N} = C_{D,i} = C_D \quad (5\text{-}30)$$

$$U_{t,N} = U_{OC,N} - U_{D,N} - U_{R,N} = \sum_{i=1}^{n} U_{t,i} = NU_t \quad (5\text{-}31)$$

基于上述简化分析，以 Thevenin 模型作为动力电池组平均模型，可以对动力电池组外特性进行表征，然后基于各电池单体端电压均值和电流可对平均模型的参数进行辨识，而动力电池组的端电压估计值即为平均模型输出的端电压与相应串联单体数的乘积；但参数的物理意义则不同于单体的 Thevenin 模型，如图 5-19 所示。

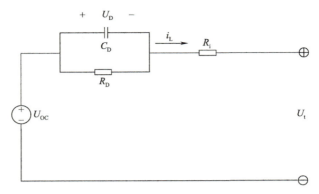

图 5-19 动力电池组平均模型

该模型的离散化参数辨识方法可以参考 3.2 节的内容。其中 i_L 是指流经动力电池组母线的总电流，端电压 U_t 是指全部单体电压的均值，开路电压是指动力电池组所有单体开路电压的均值。

2. 动力电池组特征单体模型

由于特征单体能够在一定程度上对动力电池组的特性进行表征，所以需要基于不一致性量化方法，从动力电池组中挑选特征单体，然后基于数学建模方法，对特征单体模型进行数学描述。由于 3.2 节对动力电池建模方法进行了详细的表述，因此本节不重点讨论建模方法，而侧重于特征单体筛选策略。

考虑到动力电池开路电压和内阻的差异是动力电池组不一致性量化的重要指标，故可以此作为特征单体筛选的主要依据，选取特定类别中的动力电池单体表征动力电池组的电压和 SOC。特征单体筛选原理如图 5-20 所示。

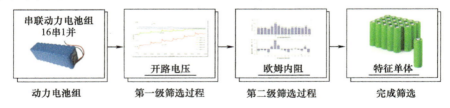

图 5-20 动力电池组中特征单体筛选原理

图 5-20 描述的筛选方法分为两级筛选过程，即开路电压筛选过程和欧姆内阻筛选过程。筛选中所涉及的筛选量并非实验测试值，而是基于 5.2.3 节介绍的差异模型获得的辨识值。通过筛选，最终可以得到不同类别的单体，即该特征单体的开路电压和欧姆内阻最为接近该类别单体开路电压的平均值和欧姆内阻的平均值。

动力电池组特征单体的筛选主要包含两级过程：一级筛选依据开路电压。

首先计算动力电池组的平均电压，应用 Thevenin 模型开展平均电压模型的辨识，建立平均模型。应用平均模型输出电压与单体之间的电压差异作为差异模型的基准值辨识各单体的 OCV 差异，基于此实施动力电池组中单体的分类，选取每类中的任一电池单体，完成一级筛选。二级筛选依据动力电池单体欧姆内阻。欧姆内阻差异反映在端电压的波动率上，因此利用内阻差异能够将动力电池单体再次分选。每类电池单体中随机抽取任一电池单体，并剔除与一级筛选重复的单体，即为动力电池组的全部特征单体。至此，即完成对动力电池组不一致性、老化以及动态特性的综合表征。需要说明的是，筛选算法并非在仅适合动力电池充电过程启动，而是能够依据实时运行工况完成筛选。

3. 动力电池组差异模型

动力电池差异模型以动力电池组中的一个电池单体为基准，主要考虑其他电池单体与基准电池单体之间的内阻差异和 OCV 差异，其模型结构如图 5-21 所示，图中 ΔE_i 为编号 i 的电池单体与基准动力电池的 OCV 差异，ΔR_i 为编号 i 的电池单体与基准动力电池的内阻差异，ΔU_i 为编号 i 的电池单体与基准动力电池的端电压差异，I 为电流。

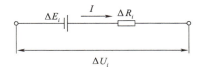

图 5-21　动力电池差异模型

模型的离散状态方程为

$$\Delta U_i(k\Delta t) = \Delta E_i - \Delta R_i I(k\Delta t) \tag{5-32}$$

将式（5-32）写成标准形式，表达式为

$$\bm{u}_i = \bm{A}_i \bm{x}_i \tag{5-33}$$

式中

$$\bm{u}_i = \begin{bmatrix} \Delta U(k\Delta t) \\ \vdots \\ \Delta U[(k+n-1)\Delta t] \end{bmatrix}, \bm{A}_i = \begin{bmatrix} 1 & -I(k\Delta t) \\ \vdots & \vdots \\ 1 & -I[(k+n-1)\Delta t] \end{bmatrix}, \bm{x}_i = \begin{bmatrix} \Delta E_i \\ \Delta R_i \end{bmatrix}$$

由于动力电池组单体不一致表现具有渐变特性，相应的差异模型具有缓时变特性，因此可以采用一段时间间隔的数据辨识出该间隔内 OCV 差异。时间间隔的长度称为窗口长度。实际上，在较小的窗口内，动力电池单体 SOC 的变化极小，老化状态也可以忽略，而动力电池单体的 OCV 主要受其老化状态和 SOC

两个因素的影响,故动力电池单体间的 OCV 变化极小,可忽略不计。因此可以将这段时间内辨识出的 OCV 差异作为窗口内任意时刻动力电池单体与基准电池单体间的 OCV 差异。

对于持续时间较长的工况,采用移动窗口实时辨识 OCV 差异。由于 OCV 差异的量级较小,容易受到扰动,产生较大的误差,可采用低通滤波器消除高频噪声成分。为克服系数矩阵 A_i 和输出矩阵 u_i 同时存在测量误差而导致的有偏估计问题,在每个窗口长度内采用总体最小二乘(Total Least Squares,TLS)方法,以实现参数的无偏估计。

5.3.4　基于特征电池单体的动力电池组状态估计

以串联动力电池组为例,其 SOC 计算方法和应用算例介绍如下。

1. 算法框架分析

由串联动力电池组 SOC 的计算公式可知,动力电池组的 SOC 计算依赖于所有电池单体的容量和 SOC,则当使用容量和 SOC 一致性好的两个动力电池单体作为特征电池单体而忽略差异大的单体时,难以精确计算动力电池组的 SOC。因为串联动力电池组 SOC 估计精度主要受组内不一致较大的动力电池单体的影响,因此本节将详细描述基于特征单体的串联动力电池组 SOC 估计方法。计算流程如图 5-22 所示。

① 数据采集:将循环工况加载到动力电池组,实时采集串联动力电池组各单体电流和电压,此处 $U_{t,k}$ 代表第 k 块动力电池 t 时刻的端电压。

② 特征电池单体筛选:差异辨识是将实时采集到的电流电压数据作为输入,以串联动力电池组的平均模型为基准,辨识 OCV 差异和欧姆内阻差异,采用低通滤波方法滤去台架实验的噪声成分,得到平滑的差异曲线簇,采用上一节特征单体筛选的方法完成特征单体的筛选。

③ 特征电池单体参数在线估计:采用数据驱动方法,实时更新特征电池单体模型的参数,该算法具体实施流程可以参考第 3 章相关参数辨识算法。

④ 特征电池单体 SOC 在线估计:基于 EKF 实现 SOC 的最优更新,该算法具体实施过程可参考第 4 章内容。

⑤ 动力电池组 SOC 计算:将所有特征动力电池的 SOC 估计结果输入串联动力电池组 SOC 的计算公式中,可得到串联动力电池组 SOC。

2. 应用算例分析

采用 UDDS 和 NEDC 两种工况评价 7S1P 动力电池组 SOC 估计方法。为体现算法的鲁棒性和精准性,组合 UDDS 放电工况和 NEDC 充电工况开展算法评价,其中算法 SOC 初始误差设置为 40%,UDDS 工况中 SOC 初值为 100%,NEDC 工况中 SOC 初值为 0。动力电池组 SOC 的参考值由动力电池组容量标定实验获得的容量和安时积分法综合计算得到。计算结果如图 5-23 所示。

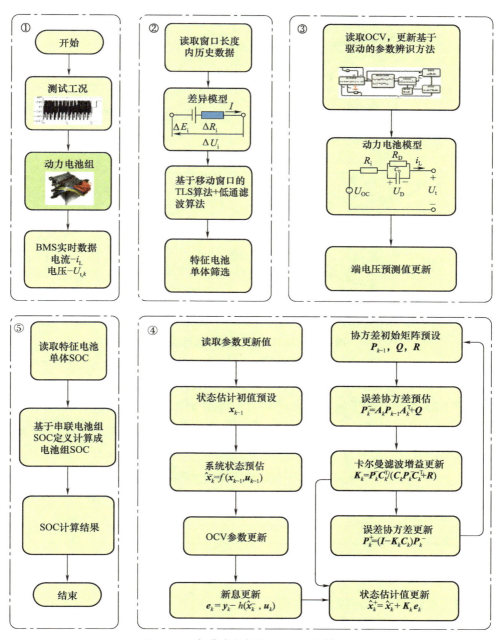

图 5-22 串联动力电池组 SOC 计算流程

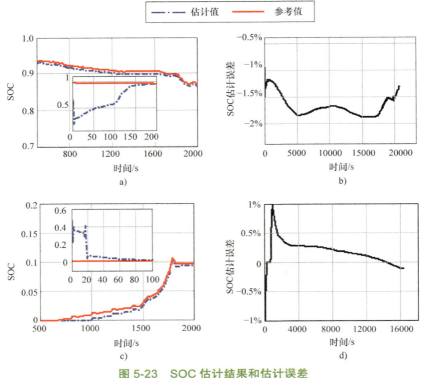

图 5-23 SOC 估计结果和估计误差

a）UDDS 工况 SOC 估计结果　b）UDDS 工况 SOC 估计误差
c）NEDC 工况 SOC 估计结果　d）NEDC 工况 SOC 估计误差

图 5-23 表明，基于复合工况的动力电池组 SOC 估计值收敛于参考值，动力电池组 SOC 的最大估计误差 <1%，详细统计结果见表 5-10。该算法满足应用计算精度要求，算法的收敛速度取决于收敛最慢的特征单体。

表 5-10　7S1P 动力电池组估计误差统计

	最大值（%）	平均值（%）	方均根值（%）
UDDS 工况	0.76	0.47	0.38
NEDC 工况	0.98	0.21	0.18

5.3.5　基于差异的动力电池组状态估计

动力电池组的差异模型是实现电池组不一致性实时计算的一种有效途径，依此可对动力电池组的不一致性进行实时量化，同时也可用于动力电池组的 SOC 估计。

串联动力电池组 SOC 的精确估计依赖于动力电池单体可用容量和 SOC，当已知动力电池组中可用容量和 SOC 差异较大的若干单体时，进行状态估计会显著提高计算效率。因此，动力电池单体可用容量和 SOC 差异分析可为动力电池组 SOC 高精度估计奠定基础。动力电池最大可用容量的差异与 SOC 差异直接关联，而 SOC 与 OCV 也存在单调映射关系。因此，在一定范围内，动力电池单体间 OCV 的不一致性可以近似对其容量间的不一致进行表征，即利用差异模型辨识得到单体 OCV 差异量化动力电池组容量的不一致性。

1. 应用算例分析

实验对象是由动力电池 1 组成的 7S1P 动力电池组，编号分别为电池单体 3~电池单体 9。为评价该方法的有效性，挑选具有不同老化程度的动力电池单体成组，各单体容量标定值见表 5-11。其中，电池单体 3、电池单体 4、电池单体 8、电池单体 9 为新动力电池；电池单体 5、电池单体 7 容量衰退 5% 左右；而电池单体 6 容量已经下降至 85% 左右。因此根据单体老化衰退的程度，可以将 7 个单体分为 3 组：电池单体 3、电池单体 4、电池单体 8、电池单体 9 为第一组，电池单体 5、电池单体 7 为第二组，电池单体 6 为第三组。

表 5-11　25℃下 7S1P 动力电池组成组前容量标定情况

序号	充电容量 /A·h	放电容量 /A·h
电池单体 3	28.14	28.08
电池单体 4	28.48	28.44
电池单体 5	27.12	27.11
电池单体 6	24.47	24.45
电池单体 7	27.25	27.23
电池单体 8	28.30	28.24
电池单体 9	28.24	28.19

采用 UDDS 工况，进行 7 个单体不一致量化验证。选取电池单体 3 为基准电池单体，基于 TLS 算法辨识出其他 6 块电池单体与基准单体的 OCV 差异。经低通滤波后，辨识结果如图 5-24 所示。由于单体之间的 OCV 差异具有缓时变特性，所以低通滤波不会改变 OCV 差异的辨识结果，还可滤去高频噪声，除去辨识结果曲线的尖峰和毛刺，有助于分析曲线的变化趋势。

从图 5-24 中可以明显看出，曲线分为三类：第一类由电池单体 4、电池单体 8、电池单体 9 的 OCV 差异曲线组成，这三条曲线在整个工况范围内都非常平缓，几乎没有波动且数值一直接近于零，说明电池单体 4、电池单体 8、电池单体 9 一致性程度很高且与电池单体 3 差异非常小；第二类由电池单体 5、电池单体 7 的 OCV 差异曲线组成，这两条曲线整体重合度很高，在前期与基准单体 OCV 有一定的差异，在后期 OCV 差异呈现出规则的波动，总体趋势与基准单体的 OCV 差异在变小，这是因为所有串联动力电池单体在相同的时间内放出的电量相同，但由于老化程度不一致，导致最大可用容量不同，使得不同的动力电池单体 SOC 变化不一致；第三类仅包含电池单体 6，该单体的 OCV 差异曲线在初始时差异较大，随工况波动较明显，表明电池单体 6 与基准电池单体不一致性较大，故可单独分为一类。

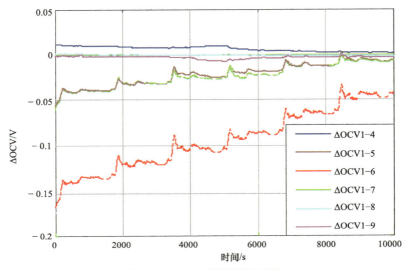

图 5-24　OCV 差异辨识结果

结果表明，在工况初始时间内的 OCV 差异辨识结果与容量的不一致程度一致。故可基于差异模型对串联动力电池组内部的容量不一致性进行量化，基于 OCV 差异近似获得最大可用容量的差异，最后将其应用于串联动力电池组的 SOC 估计中。

5.4　本章小结

　　本章主要讨论了动力电池组的状态估计和均衡管理问题。在动力电池成组方面，为提高动力电池组系统成组效率和可靠性，开展了动力电池系统成组分析，结果表明，先并后串比先串后并更具优势；建立了动力电池系统的不一致性成因和演化机理分析理论，采用动态参数筛选法实施了单体的快速成组筛选，结果表明，该方法能显著提高动力电池系统的一致性。在动力电池组均衡管理方面，分别从均衡拓扑以及均衡策略两方面介绍了常见的均衡管理方案。在动力电池组建模与状态估计方面，基于动力电池组不一致性分析，提出了基于特征单体的和基于平均模型＋差异模型的动力电池组建模方法。采用双估计器算法进行动力电池系统的状态估计，算例结果表明该算法 SOC 估计误差 <1%。

第 6 章

动力电池剩余寿命预测

锂离子动力电池的内部机理十分复杂,导致其性能衰退的原因众多,而且多种因素相互耦合,使得动力电池耐久性管理极具挑战性。动力电池的性能衰退问题贯穿于使用和维护的全过程,随着动力电池充放电循环次数的增加,动力电池内部往往会发生一些不可逆转的化学反应,导致内阻增大,最大可用容量、能量以及峰值功率能力衰减,从而大大地削减了电动汽车的续驶里程,甚至带来了一些安全隐患。可靠的 RUL 预测可以充分缓解用户对剩余续驶里程不明的焦虑以及对安全问题的担忧,保障动力电池组安全高效运行,还能在很大程度上确保电动汽车在运行过程中的安全性和可靠性,降低故障率和运行成本,提升用户体验,避免事故发生。因此,动力电池 RUL 预测是动力电池管理的核心内容之一。本章将首先介绍动力电池 RUL 预测的相关概念,再对当前主流的 RUL 预测方法进行总结与分类,最后从原理和实践层面详细介绍两种具有代表性的动力电池 RUL 预测方法,指导动力电池系统 RUL 的精确预测。

6.1 剩余寿命预测的概述

6.1.1 问题描述

动力电池的 RUL 是指在一定的充放电制度下,动力电池的最大可用容量衰减退化到某一规定的失效阈值所需要经历的循环周期数量。RUL 预测是一个基于动力电池历史数据运用一定的数学手段对其残值寿命进行预测计算的过程。随着动力电池在各领域上的广泛应用,动力电池 RUL 预测技术受到了广泛的关注和研究。

目前,数据驱动是动力电池 RUL 预测的主要手段,其核心在于对容量衰减轨迹和历史数据的挖掘、提炼和推广。应用数据驱动的手段进行动力电池的 RUL 预测,首先需要获取动力电池容量衰减数据,从中挖掘和提炼动力电池寿命衰减的内在规律,进而对容量数据进行推广和延伸,最终实现动力电池未来寿命轨迹的预测。一般来说，基于数据驱动的动力电池 RUL 预测方法具有过程简单、计算量少且无须考虑动力电池复杂机理等优势，能够有效减轻 BMS 的运行负担，适用于实车的运行环境。

6.1.2 方法分类

根据预测思路的不同，基于数据驱动的动力电池 RUL 预测方法可细分为三大类型：经验预测法、滤波预测法和时序预测法，见表 6-1。下面分别对每一类预测方法进行详细介绍。

表 6-1 动力电池 RUL 预测方法的分类

方法名称	方法思路	常用的模型或算法
经验预测法	基于数据拟合的思想	单指数模型，双指数模型，线性模型，多项式模型，Verhulst 模型
滤波预测法	基于状态估计的思想	卡尔曼滤波，扩展卡尔曼滤波，无迹卡尔曼滤波，粒子滤波，无迹粒子滤波，球形容积粒子滤波
时序预测法	基于时序预测的思想	灰色预测，自回归移动平均法，神经网络，支持向量机，相关向量机

1. 经验预测法

该方法假设动力电池的容量衰减轨迹遵循某种确定性的数学关系，通过构造以循环次数为输入、最大可用容量为输出的数学表达式来描述动力电池的老化规律。为了获取合理的数学模型，通常从数据拟合的思想出发，试探性地构造不同结构的数学表达式对动力电池的容量衰减轨迹进行多次拟合，选择拟合效果最佳的数学表达式作为容量衰减轨迹遵循的确定性数学关系（即动力电池的寿命经验模型）。常用作动力电池寿命经验模型的数学表达形式见表 6-2，其中 n 表示动力电池的循环次数，C_0 表示动力电池的出厂容量。当动力电池的寿命经验模型建成后，RUL 预测问题便转化为已知寿命经验表达式与某一容量值（失效阈值）而求解循环次数的问题。

表 6-2 常用作动力电池寿命经验模型的数学表达形式

名称	数学表达形式	模型参数
单指数模型	$C_{\max} = a_1 e^{a_2 n} + a_3$	a_1，a_2，a_3
双指数模型	$C_{\max} = b_1 e^{b_2 n} + b_3 e^{b_4 n}$	b_1，b_2，b_3，b_4
线性模型	$C_{\max} = c_1 n + c_2$	c_1，c_2
多项式模型	$C_{\max} = d_1 n^2 + d_2 n + d_3$	d_1，d_2，d_3
Verhulst 模型	$C_{\max} = \dfrac{e_1/e_2}{1+[e_1/(e_2 C_0)-1]e^{-e_1 n}}$	e_1，e_2

采用经验预测法的动力电池 RUL 预测流程如图 6-1 所示。

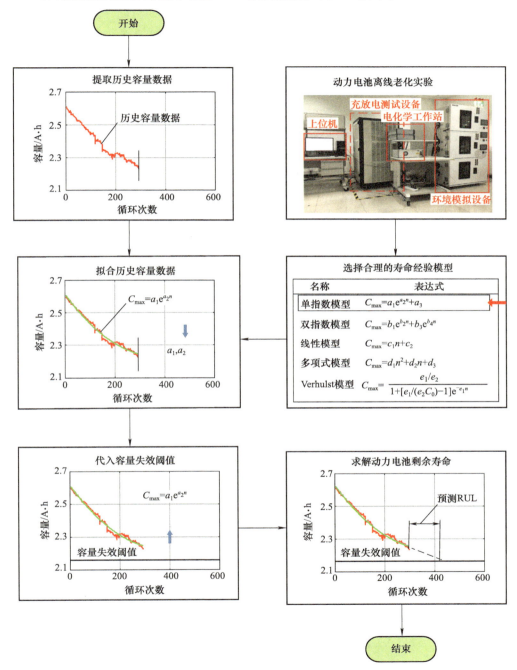

图 6-1 采用经验预测法的动力电池 RUL 预测流程

当 RUL 预测程序启动时，BMS 提取储存器中的动力电池历史容量数据。为了采用合理的寿命经验模型，通常需要在算法开发前期对同一型号的动力电池进行离线老化实验，根据实验结果将合适的寿命经验模型预先录入 BMS。值得注意的是，动力电池在不同的充放电制度或不同的老化阶段下可能适用不同的寿命经验模型，因此往往需要录入多个寿命经验模型。为了适应待预测动力电池的寿命衰减轨迹，BMS 会调用合适的寿命经验模型对历史容量数据进行拟合逼近，获得寿命经验模型的参数。这里的拟合逼近过程可以采用全部的历史容量数据也可以采用部分历史容量数据。在完成数据拟合后，BMS 将规定的容量失效阈值代入寿命经验模型，估算衰减退化到该失效阈值所需要经历的循环周期数量，完成动力电池 RUL 的全部流程。需要说明的是，寿命经验模型不仅可以求解动力电池的 RUL，还可对未来的寿命轨迹进行预测。一般来说，经验预测法的优点是过程简单、计算量少，但由于模型考虑的因素简单，精度和适应能力有限。

2. 滤波预测法

该方法从状态估计的思想出发，通过观测数据实时更新和校正寿命经验模型的参数，是目前较为常见的一种动力电池 RUL 预测方法。与经验预测法中的数据拟合相比，这种参数获取方式具有更好的数据适应性。因此，该方法可看作是经验预测法的改进方法，同样需要寿命经验模型。

采用滤波预测法的动力电池 RUL 预测流程如图 6-2 所示。

当 RUL 预测程序启动时，BMS 提取储存器中的动力电池历史容量数据。与经验预测法不同的是，该方法在调出合理的寿命经验模型后，并不是直接进行数据拟合，而是根据模型建立相应的状态空间方程，将数据拟合转化为状态估计问题。以表 6-2 中的双指数模型为例，相应的状态方程为

$$\boldsymbol{x}_n = \begin{bmatrix} b_{1,n} & b_{2,n} & b_{3,n} & b_{4,n} \end{bmatrix}^{\mathrm{T}}$$
$$\begin{cases} b_{1,n+1} = b_{1,n} + w_{b1,n}, & w_{b1,n} \sim N(0, \sigma_{b1}) \\ b_{2,n+1} = b_{2,n} + w_{b2,n}, & w_{b2,n} \sim N(0, \sigma_{b2}) \\ b_{3,n+1} = b_{3,n} + w_{b3,n}, & w_{b3,n} \sim N(0, \sigma_{b3}) \\ b_{4,n+1} = b_{4,n} + w_{b4,n}, & w_{b4,n} \sim N(0, \sigma_{b4}) \end{cases} \quad (6-1)$$

式中，$\boldsymbol{x}_n$ 为状态向量；$w_{b1} \sim w_{b4}$ 为均值为 0 的噪声；$\sigma_{b1} \sim \sigma_{b4}$ 为参数噪声的方差。

相应的观测方程为

$$C_{\max,n} = b_{1,n} \mathrm{e}^{b_{2,n} n} + b_{3,n} \mathrm{e}^{b_{4,n} n} + v_n, \quad v_n \sim N(0, \sigma_v) \quad (6-2)$$

式中，v_n 为均值为 0 的观测噪声；σ_v 为观测噪声的方差。

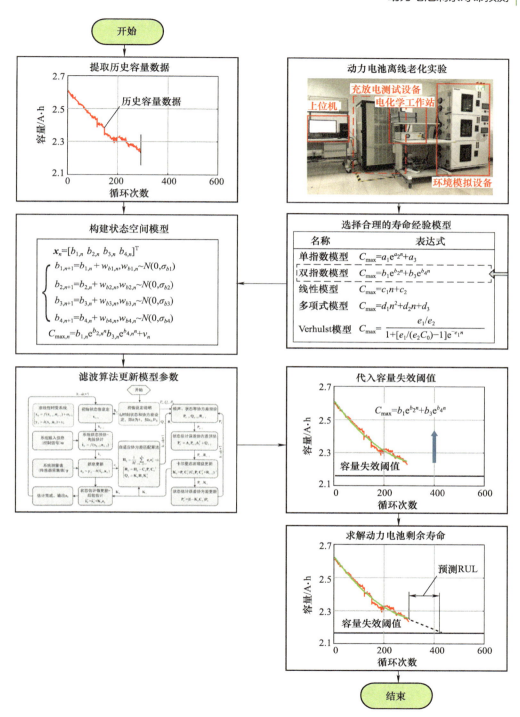

图 6-2 采用滤波预测法的动力电池 RUL 预测流程

在建立状态空间方程后，BMS 将以历史容量数据为观测数据，通过滤波算法对状态向量进行更新校正，获得寿命经验模型的参数。详细的滤波计算过程可参考本书的第 4 章内容。

在完成参数的更新和校正后，将规定的容量失效阈值代入寿命经验模型，估算衰减退化到该失效阈值所需要经历的循环周期数量，完成动力电池 RUL 的全部流程。一般来说，该方法改善了寿命经验模型的外推收敛性能，提高了 RUL 预测精度，但预测性能受限于考虑因素简单的寿命经验模型。常用于预测动力电池 RUL 的滤波方法有卡尔曼滤波、扩展卡尔曼滤波、无迹卡尔曼滤波、粒子滤波、无迹粒子滤波以及球形容积粒子滤波等。

3. 时序预测法

与上述两类方法不同，该方法无需依赖寿命经验模型，而是从时间序列预测的角度出发，将动力电池的 RUL 预测问题转化为时间序列预测问题，具体的数学表达式为

$$C_{\max,n+1} = f(C_{\max,n}, C_{\max,n-1}, \cdots, C_{\max,n-m}), \quad m < n \tag{6-3}$$

式中，函数 $f(\cdot)$ 为时间序列模型。

时间序列模型通常用来处理未来数值的预测问题，其核心是假设事物在时间轴上存在延续性，运用过去时间序列的发展规律定量推测未来的发展趋势。对于动力电池而言，在确定其使用场合以后，反复充放电引起的容量衰减轨迹可视为一个长期的、相对平稳的时间序列，因此可以应用时间序列的处理手段来解决 RUL 预测问题。

从式（6-3）可见，基于时间序列模型 $f(\cdot)$，可利用 $n-m$ 次到 n 次循环之间的历史容量观测序列预测第 $n+1$ 次循环后的动力电池容量。如此类推，反复使用式（6-3）可以依次预测任意次循环后的动力电池容量值。因此，时序预测法的关键是建立合理的时间序列模型。目前，常用作 RUL 预测的序列模型有灰色预测、自回归移动平均法、神经网络、支持向量机以及相关向量机等。

采用时序预测法的动力电池 RUL 预测流程如图 6-3 所示。

当 RUL 预测程序启动后，BMS 提取储存器中的动力电池历史容量数据。随后，启动时序模型的建立流程，包括两个步骤：第一，根据历史容量数据构建时序模型的训练样本，并初始化时序模型的基本架构及其具体参数；第二，基于训练样本训练时序模型。建立时序模型后，BMS 可以基于时序模型预测未来一次循环后的动力电池容量值，这类只执行了一步向前预测的过程称为单步前向预测。在完成单步前向预测后，BMS 需要对预测结果进行判断：若预测结果小于规定的容量失效阈值，终止预测，统计单步前向预测的次数并以此作为 RUL 值输出；否则，算法继续执行下一次单步前向预测。反复执行单步前向预

测的过程常被称为多步前向预测。

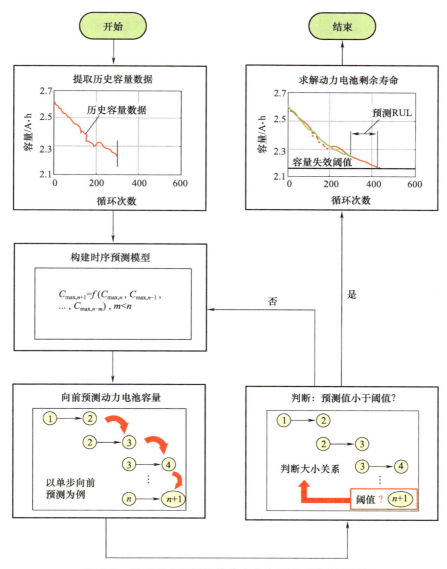

图 6-3 采用时序预测法的动力电池 RUL 预测流程图

由上述步骤可见，时序预测法并不需要耗时漫长的动力电池离线老化试验，也不需要使用寿命经验模型，只需根据 BMS 储存器中的历史容量数据便可完成动力电池的 RUL 预测。

6.1.3 概率分布

关于预测问题的计算难免存在不确定性。动力电池 RUL 预测过程的不确定性主要来源包括从数学模型到实际问题的逼近环节、数学模型参数的求解环节、数学模型输入样本的采集环节等。如果动力电池 RUL 的预测可以量化这些环节的不确定性影响，那么 BMS 的动力电池 RUL 计算将更具有工程应用价值。

动力电池 RUL 预测的概率分布用于量化既定预测方法的不确定性对 RUL 预测结果的影响规律，通常用 RUL 的概率密度函数来描述。一般来说，动力电池 RUL 的概率密度函数比 RUL 本身更具有工程价值。因为动力电池 RUL 的概率密度函数不仅可以计算 RUL 预测的置信度，还可以获知 RUL 预测的分布规律和置信区间，支撑电动汽车动力电池的检修、维护以及回收利用。

蒙特卡洛（Monte Carlo，MC）方法常用于结合不同的预测方法计算动力电池 RUL 的概率密度函数。该方法的核心思想是以概率为基础，通过重复随机试验的方式来计算复杂过程的数值结果。下面详细介绍应用 MC 方法计算动力电池 RUL 概率密度函数的基本步骤：

① 定位动力电池 RUL 预测中需要量化的不确定性环节。算法设计过程可以根据实际需求选择量化某一个环节的不确定性对 RUL 预测的影响，也可以选择量化多个环节的不确定性对 RUL 预测的影响，表 6-3 列出了经验预测法、滤波预测法和时序预测法中常见的不确定性量化环节。

表 6-3 不确定性产生环节

方法名称	主要不确定性的产生环节
经验预测法	基于寿命经验模型对历史容量数据的拟合环节
滤波预测法	状态空间方程的状态向量初始化环节
时序预测法	动力电池 RUL 预测起点的时序模型输入环节

② 确定所选不确定性来源的初始分布规律。以表 6-3 为例，对于经验预测法，寿命经验模型拟合环节的不确定性分布规律可由拟合参数的均值和方差确定；对于滤波预测法，状态向量初始化环节的不确定性分布规律可根据寿命经验模型拟合历史容量数据的参数均值和方差确定，与经验预测法类似；对于时序预测法，起点样本采集环节的不确定性分布规律可由预测起点附近的历史容量分布规律确定。

③ MC 模拟初始不确定性分布的传播。首先基于上一步骤的分布规律随机生成若干个模拟样本。上述三种方法所生成的样本类型分别为寿命经验模型参数样本、初始状态向量样本和时序模型的初始输入向量样本，然后分别基于每

一组样本进行模拟预测，最终获得若干个模拟 RUL 预测结果。

④ 计算 RUL 预测的概率密度函数。基于上一步骤的所有模拟 RUL 预测结果，RUL 预测的概率密度函数可根据下式计算：

$$\hat{f}_h(c_{\max}) = \sum_{i=1}^{N}\left[K_p\left(\frac{c_{\max}-c_{\max,i}^{-}}{h_p}\right) + K_p\left(\frac{c_{\max}-c_{\max,i}}{h_p}\right) + K_p\left(\frac{c_{\max}-c_{\max,i}^{+}}{h_p}\right)\right] \quad (6-4)$$

式中，$\hat{f}_h(c_{\max})$ 为 RUL 预测的概率密度函数；$K_p(\cdot)$ 为高斯核函数；h_p 为带宽；$c_{\max,i}^{-}$ 和 $c_{\max,i}^{+}$ 的计算公式为

$$\begin{cases} c_{\max,i}^{-} = 2L_c - c_{\max,i} \\ c_{\max,i}^{+} = 2U_c - c_{\max,i} \end{cases} \quad (6-5)$$

式中，U_c 和 L_c 分别为 MC 模拟结果的上下界；$c_{\max,i}$ 为第 i 个 RUL 模拟预测结果。

6.2 基于 Box-Cox 变换的剩余寿命预测

经验预测法具有良好的在线运算能力，但其有限的预测性能难以满足电动汽车的实际需求。滤波预测法可以改善该方法的精度和收敛性，但增加了计算的复杂程度。为了提高寿命经验模型的适应性，经验预测法和滤波预测法往往都需要对大量的动力电池离线老化实验数据进行分析，耗费大量的资源和时间。因此，本节将详细介绍一种能够有效缓解上述问题的改进的经验预测法——基于 Box-Cox 变换的动力电池 RUL 预测方法。该方法不仅可以改善 RUL 的预测精度和收敛性能，还可以免去大量的动力电池离线老化实验，提高了传统经验预测法的工程适用性。

6.2.1 Box-Cox 变换技术

由表 6-1 可见，除了线性模型以外，其他寿命经验模型都具有较强的非线性和复杂的表达形式。因此，传统的经验预测法在对动力电池历史容量数据进行拟合时缺乏对于数据波动的抗干扰能力，容易导致预测发散。线性模型参数少，拟合性能稳定，但难以逼近动力电池容量的非线性衰减轨迹。为此，Box-Cox 变换可提供一种有效的解决途径。

Box-Cox 变换是由 George Box 和 Sir David Cox 在 1964 年提出的一种参数

化广义幂变换方法。该方法建立在线性、正态以及同方差性的基本假设之上，常用于减少数据在统计建模中的非相加性、非正态性和异方差性等不规则现象。

自最初提出以来，Box-Cox 变换技术得到了广泛关注和应用，常用于多个领域的经验函数确定过程。Box-Cox 变换的核心思想是通过引入参数来创建一个数据单调变换的函数族，从而达到降低样本偏离正态特性的目的。对于动力电池的 RUL 预测，Box-Cox 变换可利用一个简单的变换系数将非线性的动力电池容量衰减轨迹线性化，有效降低 RUL 预测的难度，为线性模型的精准化应用提供了可能性。下面详细介绍基于 Box-Cox 变换的动力电池 RUL 预测过程。

6.2.2 应用流程

基于 Box-Cox 变换的动力电池 RUL 预测流程如图 6-4 所示。

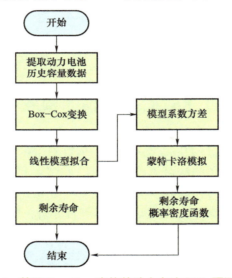

图 6-4 基于 Box-Cox 变换的动力电池 RUL 预测流程

该方法首先需要对动力电池的历史容量数据进行 Box-Cox 变换，将非线性的容量衰减轨迹线性化，从而获取 Box-Cox 变换系数以及 Box-Cox 变换后的历史容量观测值。Box-Cox 变换的数学表达式为

$$\tilde{C}_{\max} = \begin{cases} \dfrac{(C_{\max})^{\lambda_{bc}} - 1}{\lambda_{bc}}, & \lambda_{bc} \neq 0 \\ \log C_{\max}, & \lambda_{bc} = 0 \end{cases} \quad (6\text{-}6)$$

式中，$\tilde{C}_{max}$ 为数据变换后的历史容量观测值；λ_{bc} 为 Box-Cox 变换系数。

为了使上述变换得以进行，一般采用极大似然估计法对参数 λ_{bc} 进行求解，具体的求解过程等价于寻找能够最大化以下数学表达式的 λ_{bc} 作为最终的变换系数：

$$L^*(\lambda_{bc}) = -\frac{n_s}{2}\log\left[\hat{\sigma}^2(\lambda_{bc})\right] + (\lambda_{bc}-1)\sum_{i=1}^{n_s}\log(C_{max,i}) \qquad (6\text{-}7)$$

式中，$L^*(\lambda_{bc})$ 为对数自然函数；n_s 为历史容量观测值的样本规模；$\hat{\sigma}^2(\lambda_{bc})$ 的数学表达式为

$$\hat{\sigma}^2(\lambda_{bc}) = \frac{[\boldsymbol{C}-\boldsymbol{K}\hat{\boldsymbol{\beta}}]^T[\boldsymbol{C}-\boldsymbol{K}\hat{\boldsymbol{\beta}}]}{n_s} \qquad (6\text{-}8)$$

式中，$\boldsymbol{C}$ 为变换后的历史容量向量；$\boldsymbol{K}$ 为历史容量所对应的循环次数向量；而 $\hat{\boldsymbol{\beta}}$ 的数学表达式为

$$\hat{\boldsymbol{\beta}} = (\boldsymbol{K}^T\boldsymbol{K})^{-1}\boldsymbol{K}^T\boldsymbol{C} \qquad (6\text{-}9)$$

在完成 Box-Cox 变换后，动力电池的历史容量衰减轨迹的非线性程度将得到弱化，可以采用线性模型作为 RUL 预测的寿命经验模型。线性模型的拟合表达式为

$$\tilde{C}_{max} = c_1 + nc_2 \qquad (6\text{-}10)$$

式中，线性模型的系数可通过最小二乘法求解，具体的求解表达式为

$$\begin{cases} c_2 = \dfrac{\sum\limits_{i=1}^{n_s}(n_i-\bar{n})\left[\tilde{C}_{max,i}(\lambda_{bc})-\bar{\tilde{C}}(\lambda_{bc})\right]}{\sum\limits_{i=1}^{n_s}(n_i-\bar{n})} \\ c_1 = \bar{\tilde{C}}(\lambda_{bc}) - c_2\bar{n} \end{cases} \qquad (6\text{-}11)$$

式中，$\bar{\tilde{C}}$ 为变换后历史容量数据的平均值；$\bar{n}$ 为历史循环次数的平均值。

在完成线性模型系数的计算后，需要对规定的容量失效阈值进行 Box-Cox 变换，以便使用公式（6-10）求解衰退到容量失效阈值所需要经历的循环次数。

下面介绍利用 MC 方法量化该预测方法下 RUL 概率密度函数的详细过程。

以表 6-3 为例，选择量化寿命经验模型拟合过程的不确定性。首先，BMS 需要计算拟合参数不确定性的初始分布规律。通过以下数学方程可以求解线性

模型系数 c_1 和 c_2 在拟合过程中的方差：

$$\begin{cases} \text{Var}(c_1) = \dfrac{s^2}{n_s} + \dfrac{s^2 \bar{n}^2}{\sum\limits_{i=1}^{n_s}(n_i - \bar{n})^2} \\ \text{Var}(c_2) = \dfrac{s^2}{\sum\limits_{i=1}^{n_s}(n_i - \bar{n})^2} \end{cases} \quad (6\text{-}12)$$

式中，$\text{Var}(c_1)$ 和 $\text{Var}(c_2)$ 分别为 c_1 和 c_2 的方差；s^2 为误差项方差的估计值，其数学表达式为

$$s^2 = \frac{SSR}{n_s - 2} \quad (6\text{-}13)$$

式中，SSR 为残差的二次方和，其计算表达式为

$$SSR = \sum_{i=1}^{n_s}[C_{\max,i}(\lambda) - (c_1 + c_2 n_i)]^2 \quad (6\text{-}14)$$

基于 MC 方法的操作流程，以 c_1 和 c_2 为均值、$\text{Var}(c_1)$ 和 $\text{Var}(c_2)$ 为方差随机生成 N 个线性模型系数样本，随后根据式（6-10）分别基于每一组样本开展 RUL 的预测模拟，获得 N 个 RUL 预测结果。进一步，根据式（6-4）和式（6-5）可估计动力电池 RUL 的概率密度函数。需要指出的是，增大线性模型系数的样本规模有助于提高所求概率密度函数的可靠性，但同时也会显著增大计算量。

利用 MATLAB 的 boxcox 函数可以快速实现对动力电池容量数据的 Box-Cox 变换，建立以 history 为名称的变量储存动力电池容量观测数据，实现 Box-Cox 变换的核心代码如下：

% 计算 BoxCox 变换系数
[BC_history,lamda] = boxcox（history）;
% 基于 lamda 动力电池容量观测数据的 BoxCox 变换值
tranCapa = boxcox（lamda,history）;

6.2.3 算例分析

为了评价上述方法的性能表现，下面以动力电池 6-单体 25 和动力电池 6-单体 26 为例对该方法的预测效果进行详细分析。为了便于描述，下文将该方法简称为 Box-Cox 变换预测法。

第6章 动力电池剩余寿命预测

1. 与传统经验预测法的对比

Box-Cox 变换预测法和传统经验预测法的 RUL 预测结果如图 6-5 所示。其中，传统经验预测法的 RUL 结果基于表 6-2 中的双指数模型和多项式模型计算获得。

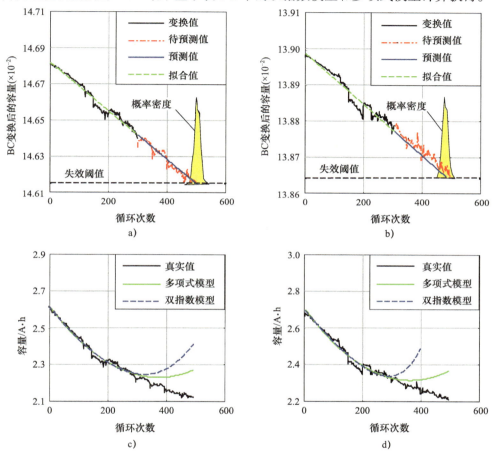

图 6-5 RUL 预测结果

a）Box-Cox 变换预测法的结果（电池单体 25） b）Box-Cox 变换预测法的结果（电池单体 26）
c）传统经验预测法的结果（电池单体 25） d）传统经验预测法的结果（电池单体 26）

图 6-5a 所示为电池单体 25 基于前 300 次循环数据的 RUL 预测结果。从图中可见，Box-Cox 变换能够有效地将非线性的容量衰减轨迹线性化。经计算，Box-Cox 变换后的容量与循环次数之间的皮尔森相关系数达到 -0.9888，呈现出强烈的线性关系。经过 MC 方法的模拟运算，Box-Cox 变换预测法得到该单体在到达寿命失效阈值点时将要经历 505 次循环，仅比测试结果高出 5 次，预测误差 ≤ 1%。此时，RUL 预测的 95% 置信区间为 [495，515]，区间的跨度仅覆盖 20 次循环，表明了 Box-Cox 变换预测法具有很高的可信度。

图 6-5b 所示为电池单体 26 基于前 310 次循环数据的 RUL 预测结果。经计算，皮尔森相关系数达到 -0.9769。与测试结果相比，Box-Cox 变换预测法的预测误差仅为 12 次循环，预测误差 ≤ 2.4%，而 RUL 的 95% 置信区间为 [474, 502]，区间的跨度仅有 28 次循环。由此可见，Box-Cox 变换预测法在两个不同的动力电池单体上均能表现出优异的 RUL 预测性能。需要说明的是，上述的 RUL 预测运算在 Intel Core i7-6700HQ 3.5GHz 处理器 MATLAB R2016b 运算环境下的仿真计算时间 ≤ 2.25s，说明 Box-Cox 变换预测法具备良好的在线运行能力。

图 6-5c 和图 6-5d 分别是以多项式模型和双指数模型作为寿命经验模型的传统经验预测法的 RUL 预测结果。从图中可见，随着循环次数增多，多项式模型和双指数模型的预测能力逐渐恶化，甚至出现容量轨迹反常上升的现象。这说明传统的经验预测法在数据波动的影响下产生了发散的预测结果，未能正常预测动力电池的容量衰减轨迹。

综上所述，Box-Cox 变换预测法能够有效降低动力电池 RUL 的预测难度，大大提高了线性模型的预测精度，改善了传统经验预测法的预测性能。

2. 在线预测的性能评价

Box-Cox 变换系数直接影响着容量衰退轨迹线性化的优劣程度。一般来说，负变换系数误差容易导致过于乐观的 RUL 预测，而正变换系数误差容易引起过于保守的 RUL 预测。因此，评价 Box-Cox 变换系数的准确程度具有十分重要的意义。

图 6-6 所示为 Box-Cox 变换预测法 RUL 在线预测结果，其中，动力电池从第 50 次循环开始，每隔 10 次循环运行一次 Box-Cox 变换法运算。

图 6-6a 和图 6-6b 所示为两个动力电池单体在不同循环下的 Box-Cox 变换系数预测结果。所示参考值均基于离线的全寿命实验数据获得，上边界的设置比参考值高 2，下边界的设置比参考值低 1。结果表明，Box-Cox 变换系数的估计值在动力电池的老化初期呈现波动的趋势，在第 180 次循环后开始快速收敛到参考值。单体 25 和 26 的变换系数估计值分别在 250 次和 310 次循环后进入上下边界的范围内。

图 6-6c 和图 6-6d 中的 RUL 预测结果呈现出与 Box-Cox 变换系数相同的变化趋势。单体 25 的 RUL 预测大约在 60 次循环以后收敛到真实值。值得注意的是，一旦动力电池 RUL 收敛到真实值，预测误差大多数被控制在 10 次循环以内。而电池单体 26 的 RUL 预测结果在距离测试值 20 次循环附近呈现稳定的走势。图 6-6e 和图 6-6f 表明，Box-Cox 变换预测法能够有效地将 RUL 预测的标准差控制在 7 次循环以内，而预测标准差将随着历史老化数据的增多而下降。

综上所述，Box-Cox 变换预测法具有稳定的在线预测性能，其预测结果具有良好的精确度。

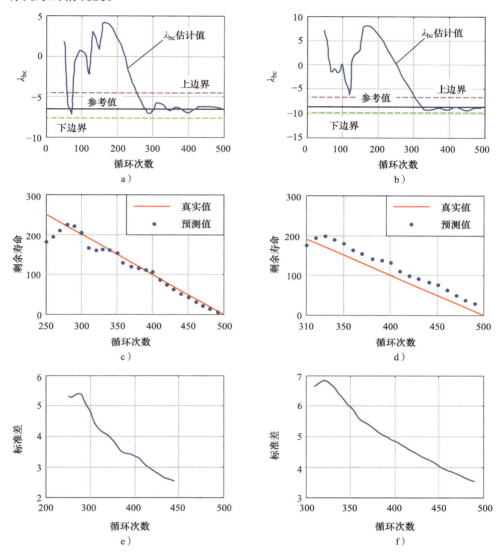

图 6-6 基于 Box-Cox 变换法的动力电池 RUL 在线预测结果
a) λ 估计值（电池单体 25） b) λ 估计值（电池单体 25） c) 预测结果（电池单体 25）
d) 预测结果（电池单体 25） e) 预测标准差（电池单体 25） f) 预测标准差（电池单体 26）

3. 与滤波预测法的对比

Box-Cox 变换预测法与滤波预测法可看作从不同预测思路出发的经验预测法改进方案，下面对两者进行对比评价。需要说明的是，滤波预测法采用常见的粒子滤波作为状态估计算法。为了方便讨论，将基于粒子滤波的动力电池

RUL 预测方法简称为粒子滤波法。图 6-7 所示为 Box-Cox 变换预测法与粒子滤波法分别对单体 25 的 RUL 预测结果。

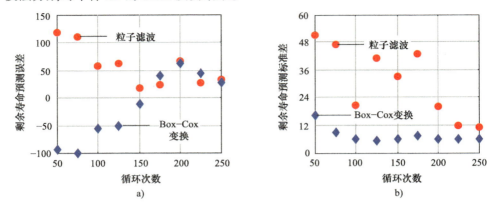

图 6-7　Box-Cox 变换预测法与粒子滤波法的 RUL 预测（电池单体 25）

a）预测误差　b）预测标准差

图 6-7a 表明，Box-Cox 变换预测法和粒子滤波法都需要经过约 130 次循环以后才能收敛到 RUL 的真实值附近。而在大多数情况下，Box-Cox 变换预测法的预测精度均略高于粒子滤波法。经计算，Box-Cox 变换预测法和粒子滤波法的平均预测误差分别为 53.7 次和 56.5 次（测试的 RUL 值为 500 次）。由此可见，Box-Cox 变换预测法的精度整体上高于粒子滤波法。

图 6-7b 所示为两种方法的 RUL 预测标准差。从图中可见，两种方法的预测标准差都随着老化数据量的增多而降低，但 Box-Cox 变换预测法的预测标准差明显低于粒子滤波法，并且从预测初期到末期均维持在较低的水平。经计算，Box-Cox 变换预测法和粒子滤波法的平均预测标准差分别为 7.2 次和 30.8 次。

综上所述，Box-Cox 变换预测法在准确度和精确度上都具有更优异的性能。

6.3　基于长短时记忆循环神经网络的剩余寿命预测

从时间序列的角度考虑，动力电池的老化通常经历较长时间，覆盖上千次循环，且循环之间的老化容量高度相关。尽管动力电池的容量衰减轨迹可以基于历史数据进行拟合重构，但是重构过程中的历史数据权重往往难以确定。此外，尽管当前的车载测量技术在不断进步，但是仍然难以避免在采集历史数据的过程中掺杂噪声，甚至混有异常数据。因此，快速有效地对动力电池历史容量数据进行关键信息提取是 RUL 预测问题中的关键。

针对上述问题，本节将详细阐述一种基于时序预测思想的动力电池 RUL 预测方法——基于长短时记忆循环神经网络（Long Short-term Memory Recurrent Neural Network，LSTM RNN）的预测方法。

6.3.1 长短时记忆循环神经网络

LSTM RNN 是由 Sepp Hochreiter 和 Jürgen Schmidhuber 在 1997 年提出的一种具有深度学习能力的循环神经网络，专门针对长期依赖性信息而设计。近年来，LSTM RNN 在语言建模、机器翻译、图像识别以及语言识别等多个领域均取得良好的应用效果。与传统意义上的简单循环神经网络（Simple Recurrent Neural Network，SimRNN）不同，LSTM RNN 引入了逻辑门结构来控制和保护信息，有效解决了 SimRNN 循环层对长期输入信息不敏感的缺陷问题。

图 6-8 所示为 LSTM RNN 的神经元结构。其中，$x^{(t)}$ 代表 t 时刻的神经元输入，$h^{(t-1)}$ 代表 $t-1$ 时刻的隐含层信息。LSTM RNN 的核心在于其内部状态量 s_c，它位于每一个神经元的核心并被线性函数激活。LSTM RNN 的内部状态是储存或遗忘历史信息的载体。下面详细介绍 LSTM RNN 神经元中的三种逻辑门结构遗忘门、输入门和输出门。

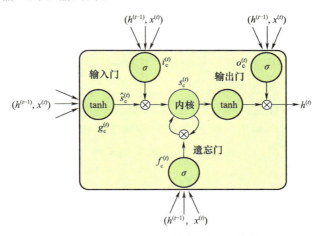

图 6-8 LSTM RNN 网络的神经元结构图

LSTM RNN 首要解决的问题是决定哪些信息需要被遗忘，而负责这一项功能的结构就是遗忘门。遗忘门主要基于 σ 函数变换来实现计算，通过输入 $x^{(t)}$ 与 $h^{(t-1)}$ 返回一个 0 与 1 之间的数值，其中，数值 0 代表完全遗忘，数值 1 代表完全记忆。该数值将直接决定着内部状态值 s_c，具体的数学表达式为

$$f_c^{(t)} = \sigma\left[W^{fx}x^{(t)} + W^{fh}h^{(t-1)} + b_f\right] \tag{6-15}$$

式中，f_c 为遗忘门的输出；W^{fx} 和 W^{fh} 分别为输入 $x^{(t)}$ 与 $h^{(t-1)}$ 的遗忘门权值；b_f

为遗忘门阈值。需要说明的是，对于动力电池的 RUL 预测问题，遗忘门有助于丢弃容量数据的噪声、异常值以及相邻循环数据当中的冗余信息，从而提高动力电池容量衰减序列的预测精度。

在决定了遗忘的信息以后，LSTM RNN 需要决定哪些信息需要被保存在内部状态当中，该功能由输入门结构负责。输入门的功能实现由两部分组成：一个是由 σ 函数变换来决定哪些输入被更新；另一个是由 tanh 函数变换来生成备选更新信息。具体的数学表达式为

$$i_c^{(t)} = \sigma\left[W^{iX}x^{(t)} + W^{ih}h^{(t-1)} + b_i\right] \quad (6\text{-}16)$$

$$g^{(t)} = \tanh\left[W^{gX}x^{(t)} + W^{gh}h^{(t-1)} + b_g\right] \quad (6\text{-}17)$$

式中，$i_c^{(t)}$ 和 $g^{(t)}$ 分别对应 σ 函数变换和 tanh 函数变换下的输入门信息；W^{iX} 和 W^{gX} 分别对应上述两部分变换中关于 $x^{(t)}$ 的输入门权值；W^{ih} 和 W^{gh} 分别对应上述两部分变换中关于 $h^{(t-1)}$ 的输入门权值；b_i 和 b_g 分别对应 σ 函数变换和 tanh 函数变换下的输入门阈值。

将上述两部分信息进行逐点相乘，最终可以实现 LSTM RNN 的内部状态值更新，具体的数学表达式为

$$s_c^{(t)} = i_c^{(t)} \circ g^{(t)} + f_c^{(t)} \circ s_c^{(t-1)} \quad (6\text{-}18)$$

式中，符号 ∘ 代表按元素逐乘计算。

完成信息的选择性记忆与更新后，LSTM RNN 需要考虑如何决定当前输出信息的问题，该功能由输出门结构负责。在这个过程当中，内部状态值 s_c 通过 tanh 函数变换后与输出门信息 $o_c^{(t)}$ 进行元素相乘操作，最终决定输出信息。具体数学表达式为

$$o_c^{(t)} = \sigma\left[W^{oX}x^{(t)} + W^{oh}h^{(t-1)} + b_o\right] \quad (6\text{-}19)$$

$$h^{(t)} = \tanh\left[s^{(t)}\right] \circ o_c^{(t)} \quad (6\text{-}20)$$

式中，W^{oX} 和 W^{oh} 分别为输入 $x^{(t)}$ 与 $h^{(t-1)}$ 的输出门权值；b_o 为输出门阈值。

基于上述三类独特的逻辑门结构，LSTM RNN 能够有效地学习长时间的动力电池容量衰减数据，捕捉历史容量序列的隐含信息，从而实现未来容量序列的准确预测。

6.3.2 应用流程

下面详细介绍该方法的 RUL 预测实施过程。基于 LSTM RNN 的动力电池

RUL 预测流程如图 6-9 所示。

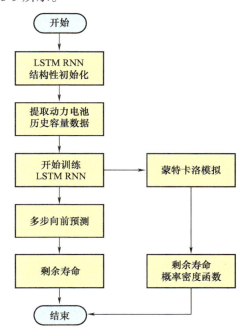

图 6-9 基于 LSTM RNN 的动力电池 RUL 预测流程

当 RUL 预测程序启动时，BMS 需要对 LSTM RNN 进行结构性初始化，具体包括对深度网络的输入、输出、神经元数目、隐含层数目以及激活函数类型等参数的设置。随后，BMS 开始提取动力电池的历史容量数据，并根据式（6-3）构建 LSTM RNN 的训练样本。例如，为了采用第 n 次循环的容量预测第 $n+1$ 次循环的容量，则每一个训练样本都应以第 $i-1$ 次循环对应的容量值作为输入，第 i 次循环对应的容量值作为输出。其中 i 为过去的循环次数，取 $1、2……n$。

在完成训练样本构建后，需要进行 LSTM RNN 的网络训练，以获取式（6-3）中的时序模型 $f(·)$。传统的基于批量梯度下降或者随机梯度下降的训练方法通常难以适应深度学习环境，极易引起网络权系数的收敛速度低下，进而影响动力电池 RUL 预测的实时运算效率。此外，网络训练的过拟合问题往往在 LSTM RNN 的应用场合表现得尤为严重。因此，这里介绍一种能够有效避免上述问题的神经网络参数优化方法。一般来说，基于均方根反向传播（Root Mean Square prop，RMSprop）方法的神经网络参数优化方法能够有效保证网络权系数的收敛速度，其更新神经网络参数 θ 的计算过程为

$$g_t = \nabla_\theta J\left[\theta_t, x^{(i:i+N)}, y^{(i:i+N)}\right] \qquad (6-21)$$

$$E[g^2]_t = \gamma_{lstm} E[g^2]_{t-1} + (1-\gamma_{lstm}) g_t^2 \quad (6\text{-}22)$$

$$\theta_{t+1} = \theta_t - \frac{\eta_{lstm}}{\sqrt{E[g^2]_t + \varepsilon_{lstm}}} g_t \quad (6\text{-}23)$$

式中，x 和 y 分别为网络的输入和输出；$[x^{(i:i+N)}, y^{(i:i+N)}]$ 代表每一个小批样中的 N 个样本；$J[\theta, x^{(i:i+N)}, y^{(i:i+N)}]$ 代表每一个小批样的目标函数；g_t 为目标函数在 t 时刻对参数的导数；γ_{lstm} 为决定平方梯度平均值的系数；η_{lstm} 为训练算法的学习效率；ε_{lstm} 为避免除数为零的平滑项。

在预防神经网络过拟合方面，L1 和 L2 正则化方法是目前最常用的两种方法。两者的核心都是通过在批样的目标函数中增加额外项的方式来规范权重学习，但是 L1 正则化方法在增加额外项之余还增加了所有权值的求和过程，而 L2 正则化则增加了所有权值的平方和求解过程。为此，Srivastava 提出了一种更有效的解决途径——Dropout 技术。该技术可在深度神经网络训练的过程中随机地丢弃一些神经元（连同它们的连接），而每个神经元均具有独立于其他神经元的被丢弃概率，如图 6-10 所示。其中，虚线所示的神经元及其对应的输入输出连接将在训练过程中被暂时从网络中移除。Dropout 技术的应用相当于从原始深度网络中随机抽取一个"稀疏"网络来参加训练学习，而该"稀疏"网络由存活下来的神经元共同构成。简单来说，Dropout 技术中的神经网络可被视为一个大规模且具有大量权值共享的"稀疏"网络，而其中的某一个"稀疏"网络被选中的概率是很小的。因此，Dropout 技术可以有效降低神经网络中神经元对某个特定权值的敏感程度，从而达到防止训练过拟合的效果。

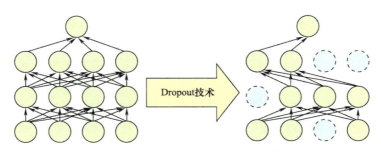

图 6-10　Dropout 技术的作用简图

在完成 LSTM RNN 的网络训练后，BMS 需要将历史容量数据输入网络进行多步向前的递推预测，直到所预测的容量值低于失效阈值时终止预测。随后，统计递推预测期间所经历的递推步数并以此作为动力电池的 RUL。例如，将 n 次循环所对应的容量值 $C_{\max,n}$ 输入 LSTM RNN 网络，预测得到 $n+1$ 次循环所对应的容量值 $C_{\max,n+1}$，再以 $n+1$ 次循环的预测容量 $C_{\max,n+1}$ 输入 LSTM RNN 网络，进而获得 $n+2$ 次循环的容量预测值 $C_{\max,n+2}$，如此循环迭代。直到预测结果 $C_{\max,n+x}$ 低于规定的容量失效阈值时，终止迭代，并以 x 值作为 RUL 值输出。

该方法的预测概率密度函数计算与时序预测法的求解过程完全一致。根据预测起点所邻近的历史容量数据的统计特征随机生成 N 个容量序列样本，随后基于 MC 方法的思想分别将每一组样本输入 LSTM RNN 当中并展开前向多步预测模拟，进而获得 N 个 RUL 的模拟预测值。最后，根据式（6-4）和式（6-5）可计算 RUL 预测的概率密度函数。

利用 MATLAB 的 Deep Learning Toolbox 可以快速实现 LSTM RNN 网络初始化和训练，建立以 XTrain 和 YTrain 为名称的变量储存标准化后的输入输出数据，实现 LSTM RNN 网络初始化和训练的核心代码如下：

```
% 建立 LSTM RNN 网络及其初始化
layers=[sequenceInputLayer（1）
lstmLayer（50，'OutputMode'，'sequence'）
dropoutLayer（0.2）
lstmLayer（100，'OutputMode'，'sequence'）
dropoutLayer（0.2）
fullyConnectedLayer（1）
regressionLayer］；
% 设置网络训练参数
options = trainingOptions（'adam'，...
   'MaxEpochs'，250，...
   'InitialLearnRate'，0.005，...
   'LearnRateDropFactor'，0.2，...
   'Plots'，'training-progress'）；
net=trainNetwork（XTrain,YTrain,layers,options）;% 启动网络训练
```

6.3.3 算例分析

为了评价上述方法的性能表现，下面以动力电池 6- 单体 27 和 28 为例对该方法的预测效果进行详细分析。为了便于描述，下文将该方法简称为 LSTM RNN 预测法。特别说明的是，本算例中的 LSTM RNN 采用双 LSTM 层结构，分别由 50 个和 100 个神经元组成，Dropout 技术的丢弃概率为 20%。

1. 不同老化阶段的预测性能评价

图 6-11 所示为 LSTM RNN 对电池单体 27 和电池单体 28 的 RUL 预测结果。图 6-11a 所示为电池单体 27 基于前 253 次循环的 RUL 预测结果。由图可见，在仅有 253 个历史容量数据作为训练样本的情况下，LSTM RNN 预测法的容量衰减轨迹能够基本接近测试结果。图 6-11b 所示为电池单体 27 基于前 354 次循环的 RUL 预测结果。与图 6-11a 相比，图 6-11b 的预测起点位于动力电池老化的中后阶段。此时，LSTM RNN 预测法具有更多可供训练的历史数据。从图中的预测结果可见，LSTM RNN 预测法能够预测到未来容量衰减的大致趋势。值得注意的是，此时概率密度函数的形状明显高于图 6-11a，并且具有更窄的分布范围。这说明历史容量数据的增多提高了 LSTM RNN 预测方法的可靠性。图 6-11c 和图 6-11d 所示分别为电池单体 28 以 285 次和 399 次循环作为预测起点的 RUL 预测结果。从图中可见，RUL 预测结果与图 6-11a 和图 6-11b 相似，其预测的容量衰减轨迹均能够与测试结果吻合，并且随着历史数据的增多，概率密度函数的分布范围均趋向于集中。因此，LSTM RNN 预测法对不同老化时期的 RUL 预测均具有良好的适应性能。

2. 与简单循环神经网络的对比

表 6-4 和表 6-5 描述了与图 6-11 相对应的数值预测结果。其中，SimRNN 网络是一种常用的时间序列预测方法，其被引入作为 LSTM RNN 算法改进的评价基准。表 6-4 表明，LSTM RNN 预测法在预测起点为 253 的初期老化阶段下的 RUL 预测误差仅为 3 次，误差仅为 0.6%，95% 置信区间的跨度为 94 次循环。相比之下，SimRNN 网络算法在相同情况下的预测误差达到了 135 次循环，误差达到 24.7%。值得注意的是，尽管 SimRNN 方法的概率密度函数分布较为集中（跨度为 30 次循环），但是由于预测精度较低，其概率密度函数已经远偏离于 RUL 的测试结果。在预测起点为 354 次循环的情况下，LSTM RNN 预测法和 SimRNN 方法的预测误差分别为 15 次和 78 次循环，预测误差分别为 3% 和 14.3%。与预测起点为 253 的结果相比，尽管 SimRNN 方法的预测误差下降了 11.3%，但仍然远大于 LSTM RNN 预测法的预测结果。此外，随着预测起点从 253 次到 354 次的切换，可供训练的历史容量数据增多，LSTM RNN 预测法的概率密度函数分布跨度从 94 次下降到 38 次循环，但 SimRNN 方法的分布跨度反而从 30 次增加到 75 次循环。形成这一现象的主要原因是 SimRNN 在没有引入任何逻辑门的情况下难以长时间存储容量衰减的重要信息，最终导致预测的可靠性下降。由此可见，LSTM 的长短时记忆结构能够有效学习长期依赖性的容量衰减数据，改善循环神经网络的长时间预测性能，提高了时序预测的稳定性和准确性。在表 6-5 中，两种方法的 RUL 预测效果与表 6-4 基本一致。

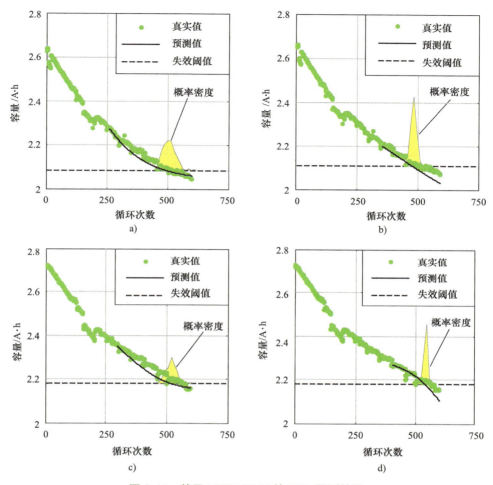

图 6-11 基于 LSTM RNN 的 RUL 预测结果
a) 253 次循环处的预测（电池单体 27） b) 354 次循环处的预测（电池单体 27）
c) 285 次循环处的预测（电池单体 28） d) 399 次循环处的预测（电池单体 28）

表 6-4 动力电池 6-单体 27 的 RUL 预测结果（测试 RUL 为 506）

方法	起始循环数	误差	相对误差	95% 置信区间	训练时间 /s
LSTM RNN	253	−3	0.6%	[470，564]	20.74
	354	15	3.0%	[473，511]	23.04
SimRNN	253	135	26.7%	[358，388]	44.15
	354	78	15.4%	[395，470]	55.25

表 6-5　动力电池 6- 单体 28 的 RUL 预测结果（测试 RUL 为 571）

方法	起始循环数	误差	相对误差	95% 置信区间	训练时间 /s
LSTM RNN	285	48	8.4%	[487，585]	20.49
	399	26	4.6%	[532，561]	28.50
SimRNN	285	195	34.2%	[368，392]	41.73
	399	95	16.6%	[442，514]	56.86

本算例的仿真环境为 Python 3.5。对于深度网络的运算，CPU 与 GPU 的结合往往可以提供最佳的系统性能。因此，本算例采用 Intel Core i7-6700 HQ（最高 3.50GHz）处理器和 NVIDIA Quadro M1000M（4Gb）的显卡共同执行仿真计算。表 6-4 和表 6-5 表明，LSTM RNN 预测方法的训练时间约为 SimRNN 的 50%，满足电动汽车应用要求。

6.4　本章小结

　　动力电池的 RUL 预测是 BMS 中的一项重要内容。本章首先介绍了动力电池 RUL 预测的基本概念，概述了当前主流的动力电池 RUL 预测方法，并按照预测思路的差异将其分为经验预测法、滤波预测法和时序预测法；随后介绍了动力电池 RUL 概率分布的基本概念，并针对上述三类预测方法阐述了运用蒙特卡洛方法计算概率密度函数的求解过程。

　　针对传统经验预测法精度低与收敛性差的问题，本章详细阐述了一种基于 Box-Cox 变换的动力电池 RUL 预测方法。实验结果表明，该方法具有良好的在线性能和收敛特性。对于老化中后阶段的预测起点，该方法的 RUL 预测误差 < 2.4%。

　　从时间序列的角度考虑，本章详细阐述了一种能有效学习长时间容量信息的动力电池 RUL 预测方法——基于 LSTM RNN 的 RUL 预测法。实验结果表明，该方法对不同老化时期的 RUL 预测均有良好的适应性能，有效改善了循环神经网络的长时间预测性能，提高了 RUL 时序预测的稳定性和准确性。

第 7 章

动力电池故障诊断

动力电池系统是一种高能量密度的储能装置,其故障诱因除了生产制造过程中存在的缺陷外,还包括车载复杂多变的应用环境。为确保电动汽车的安全可靠运行,针对动力电池系统高精度高可靠性的故障诊断必不可少。与传统动态系统相似,动力电池系统也可分为执行器、动力电池及部件、传感器三部分。对于动力电池系统各部分可能发生的故障,BMS 应进行精确快速的诊断。常见的故障诊断方法包括基于模型的方法、基于信号分析的方法、基于数据驱动的方法和基于统计分析的方法。本章系统阐述了动力电池系统中可能出现的多种故障及其危害,并对以上四类诊断方法进行了详细介绍。

7.1 动力电池系统故障类型

动力电池系统可能出现的故障类型有执行器故障(BMS 硬件故障、接触器故障等)、动力电池及部件故障(内部短路故障、外部短路故障、过充电故障、过放电故障、连接故障、不一致故障、绝缘故障、热管理系统故障)和传感器故障,如图 7-1 所示。图中,$f_A(t)$、$f_C(t)$、$f_S(t)$ 分别表示执行器故障、动力电池及部件故障、传感器故障,$w(t)$、$v(t)$ 表示噪声。

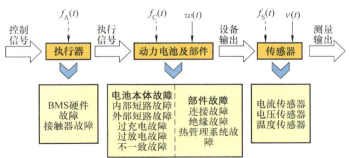

图 7-1 动力电池系统分解及可能出现的故障

动力电池系统中可能发生的多种故障并不独立,一种故障的发生可能引发另外一种或多种故障,如电压传感器故障可能导致电池过充/放电,而过充电可能导致负极析锂引发电池内部短路等故障,这也为动力电池系统精确的故障诊断带来挑战。下面对动力电池系统可能发生的多种故障进行详细介绍。

7.1.1 动力电池及部件故障

1. 内部短路故障

内部短路是指电池两种电极材料以电子方式在内部互连,导致局部高电流密度。内部短路故障发生时,电池在短时间内释放大量的能量造成电池温度的快速升高,可能导致 SEI 膜分解、阳极与电解质之间的反应、隔膜熔化等链式反应的发生,引发电池的热失控,进而导致电动汽车起火燃烧等严重安全事故。内部短路的触发方式通常分为内部触发和外部触发两种。内部触发方式中,一方面可能由于电池生产制造过程中材料不纯、切片所产生的毛刺,造成电池长时间工作过程中内部出现局部短路;另一方面可能受电池电滥用影响,电极处的析锂所形成的锂枝晶也成为刺破隔膜造成电池内部短路的隐患。外部触发方式中,在车辆碰撞等极端工况下造成电池的挤压变形和穿刺,直接引发电池内部短路。如图 7-2 所示,A 处为电池内部形成的锂枝晶刺穿隔膜造成的电池内部短路。为模拟内部短路,常用的替代实验方法有由相变材料和记忆合金触发、诱导锂枝晶生长、等效电阻及针刺等。研究表明,在触发内部短路后电池电压缓慢下降至零,电池温度上升。随着短路初始 SOC 的升高,电池端电压下降速度加快,温度上升越剧烈,更易发生热失控。当有单体发生内部短路时,极易引发动力电池系统的热失控,继而造成电动汽车起火、爆炸等严重安全事故。

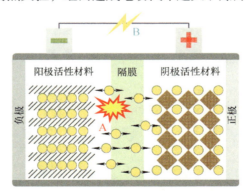

图 7-2 锂离子电池内部短路与外部短路故障示意图

2. 外部短路故障

电池箱的碰撞变形、浸水或连接线束破损均可能导致电池正负极外部导通,引发外部短路故障。图 7-2 中，B 处展示了因电池正负极外部短接而造成的电池外部短路故障。当外部短路故障发生时，电池所储存的能量在短时间内以热能的方式释放，使电池本身温度急剧升高，特别是在电池 SOC 较高、短路电阻较小的情况下，电池温升速率急剧增加。外部短路过程不同时期内电流值的变化特征也存在差异。图 7-3 所示为圆柱形 18650 锂离子电池外部短路过程响应。外部短路过程中的高倍率电流可能导致电极/电解质界面不稳定并损坏电极结构，且电极的损坏会使电池内部锂离子的扩散系数降低；外部短路过程产生的高温除可能造成电池内部电解液汽化，使电池出现膨胀、电解液泄漏外，还会加速电解质的分解。研究表明，电池内部最大应力产生于电池两端内部活性材料与壳体的接触部位。当动力电池系统中有单体发生外部短路故障时，其温度异常升高，同时为平衡电压，其并联支路会出现大电流放电，个别单体可能因此出现过放电，而外部短路故障所在支路单体则出现充电工况。

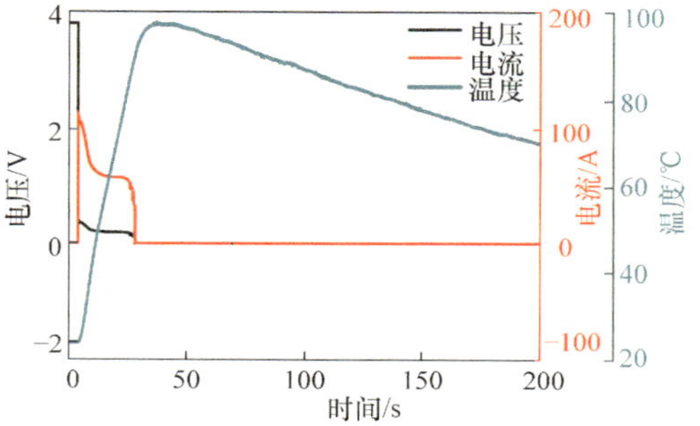

图 7-3 圆柱形 18650 锂离子电池外部短路响应

3. 过充电/过放电故障

过充电是指在电池充满电之后继续对电池进行充电的行为。在实际使用中，除不一致影响会使部分单体出现轻微过充电外，由传感器故障引起的 BMS 管理失效也会使个别单体发生过充电。此外，充电末期的大倍率充电、快充等均会增加发生过充电的可能性。轻微的过充电引发的电池容量衰减较小，但在长期循环过程中会加剧电池极化。严重的过充电会导致电池隔膜熔化、过渡金属溶解和材料发生相变；在负极表面发生严重的析锂，导致负极热稳定性下降的同时引发电池容量严重衰减。析出的锂金属可能形成锂枝晶，刺穿隔膜引发电池内部短路。在实际应用过程中，除使用充电截止电压作为阈值条件防止过充电外，过充电预防措施还包括建立过充电保护电路、添加防过充电解液添加剂、采用新型隔膜等。

与过充电故障类似，过放电故障也是电池极易出现的一种故障，长期搁置下的电池自放电、传感器故障、电池不一致等均会导致电池在放电过程中出现不同程度的过放电。宏观层面，过放电会造成电池本体内阻增大、容量衰减等；微观层面，过放电会使电池负极释放出过量锂离子进而破坏其层状结构。持续过放电会严重影响电池的循环寿命，其影响程度取决于过放电深度。当电池发生深度过放电时，集流体溶解后金属离子在阳极表面还原沉积，会阻碍锂离子的脱嵌并促使 SEI 膜增厚。

4. 不一致故障

车载电池系统包含大量的电池单体，即使经过严格筛选，电池单体间也存在初始不一致。动力电池单体不一致性会对电池组性能、寿命、安全性等方面产生严重影响。动力电池组中电池单体不一致主要包括两个方面：由生产制造过程引起的初始不一致，主要体现在电池单体容量、内阻、自放电率等方面；由使用环境引起的不一致，由于电池单体在电池系统中的位置、散热条件之间的差异，加剧电池单体的初始不一致，使电池单体的电流、温度出现差异。电池的初始不一致与工作环境引起的不一致相互影响，动力电池的初始不一致使其在充放电电流倍率、放电深度、电池温度等方面出现差异；而工作环境的不一致使得不同单体内阻、容量等参数出现更大的差异。当前可以进行不一致性评价的参数主要有电池端电压、欧姆内阻、容量和 SOC 等。由于动力电池端电压在电池工作过程中易于获取，因此在电池系统不一致评价中使用较多。通常以电池组内所有单体工作电压的标准差作为电池组不一致评价指标。当标准差较大时，说明电池组内各单体电压离散程度较大，即不一致性较大；反之，则说明电池组不一致性较小。

5. 连接故障

在电池系统中，电池单体通过螺栓、焊接等方式连接。在车载强振动环境下不可避免会出现螺栓和焊点的松动，造成接触电阻的异常升高。电池系统出现连接故障时，接触电阻的增加导致发热量增加，影响相邻位置电池单体的热安全性。连接故障的发生还会引起流经并联支路的电流出现差异，导致电池系统的功率性能加速衰退。由于电池内阻变化所引起的电池外部变化与连接故障发生时的故障特征类似，且二者处于相同的数量级，因此在故障诊断过程中很难对连接故障与电池本体故障进行区分。

6. 绝缘故障

与传统车辆相比，电动汽车中含有复杂的高压电气系统，而高压绝缘性能直接关系到车载人员的安全，同时绝缘故障发生时还会造成电池电量的异常泄漏，影响整车性能。电池系统内部的绝缘故障产生原因包括电解液泄漏、绝缘层破损、高压线束粘接、BMS 与配电箱之间的隔离失效等。无绝缘故障时，高压导线与外界通过绝缘层相互隔离，绝缘内阻阻值在兆欧数量级，当发生绝缘故障时，设备绝缘性能降低，产生安全隐患。绝缘故障的发生意味着绝缘内阻减小，而如何获得准确的绝缘内阻值则是绝缘故障诊断研究的重点。为获取绝缘内阻值，除使用有源式或无源式检测方法直接测量外，还可通过建立电池等效电路模型结合滤波算法获取绝缘内阻的估计值。

7. 热管理系统故障

良好的温度环境对电池的正常工作和寿命具有重要影响。电池系统密集排列了大量电芯，且电池单体在工作过程中的产热导致系统温度升高。一般认为锂离子电池的最佳工作温度范围为25~40℃，且要求电池系统内部温度差异不超过5℃。电池系统常用的三种冷却方法分别为风冷、液冷和使用相变材料冷却。冷却系统故障时，一方面可能由于部件损坏导致冷却系统完全失效；另一方面其难以按照系统需求的冷却强度进行冷却，导致系统温度升高。温度的升高有助于加快电池内部化学反应速率，提高电池性能，但是较高的温度可能导致电池内部发生电解液分解等有害副反应，对电池造成损伤。此外，电池在高温环境下工作还会造成电池的容量衰减和功率损失，同时热量的累积可能导致热失控的发生。

7.1.2 传感器故障

精确高效的BMS依赖于传感器的精确数据采集。受制造过程中的固有缺陷、线束松动、老化等影响，传感器在使用过程中容易产生测量值的偏置、漂移、精度下降和冻结等故障，图7-4示出了不同传感器故障类型对测量值的影响。传感器发生故障时，BMS难以获得电池精确的工作状态，继而发出错误的控制指令，加速电池性能衰退。动力电池系统中的传感器包括电压传感器、电流传感器、温度传感器。电压传感器出现故障时，基于充放电截止电压的过充/放电策略失效，部分单体难以避免会出现过充/放电故障，同时可能发生正常工作时的故障误报；电流传感器故障时，除BMS难以获得精确工作状态外，BMS会对电池工作状态产生误判，执行不恰当的管理，如进行不正确的均衡管理，则会加剧电池系统不一致；温度传感器故障时，BMS无法获得电池精确的温度状态，可能发布错误的温度管理指令，使动力电池温度偏离正常工作范围。

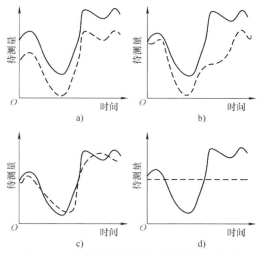

图7-4 传感器故障类型对测量值的影响

a）偏置 b）漂移 c）精度下降 d）冻结

7.1.3 执行器故障

1. BMS 硬件故障

BMS 通过传感器对电池系统各项参数进行采集，实现系统的状态估计、温度管理和故障诊断等功能。BMS 的功能及包含的元件数目较多，可靠性相对较低。除受到电磁干扰后 BMS 内部设备出现故障外，车辆在强振动环境下也可能造成连接线连接失效等故障，都会影响 BMS 的正常工作。BMS 自身可能出现的故障类型包括 CAN 通信故障、继电器故障等。若 BMS 在工作过程中发生故障，不仅会影响整车性能，还可能引发安全事故。因此，对 BMS 自身的故障诊断十分必要，且要求较好的故障诊断实时性。

2. 接触器故障

接触器的工作原理与继电器相似，主要用于连接或断开主回路。在电池系统中，接触器用于控制电池系统和电动机负载之间的高压回路。电动汽车高压系统中的接触器包括正接触器、负接触器和预充电接触器。接触器在工作过程中通过频繁的开关来实现其功能。当接触器接通或断开时，在接触间隙会产生高温电弧，从而导致接触器触点表面发生化学反应而被腐蚀。同时触点之间的冲击也会使触点变形，导致接触器无法正常闭合并影响系统正常运行。此外，在工作过程中也可能发生接触器粘接故障。发生接触器粘接故障时，接触器无法按照车辆控制单元的指示断开以切断高压回路，是一种非常危险的故障形式。

7.2　故障诊断方法分类

动力电池系统故障的外部特征表现为电池测量数据的异常变化，故障诊断的关键是依据采集得到的电池工作数据判断电池系统是否存在异常，同时定位异常的电池单体位置以及可能发生的故障类型，并进行容错控制，即故障诊断过程包括故障检测、故障隔离（位置/类型）和故障容错控制。图 7-5 所示为动力电池系统故障诊断流程图，与其他动态系统故障诊断方法相似，动力电池系统故障诊断方法大致分为四类：基于电池模型的方法、基于信号分析的方法、基于数据驱动的方法和基于统计分析的方法。

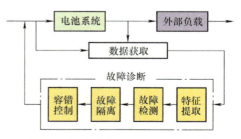

图 7-5　动力电池系统故障诊断流程

7.2.1 基于电池模型的方法

该方法通过对比模型输出与测量结果的差异（残差）是否达到设定的故障阈值来判定系统是否出现故障，主要包括残差生成和残差评价两步。系统无故障时受测量噪声、过程噪声以及模型精度等的影响，残差并不恒为零，系统故障时残差会超出阈值。因此，通过设置合理的故障阈值便可进行故障诊断，但阈值的设定需要权衡微小故障的漏报和无故障时的误报。一般而言，基于电池模型的故障诊断方法主要包括基于状态估计的方法、基于参数估计的方法和奇偶空间方法。

1. 基于状态估计的方法

该方法通过建立精确的电池模型，与滤波算法或观测器算法结合，从所建立的电池模型中提取故障表征参数（SOC、容量等），通过与参考值比较生成残差以判断系统是否发生故障，其流程如图 7-6 所示，图中 r 为生成的残差，J 为故障阈值。当前可用的电池模型包括电化学模型、等效电路模型、分数阶模型、耦合模型（电-热耦合模型、电化学-热耦合模型等）。在上述电池模型中，等效电路模型因兼顾模型复杂度和计算精度而被广泛应用于故障诊断中。除正常电池模型外，基于故障数据建立的故障模型也被应用于故障诊断中。为实现动力电池系统多故障诊断，需建立多种故障模型并行计算，对计算性能的要求较高，而故障模型的精确程度也将对诊断结果产生影响。当前故障模型方法大都应用于具有严重危害性的内部短路、外部短路故障诊断。

2. 基于参数估计的方法

该方法通过对能够反映电池系统物理特性的参数（如欧姆内阻、开路电压等）进行估计和辨识，与系统无故障时的参考值进行比较生成残差以判断系统是否出现故障。常用的电池参数辨识方法有递推最小二乘法、粒子滤波和遗传算法等。该方法的难点在于电池系统参数真实值难以精确获取。此外，受电池老化影响，电池自身参数也会发生变化，故难以在全寿命周期内使用单一恒定阈值。为实现电池全寿命周期内的精确故障诊断，需依据电池老化状态调整阈值范围，提高故障诊断的精确性。

3. 奇偶空间方法

该方法通过系统动态方程中的观测冗余关系实现故障检测，该方法的基本思想是对系统中的多种测量信息进行一致性检查。对于电池系统而言，包含电流、电压、温度三种测量信息，虽然所获取的测量信息不同，但是依旧可以通过上述三种测量信息之间的内在一致性建立其解析冗余关系，即奇偶空间方程组，并生成残差向量。当某一测量数据发生故障时，其与其他数据间不再满足内在一致性关系，故障信息反映在由奇偶空间方程组所生成的残差向量中，以此实现故障诊断。但是该方法易受噪声影响产生故障误报。

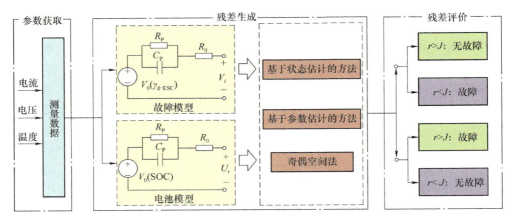

图 7-6 基于状态/参数估计方法故障诊断流程图

7.2.2 基于信号分析的方法

当动力电池发生故障时，由传感器所采集得到的电池工作数据携带故障信息。容量增量分析是一种非破坏性手段，可以从时域角度分析电池在发生特定故障后的衰退机理，同时也可用于确定电池发生的故障类型。在电池充放电过程中，电极材料会经历多个相变过程，该过程在容量增量曲线上对应于不同位置的特征峰，依据特征峰的形状、位置和高度可以判断电池状态及可能发生的故障。

除从测试数据入手进行时域故障分析外，也可从频域对数据进行分析。傅里叶变换是一种重要的时-频变换工具，但其无法满足非稳态信号变化的频率需求，而小波变换则可以克服傅里叶变换中窗口大小不随频率变化这一缺点，将非稳态信号进行多尺度细化分析，获取故障信号中的微小故障信息，故多应用于电池系统的故障诊断。

7.2.3 基于数据驱动的方法

人工智能方法和专家系统是典型的基于数据驱动的故障诊断方法。前者通过构建人工神经网络，建立故障特征与故障类型的映射关系，以采集得到的电池实时工作数据作为输入，输出可能的故障类型。使用该方法的关键是建立故障特征与故障类型的映射关系，因此需首先使用大量的精确故障数据对模型进行训练，而故障诊断结果的准确程度严重依赖于模型的训练结果。

专家系统是一种有效的故障诊断方法，其主要由知识库、推理机以及人机接口组成，可以实现多种故障的准确诊断。使用专家系统时，除了需要基于实验数据建立故障特征与故障类型的映射关系外，还需要结合历史运行数据建立丰富的知识库，并在后续故障诊断过程中不断完善。由于故障实验难以全面覆盖真实故障场景，完善故障数据的获取和故障知识库的建立过程较为漫长，因此该方法在电池系统故障诊断中的应用有待进一步研究。

7.2.4　基于统计分析的方法

前述三种故障诊断方法虽可实现单体电池故障的精确诊断，并实现部分故障之间的有效隔离，但因车载动力电池系统所含单体电池数量众多，对系统中每个电池单体进行复杂的建模将极大增加 BMS 的运算压力，故在实际应用中存在一定困难。动力电池系统中单体电池在同一时刻下的电压信号应近似相等，故利用信息熵、局部异常因子、电压相关系数、3σ 准则等方法可对同一时刻下的异常数据进行准确检测，用以判断故障是否发生。但上述方法只能依据系统中电池单体电压信息检测到存在异常的单体，而无法对故障原因和类型进行深入分析。

7.2.5　其他方法

除上述四类故障诊断方法外，也有其他方法被应用于电池系统的故障诊断，如硬件冗余、参数联合判断等。

硬件冗余方法通过在系统中增加传感器以获取额外的信息用于判断系统的工作状态。如通过增加测量串联电池组总电压的电压传感器并与各电池单体电压测量值之和进行比较来判断电池是否发生故障，并可以获取故障值的大小。

当电池发生故障时，其测量值（电流、电压、温度）会超过许用的运行范围。因此，参数联合判断方法根据电池测量值的变化特征和其许用值间的大小关系可以对特定的故障进行诊断。

7.3　动力电池系统传感器故障诊断及故障容错

BMS 依靠传感器实时测量得到的电流、电压和温度信号完成其各项功能。当电流传感器噪声过大甚至出现故障时，会导致参数、SOC 和 SOP 等产生较大估计误差。当电压传感器出现故障时，不仅导致状态估计误差增大，还会导致电池出现过充电或过放电。此外，动力电池都有上下安全截止电压，电压传感器故障也会导致电池出现故障时的漏报或正常工作时的故障错报。因此，有必要开展动力电池系统的传感器故障诊断研究。特别地，在实现动力电池系统传感器故障检测和故障隔离之后，需进行必要的故障容错，实现动力电池多状态鲁棒估计。

本节采用基于电池模型的方法进行电池系统传感器故障检测及故障位置隔离，并对隔离出的传感器故障进行在线辨识，最后基于故障容错控制，实现传感器故障状态下动力电池多状态鲁棒估计。

7.3.1 基于电池模型的故障检测、隔离和辨识方法

为简化故障检测和隔离复杂度，从动力电池组的角度考虑传感器的故障隔离问题，下面将以图 7-7 中简化的串联动力电池组为研究对象，对传感器故障诊断方法进行详细介绍，流程如图 7-8 所示。

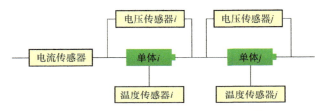

图 7-7　串联动力电池组传感器布置示意图

在考虑传感器故障的情况下，动力电池的输入输出可改写成式（7-1）所示形式：

$$\begin{cases} i_{L,k}^{m} = i_{L,k}^{r} + I_k \\ U_{t,k}^{m} = U_{t,k}^{r} + V_k \end{cases} \quad (7\text{-}1)$$

式中，I_k 为电流传感器故障；V_k 为电压传感器故障；$i_{L,k}^{m}$、$U_{t,k}^{m}$ 分别为电流、电压测量值；$i_{L,k}^{r}$、$U_{t,k}^{r}$ 分别为电流、电压真实值。

在传感器故障诊断时，需对传感器故障做如下假设：

① 假设电池系统至多同时只能发生一种故障。

② 本节主要讨论电流和电压传感器故障诊断，故假设温度传感器没有发生故障。

③ 尽管传感器故障可能是随时间变化的量，但本节中假设传感器故障的变化速度远小于电池状态的变化速度，即单次充放电过程中，传感器故障为恒定值。

④ 传感器故障程度并不显著，尤其是电压传感器，否则可通过电池上下截止电压判断故障的发生。

第7章 动力电池故障诊断

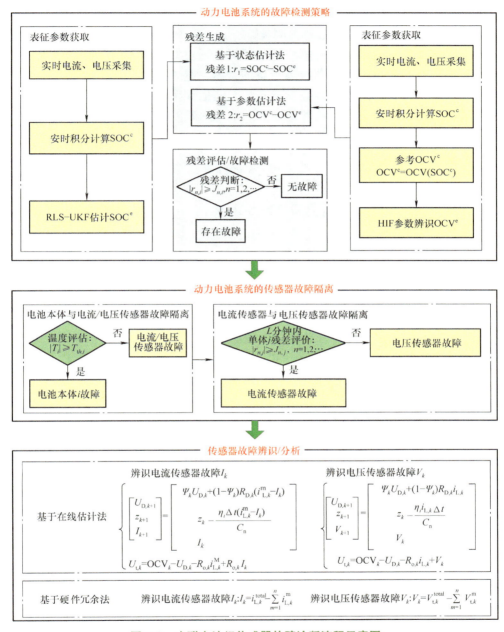

图 7-8 串联电池组传感器故障诊断流程示意图

1. 动力电池系统的故障检测策略

鉴于传感器故障会引起电池模型参数和状态的估计误差增大,可采用基于状态估计法和参数估计法的故障检测策略。

（1）基于状态估计法的故障检测策略

当电流传感器或电压传感器出现故障时，通过对滤波器输出的待估计状态进行处理，可得到携带传感器故障信息的残差。基于此，可将状态估计误差残差用于故障检测。传感器故障会影响各状态的估计精度。其中，SOC 有参考值和估计值之分，可利用参考值和估计值的差作为残差进行故障检测。故将 SOC 的估计误差作为残差生成方案，即

$$r_1 = \text{SOC}^c - \text{SOC}^e \tag{7-2}$$

式中，SOC^c 为安时积分法计算得到的 SOC 值；SOC^e 为由 RLS-UKF 联合估计方法得到的 SOC 值。

故障检测方案如下：

$$\begin{cases} |r_1| \geq J_1, & \text{故障} \\ |r_1| < J_1, & \text{无故障} \end{cases} \tag{7-3}$$

式中，r_1 为 SOC 估计误差；J_1 为相应的阈值，可设为 5%。

给定初始 SOC，初始化 xhat、R、Q、P 以及设置 UT 变换参数 n、ki、alpha、beta、lamda、Wm、Wc 后运用 RLS-UKF 生成 SOC 残差的算法关键部分如下所示：

```
%UKF 算法估计 SOC
for t = 1: T: end
  %sigma 点计算
  pk=sqrt(n+lambda)*chol(P);
    sigma=[xhat xhat+pk(:,1) xhat+pk(:,2) xhat-pk(:,1) xhat-pk(:,2)];
  % 时间更新
    for ks=1:2*n+1
      sigma(1,ks)=sigma(1,ks)*exp(-T/(Rp(t)*Cp(t)))+I(i)*Rp(t)*(1-exp(-T/(Rp(t)*Cp(t))));
      sigma(2,ks) = sigma(2,ks) - (I(i)*T*eta)/(3600*C_N);
      sxk=Wm(ks)*sigma(:,ks)+sxk;
    end
    for kp=1:2*n+1
      pp=Wc(kp)*(sigma(:,kp)-sxk)*(sigma(:,kp)-sxk)'+pp;
    end
```

```
        pp=pp+Q;
        for kz=1:2*n+1
            zk(kz)=c(1)*sigma(2,kz)^8+c(2)*sigma(2,kz)^7+c(3)*sigma(2,kz)^6+c
            (4)*sigma(2,kz)^5+c(5)*sigma(2,kz)^4+c(6)*sigma(2,kz)^3+c(7)*sigma
            (2,kz)^2+c(8)*sigma(2,kz)+c(9)-sigma(1,kz)-I(t)*R_o(t);%c(1)~c(9) 为
            OCV-SOC 曲线拟合系数
        end
        for JJs=1:2*n+1
            szk=szk+Wm(JJs)*zk(JJs);
        end

    % 量测更新
        for kpz=1:2*n+1
            pzz=Wc(kpz)*(zk(kpz)-szk)*(zk(kpz)-szk)'+pzz;
        end
        pzz=pzz+R;
        for kpx=1:2*n+1
            pxz=Wc(kpx)*(sigma(:,kpx)-sxk)*(zk(kpx)-szk)'+pxz;
        end
        kgs=pxz/pzz;
        xhat=sxk+kgs*(Ut(t)-szk);
        P=pp+kgs*pzz*kgs';
        soc(t)=soc(t-1)-I(t)/(3600*C_N);
        t=t+1;
        SOCArray=[SOCArray xhat(2)];
    end
    r1=soc-SOCArray;
```

（2）基于参数估计法的故障检测策略

当传感器存在故障特别是偏置故障时，模型参数也会偏离无故障时的值。换言之，模型参数能直接反应传感器故障信息，因此可利用模型的参数辨识结果检测动力电池系统传感器故障。Thevenin 模型的参数包括欧姆内阻 R_o、极化电阻 R_D、极化电容 C_D 和开路电压 OCV，因为非故障情况下的 R_o、R_D 和 C_D 很难精确得到，所以并不适合采用 R_o、R_D 和 C_D 来生成残差来进行故障检测。而对模型静态特性参数 OCV 而言，除了利用在线辨识得到其估计值外，基于 OCV-SOC 曲线和安时积分计算的 SOC^c 还可得到参考 OCV 值，因此基于参数

估计的残差即 OCV 误差可定义为

$$r_2 = \text{OCV}^c - \text{OCV}^e \tag{7-4}$$

式中，OCV^c 为通过 OCV-SOC 曲线和安时积分计算 SOC^c 得到的 OCV 参考值，此处的 SOC^c 需进行初值的校正；OCV^e 为在线辨识得到的 OCV 估计值。

得到 OCV 残差后，需按式（7-5）进行残差评估以判断是否发生故障。在无传感器故障时，OCV 的估计值和参考值相差不大，因此基于 OCV 估计误差法的故障检测阈值（J_2）可根据经验设为 0.1V。

$$\begin{cases} |r_2| \geq J_2, \text{故障} \\ |r_2| < J_2, \text{无故障} \end{cases} \tag{7-5}$$

2. 动力电池系统的传感器故障隔离

当残差超过阈值时，系统故障被检测到，但故障是电池本体故障还是传感器故障尚需进一步判断。电池的故障会直接体现在电池的电流、电压和温度上，基于温度传感器无故障的假设，可以利用温度传感器与其他电池单体的温度传感器的读数差异判断是否为电池本体故障。若温度读数与其他电池单体的温度传感器读数差异超过一定阈值，则认为电池本体发生故障，否则认为电流/电压传感器发生故障。该温度阈值可通过电池的故障实验确定，此处设置温度阈值为 10℃。在对电池本体和电流/电压传感器故障进行隔离后，若发生电池本体故障，需发出报警信号通知驾驶人员离开车辆并采取应对措施。若发生电流/电压传感器故障，则需进一步判断是电流传感器故障还是电压传感器故障。

对图 7-7 所示的串联电池组而言，电流传感器故障会导致串联的电池单体 i 和电池单体 j 的残差均超过阈值，而电压传感器 i 的故障仅会造成电池单体 i 的残差超过阈值。因此可通过表 7-1 所示的电池单体残差关系进行传感器隔离。

表 7-1　传感器隔离方案

传感器故障	电池单体 i	电池单体 j
电流传感器故障	$\|r_{n,i}\| \geq J_n$	$\|r_{n,j}\| \geq J_n$
电压传感器 i 故障	$\|r_{n,i}\| \geq J_n$	$\|r_{n,j}\| < J_n$
电压传感器 j 故障	$\|r_{n,i}\| < J_n$	$\|r_{n,j}\| \geq J_n$

需要指出的是，由于动力电池组中电池单体的不一致性，在传感器故障发

生时，各电池单体的残差变化大小也并不同步。因此，当其中一个电池单体超过阈值且没有发生电池本体故障时，认为是电压传感器 i 发生故障是不合理的。在第 i 个电池单体残差超过阈值时，给出故障预警信号，在对传感器和电池本体故障隔离后再次给出相应故障信息。若发生传感器故障，仍需继续观察 $L(\min)$ 时间内第 j 个电池单体的残差变化。若 $L(\min)$ 时间内第 j 个电池单体的残差仍未超过阈值则为第 i 个电压传感器故障，反之则为电流传感器故障。L 值与电池的不一致性等信息有关，也与选择的残差生成方案有关。

3. 传感器故障辨识/分析

传感器故障在充放电末端会导致电池的过充电和过放电，而在其他阶段会导致状态估计精度下降，但对电池本身的影响有限。因此，在隔离出相应的传感器故障后，可及时对传感器的故障程度进行在线辨识，消除故障影响，避免电池发生过充电和过放电。

（1）基于在线估计法的传感器故障辨识

将传感器故障作为待估计状态向量的扩展项后，建立相应的状态空间方程，通过滤波算法对其进行在线辨识。若发生电流传感器故障，可将电流传感器故障 I 作为待辨识量进行在线估计，建立如下状态空间方程：

$$\begin{cases} \begin{bmatrix} U_{\mathrm{D},k+1} \\ z_{k+1} \\ I_{k+1} \end{bmatrix} = \begin{bmatrix} \psi_k U_{\mathrm{D},k} + (1-\psi_k) R_{\mathrm{D},k} \left(i_{\mathrm{L},k}^m - I_k \right) \\ z_k - \dfrac{\eta_i \Delta t \left(i_{\mathrm{L},k}^m - I_k \right)}{C_{\mathrm{n}}} \\ I_k \end{bmatrix} \\ U_{\mathrm{t},k}^m = \mathrm{OCV}_k - U_{\mathrm{D},k} - R_{\mathrm{o},k} i_{\mathrm{L},k}^m + R_{\mathrm{o},k} I_k \\ \psi = \mathrm{e}^{-\Delta t/\tau} \end{cases} \quad (7\text{-}6)$$

式中，k 表示时刻；Δt 为采样间隔；$\tau = R_{\mathrm{D}} C_{\mathrm{D}}$ 为时间常数；U_{D} 为极化电压；z 为 SOC 估计值；U_{t} 为端电压；η_i 为充放电库伦效率。

若发生电压传感器故障，可将电压传感器故障 V 作为待辨识量进行在线估计，建立如下状态空间方程：

$$\begin{cases} \begin{bmatrix} U_{\mathrm{D},k+1} \\ z_{k+1} \\ V_{k+1} \end{bmatrix} = \begin{bmatrix} \psi_k U_{\mathrm{D},k} + (1-\psi_k) R_{\mathrm{D},k} i_{\mathrm{L},k}^m \\ z_k - \dfrac{\eta_i i_{\mathrm{L},k}^m \Delta t}{C_{\mathrm{n}}} \\ V_k \end{bmatrix} \\ U_{\mathrm{t},k}^m = \mathrm{OCV}_k - U_{\mathrm{D},k} - R_{\mathrm{o},k} i_{\mathrm{L},k}^m + V_k \end{cases} \quad (7\text{-}7)$$

（2）基于硬件冗余法的传感器故障辨识

对于动力电池组，传感器的硬件冗余一般可实现故障检测，但无法实现故障隔离。对于串联电池组，在整个串联支路增加一个电压传感器测量该支路的总电压 $U_{\mathrm{t},k}^{\mathrm{total}}$，用该总电压与所有串联电池单体电压之差表征传感器故障程度：

$$V_k = U_{\mathrm{t},k}^{\mathrm{total}} - \sum_{m=1}^{n} U_{\mathrm{t},k}^{m} \quad (m = i \text{ 或 } j) \tag{7-8}$$

式中，$U_{\mathrm{t},k}^{i}$ 和 $U_{\mathrm{t},k}^{j}$ 分别为电池单体 i 和电池单体 j 的传感器测量电压值；n 为所有串联电池单体数目。

要确定该串联电池组的电流传感器故障，需将研究系统进一步放大到数个与之并联的系统中，然后增加一个电流传感器测量总支路电流大小 $i_{\mathrm{L},k}^{\mathrm{total}}$，用此值与各支路电流之和的差表征电流传感器的故障程度，即

$$I_k = i_{\mathrm{L},k}^{\mathrm{total}} - \sum_{m=1}^{n} i_{\mathrm{L},k}^{m} \quad (m = b_1, b_2, \cdots) \tag{7-9}$$

式中，$i_{\mathrm{L},k}^{m}$ 为支路传感器测量电流值；n 为并联支路数目。

7.3.2 传感器故障容错控制及多状态估计校正

传感器的故障容错控制以故障检测与隔离为基础，针对不同的故障源和故障特征，采取相应的容错控制措施，保证系统正常运行。对于动力电池，在完成故障辨识后，通过故障补偿或者校正可使得 BMS 各种功能（尤其是多状态估计）恢复正常。

基于在线辨识的方法或基于硬件冗余的方法均可实现传感器故障的在线计算，但基于在线估计方法在辨识故障的同时也对 SOC 进行了在线校正，而基于冗余的方法则只计算了传感器故障，需进一步进行 SOC 估计校正。

针对电流传感器故障，建立如下状态空间方程：

$$\begin{cases} \begin{bmatrix} U_{\mathrm{D},k+1} \\ z_{k+1} \end{bmatrix} = \begin{bmatrix} \psi_k U_{\mathrm{D},k} + (1-\psi_k) R_{\mathrm{D},k} \left(i_{\mathrm{L},k}^{m} - I_k \right) \\ z_k - \dfrac{\eta_i \Delta t \left(i_{\mathrm{L},k}^{m} - I_k \right)}{C_n} \end{bmatrix} \\ U_{\mathrm{t},k}^{m} = \mathrm{OCV}_k - U_{\mathrm{D},k} - R_{\mathrm{o},k} i_{\mathrm{L},k}^{m} + R_{\mathrm{o},k} I_k \end{cases} \tag{7-10}$$

针对电压传感器故障，建立如下状态空间方程：

$$\begin{cases} \begin{bmatrix} U_{\mathrm{D},k+1} \\ z_{k+1} \end{bmatrix} = \begin{bmatrix} \psi_k U_{\mathrm{D},k} + (1-\psi_k) R_{\mathrm{D},k} i_{\mathrm{L},k}^m \\ z_k - \dfrac{\eta_i i_{\mathrm{L},k}^m \Delta t}{C_{\mathrm{n}}} \end{bmatrix} \\ U_{\mathrm{t},k}^m = \mathrm{OCV}_k - U_{\mathrm{D},k} - R_{\mathrm{o},k} i_{\mathrm{L},k}^m + V_k \end{cases} \quad (7\text{-}11)$$

对式（7-10）和式（7-11）分别使用滤波算法，即可实现 SOC 的在线估计校正。

在获得动力电池 SOC 校正值和传感器故障信息后，还需对峰值电流及峰值功率进行在线校正，放电峰值电流和峰值功率可按式（7-12）和式（7-13）更新。需指出的是，式中上标含 m 的量均是基于故障传感器的测量信息获取的。

$$i_{\max}^{\mathrm{dis}} = \dfrac{\mathrm{OCV}_k^m - U_{\mathrm{D},k}^m \psi_k^m - U_{\mathrm{t,min}}}{\dfrac{\eta_i \Delta t}{C_j} \dfrac{\partial \mathrm{OCV}}{\partial \mathrm{SOC}}\bigg|_{\mathrm{SOC}_k^m} + R_{\mathrm{D},k}^m (1 - \psi_k^m) + R_{\mathrm{o},k}^m} \quad (7\text{-}12)$$

$$P_{\max}^{\mathrm{dis}} = i_{\max}^{\mathrm{dis}} U_{\mathrm{t}}^m (t + \Delta t) \quad (7\text{-}13)$$

7.3.3 算例分析

以动力电池 12- 单体 1 和动力电池 12- 单体 2 串联组成的电池组为例，其 25℃ 时 UDDS 工况下的各传感器测量数据如图 7-9 所示。由于电池单体不一致性存在，其温度曲线不重合，但两个温度传感器的读数随电流倍率和电压变化仍在 25~30℃ 间变化。为模拟电流传感器故障，对 UDDS 工况的电流数据从第 60min 开始施加 0.5A 的偏差；为模拟电压传感器故障，对单体 1 的电压数据从第 60min 开始施加 0.25V 的偏差。

1. 传感器故障检测和隔离结果

（1）以 SOC 估计误差为残差的传感器故障检测和隔离结果

图 7-10 所示为电流传感器出现故障时的故障检测结果，该方案以 SOC 估计误差为残差。图 7-10a 为电池单体 1 的安时积分法和 RLS-UKF 联合估计方法的 SOC 结果，其中参考 SOC 为未施加电流传感器故障时的安时积分计算结果；图 7-10b 为电池单体 2 不同方法的 SOC 结果；图 7-10c 为两块电池的残差结果。电池单体 2 的残差在接近 90min 时超过阈值上限，此时应给出故障预警信号，

由于电池单体 2 与电池单体 1 的温度差在 10℃ 以内，且之前温度并未呈快速上升趋势，排除电池本体故障，故障应为传感器故障，20min 后（$L=20$）电池单体 1 的残差也超过阈值上限，此时根据表 7-1 可判断为电流传感器故障。

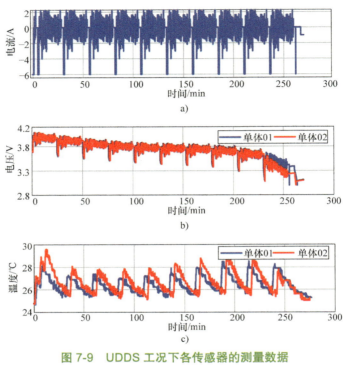

图 7-9　UDDS 工况下各传感器的测量数据
a）电流　b）电压　c）温度

图 7-11 所示为电压传感器出现故障时的故障检测结果，该方案同样以 SOC 估计误差为残差。图 7-11a 为电池单体 1 的安时积分法和 RLS-UKF 联合估计方法的 SOC 计算结果，其中参考 SOC 为未施加电流传感器故障时的安时积分计算结果；图 7-11b 为电池单体 2 的不同方法的 SOC 结果；图 7-11c 为两块电池的残差结果。电池单体 1 的残差在接近第 81min 时超过阈值上限，此时应给出故障预警信号，通过温度排除电池本体故障，确定是传感器故障。在随后的 20min 内，电池单体 2 的残差仍未超过阈值上限，此时根据表 7-1 判断是电池单体 1 的电压传感器出现故障。尽管电压传感器出现故障时的检测时间比电流传感器故障检测时间短，但电压传感器需要观察完整 L（min）时间，所以电压传感器故障隔离时间较长。需指出的是，SOC^e 在第 160min 后一直趋于零，这是由于算法对 SOC 的约束所致。

第7章 动力电池故障诊断

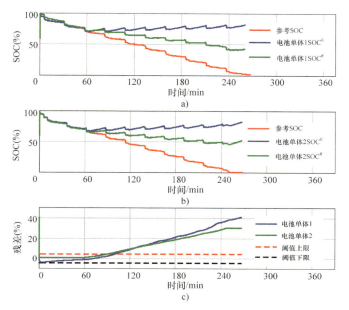

图 7-10 电流传感器出现故障时的检测结果

a）动力电池 12- 单体 1 的两种 SOC 估计方法结果　b）动力电池 12- 单体 2 的两种 SOC 估计方法结果
　　c）两块电池的残差结果

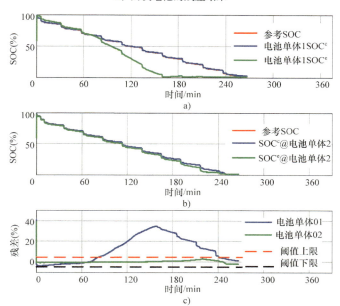

图 7-11 电压传感器出现故障时的检测结果

a）动力电池 12- 单体 1 的两种 SOC 估计方法的结果
b）动力电池 12- 单体 2 的两种 SOC 估计方法的结果　c）两块电池的残差结果

（2）以 OCV 估计误差为残差的传感器故障检测和隔离结果

图 7-12 给出了无传感器故障时的 OCV 参考值 OCV^c 和估计值 OCV^e。可以看出，在算法开始运行时，OCV 估计值从不精确的初值快速收敛至参考值，在放电末期（SOC<10%）时，电池单体 1 的残差超过阈值下限，这是由于在低 SOC 时的 OCV 无法精确获取，故该方法适用于 10%~100% 电池 SOC 区间的故障诊断。

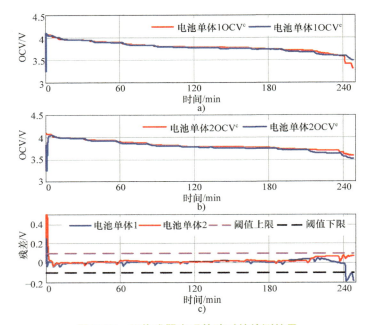

图 7-12　无传感器出现故障时的检测结果

a）动力电池 12- 单体 1 的参考值和估计值　b）动力电池 12- 单体 2 的参考值和估计值
c）两块电池的残差结果

图 7-13 给出了电流传感器在第 60min 出现故障时两块电池的 OCV 参考值和估计值及 OCV 估计误差（即残差）。从图中可以看出，当传感器出现故障时，电池单体 1 和电池单体 2 的残差均开始增大，在第 81min 时，电池单体 2 的残差首先超过阈值上限，此时系统应给出故障预警，和基于状态估计的残差生成方法类似，通过温度排除电池本体故障，得出传感器出现故障的结论。为进一步判断故障源是电流传感器还是电压传感器，继续观察 10min（$L=10$），在第 84min 时，电池单体 1 的残差同样超过阈值上限，根据表 7-1 可知电流传感器出现故障。

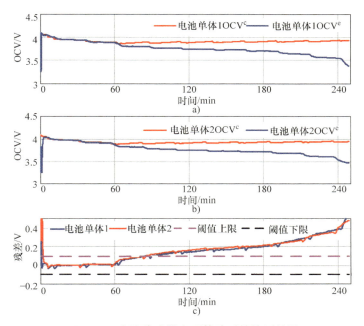

图 7-13 电流传感器出现故障时的检测结果
a) 动力电池 12- 单体 1 的参考值和估计值
b) 动力电池 12- 单体 2 的参考值和估计值 c) 两块电池的残差结果

图 7-14a、图 7-14b 分别给出了电池单体 1 的电压传感器在第 60min 出现故障时 OCV 的参考值和估计值，图 7-14c 给出了 OCV 估计误差（即故障残差）。从图中可以看出，当传感器出现故障时，电池单体 1 的残差快速增大，在第 60.8min 时，电池单体 1 的残差首先超过阈值上限，此时系统应给出故障预警。和基于状态估计的残差生成方法类似，观察电池单体 1 的电池温度读数仍未超过阈值，排除电池单体 1 出现故障的情况，得出传感器出现故障的结论。为进一步判断故障源是电流传感器还是电压传感器，继续观察 10min（$L=10$），在整个 L（min）时间内，电池单体 2 的残差一直在阈值范围内，根据表 7-1 可知电池单体 1 的电压传感器出现故障。

2. 传感器故障辨识结果

故障隔离可确定发生故障的传感器位置，但仍需通过故障辨识得到传感器的故障程度。上文分别介绍了以 SOC 估计误差和 OCV 估计误差为残差检测隔离故障的结果，它们的区别仅在于检测时间和隔离时间，故下文将以图 7-11 所示的电压传感器故障为例验证故障辨识结果。图 7-15 给出了发生电压传感器故障时，以 SOC 估计误差为残差进行故障检测和隔离时两种方法得到的结果。从图 7-15 中可看出，在第 60min，电压传感器出现 0.25V 偏置故障，但图 7-11 检测出的故障在 20min 后才被隔离。通过硬件冗余方法可以在几秒钟内得到故障程度，因传感器测量有协方差噪声，故其故障值并未与实际故障程度一致。通过在线估计法得到的电压传感器故障值虽然也可以收敛至实际故障值，但因式（7-7）中的电压传感器故障只能靠系统噪声和端电压误差来缓慢改变，故耗时较长。此外，模型的误差对该值也存在一定影响。

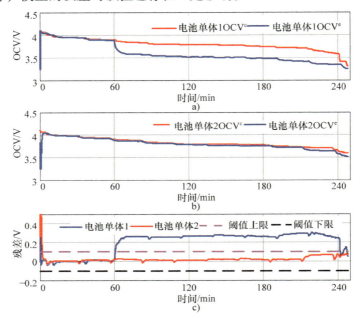

图 7-14 电压传感器出现故障时的检测结果
a）动力电池 12-单体 1 的参考值和估计值
b）动力电池 12-单体 2 的参考值和估计值　c）两块电池的残差结果

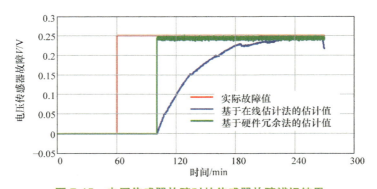

图 7-15 电压传感器故障时的传感器故障辨识结果

3. 传感器故障容错控制和状态估计校正结果

在隔离出传感器故障后,可按式(7-6)和式(7-7)对电流传感器故障和电压传感器故障值进行在线辨识。此处仍以电压传感器故障为例,不仅在线辨识出传感器故障值 V_k,还可在出现传感器故障时对 SOC 进行修正。图 7-16a 给出了单体 1 在无故障阶段、故障检测、隔离阶段以及故障校正阶段的 SOC 估计值。在无故障阶段,SOC 估计值与参考 SOC 非常接近。在第 60min 时注入电压传感器故障,使用 SOC 估计误差为残差进行故障检测,故障在第 81min 被检测到,但为了进一步确认是否是电压传感器故障,又对接下来 20min 内的电池单体 2 残差进行了观察。在第 101min 时,电池单体 2 残差仍未超过阈值,最终确定发生故障的是电压传感器。此阶段的 SOC 估计误差不断增大。然后,在故障校正阶段采用式(7-7)对故障进行辨识,同时对 SOC 估计值进行校正,SOC 估计误差开始减小并控制在 5% 以内。

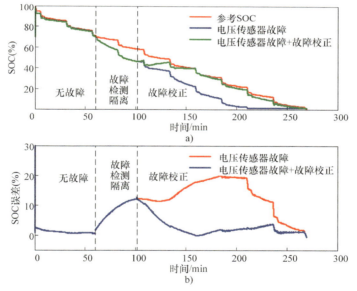

图 7-16 电压传感器故障时的故障校正结果
a)SOC 估计结果 b)SOC 估计误差

在 SOC 得到校正后,结合式(7-12)和式(7-13)可使 SOP 也得到校正。图 7-17 展示的是电压传感器出现故障时,基于辨识出的传感器故障程度 V_k 和同步校正的 SOC 估计值得到的 SOP 的在线校正过程。在电压传感器出现故障时,SOP 快速偏离参考值。在故障检测和隔离完成后,SOP 在第 101min 根据电压传感器故障估计值和 SOC 校正值逐渐向参考 SOP 逼近,但始终存在一定的校正误差。该误差可能由 SOC 估计算法在低 SOC 区间误差导致。

由此可以看出，基于多状态联合估计方法可进行传感器故障检测和隔离，并对传感器故障进行在线辨识和容错控制，最终保证了动力电池多状态联合估计的可靠性。

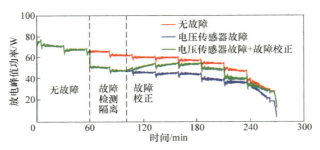

图 7-17 电压传感器故障时的 SOP 故障校正结果

7.4 本章小结

  本章首先详细介绍了动力电池系统可能出现的故障类型，不同类型的故障对于电池系统的危害也存在差异，在进行故障诊断时需要执行不同的故障诊断策略。然后，对常用的故障诊断方法的原理及优缺点进行了详细介绍。最后以电池系统传感器故障诊断及容错控制为例，详细说明了基于模型的故障诊断的实现流程和方法。结果表明，在电流传感器、电压传感器故障时，基于 OCV 估计误差法的故障检测和隔离时间较短，而基于 SOC 估计误差的故障检测和隔离时间较长。考虑到 OCV 估计误差在放电结束时易出现虚警问题，建议在放电开始和中期采用 OCV 估计误差法而放电末期采用其他方法进行传感器故障检测和隔离。

第 8 章

动力电池低温加热

随着新能源汽车的日益普及，冬季高寒地区使用新能源汽车所面临的续驶里程短、起动困难、充电难等问题日益严峻。锂离子动力电池工作特性对工作环境和老化状态均较为敏感，特别是续驶里程在低温环境会明显下降，若使用热空调，续驶里程会明显不足。此外，动力电池在低温环境许用最大充电倍率小且难以实现满充，易造成负极析锂，对动力电池造成永久性损伤。因此，动力电池进行低温加热是保障新能源汽车全气候、全工况应用的关键技术。

8.1 动力电池低温加热方法分类

如图 8-1 所示，国内外对动力电池低温加热的方法按热源位置主要分为两类：内部加热法和外部加热法。其中，外部加热法主要有空气对流式加热、液体对流式加热、相变材料式加热、电热元件类加热等方法；内部加热法主要有交流电加热、脉冲电流加热、全气候电池和电触发自加热等方法。

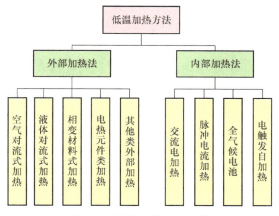

图 8-1 低温加热方式分类

8.1.1 外部加热法

1. 空气对流式加热

该方法采用空气作为热传导介质，根据有无单独的加热装置，可分为主动式空气加热和被动式空气加热。被动式空气加热方法可以利用电机散发出来的热量预热空气或直接从装有空调的客舱中获取热空气，适用于铅酸电池等低能量密度的动力电池。主动式空气加热方法需要由单独的加热装置组成的二次回路来预热空气，适用于锂离子电池等高能量密度的动力电池。主动式空气加热原理如图 8-2 所示，低温下外界空气经由加热装置加热后，借助风扇或鼓风机等装置以强制对流的方式被送入动力电池组，与动力电池进行热交换，换热后的空气从系统排出或通过内部循环机制参与下一次加热。空气对流式加热方法会增加系统的复杂性和成本，而且风扇或鼓风机的噪声会影响车辆的舒适性。由于空气的导热率和比热容比较低，无论是被动式或主动式空气加热，传热系数都很低，因此需要较长的加热时间。

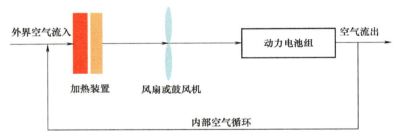

图 8-2 主动式空气加热原理

2. 液体对流式加热

液体对流式加热与空气对流式加热原理类似，但与空气相比，液体具有更高的导热率和比热容，传热和保温效果更好，但加热系统更为复杂。对于纯电动汽车，常用的液体对流式加热系统主要由换热器、加热器、泵和循环管道及液态介质等组成，其原理如图 8-3 所示。加热器可利用电机或车内大功率电子电器散发出来的热量或其他辅助能源加热液态介质，当加热后的液态介质通过换热器时，热量从液态介质传递到动力电池组，换热后的液态介质通过循环管道参与下一次加热。根据动力电池与液态介质的接触情况，换热器可分为浸入式和非浸入式。浸入式加热是指动力电池浸入液体如硅油之中实现直接接触，非浸入式加热是指在模组周围设置分立管道或者夹套使动力电池与液体以非接触的方式进行热交换。通常，浸入式加热可使动力电池组具有更均匀的温度分布和更高的温升速率，比非浸入式加热能获得更好的加热效果。为了减少动力电池外部短路的风险，需要确保动力电池组的密封性，同时液态介质需要具有良好的电绝缘性能。

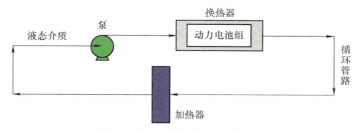

图 8-3 液体对流式加热系统原理

3. 相变材料式加热

相变材料（Phase Change Materials，PCM）是指在温度不变的情况下改变物质状态并能提供潜热的物质。该方法利用相变材料在相变过程中吸收或释放的热量来冷却或加热动力电池，通常使动力电池嵌入相变材料中与之直接接触，其原理如图 8-4 所示。与以流体为介质的加热方法相比，相变材料式加热方法减少了管道、泵等部件，同时减少了热量在传递过程中的损失。该方法可以提高单体电池内部和电池间的温度均一性，并降低了整个热管理系统的复杂程度。但是，低导热率限制了相变材料的性能，通常需要在 PCM 中加入高导热率材料如膨胀石墨、碳纳米管等以增强导热能力，提高效率。

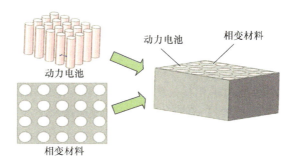

图 8-4 相变材料式加热原理

4. 电热元件类加热

该类加热方法是通过电流流经电热元件时产生的焦耳热对动力电池进行接触加热。常用的电热元件包括电热膜、电热夹套和电热板等。

（1）电热膜加热

电热膜通常由表面附有绝缘材料的金属箔制成，金属箔可选用铜、镍等材料。将电热膜布置于动力电池表面，通过电流流经电热膜时产生的热量对动力电池进行加热。与电热板相比，电热膜的厚度更小，对动力电池模组内的布局影响较小。

一种已经商用的电热膜加热方法原理如图8-5所示，在动力电池组内每个电池单体两侧设置加热片，加热片一端与动力电池组正极相连，另一端与IGBT串联后连接到动力电池组负极，IGBT由加热控制器输出的脉宽调制（PWM）信号控制通断。该方法使用加热控制器调整IGBT闭合的占空比实现对动力电池的快速加热，结构简单，加热速率高。经过实车测试验证，该方法加热速率可达到5℃/min以上。

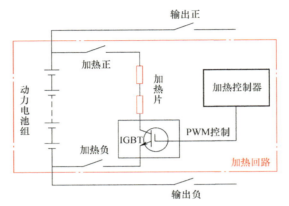

图8-5 一种已商用的电热膜加热方法原理

另外一种典型的电热膜为用于方形电池的宽线金属膜，其加热原理如图8-6所示。该类宽线金属膜由三部分组成，采用FR4板材为主体，板材一面覆上矩形铜膜，另一面覆上一条连续的、具有一定宽度的扁平铜线，二者表面均有绝缘耐磨层，电源与铜线的两端相接。由于铜线具有电阻，所以电流通过铜线时，铜线发热。产生的热量通过另一侧的铜膜均匀传递给动力电池，实现对动力电池的加热。

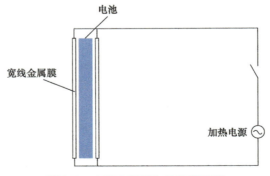

图8-6 宽线金属膜加热法原理图

（2）电热板加热

电热板是采用发热元件构建的板状加热设备，通常放置在动力电池组的顶部或底部，如图 8-7 所示。电热板产生的热量通过热传导直接传递给动力电池，少量热量通过对流换热损失到周围环境中。电热板通常采用正温度系数（PTC）材料，该材料在温度超过一定阈值后阻值阶跃性上升，使通过电热板的电流减小，从而减少发热量，避免电池过热，在加热过程中维持合适的温度区间，保证电池运行时的安全性。

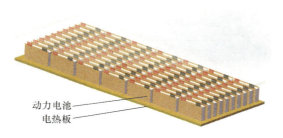

图 8-7　电热板加热原理

（3）电热夹套加热

电热夹套是指由发热元件组成的可将动力电池单体表面基本覆盖的夹套，一般成组用于动力电池模组，如图 8-8 所示。动力电池的温度由热管理系统监测，以控制加热过程。电热夹套加热法可在短时间内将动力电池加热到正常工作温度，且温度分布较为均匀。然而，这种加热方法中使用的夹套可能使动力电池在高温下散热困难，进而影响冷却性能。

图 8-8　电热夹套加热原理

5. 其他类外部加热

除上述外部加热方法外，还有帕尔贴效应加热和热泵加热等低温加热方法。图 8-9 所示帕尔贴效应加热是一种通过帕尔贴效应对动力电池进行加热的方法。帕尔贴效应是指当有电流通过不同半导体组成的回路时，在两个接头处随着电流方向的不同会分别出现吸热、放热现象。图 8-10 所示热泵加热是一种利用热泵原理，通过消耗电能从外界空气中获取热量对电池进行加热的方法。热泵是一种以逆循环方式迫使热量从低温物体流向高温物体的机械装置,它仅消耗少量的逆循环净功,就可以得到较大的供热量,可以有效地把难以应用的低品位热能利用起来,从而达到节能的目的。

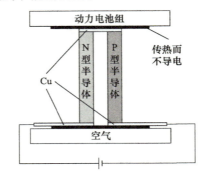

图 8-9 帕尔贴效应加热原理

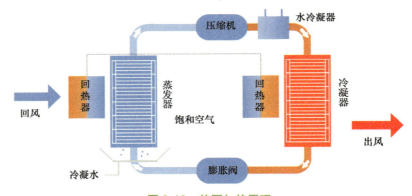

图 8-10 热泵加热原理

8.1.2 内部加热法

(1)交流电加热法

该方法是一种通过交流电直接对电池内部进行加热的电池加热方法。如图 8-11 所示,在低温情况下,交流电源输出交流电,使得电流不断流经电池内部阻抗,产生热量,从而实现对电池内部的加热。交流加热有较长的发展历史,目前可以达到 3℃/min 的温升速率,是一类具有重要研究意义的动力电池低温快速加热方法。8.2 节将以该加热方法为例,详细叙述加热策略的设计。

(2)脉冲电流加热法

该方法利用脉冲电流流经电池内部阻抗产生的热量对动力电池进行加热,根据脉冲电流的来源主要分为外部脉冲激励法和相互脉冲激励法。

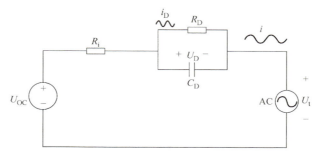

图 8-11　电池内部交流电加热法原理图

外部脉冲激励法是一种使用外部电源为电池提供脉冲电流，利用电流通过电池内部阻抗生热来加热电池的方法。脉冲电流的波形一般由充电电流、放电电流和间隙时间组成，间隙时间可有效避免动力电池负极颗粒界面上的锂离子饱和，从而避免析锂，对动力电池寿命影响较小。

相互脉冲加热法是指将动力电池组中的动力电池分成两组，当一组动力电池放电时，另一组动力电池充电。为了两组动力电池间实现相互充放电，需使用 DC/DC 变换器形成电位差。为了平衡两组的容量，两组动力电池需隔一段时间通过脉冲信号进行充放电切换。相互脉冲加热原理如图 8-12 所示，该方法将动力电池放电时的一部分能量通过阻抗生热实现低温加热，剩余能量储存在另一组动力电池中，在下一个脉冲阶段使用。

图 8-12　相互脉冲加热原理

（3）全气候应用电池

此类电池采用在内部加装镍片的结构，通过电流流经镍片时产生的欧姆热实现对电池自身的加热，如图 8-13 所示。当温度低于设定温度时，开关断开，电流流经镍片产热；当温度高于设定温度时，开关闭合，停止加热，实现了对锂离子动力电池低温加热的可控性。该方法由美国宾夕法尼亚州立大学王朝阳教授在其发表的一篇文章中提出。实验结果表明，该方法可在 1min 以内将动力电池从 -30℃加热到 0℃以上，温升极快，但是该方法需要改变动力电池内部结构，实施过程具有挑战性。

（4）电触发自加热法

电触发自加热法的原理是在动力电池外接保护电阻的条件下，使用动力电池间歇性大电流自放电产生的欧姆热对其进行自加热，如图 8-14 所示。电池的自放电由低温自加热装置触发实现，保护电阻对电路进行分压，避免电池电压过低导致寿命衰减或性能劣化/安全性降低等问题。该方法应用时需增加可控式开关，如 MOSFET，开关闭合则动力电池进行大电流自放电，通过控制开关的关断频率和占空比调整加热速率，实现动力电池可控自加热。

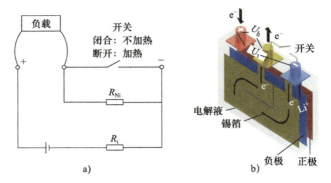

图 8-13 全气候应用电池原理图及结构示意图
a）原理 b）结构

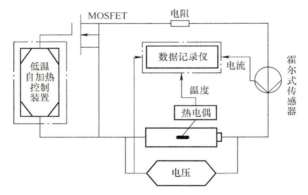

图 8-14 电触发自加热法原理图

利用图 8-14 所示的电触发自加热方法，对动力电池进行低温加热。在开关频率为 0.1Hz、500Hz、1000Hz 和 2000Hz 时，加热效果如图 8-15 所示。在不同开关频率下，电池表面温度从 −20℃升高至 0℃以上仅需 2min 左右，即温升速率可达 10℃/min，此种加热方式应用潜力大，加热效果显著。

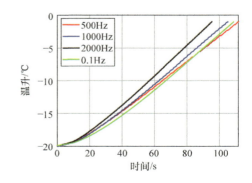

图 8-15 电触发自加热法加热效果

8.2 交流加热方法

8.2.1 锂离子动力电池生热机理

锂离子动力电池的热量由反应热、焦耳热、极化热和副反应热四部分组成。

（1）反应热

反应热是锂离子动力电池在充放电过程中，锂离子嵌入和脱出电极时发生电化学反应所产生的热量，表达式为

$$Q_r = \int i_L T \frac{\partial E_{ocv}}{\partial T} dt \tag{8-1}$$

式中，E_{ocv} 为电极材料的开路电位；$\frac{\partial E_{ocv}}{\partial T}$ 为电极材料的熵热系数。

（2）焦耳热

焦耳热是电流流经动力电池时，电池欧姆内阻产生的热量。电池欧姆内阻包括导电极耳、集流体、活性物质间的接触电阻、电极内阻和电解液内阻。焦耳热是电池充放电过程中生热量的主要部分，表达式为

$$Q_J = \int i_L^2 R_i dt \tag{8-2}$$

（3）极化热

电流流经锂离子动力电池时，动力电池会因负载电流的通过而出现电极电位偏离平衡电极电位的现象，在此过程中产生的热量即为极化热，表达式为

$$Q_D = \int i_D^2 R_D dt \tag{8-3}$$

（4）副反应热

副反应热包括动力电池的电解液分解、自放电、过充电、过放电等过程中产生的热量。锂离子动力电池在正常工作范围内的副反应热可以忽略不计。

综上，锂离子动力电池的总生热量为

$$Q_Z = Q_r + Q_J + Q_D = \int i_L T \frac{\partial E_{ocv}}{\partial T} dt + \int i_L^2 R_i dt + \int i_D^2 R_D dt \tag{8-4}$$

8.2.2 交流加热机理

交流加热是一种对动力电池正负极施加一定频率和幅值的交流激励以实现对动力电池加热的方法，其原理是利用动力电池的自身阻抗产生热量。该方法

可以实现动力电池快速、高效的预热，且动力电池内部温度分布较为均匀。

在低温情况下，因锂离子在电解液和隔膜之间的传输阻力增加且石墨负极活性材料颗粒中锂的固相扩散系数降低，对锂离子动力电池进行直流充电会引发析锂，从而严重影响动力电池的循环寿命和使用安全。交流加热方法在一个周期内嵌锂过程和脱锂过程交替进行，因此可以有效避免锂金属析出。

在低温环境下直流充电时，动力电池的电极反应机理如图 8-16 所示。因锂在石墨负极活性材料颗粒中的固相扩散系数降低，导致反应生成的锂不能及时向颗粒内部扩散而在负极活性材料颗粒表面积累，造成析锂。

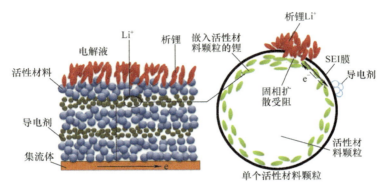

图 8-16 直流充电时动力电池的电极反应机理

动力电池加载交流激励时，锂离子在电极活性材料颗粒表面交替进行嵌锂反应和脱锂反应，嵌锂反应所生成的锂被随后发生的脱锂反应所消耗。因为每个周期生成和消耗的锂相平衡，所以可以降低容量永久性损伤的可能性，即该激励方法不会明显影响动力电池的使用寿命。

在交流激励过程中需要对动力电池的激励电流进行限制，将动力电池端电压控制在许用范围内。若激励电流频率较低时幅值过大，则会造成动力电池端电压超过其最大允许阈值，进而影响动力电池的使用寿命。此外，由于大电流在动力电池负极材料表面某些不平整位置形成强电场，所以会吸引大量锂离子在该处析出。该部分锂金属由于在下半个周期内无法全部氧化成锂离子，进而容易形成"死锂"，并造成电极的可用锂离子数下降，导致动力电池容量不可逆地衰减。

锂离子动力电池在低频交流激励时的电极反应机理示意图如图 8-17 所示，此时虽然嵌锂和脱锂交替进行，但由于激励频率过低，电化学反应的周期过长，在嵌锂过程中析出大量的锂乃至形成锂枝晶；在脱锂过程中，析出的锂由于从靠近负极一侧开始反应，导致部分锂脱离负极，无法再参与电极反应，形成

"死锂",对动力电池容量造成永久损伤,影响动力电池的使用寿命。

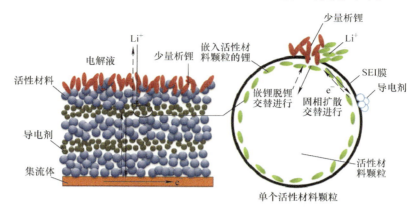

图8-17 低频交流激励时的动力电池电极反应机理

在限定激励电流幅值的前提下,随着交流激励频率的提高,电化学反应周期变短。前半周期内积累较少的反应生成物,在后半周期内能够被完全消耗掉,形成可逆析锂过程。因此,动力电池在整个交流激励的过程中不会有析锂的积累,该过程的电极反应机理如图8-18所示。

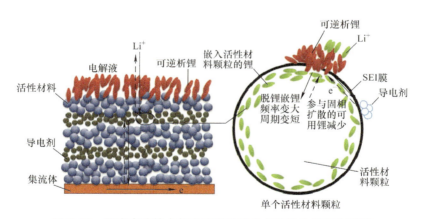

图8-18 限定电流的中频交流激励动力电池的电极反应机理

在限定激励电流幅值的前提下,随着交流激励频率的继续提升,周期继续缩短,前半周期内嵌锂反应产生的锂较少,负极颗粒表面锂浓度未达到析锂阈值时便被后半周期的脱锂反应过程所消耗,整个交流激励过程中不会出现析锂,不会对动力电池的容量造成永久性损伤,该过程的电极反应机理如图8-19所示。

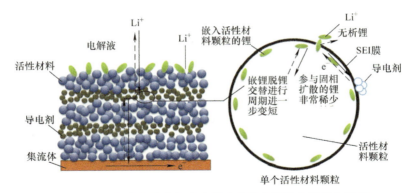

图 8-19 限定电流的高频交流激励动力电池的电极反应机理

如图 8-20 所示，在低温交流加热过程中，动力电池的温升速率随激励电流幅值增大而升高。但是当激励电流幅值过大时，动力电池端电压超过许用电压值，会影响动力电池循环寿命，严重时甚至导致热失控等安全事故。

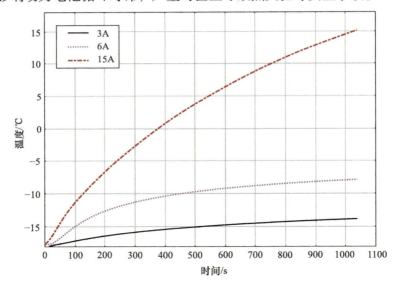

图 8-20 激励电流幅值对温升速率的影响

另一方面，动力电池的温升速率随激励电流频率的减小而升高，如图 8-21 所示。但是在低温环境下，若激励电流的频率过小，易发生析锂现象。严重时，甚至造成动力电池内部短路，危害动力电池安全。

因此，应用交流激励对动力电池加热时，激励电流幅值和激励频率的取值不应仅关注其对温升速率的影响，还需兼顾动力电池安全性能和健康状态。由图 8-20 和图 8-21 可见，激励电流幅值远大于激励电流频率对动力电池温升速率的影响。为降低计算复杂度，同时兼顾动力电池的温升速率和寿命安全，下一小节将详细介绍一种定频率变幅值的自适应梯度加热方法。

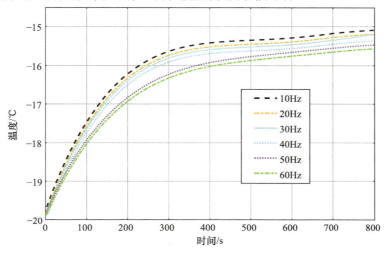

图 8-21　幅值为 3A 下激励频率对温升速率的影响

8.2.3　自适应梯度加热方法

1. 动力电池热平衡方程

18650 型动力电池内部和表面的温升速率基本一致，因此可将 18650 型动力电池视为一个整体，动力电池的温升速率表达式为

$$mc_p \frac{\partial T}{\partial t} = q - q_n \tag{8-5}$$

式中，m 为单体质量；c_p 为比热容；T 为温度；t 为时间；q 为生热率；q_n 为散热率。

q_n 的计算公式由牛顿冷却定律得出，为

$$q_n = hS_{sur}(T - T_{amb}) \tag{8-6}$$

式中，h 为对流系数；S_{sur} 为动力电池表面积；T_{amb} 为环境温度。

2. 最优激励电流幅值的计算

对电池施加正弦交流激励时，电池产热率 q 的计算公式为

$$q = \left(\frac{i}{\sqrt{2}}\right)^2 R_Q \tag{8-7}$$

式中，i 为激励电流幅值；R_Q 为实部阻抗（与温度有关，可由 EIS 离线获取）。

根据 B-V 方程，极化电流 i_D 的数学表达式为

$$i_D = Si_0\left\{\exp(\frac{\alpha_a F\eta}{RT}) - \exp(-\frac{\alpha_c F\eta}{RT})\right\} \qquad (8\text{-}8)$$

式中，S 为动力电池电极表面积；η 为负极颗粒表面过电势，为保证负极表面不析锂，η 须大于零，故 $\exp(\frac{\alpha_a F\eta}{RT}) \gg \exp(-\frac{\alpha_c F\eta}{RT})$，式（8-8）可化为

$$\ln\left(\frac{i_D}{Si_0}\right) = \frac{\alpha_a F}{RT}\eta \qquad (8\text{-}9)$$

根据有理逼近原理，式（8-9）可做如下变换：

$$\ln\left(\frac{i_D}{Si_0}\right) = \frac{2\frac{i_D}{Si_0} - 2}{1 + \frac{i_D}{Si_0}} \qquad (8\text{-}10)$$

$$\frac{2\frac{i_D}{Si_0} - 2}{1 + \frac{i_D}{Si_0}} = \frac{\alpha_a F}{RT}\eta \qquad (8\text{-}11)$$

$$i_D = \frac{i_0 S\left(2 + \frac{\alpha_a F}{RT}\eta\right)}{2 - \frac{\alpha_a F}{RT}\eta} \qquad (8\text{-}12)$$

根据图 8-11 所示的原理，极化电压 U_D 可以表达为

$$U_D = U_{OC} - U_t - R_i i \approx \eta \qquad (8\text{-}13)$$

根据电容与电压电流的关系，有

$$C_D\frac{dU_D}{dt} = i - i_D \qquad (8\text{-}14)$$

对式（8-14）进行离散化并代入式（8-12），有

$$\frac{(U_{D,t+\Delta t} - U_{D,t})}{\Delta t} = \frac{i_t}{C_D} - \frac{i_0 S\left(2 + \frac{\alpha_a F}{RT}U_{D,t}\right)}{C_D\left(2 - \frac{\alpha_a F}{RT}U_{D,t}\right)} \qquad (8\text{-}15)$$

在 $t+\Delta t$ 时刻的动力电池端电压 U_t 可以表示为

$$U_{t,t+\Delta t} = U_{OC,t+\Delta t} - U_{D,t+\Delta t} - i_{t+\Delta t}R_i \quad (8\text{-}16)$$

由式（8-15）和式（8-16）可以得到 $t+\Delta t$ 时刻的交流激励电流幅值 $i_{t+\Delta t}$ 为

$$i_{t+\Delta t} = \frac{(U_{OC,t+\Delta t} - U_{t,t+\Delta t})}{R_i} - \frac{U_{D,t}}{R_i} - \frac{i_t \Delta t}{C_D R_i} + \frac{i_0 S(2 + \frac{\alpha_a F}{RT}U_{D,t})\Delta t}{C_D R_i \left(2 - \frac{\alpha_a F}{RT}U_{D,t}\right)} \quad (8\text{-}17)$$

动力电池端电压约束条件为

$$U_{t,\min} \leq U_t \leq U_{t,\max} \quad (8\text{-}18)$$

结合式（8-17）、式（8-18）得到许用激励电流上下幅值 $i_{upper\_max,t+\Delta t}$、$i_{lower\_max,t+\Delta t}$ 为

$$i_{lower\_max,\ t+\Delta t} = \frac{(U_{OC,t+\Delta t} - U_{t,\max})}{R_i} - \frac{U_{D,t}}{R_i} - \frac{i_t \Delta t}{C_D R_i} + \frac{i_0 S(2 + \frac{\alpha_a F}{RT}U_{D,t})\Delta t}{C_D R_i \left(2 - \frac{\alpha_a F}{RT}U_{D,t}\right)} \quad (8\text{-}19)$$

$$i_{upper\_max,\ t+\Delta t} = \frac{(U_{OC,t+\Delta t} - U_{t,\min})}{R_i} - \frac{U_{D,t}}{R_i} - \frac{i_t \Delta t}{C_D R_i} + \frac{i_0 S(2 + \frac{\alpha_a F}{RT}U_{D,t})\Delta t}{C_D R_i \left(2 - \frac{\alpha_a F}{RT}U_{D,t}\right)} \quad (8\text{-}20)$$

最优激励电流幅值 $i_{opt,t+\Delta t}$ 为

$$i_{opt,t+\Delta t} = \min(i_{upper\_max,t+\Delta t}, i_{lower\_max,t+\Delta t}) \quad (8\text{-}21)$$

需要说明的是，R_i、C_D、i_0 由参数辨识方法得到，具体计算流程参考第 3 章遗传算法参数辨识方式。模型的离散化表达式为

$$\begin{cases} U_t(t) = U_{OC} - i(t)R_i - U_D(t) \\ U_D(t) = U_D(t-\Delta t) + \Delta t \dfrac{i(t-\Delta t)}{C_D} - \Delta t \dfrac{i_0}{C_D} \sinh\left[\dfrac{\alpha_a F}{RT}U_D(t-\Delta t)\right] \end{cases} \quad (8\text{-}22)$$

该方法是在保证动力电池使用寿命和操作安全的前提下，尽量减少供能系统能量损耗并缩短加热时间。该方法根据传感器获取当前动力电池的温度、端电压及环境温度等数据信息，及时计算和更新交流激励电流幅值并施加给动力电池，使激励电流处于动力电池允许的承载电流范围内，以确保动力电池的端电压不超限，提高动力电池低温工作性能，保障动力电池的可靠运行，其加热流程如图 8-22 所示，具体实施步骤如下：

① 动力电池数据实时采集。开展交流加热前，传感器测量当前动力电池温度和环境温度。

② 交流加热预判断。判断是否需要进行交流加热：当动力电池的温度高于设定阈值时，不需要进行交流加热，汽车可正常起动或工作；当动力电池的温度低于设定阈值（阈值一般为 0℃、5℃、10℃等）时，需要进行交流加热。

③ 算法启动，系统参数获取。获取动力电池当前 SOC、温度、端电压等信息，根据理论模型及实验数据，获取 C_D、i_0、R_D 值。车辆起动预热前，一般经过至少 6h 的泊车时间，此时动力电池的端电压值趋近于开路电压值。因此，将预热前的动力电池端电压作为当前时刻的开路电压初始值。

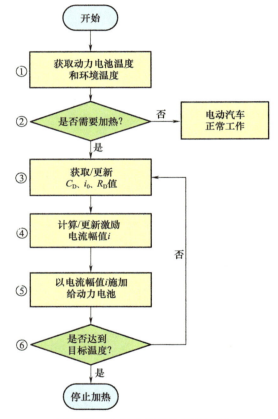

图 8-22 自适应梯度加热流程图

④ 最优激励电流幅值计算。根据式（8-19）~式（8-21），计算最优的激励电流幅值。

⑤ 执行交流激励。将步骤④中得到的最优激励电流幅值施加给动力电池，开展交流激励。

⑥ 加热终止条件判定。判断动力电池是否达到目标温度，若是，则停止交流加热；若否，则跳转执行步骤③。

8.2.4 自适应梯度加热实例

以动力电池 8- 单体 1（初始 SOC=50%）及电池单体 2~ 电池单体 5 组成的四串动力电池组（初始 SOC=50%）开展定频率自适应梯度加热方法的评估（为保证动力电池较快的温升速率，同时兼顾动力电池的寿命安全，选取 10Hz 定频加热）。本示例使用电化学工作站对电池进行交流阻抗测试以获取参数，由双极性电源提供交流激励，恒温箱提供稳定的低温外部环境，配套测试设备 Arbin-BT2000 实时测量电压、温度。

EIS 实验数据（图 8-23）在 −20 ~10℃温度区间（每隔 2℃）下获得，以计算 10Hz 不同温度下动力电池的实部阻抗。

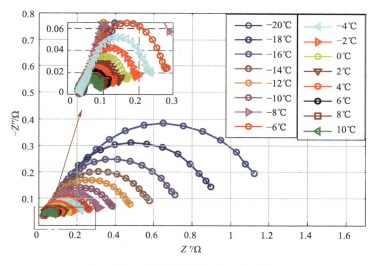

图 8-23　不同温度下的 EIS 实验结果

交流加热前，将动力电池在 −20℃环境温度下静置 4h 以上，以确保动力电池内外部温度分布一致，然后进行自适应梯度加热，记录动力电池的温升。每经历 10 个加热循环，测试一次动力电池容量。需要说明的是，因交流加热设备无法实现自动控制，故每隔 2℃计算更新一次激励电流幅值。图 8-24 所示为动力电池 8- 单体 1 不同温度下激励电流幅值曲线，图 8-25 所示为动力电池 8- 单体 1 加热时的温度曲线。

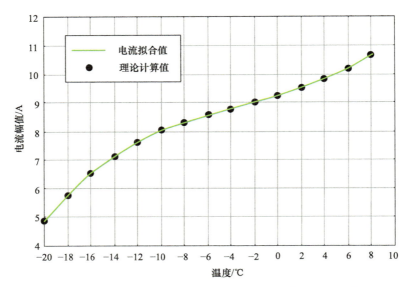

图 8-24 动力电池 8-单体 1 不同温度下激励电流幅值曲线

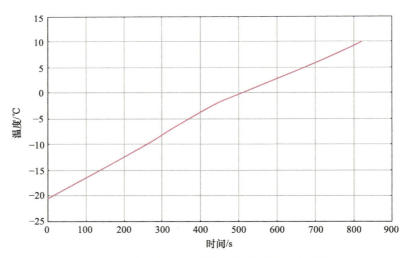

图 8-25 动力电池 8-单体 1 加热时的温度曲线

图 8-26 所示为四串动力电池组加热时的温度曲线。图 8-27 所示为循环加热后动力电池充放电容量的衰减情况。

如图 8-25 和图 8-26 所示，自适应梯度加热方法在 13min42s 和 12min24s 内分别将动力电池单体和四串动力电池组从 -20.3℃ 加热到 10.02℃，温升速率分别为 2.21℃/min 和 2.47℃/min，且四串动力电池组的温升一致性较好。因此，自适应梯度加热方法可以实现较为理想的短时高效的温升效果，同时对动力电池寿命无明显影响，可以考虑作为动力电池在低温环境下应用的预热方法。

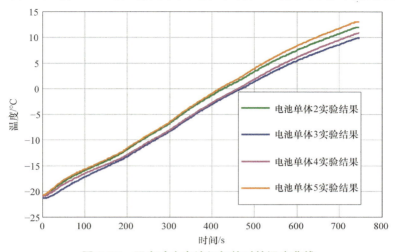

图 8-26　四串动力电池组加热时的温度曲线

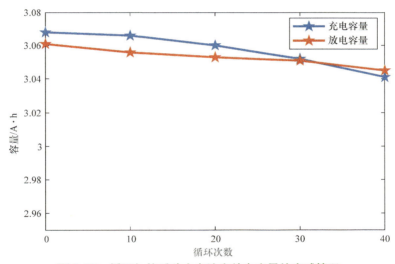

图 8-27　循环加热后动力电池充放电容量的衰减情况

8.3　复合加热方法

为了更好地满足动力电池快速加热的需求，同时使用两种及以上加热方法对动力电池进行加热，可以有效避免单一加热方式的局限性，达到快速安全加热的目的。

常用的复合加热方式如下:

① 结合发热元件外部加热与交流激励内部加热的方式,该方式常用于动力电池的低温快速预热。

② 结合发热元件产热和相变材料定温效果的方式,该方式常用于中短途固定路线车辆行驶时动力电池的性能保持。

③ 结合对流式加热法与相变材料式加热法的方式,既可用于加热也可用于制冷,并通过器件复用降低系统冗余度。

8.3.1 复合加热原理

本节提出的复合加热方法结合了宽线金属膜加热和交流加热两种加热方法。

宽线金属膜加热方法采用类似于 8.1.1 小节中所述电热膜加热方法,由于圆柱体电池的体积较小,应用于该类型电池的宽线金属膜结构较为简单,即在动力电池表面覆盖的一条连续的、具有一定宽度且表面覆有绝缘耐磨层的铜膜,如图 8-28 所示。电流通过铜膜时,铜膜发热,产生的热量均匀地传递给电池,从而实现对动力电池的加热。

本小节采用的交流加热法为 8.2 节中介绍的自适应梯度加热方法,其流程如图 8-22 所示。在本小节提出的复合加热法中,动力电池与宽线金属膜以串联方式连接,同时宽线金属膜贴合在动力电池表面,如图 8-29 所示。在需要进行低温加热时,外部电源施加的交流电流经动力电池和宽线金属膜生热,实现对动力电池复合加热。

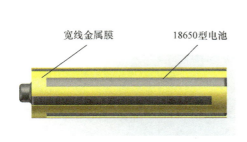

图 8-28　宽线金属膜加热法原理及结构图

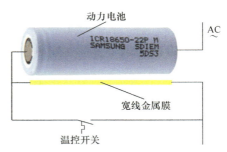

图 8-29　低温复合加热结构示意图

该方法通过温控开关控制电池是否进行加热:需要进行低温加热时,温控开关断开,外部施加交流电流经宽线金属膜与动力电池;不需要进行低温加热时,温控开关闭合,宽线金属膜不通过电流,动力电池可正常进行充放电。由于动力电池内阻影响电池生热率,对于动力电池不一致性较大的电池系统,可通过调整宽线金属膜的通电时间或电流幅值改变单体电池产热量,从而提高动力电池系统温度一致性。

8.3.2 复合加热实验流程

复合加热实验流程一般分为三步：①通过电池测试实验获取动力电池参数；②依据获取到的参数进行激励电流阈值计算与电池升温速率仿真；③开展动力电池的复合加热实验。

首先，对于一款动力电池而言，应对其开展不同温度下的特性实验，如通过对动力电池在不同温度下的 EIS 实验可以获取动力电池在不同温度点下的各项阻抗参数，为下一步计算动力电池在不同温度下的最大许用电流提供参数基础，并根据动力电池结构设计宽线金属膜。

其次，在明确动力电池的使用场景及温度区间后，需要依据特性实验的结果以及 8.2 节中的相关内容计算在不同温度和一定频率下可以施加给动力电池的最大许用电流幅值，并依据交流电幅值和识别出的电池阻抗计算动力电池和宽线金属膜的产热速率。

第三，开展动力电池的复合加热实验，由于在复合加热过程中动力电池的参数始终动态变化，最大许用电流也相应不断改变。为减少计算成本并使每一时刻的加热电流趋近于最大许用加热电流，可采取每隔一个温度步长计算并更新一次交流激励电流幅值的方式，本小节使用的温度步长为 2℃。低温复合加热流程如图 8-30 所示。

复合加热流程如下：

① 动力电池数据实时采集。开展低温复合加热前，获取动力电池当前温度和环境温度。

② 低温复合加热预判断。判断是否需要进行低温复合加热，当动力电池的温度高于设定阈值时，不需要进行低温复合加热；当动力电池的温度低于设定阈值时，需要进行低温复合加热。

③ 算法启动，参数获取/更新。获取动力电池当前 SOC 值、当前温度和端电压等信息，根据 BMS 内预存的模型及实验数据，获取动力电池阻抗值。车辆起动预热前，一般经过数小时的泊车时间，此时动力电池的端电压值趋近于开路电压值，可将此时的动力电池端电压作为当前时刻的开路电压初始值。

④ 计算/更新许用电流幅值。根据式（8-19）~式（8-21），计算许用激励电流幅值。

⑤ 对加热系统施加电流激励。将计算得到的许用激励电流施加在动力电池和宽线金属膜串联电路的两端，实施低温复合加热。

⑥ 电池温度提升幅度判断。本例中规定温度步长为 2℃。如在本次许用电流激励下电池温度提升 2℃，则执行步骤⑦判断是否达到最终目标温度；若否，则跳转至步骤⑤继续使用该电流激励对电池实施加热。

⑦ 目标温度判断。判断动力电池的当前温度是否到达目标温度：若是，已达到加热目的，停止加热；若否，则跳转至步骤③更新交流激励电流幅值。

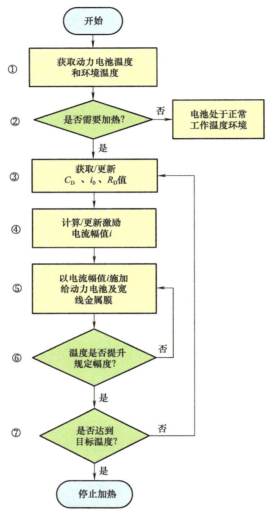

图 8-30　低温复合加热流程

8.3.3　复合加热实例

以动力电池 8- 单体 6 为研究对象、以宽线金属膜 - 交流电加热法为例，进行复合加热方法的效果评价。实验使用双极性电源提供交流激励、电化学工作站标定电池参数、高低温试验箱提供稳定的低温环境和 Arbin-BT2000 实时测量电流、电压和温度。宽线金属膜选用金属铜为发热材料，铜电阻率随温度的变化曲线如图 8-31 所示，由此可以计算宽线金属膜的阻值随温度的变化规律。

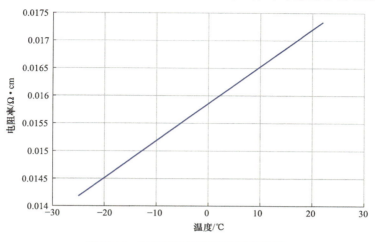

图 8-31 铜电阻率随温度的变化曲线

为了研究宽线金属膜-交流电加热法的性能表现，本复合加热实例使用在 -20℃下静置超过 5h 且容量为 50% SOC 的 18650 型电池，在同等实验条件下分别使用交流电加热法、宽线金属膜加热法和复合加热法对电池进行加热，结果如图 8-32 所示。从图中可见，将动力电池从 -20℃ 加热至 5℃，复合加热法、交流电加热法、宽线金属膜加热法分别用时 7min51s、9min45s、36min48s。经计算，上述三种方法的平均温升速率分别为 3.20℃/min、2.62℃/min、0.68℃/min。通过记录交流电源的输出电压和电流，计算得到上述三种方法的能耗分别为 3.40W·h、4.40W·h 和 1.20W·h。

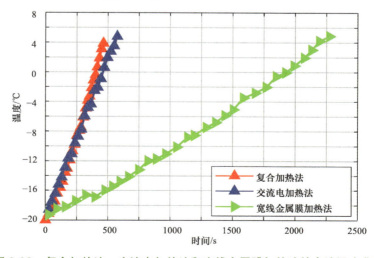

图 8-32 复合加热法、交流电加热法和宽线金属膜加热法的电池温度曲线

与交流电加热法相比，复合加热法的加热速率提升了22.1%，且能耗降低了22.7%；与宽线金属膜加热法相比，复合加热法的加热速率提升了370.6%，但能耗增加了183.3%。由此可见，复合加热法相比交流电加热法和宽线金属膜加热法有更好的加热效果。值得一提的是，复合加热法在提升加热性能的同时也增加了系统的复杂度。

8.4 本章小结

本章介绍了动力电池低温加热的常用方法及分类，并简要分析了各个方法的实现途径；详细描述了实现交流电加热的理论依据；介绍了一种自适应梯度加热方法，该方法可在13min42s内将动力电池单体从−20.3℃加热到10.2℃，温升速率达到2.21℃/min，且对动力电池循环寿命无明显影响，实现了动力电池的低温快速安全加热；介绍了一种基于宽线金属膜加热法与交流电加热法的动力电池复合加热方法，该方法可在7min51s内将动力电池从−20℃加热到5℃，加热速率为3.20℃/min，相比宽线金属膜加热法与交流电加热法进一步提升了加热速率。

动力电池优化充电

动力电池充电是其重要工作过程,与其寿命衰减和安全应用关系密切。统计表明,近三成的新能源汽车自燃起火事故发生在充电阶段,动力电池充电方法的发展不再仅着眼于加快充电速度、提高用户体验,还要保证新能源汽车充电过程的安全性、可靠性和耐久性。因此,在缩短动力电池充电时间、提高充电效率的同时保证动力电池安全性、可靠性和耐久性,是近年来新能源汽车发展的研究重点和难点。早期的动力电池充电方法主要是恒流充电方法和恒压充电方法,经过不断发展完善衍生出恒流恒压充电方法、以连续交变电流为激励的交流充电方法、以模型为基础的系列优化充电方法以及近年来热门的快速充电方法等。

9.1 恒流和恒压充电方法

9.1.1 恒流充电

恒流(Constant Current,CC)充电是指动力电池充电过程中电流保持不变的充电方式,一般以充电时长或端电压阈值(上截止电压)作为终止条件。该方法的优点是在动力电池容量确定的基础上可以事先通过充电倍率的设计来判断充电需要的时间。恒流充电方法需要以SOC准确估计为前提,但SOC估计算法难免存在误差,恒流充电方法的充电时长往往难以准确估计,常以限制充电量来保障安全。

根据充电电流大小,恒流充电可以细分为涓流充电方法和标准恒流充电方法。涓流充电方法的电流较小(一般小于$0.1C$),其充电过程对动力电池的损伤较小,但是充电时间漫长,主要适用于动力电池的修复和激活。相比之下,标准恒流充电方法的电流较大(一般在$0.3C \sim 1C$之间),其充电时间较短,实现方式简单。

动力电池在恒流充电的末期可能会受到损伤,因为动力电池的可接受电流能力会随着充电过程的推进而下降，如图 9-1 所示。由图 9-1 可见，引发动力电池析气的临界充电倍率随着 SOC 的增加而逐渐降低，若动力电池长时间以恒流充电方式充电，析气的风险会增大。动力电池一旦发生析气，内部晶格框架就极易发生崩塌，使用寿命会相应降低。

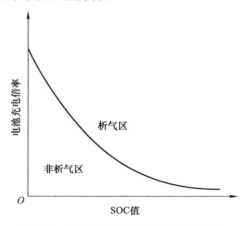

图 9-1　某铅酸电池可接受的电流曲线

9.1.2　恒压充电

恒压（Constant Voltage，CV）充电是在动力电池充电过程中端电压保持不变的充电方式。在恒压充电的过程中，动力电池的电流会随着端电压的升高逐渐减小，通常以电流阈值（截止电流）作为终止条件。恒压充电方法可以通过设计合理的充电电压来避免过充电和充电电流过大。

动力电池的满电点（SOC=100%）一般是由充电达到上截止电压状态下的截止电流大小来定义的，因此恒压充电方法可以通过设计合理的充电电压和截止电流来保证动力电池充满电。

恒压充电方法可能会在充电初始阶段损伤动力电池容量，因为恒压充电的充电电流在较低 SOC 情况下往往数值巨大，一旦超过动力电池的可接受电流能力，突破图 9-1 所示的析气临界充电倍率，动力电池的内部晶格框架极易发生崩塌，导致充电温度上升，使用寿命下降。

9.1.3　恒流恒压充电

恒压充电方法虽然可以保证动力电池充满电，但可能会在充电初期损伤动力电池，相比之下，恒流充电方法的电流稳定可控，但充电末期存在过充电风险，且无法充满电。因此，有人提出一种能够有效结合上述两种充电方法优势的恒流恒压（Constant Current Constant Voltage，CCCV）充电方法。该方法首先采用设定好的恒定电流对动力电池进行充电，直到动力电池电压达到预设值后切换为恒压充电，最终以充电电流达到截止电流值为终止条件，具体的充电过程如图 9-2 所示。一般来说，CCCV 充电方法以恒流充电过程为主，其充入的电量占总充入电量的 85% 以上，该值与新旧程度相关。

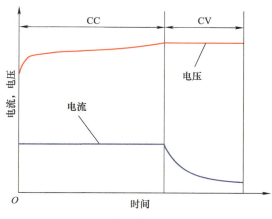

图 9-2　恒流恒压充电曲线

CCCV 充电方法的优点在于对动力电池的损伤较小、通用性强、方法简单、硬件电路易于实现，因而被广泛应用，是目前锂离子动力电池应用中最为常见的充电方式。

CCCV 充电方法也面临诸多问题。例如，为了提高充电速率，通常在恒流充电阶段设计较大电流来缩短充电时间，但较大的电流加剧了动力电池内部副反应，影响循环使用寿命。此外，随着动力电池容量的衰减，充电过程极化电压增大，电压上升变快，反而导致提前进入恒压阶段，充电耗时增长，难以适用于快速充电的场合。

针对上述不足，传统 CCCV 充电方法演变出多种改进方式，如涓流 - 恒流 - 恒压（Trickle Charge-Constant Current-Constant Voltage，TC-CC-CV）充电法。该方法在传统 CCCV 充电方法的 CC 阶段前增加了一个涓流充电阶段，充电过程如图 9-3 所示。涓流充电只在动力电池深度放电时（电压低于涓流开启阈值 U_1）激活，当电压高于 U_1 后，终止涓流充电，激活恒流直至电压到达上截止电压，

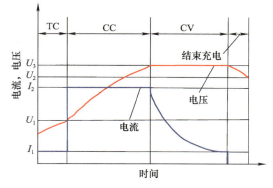

图 9-3　TC-CC-CV 充电方法的充电电流曲线

最后进入 CV 充电阶段。TC-CC-CV 充电方法虽然在涓流阶段以较低的充电电流充电，增加了充电时间，但也延缓了动力电池的老化。

除了增加涓流充电阶段以外，还可以在传统 CCCV 充电方法的 CC 阶段前增加一个 CV 阶段，如图 9-4 所示。该方法常被称为 Boost 充电方法，可以有效加快充电速度。

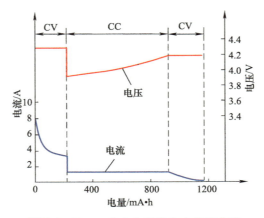

图 9-4　Boost 充电方法的充电电流曲线

图 9-5 给出了另一种针对传统 CCCV 方法的 CV 阶段进行改进的充电方法。该方法在 CV 阶段引入了优化设计的恒流 - 灰色预测（CC-Grey Prediction，CC-GP）充电阶段，其特点是根据恒流过程中的电压变化建立灰色预测模型，提前获得动力电池未来一段充电时间后的电压值。灰色模型用 GM（m，n）表示，其中 m 为阶数，n 为变量个数，GM（m，n）的微分方程定义为

$$\frac{d^m x_1}{dt^m} + a_1 \frac{d^{m-1} x_1}{dt^{m-1}} + \cdots + a_{m-1} \frac{dx_1}{dt} + a_m x_1 = b_1 + b_2 x_2 + \cdots + b_n x_n \quad (9\text{-}1)$$

式中，x_1 为输出变量；x_2，x_3，$\cdots$，x_n 为输入变量；a_1，a_2，$\cdots$，a_m 和 b_1，b_2，$\cdots$，b_n 为需要确定的系数。GM（1，1）表示单变量和一阶线性动态模型，是最简单、最常用的灰色模型，通常用于处理非负序列，考虑到动力电池电压始终为正，所以该模型可以应用于动力电池充电过程的电压预测。GM（1，1）利用历史时刻的电压序列可以预测动力电池电压 $\hat{v}_0$，具体步骤如下。

第一步：获取原始电池电压序列：

$$U^{(0)} = \left\{ u^{(0)}(1), u^{(0)}(2), \cdots, u^{(0)}(n) \right\} \quad (9\text{-}2)$$

式中，$u^{(0)}(1)$，$u^{(0)}(2)$，$\cdots$，$u^{(0)}(n)$ 为电池电压。

第二步：将电压序列累加，得到一个非减序列：

$$U^{(1)} = \{u^{(1)}(1), u^{(1)}(2), \cdots, u^{(1)}(n)\} \quad (9\text{-}3)$$

式中，$u^{(1)}(k) = \sum_{i=1}^{k} u^{(0)}(i), k = 1, 2, \cdots, n$。

第三步：根据式（9-1），拟合指数电压函数为

$$\frac{\mathrm{d}\hat{u}^{(1)}(t)}{\mathrm{d}t} + a\hat{u}^{(1)}(t) = b \quad (9\text{-}4)$$

式中，a 和 b 为待求解参数。

因此，预测的电池电压 $\hat{u}$ 最终被描述为

$$\hat{u} = u^{(0)}(k+1) = (\mathrm{e}^{-a} - 1)\left[u^{(0)}(1) - \frac{b}{a}\right]\mathrm{e}^{-a(k-1)} \quad (9\text{-}5)$$

图 9-5 所示为 CCCV 和 CC-GP 充电模式的示意图，其中 r_r 为封装电阻。可见，图 9-5 两种充电模式中的 CC 模式是相同的，CC-GP 充电模式通过引入 GP 模式取代 CV 模式，以便在安全的条件下进行充电过程，并减少充电时间。

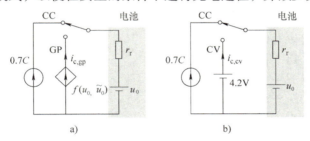

图 9-5　CCCV 和 CC-GP 充电模式示意图

a) $\beta \neq 0$　b) $\beta = 0$

GP 阶段的最佳充电电流可通过下式求解：

$$i_\mathrm{c,gp} = \min\left(I_\mathrm{max}, \frac{U_\mathrm{max} - u_\mathrm{o}}{r_\mathrm{r}} + \beta \frac{U_\mathrm{max} - \tilde{u}_\mathrm{o}}{r_\mathrm{r}}\right) \quad (9\text{-}6)$$

式中，I_max 为最大许用充电电流；U_max 为上截止电压；β 为增强因子；$i_\mathrm{c,gp}$ 为优化电流；r_r 为内阻；u_o 为动力电池开路电压；$\tilde{u}_\mathrm{o}$ 为动力电池开路电压预测值。

以 $I_\mathrm{max} = 0.7C$、$U_\mathrm{max} = 4.2\mathrm{V}$ 为例，该方法可描述为图 9-5a 所示的充电模式，特别当 $\beta = 0$ 时，$i_\mathrm{c,\,gp} = (4.2 - u_\mathrm{o})/r_\mathrm{r}$，该方法退化为 CCCV 充电方法，如图 9-5b 所示。

图 9-6 所示为 CC-GP 充电方法和 CCCV 充电方法的充电电流曲线对比图。从图中可见，CC-GP 充电方法具有更短的充电时间，提高了充电效率。实际上，

面对早年动力电池精准建模技术尚未成熟的时期，CC-GP 充电方法为动力电池快速充电问题提供了一种从时间序列角度出发的解决思路。

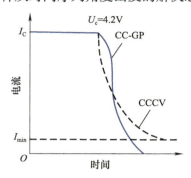

图 9-6　CC-GP 充电方法和 CCCV 充电方法的充电电流曲线对比图

9.1.4　多阶恒流充电

多阶恒流充电方法是一种仅由 CC 充电阶段构成的动力电池充电方法，其充电过程可以由多个 CC 充电阶段组成。当动力电池在第一个恒流充电阶段达到了设定的电压或 SOC 后，跳转至下一个恒流充电阶段，以此类推。每个恒流充电阶段的设计电流呈现阶梯式逐级递减，以遍历动力电池预设的所有恒流充电阶段为充电终止条件。按照阶与阶之间跳转条件的不同，多阶段恒流充电方法可以分为以电压为跳转条件的充电方式和以 SOC 为跳转条件的充电方式，如图 9-7 所示。

9.1.5　脉冲充电

脉冲充电方法早年主要应用于铅酸电池的快速充电中，后来人们发现脉冲充电应用于锂离子动力电池能够消除极化、减少充电时间，因此也成为锂离子动力电池的一种充电方

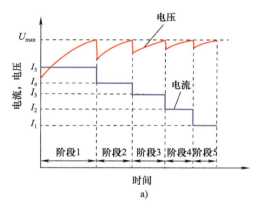

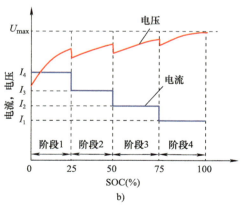

图 9-7　多阶段恒流充电曲线

a）以电压为跳转条件　b）以 SOC 为跳转条件

式。脉冲充电方法的主要特点是降低或消除动力电池的极化电压、提高动力电池在下一个充电周期的接受能力，从而获得更高的平均电流，减少充电时间。

图 9-8 所示为脉冲充电曲线，脉冲充电一般由若干个以 T_c 为时间周期的子过程组成，每个子过程分为两个阶段：第一阶段，动力电池以 I_c 恒流充电 T_d 时长；第二阶段，动力电池以小电流 I_d 恒流放电（T_c-T_d）时长，I_d 可以为 0。随着充电的进行，动力电池端电压持续升高，该方法以端电压达到预定上截止电压为终止条件。上述过程的参数设置需要保证脉冲充电全过程的充入电量大于放出电量。除了通过施加脉冲电流来实现脉冲充电以外，实际上也可以通过在动力电池两端施加脉冲电压的方式来实现。

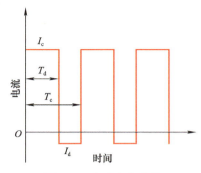

图 9-8 脉冲充电曲线

对于动力电池充电过程，锂离子在电解液中的扩散和锂在固相颗粒中的缓慢扩散共同形成了浓差极化。一般来说，锂离子的扩散速率是影响锂离子动力电池充电倍率的主要原因，如果使动力电池内部离子浓度保持在准平衡状态，那么充放电效率就可以得到提高。因此，脉冲充电可以有效降低极化电压，其脉冲幅值的大小和脉冲频率是影响充电策略优劣的关键性参数。

常见的电流脉冲充电方法是恒幅值、恒频率、恒占空比的电流脉冲充电方法。该类方法可以分别通过周期性静置、周期性减小充电电流或周期性施加反向电流来降低或消除动力电池的极化，如图 9-9 所示。

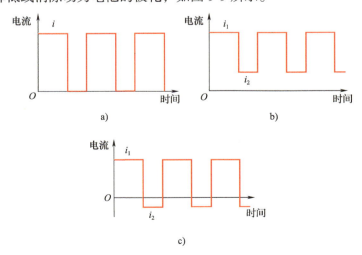

图 9-9 恒幅值、恒频率、恒占空比的电流脉冲充电方法下的充电电流曲线
a）周期性静置　b）周期性减小充电电流　c）周期性施加反向电流

此外，还可以通过改变脉冲充电电流的幅值和频率来实现不同的充电效果。图 9-10 所示为恒幅值变频率的充电方法和变幅值恒频率的充电方法的电流曲线。

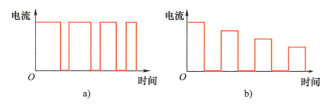

图 9-10　电流脉冲方法下的充电电流曲线

a）恒幅值变频率的充电方法　b）变幅值恒频率的充电方法

类似地，电压脉冲充电方法也可以通过改变占空比和频率来提高充电性能。

变占空比电压脉冲充电方法的占空比一般可以使用变占空比电压脉冲充电器（Duty-Varied Voltage Pulse Charger，DVVPC）来构造，通过求解对应的平均电流可以确定最佳占空比值。图 9-11 展示了 DVVPC 的工作时间序列，其中，T_F、T_S 和 T_C 分别对应完全充电检测模式（FCDM）、传感模式（SM）和充电模式（CM）。该方法的关键步骤如下：第一步，控制器在 FCDM 模式下检测动力电池的充电状态，如果动力电池充满电，则充电过程完成，否则进入下一步；第二步，SM 段改变占空比 D，并计算对应占空比的平均电流 i_b，定义脉冲充电因子 $\eta=i_b/D$ 以反映最优占空比 $D_S=\{D_n|\max(\eta(n)), n=1,\cdots,N\}$；第三步，使用由 CM 中产生的具有适当负载 D_S 的电压脉冲在充电期间 T_C 内对动力电池进行充电。

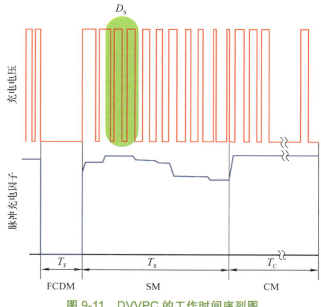

图 9-11　DVVPC 的工作时间序列图

图 9-12 显示了 DVVPC、CCCV 和固定占空比为 50% 的电压脉冲充电策略（Duty-Fixed Voltage Pulse-charge，DFVPC）的充电电压曲线。考虑到 DVVPC 在 150min 之前的平均电流约为 0.23A，为了公平起见，CCCV 中的恒流值也设置为 0.23A。从图 9-12 可见，DVVPC、CCCV 和 DFVPC 的充电时间分别约为 190min、221 min 和 200 min，其中 DVVPC 具有更快的充电速率。

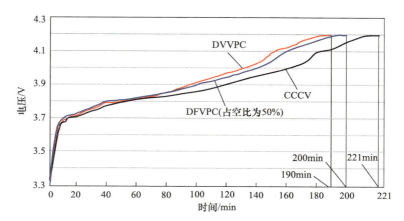

图 9-12　DVVPC、CCCV DFVPC（占空比 =50%）充电模式的充电电压曲线

与变占空比电压脉冲充电方法类似，变频电压脉冲充电方法使用变频脉冲充电器，以不同频率的电压对动力电池进行充电，并在此期间采集动力电池每个频率下的充电电流，计算平均值。该充电方法可以检测并动态跟踪最佳充电频率的可变频率脉冲，改善了动力电池充电响应，具体的平均电流值可以用下式计算：

$$N_{\text{avg},n} = \frac{1}{M}\sum_{m=1}^{M} N_{\text{ib},n}(m) \qquad (9\text{-}7)$$

式中，$N_{\text{ib},n}(m)$ 为以频率 f_n 脉冲充电下的第 m 个采样电流值；$N_{\text{avg},n}$ 为以频率 f_n 脉冲充电下由 M 个采样电流求出的平均电流值，其所对应频率的计算表达式为

$$f_{\text{optimal}} = \left\{ f_n \middle| \max(N_{\text{avg},n}), n=1,\cdots,N \right\} \qquad (9\text{-}8)$$

然而，与 CCCV 充电方法相比，脉冲充电在相同平均电流的情况下会生成更多的热量，而且这种现象会随着充电电流振幅的增大而变得更加明显。

9.2 交流充电方法

交流充电方法是一类采用连续周期性交变电流进行充电的动力电池充电方法，其中，正弦波充电（Sinusoidal Ripple Current，SRC）方法是具有代表性的交流充电方法之一。与脉冲充电方法不同，SRC 方法利用正弦电流与直流电流叠加作为充电电流，其电流值一直随着时间而变化。

SRC 方法可以利用动力电池电化学阻抗模型寻找最小阻抗所对应的频率作为最优充电电流频率。图 9-13 所示为动力电池电化学阻抗模型示意图。该模型包括电荷转移电阻 R_{ct}、Warburg 阻抗 Z_w、双层电容 C_d、欧姆电阻 R_0 和阳极电感 L_d。

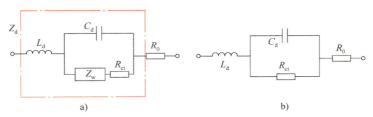

图 9-13　动力电池电化学阻抗模型示意图
a）阻抗模型　b）简化模型

Warburg 阻抗 Z_w 是由浓度极化引起的，可以用式（9-9）进行模拟：

$$Z_w = \frac{\sigma}{\sqrt{\omega}} - j\frac{\sigma}{\sqrt{\omega}} \tag{9-9}$$

式中，σ 为 Warburg 系数；ω 为工作角频率。

当频率很高时，Z_w 较小，可以忽略，因此可以采用图 9-13b 所示的简化阻抗模型代替。

设充电电流的频率为 w_s（或 f_s），动力电池的交流阻抗表示为

$$Z_{battery}(w_s) = \left[R_0 + \frac{\frac{R_{ct}}{(w_s C_d)^2}}{R_{ct}^2 + (\frac{1}{w_s C_d})^2}\right] + j\left[w_s L_d - \frac{\frac{R_{ct}^2}{w_s C_d}}{R_{ct}^2 + (\frac{1}{w_s C_d})^2}\right] \tag{9-10}$$

式中，$Z_{battery}$ 为频率相关阻抗，可用于求解 SRC 充电最佳工作频率下的最小化阻抗。

由式（9-10）推导可得最佳频率 f_{Zmin} 为

$$f_{Z\min}=\frac{1}{2\pi R_{ct}C_d}\sqrt{\kappa-1} \qquad (9\text{-}11)$$

式中，κ 的表达式为

$$\kappa=\frac{\sqrt{2R_0R_{ct}^3C_d^2+2L_dR_{ct}^2C_d+R_{ct}^4C_d^2}}{L_d} \qquad (9\text{-}12)$$

图 9-14 所示为 SRC 充电方法、CCCV 充电方法和使用相同频率的脉冲电流充电方法的充电电流、电压、电量和温度曲线。从图 9-14 可见，SRC 方法相较于其他两种方法具有更短的充电时间，虽然充入的电量相差不大，但具有更低的充电温升表现。

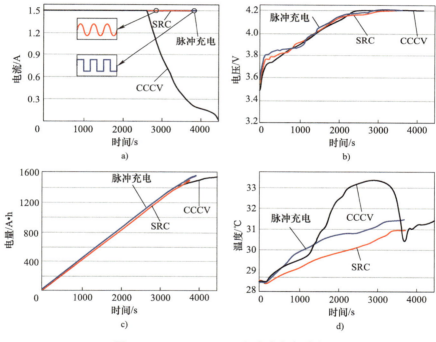

图 9-14　SRC、CCCV 和脉冲充电对比
a) 电流　b) 电压　c) 电量　d) 温度

值得注意的是，如果考虑 SRC 充电方法的直流分量，Z_w 显著大于 R_{ct}，但在低频极限下远小于 Z_d，此时整体阻抗变成

$$Z_{battery}(\omega)=R_0+R_{ct}+\frac{\sigma}{\sqrt{\omega}}-j\frac{\sigma}{\sqrt{\omega}} \qquad (9\text{-}13)$$

在式（9-9）中，当频率接近于 0 时，Z_w 为无穷大，此时图 9-13 中的电池

交流阻抗模型难以考虑 SRC 的直流分量，因此可以考虑使用二阶 RC 电路模型来准确预测电池性能。

9.3 基于模型的优化充电方法

动力电池模型提供了精确描述动力电池特性、便捷认识动力电池内部参数的有效手段。基于模型的优化充电方法是利用动力电池模型进行充电性能优化的一类充电方法，其核心是通过建模的方式掌握动力电池特性，并基于此制定面向预期优化目标的充电策略。基于模型的充电方法在动力电池内外特性方面提供了更深、更广的把控度，具有良好的应用前景。根据使用模型的不同，基于模型的优化充电方法包括基于等效电路模型的充电方法、基于电化学模型的充电方法等。

9.3.1 基于等效电路模型的方法

1. 等效电路 - 温度模型

基于等效电路模型的方法首先需要建立动力电池的等效电路模型，以 Thevenin 模型为例，假设模型参数在单位采样时间内可视为固定值，动力电池模型的极化电压和端电压为

$$U_{\text{D},k} = \exp(-\Delta t/\tau)U_{\text{D},k-1} + R_{\text{D}}i_{\text{L},k}\left[1-\exp(-\Delta t/\tau)\right] \quad (9\text{-}14)$$

$$U_{\text{t},k} = U_{\text{OC},k} + U_{\text{D},k} + i_{\text{L},k}R_{\text{i}} \quad (9\text{-}15)$$

温度通常是动力电池充电过程中广受关注的特性，因此可以通过建立温度模型来考虑充电过程中的动力电池温度变化。动力电池温度模型可以表达为

$$mc_{\text{p}}\frac{\partial T}{\partial t} = q - q_{\text{n}} \quad (9\text{-}16)$$

$$q_{\text{n}} = hS_{\text{sur}}(T - T_{\text{amb}}) \quad (9\text{-}17)$$

式中，m 为电池质量；c_{p} 为电池比热容；T 为温度；t 为时间；q 为产热率；q_{n} 为散热率；S_{sur} 为动力电池表面积；h 为对流系数；T_{amb} 为环境温度。

以 1s 为时间间隔，动力电池等效电路模型与温度模型之间的耦合关系可以由经离散化后的递推关系表达：

$$T_k = \exp\left(-\frac{hS_{\text{sur}}}{mc_{\text{p}}}\right) T_{k-1} + \left[1 - \exp\left(-\frac{hS_{\text{sur}}}{mc_{\text{p}}}\right)\right] \frac{q_k + hS_{\text{sur}} T_{\text{amb}}}{hS_{\text{sur}}} \quad (9\text{-}18)$$

$$q_k = (i_{\text{L},k})^2 R_{\text{i},k} + \frac{(U_{\text{D},k})^2}{R_{\text{D},k}} + \frac{\partial U_{\text{OC}}}{\partial T} T_k i_{\text{L},k} \quad (9\text{-}19)$$

式中，k 表示时刻；U_{OC} 对 T 的偏微分表示电动势温度系数，一般由动力电池实验测得。

动力电池等效电路模型与温度模型的耦合常应用于多阶恒产热率充电策略的研究。

2. 等效电路-功率损失模型

提高动力电池充电效率需要尽可能减少动力电池吸收能量时的功率损失。等效电路模型常与动力电池功率损失模型联合使用，以实现充电功率损失的最小化。

实现动力电池功率损失最小化的成本函数可以表达为

$$J = \left[\text{SOC}(t_{\text{f}}) - \text{SOC}^*\right]^2 + \int_0^{t_{\text{f}}} P_{\text{loss}} \mathrm{d}\tau \quad (9\text{-}20)$$

式中，t_{f} 表示充电末端时刻；SOC^* 为目标 SOC；P_{loss} 为瞬时功率损失，主要由电阻元件所致。

如果 $\text{SOC}(t_{\text{f}})$ 偏离了期望的 SOC^*，那么成本函数中的第一项就会随之增大，从而起到约束目标 SOC 的作用。成本函数中的约束条件通常有最大允许充电时间、电流上下限、电压上下限、最高充入电量等。

值得说明的是，等效电路-功率损失模型还可以引入温度作为状态变量，从而实现能量损失最小前提下的动力电池温度控制，起到一定的动力电池加热效果，有利于寒冷温度条件下的应用，减少动力电池系统的调温硬件配置。

9.3.2 基于电化学模型的方法

等效电路模型结构简单，无法考虑动力电池内部化学反应过程，因此可以采用具有更精细描述能力的电化学模型进行优化充电。一般来说，大电流充电会诱发锂离子动力电池内部的副反应，导致内部温度迅速上升。对锂离子动力电池而言，析锂是上述过程中一种最为常见的副反应。下面介绍如何通过基于电化学模型的充电方法来抑制析锂的产生，并在此前提下尽可能提高充电电流。该优化问题的数学模型为

$$I_{\text{opt}}(t) = \arg\min\nolimits_{I(t)} t_{\text{f}} \quad (9\text{-}21)$$

副反应模型为

$$\eta_{sr}(x,t) = \Phi_s(x,t) - \Phi_e(x,t) - U_{sr}(x,t) \quad (9\text{-}22)$$

约束条件为

$$\begin{cases} \eta_{sr}(x,t) > 0 \\ 0 \leqslant I(t) \leqslant I_{\max} \\ Q = \int_0^{t_f} I(t)\mathrm{d}t \\ T(t) \leqslant T_{\max} \end{cases} \quad (9\text{-}23)$$

式中，I_{opt} 为最优电流；I 为充电电流；$\eta_{sr}(x,t)$ 为电势不均衡表征量，当它小于 0 时表示负极产生副反应，因此优化过程需要保证它不小于 0；$T_{\max}$ 为最大温升；$\Phi_s(x,t)$ 为电极电势；$\Phi_e(x,t)$ 为电解液电势；U_{sr} 为固相颗粒表面电动势。

常用于求解上述问题的方法有庞特里亚金极大值原理、控制向量参数化算法、非线性模型预测控制技术等。以非线性模型预测控制技术为例，求解流程的步骤如下：首先是获得系统状态，然后利用系统模型和当前状态计算一个符合约束的最优输入量，使得预期成本函数最小，随后执行最优输入并进入下一个采样周期，反复循环上述步骤直至结束。

图 9-15 所示为基于电化学模型的充电方法与两种常见的 CC 充电策略（以 1C 恒流充电的策略、以优化倍率恒流充电的策略）的电流密度、电压及充入能量曲线。其中，所采用的优化倍率是指使动力电池 1h 内充电到达上截止电压的充电电流倍率。从图 9-15 可见，基于电化学模型充电方法采用非线性衰减趋势的电流密度在 1h 内充入超过 6000kJ 的能量，相比之下，以优化倍率恒流充电的策略仅充入了 5000kJ 的能量，而以 1C 恒流充电的策略因提前到达上截止电压而率先终止充电，仅充入 3000kJ 的能量。由此可见，基于电化学模型的充电方法具有更好的充电性能。

9.3.3 应用算例

本节以基于等效电路 - 温度模型的充电方法和多阶段恒产热率策略为例，详细介绍充电策略设计的基本流程与评估过程。

1. 充电策略制定

动力电池的充电性能与其温度密切相关，相关研究表明，将动力电池充电阶段的总产热平均化可以有效降低动力电池温升，因此恒定产热率的充电策略受到了广泛的关注。单阶恒定产热率策略是最简单的恒定产热率充电策略，但实际充电中往往需要尽可能增大充电电流来缩短充电时长，仅使用单阶的恒定产热率策略容易使端电压快速达到上截止电压，造成充入电量不理想。因此，增加恒定产热率策略的阶数可以解决上述问题。

图 9-16 展示了三阶恒定产热率充电策略的电流、电压及产热率曲线图。三阶恒定产热率的充电策略使用三阶逐级递减的恒定产热率对动力电池进行充电，第一阶段产热率对应的充电电流较大，当端电压到达上截止电压时，跳转至下一个较小的产热率阶段，以较小的充电电流继续充电，如此递推直到完成最后一个阶段的恒定产热率充电过程。

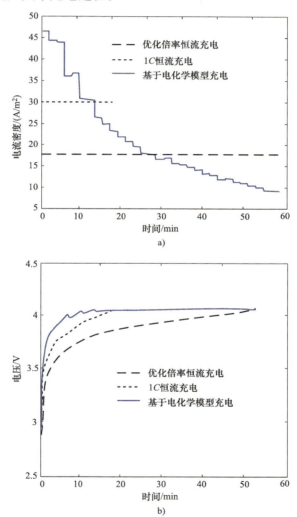

图 9-15　基于电化学模型的充电方法与常见的两种 CC 充电策略
（以 1C 恒流充电的策略、以优化倍率恒流充电的策略）的充电过程
a）电流密度　b）电压

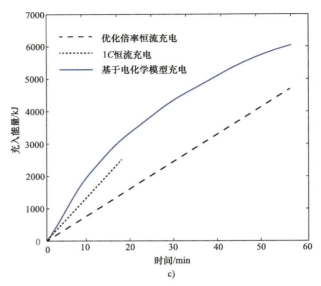

图 9-15 基于电化学模型的充电方法与常见的两种 CC 充电策略
（以 1C 恒流充电的策略、以优化倍率恒流充电的策略）的充电过程（续）
c）充入能量

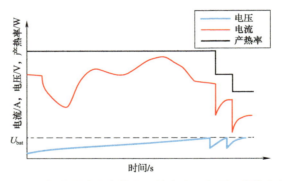

图 9-16 三阶恒产热率充电策略下的电流、电压、产热率曲线图

2. 数学模型建立

为了确定三阶段恒定产热率充电策略中每一阶段的产热率值，需要建立充电时间、温升以及充入电量的代价函数：

$$F(i_L) = \frac{(1-\beta)t(i_L)}{a} + \frac{\beta T_c(i_L)}{b} \quad (9\text{-}24)$$

式中，β 为充电时间和温升的目标权重系数；t 为充电时长；a 和 b 为等式的归一化处理系数；T_c 为温升，T_c 的表达式为

$$T_c = \max(T_k) - T_{initial} \qquad (9\text{-}25)$$

式中，T_k 由式（9-18）求得，$T_{initial}$ 为动力电池初始温度。

在优化的过程中，为了确保动力电池的安全，需要引入以下约束条件：

$$\begin{cases} 0 \leqslant x \leqslant I_{c,max}, x \in \boldsymbol{i}_L \\ 3V \leqslant U_t \leqslant 4.2V \\ T_c \leqslant T_{max} \\ |SOC_f - SOC^*| < \varepsilon_c \end{cases} \qquad (9\text{-}26)$$

式中，SOC_f 为最终充入电量；SOC^* 为充电目标 SOC；T_{max} 为动力电池温度上限；$I_{c,max}$ 为充电过程的许用最大电流；ε_c 为 SOC_f 和 SOC^* 的容忍误差。

上述优化问题可以采用遗传算法进行求解，实施流程如图 9-17 所示，主要步骤如下：

① 初始化每阶段的产热值，并判断产热值是否逐阶递减。如果是，则通过模型计算充电时间和温升，再计算适应度函数，否则淘汰当前子代。

② 在产生的子代种群中执行选择、变异、交叉运算，实施参数优化。

③ 得出与充电时间和充电温升优化结果相对应的多阶恒定产热值。每一时刻的电流可以通过该时刻的产热、极化电压、极化内阻、欧姆内阻计算获得。

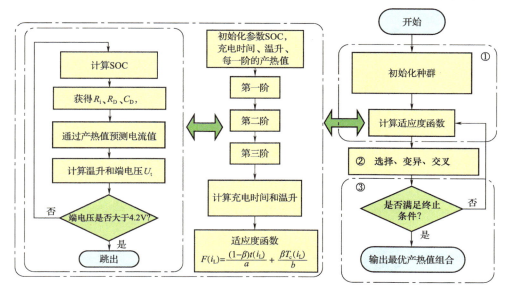

图 9-17 遗传算法优化过程

3. 优化结果分析

下面分别设 SOC_f 为 0.9、ε_c 为 0.05、T_{max} 为 50℃、$I_{c,max}$ 为 2.4A，对动力电池

8- 单体 6 进行分析。

（1）仿真结果

本例取 β 为 0.24，以三阶为例，使用遗传算法优化得到三阶恒产热值分别为 0.36W、0.27W 和 0.19W，得到动力电池的充电曲线如图 9-18 所示。此时动力电池的充电时间为 3563s，温升为 1.07℃。

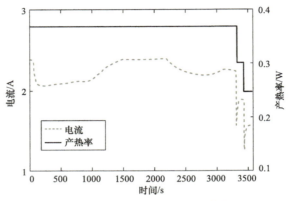

图 9-18　三阶恒定产热值与充电电流

（2）实验验证

为了评价该充电方法相比传统 CCCV 方法的优越性，本例采用图 9-19 所示实验平台在 25℃ 环境进行充电对比实验，结果如图 9-20 和表 9-1 所示。

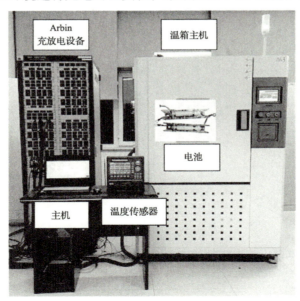

图 9-19　实验平台

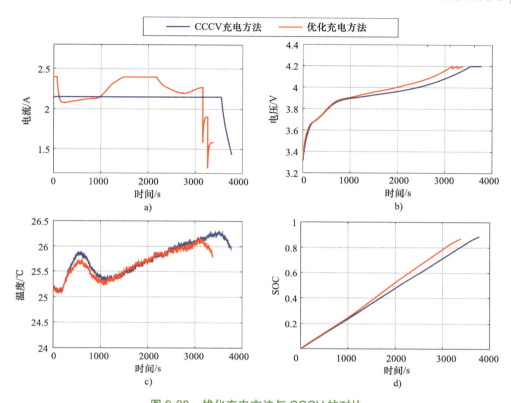

图 9-20 优化充电方法与 CCCV 的对比

a）电流曲线 b）电压曲线 c）温度曲线 d）SOC 曲线

表 9-1 优化充电方法与 CCCV 充电方法的性能表现

充电方法	充入电量 /A·h	时间 /s	温升 /℃
优化充电方法	2.07	3376	1.01
CCCV 充电方法	2.07	3665	1.65

结果表明，相比传统 CCCV 充电方式，基于模型的多阶段恒定产热率充电方法能够缩短 7.89% 的充电时间，并降低 38.8% 的温升，是一种可行的优化充电方式。

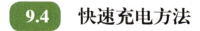

9.4 快速充电方法

快速充电是各类动力电池充电方法的共同目标。实际上，虽然动力电池充电的快慢取决于充电电流的倍率大小，但是快速充电并非仅仅增大动力电池的充电倍率，还要考虑动力电池的耐受能力。传统动力电池体系在大倍率充电工况下会极大地阻碍锂离子的液相传输和固相嵌入及扩散，无法及时嵌入的锂离子在电极表面迅速堆积生长，形成不规则锂枝晶，引发热失控等灾难性事故使得动力电池难以通过大倍率充电电流，近年来，随着材料、结构和工艺技术的革新，晶粒细化、表面碳包覆、晶胞元素掺杂等技术逐渐成熟，动力电池性能取得了一系列突破，锂离子扩散率和电导率有所提高，石墨电极材料的比表面积也得到了有效增加，提高了大倍率充电工况下锂离子的液相传输和固相嵌入及扩散的速率，动力电池逐渐具备了大倍率充电电流的耐受能力。传统动力电池的适用充电倍率一般为 $0.3C\sim1C$，经快速充电改良后的动力电池通常可支持高达 $4C$ 左右的大充电倍率。

除了动力电池的大倍率耐受性能以外，动力电池快速充电还需要合理的快速充电方法。动力电池快速充电方法是指采取消除或降低动力电池极化等措施，在不影响动力电池耐久性和安全性的前提下最大程度发挥动力电池电流接受能力的一类充电策略。与传统充电方法不同的是，动力电池快速充电方法通常设有明确的性能指标（倍率指标或充电时长指标）。我国工信部在《汽车产业技术进步和技术改造投资方向 2010 年》中指出，快速充电的目标是在 $0.5h$ 内将动力电池电量从 0 充电至 80%。

动力电池快速充电方法虽然可以沿用传统动力电池的充电方法体系，但是快速充电在短时间、大倍率等方面的极致要求也同时带来一些新的挑战。例如，传统优化充电中的优化变量、优化边界及约束条件可能不再适用于快速充电的大倍率场合；传统充电方法中的模型主要关注 $1C$ 以下的小充电倍率，而快速充电方法中的模型需要具备 $1C$ 以上的大倍率适用性。

随着快速充电条件的日渐成熟，动力电池快速充电方法也衍生出了更多形式。例如，美国宾夕法尼亚州立大学王朝阳院士团队提出一种打破传统温度管理认知的速热快充电方法，如图 9-21 所示。该方法通过快速地将动力电池预热至 $60℃$ 高温再进行充电，加快动力电池内部的传输过程，提高反应速率，避免析锂，且每次处于 $60℃$ 高温的极速充电时间仅持续约 $10min$，避免了高温对动力电池材料造成的老化影响。研究表明，采用速热快充方法的动力电池在经历 2500 个极速充电循环后仍然保持 91.7% 的可用容量。

美国能源部阿贡国家实验室研究团队提出一种使用光辅助的锰酸锂动力电池快速充电方法，如图 9-22 所示。该方法利用氙灯经 IR 滤光片（避免产生额外热）后发出的光线照射阴极材料，促使阴极 $LiMn_2O_4$ 在充电时吸收光束的光子，形成电子 - 空穴对，提高锂离子的阴极喷射速率。研究表明，该方法在不影响动力电池性能和循环寿命的情况下可缩短一半以上的充电时间。

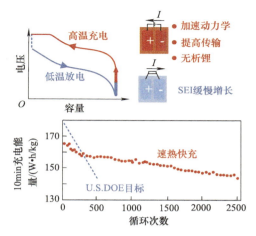

图 9-21 美国宾夕法尼亚州立大学王朝阳院士团队的速热快充技术效果

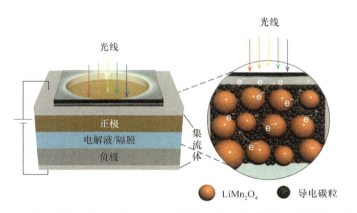

图 9-22 美国能源部阿贡国家实验室研究团队的光辅助快速充电技术示意图

目前,我国新能源汽车快速充电领域正在迅速发展。截至 2020 年 12 月,我国新能源汽车公共类充电桩约有 80.7 万台,其中,支持快速充电的充电桩约有 30.9 万台,占比超过 30%。在应用方面,国内外汽车厂商正积极推出大量支持快速充电的乘用车型和商用车型,表 9-2 展示了快速充电在新能源乘用车上的部分应用情况。从表中数据可见,当前国内外乘用车上搭载的快速充电技术已经达到了良好应用效果,但与燃油车的加油时间相比仍然存在很大差距,快速充电技术仍然是新能源汽车产业中的重要发展方向。

表 9-2　快速充电在新能源乘用车上的部分应用情况（按生产厂商首字母排序）

品牌	车型	电池类型	续驶里程 /km	能量 /kW·h	充电功率 /kW	充电时间
奥迪	e-tron	三元锂	470	95	150	40min/0—80%
宝马	ix3	三元锂	500	80	100	45min/0—80%
保时捷	Taycan	三元锂	489	93.4	270	22.5min/5%—80%
北汽新能源	EU7	三元锂	451	—	—	30min/30%—80%
奔驰	EQC	三元锂	415	80	110	40min/10%—80%
比亚迪	汉	刀片电池	605	76.9	—	25min/30%—80%
东风日产	轩逸纯电	三元锂	338	38	50	45min/0—80%
吉利新能源	EV500	三元锂	500	62	60	30min/30%—80%
江淮新能源	iEVS4	三元锂	470	66	—	40min/30%—80%
上汽荣威	ERX5	三元锂	320	48.3	50	40min/0—80%
特斯拉汽车	Model 3	三元锂	605	80.5	250	15min/279km
蔚来汽车	es8	三元锂	415	70	180	48min/0—80%
小鹏汽车	P7	三元锂	586	70.8	—	28min/30%—80%

9.5　本章小结

　　本章介绍了动力电池优化充电的常用方法及其原理：动力电池的恒流和恒压充电方法是现代多数动力电池的基础充电方法；恒流和恒压充电方法可以衍生出恒流恒压充电、多阶恒流充电、电流脉冲充电、电压脉冲充电等方法；交流充电方法是一类采用连续周期性交变电流作为充电激励源的动力电池充电方法，主要以正弦波充电方法为代表，其幅值与频率可以灵活变化；基于模型的优化充电方法主要讲述基于等效电路模型和基于电化学模型的充电方法，具有良好的应用前景，在动力电池内外特性方面提供了更深、更广的把控度；优化充电方法是近年来重点发展的一类充电方法，在新能源商业车和乘用车上逐渐推广和普及。本章还重点介绍了基于模型的多阶段恒定产热率优化充电方法案例，详细描述了策略设计的基本流程与评估过程，通过与传统恒流恒压充电方法的对比分析，表明该方法能够有效降低充电时间和充电温升，实现良好的充电性能。

第 10 章

算法开发、评估与测试

前期使用高性能计算平台开发的动力电池管理算法在商业化应用前，需要经历大量的测试才能达到商用要求。采用实车测试来评估和优化管理算法耗费的时间和成本太高，且可能存在安全隐患。因此，将算法下载至真实的 BMS，模拟实车环境并依据相关标准和指标进行评价变得至关重要，有助于设计人员及时发现和解决理论推导中忽略的一些实际问题并有效实施算法的调试和优化。传统的算法开发和评价方法不仅耗费大量的时间和人力物力成本，而且受限于安全性问题，难以对一些实际被控对象进行全面、系统的评价。而基于快速原型仿真和硬件在环测试的 "V" 开发流程，能够高效、准确、及时地发现算法中存在的一些问题并做出评价，提高了算法的开发效率。本章主要围绕实车应用需求，结合实例对系统设计与仿真辅助软件开发、快速原型仿真评价方法、硬件在环算法评价方法以及实车实验评价方法进行详细阐述。

10.1　算法开发流程

10.1.1　算法开发的一般流程

算法由初期设计到实际使用，需要经历规范的开发流程。经典的 BMS 算法开发流程如图 10-1 所示，设计人员首先需要根据目标控制器需求，提出具体的可量化性能指标，然后进行系统控制策略的设计和数值仿真，再分别进行控制器的软硬件设计和系统集成，最后完成 BMS 的台架实验以及实车验证。

经典 BMS 算法开发方法主要存在如下三个问题：

① 人工编程效率低。在软件设计阶段采用人工编程，代码的可靠性无法得到保证；另外，人工编程和调试将会耗费大量时间，拖延项目进度。

② 控制策略评价不及时。在尚未确定控制策略的特性及效果的前提下，直接进行控制器软件程序编写与硬件电路设计，在测试环节若发现控制策略不满足需求，则开发人员需重新设计软硬件。

③ 软硬件问题难以区分。控制器的软件部分与硬件部分均依赖于台架实验验证，对于某些设计缺陷，难以判断问题的根源，因此会降低开发效率。

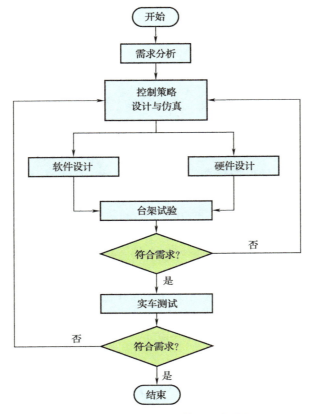

图 10-1　经典的 BMS 算法开发流程

10.1.2　基于模型的"V"开发流程

相较于经典开发流程，"V"开发流程有利于尽早发现当前算法存在的错误与不足，缩短开发周期，节省成本。图 10-2 所示为 BMS 核心算法基于模型的"V"开发流程，该流程中引入了半实物仿真，其最大的特点就是在系统仿真回路之中直接引入了部分物理实物，使得仿真结果更接近实际值。

半实物仿真常分为快速原型仿真与硬件在环仿真。相比数值仿真，半实物仿真不仅能检验设计算法的实时性，而且还能显著提高仿真过程的准确性和真实性。在产品开发过程中，由于具有很高的置信度，半实物仿真实验能减少实车路试的次数，缩短开发时间，降低开发成本与风险。目前，半实物仿真实验已经成为 BMS、电机控制器和整车控制器三大新能源汽车核心技术开发流程中非常重要的一环。

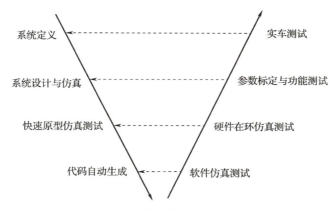

图 10-2　BMS 核心算法基于模型的"V"开发流程

"V"开发流程作为目前主流的汽车嵌入式系统开发方式，其主要分为如下几部分：

（1）系统定义

系统定义具体实施步骤如图 10-3 所示，其具体可分为三步：问题定义、可行性分析和需求分析。问题定义的意义在于发现需要解决的问题并制定相应的问题描述书；可行性分析则根据目前行业发展现状，分析问题描述书中的问题是否合理以及是否具有足够的价值，并制定可行性报告；基于上述两步工作以及国家标准、行业规范等相关信息，需求分析致力于确定系统所需实现的功能，同时明确各项功能的可量化性能指标，并制定需求说明书。

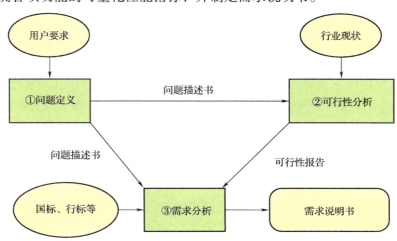

图 10-3　系统定义具体实施步骤

（2）系统设计与仿真

根据管理系统需求，运用相关理论完成核心算法、控制策略的综合设计，并将整个系统在计算机软件环境下实现，即实现虚拟控制器、虚拟被控对象与虚拟控制环境的建模与仿真，对系统指标、误差等进行早期快速评估。

（3）快速原型仿真测试

快速控制原型（Rapid Control Prototype，RCP）采用虚拟控制器结合实际被控对象完成控制系统仿真测试。通过将计算机软件环境下搭建的控制模型下载至标准的快速原型仿真平台，即可模拟实际控制器对实际被控对象的实时控制，以检验系统控制策略的各项功能。快速原型仿真测试的优势在于无须进行硬件设计、底层代码编写等复杂、耗时的工作，使设计人员能专注于控制算法的优化设计。

（4）代码自动生成

基于规范建立模型，完成标准模板的参数配置后，自动生成可应用于实际控制器的代码。目前，代码自动生成技术已成为嵌入式系统快速开发的一项关键技术。

（5）软件仿真测试

软件在环（Software in the Loop，SIL）仿真测试用于检验自动生成的代码与设计算法的一致性。利用大量数据进行软件仿真测试，有利于尽早发现生成代码的漏洞。软件仿真测试与"V"开发流程中第二步的仿真过程均需用户在计算机软件环境下完成虚拟控制器、虚拟被控对象以及虚拟系统环境的搭建，实现闭环仿真，完成控制系统的测试评价。两者的区别在于，后者的虚拟控制器基于传统意义上的数学模型进行仿真，而前者基于生成的高级语言代码进行仿真，更接近于实际使用。

（6）硬件在环仿真测试

硬件在环（Hardware in the Loop，HIL）仿真测试是在仿真回路中引入真实控制器代替原有虚拟控制器，使系统仿真更贴近真实应用环境的实验手段。传统意义上的硬件在环仿真测试的被控对象是虚拟的，但鉴于动力电池系统输入输出参数的易获取性，一般可以直接将实际的动力电池或动力电池组作为被控对象。由于硬件在环仿真系统具有实时性强、错误易修正、开发周期短和效率高等优点，已经广泛应用于汽车及其零部件的开发。

（7）参数标定和功能测试

在完成硬件在环测试后，将调试完成的控制器连接至真实被控对象并置于真实环境中进行系统台架实验。此时应充分测试多种工况、多种环境温度、湿度以及多种振动模式下系统各功能的稳定性、可靠性和安全性等性能。基于功能测试的最终结果，完成系统各个参数的标定和设计完善。

（8）实车测试

实车测试即将包含核心算法的嵌入式系统集成至实车，基于系统定义中制定的需求说明书，测试控制系统的各项功能，判断各项功能的可量化性能指标是否达标，直至最终完成整个"V"设计流程。

10.2 系统设计与仿真辅助软件

系统设计与仿真辅助软件不仅可以有效缩短核心算法和控制策略的综合设计开发周期、简化开发流程，而且能够为用户提供方便灵活的参数调试窗口并将结果进行可视化呈现。本节介绍一款由 AESA 课题组应用 Qt 框架开发的 BMS 核心算法辅助开发软件。Qt 是一个跨平台的 C++ 图像用户界面应用程序框架，为应用程序开发者提供建立图形界面所需的所有功能，具有以下特点：

① 支持手机、计算机、平板电脑等不同终端跨平台应用。
② 接口简单，容易上手，对开发人员要求较低。
③ 一定程度上简化了内存回收机制，可进行嵌入式开发。

10.2.1 软件总体框架

动力电池系统设计与仿真辅助软件应至少具备以下功能：
① 数据处理。
② 模型优选和评估。
③ 状态估计算法优选和评估。
④ 结果可视化输出。

同时，为了能够对数据进行高效快速的处理，软件开发还应该遵循如下原则：
① 软件需采用用户易于接受的图像界面，保证界面的便捷性和可操作性。
② 软件应具备良好的可扩展性，以适应不断扩展的电池管理算法模块。
③ 计算和执行效率高，可实现数据的高效实时处理。
④ 运行可靠稳定，无卡顿、死机、计算结果异常等现象。

基于上述软件开发的设计目标和原则，系统设计与仿真辅助软件的总体框架如图 10-4 所示。

10.2.2 软件功能

根据软件的不同功能，将系统设计与仿真辅助软件划分为数据导入导出、算法参数配置、图像结果绘制、数据结果显示和图像属性设置五个模块，软件运行主界面及各模块分布情况如图10-5所示。

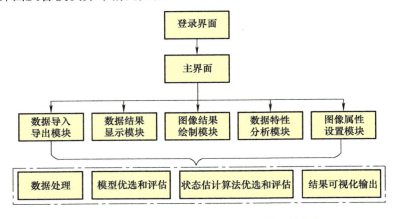

图 10-4　系统设计与仿真辅助软件的总体框架

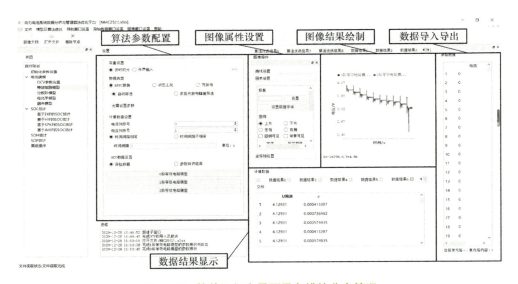

图 10-5　软件运行主界面及各模块分布情况

各模块具体功能如下：

① 数据导入导出：电池特性分析以测试数据为支撑，因此数据导入导出模块为软件的基础模块。本软件为兼容不同动力电池测试设备导出的数据文件，设计了 mat、txt、xls 等多种导入文件类型选项，同时可将处理完毕的数据导出为 txt、二进制文件等类型文件，支持批量处理功能。

② 算法参数配置：传统动力电池管理系统核心算法开发需要人工编写大量复杂的代码，易于出错且不便于调试修改。该软件内置了多种常见的动力电池

模型和管理算法，用户可基于可视化操作界面对相关算法和模型参数进行快速配置，并参考计算结果进行快速调试优化。

③ 图像结果绘制：软件计算结果将通过图像结果绘制模块进行可视化展现，如图10-6所示。通过工具栏按钮可以对图表进行缩放和保存操作，用户也可在图表上选择任意区域进行放大。

④ 图像属性设置：图像属性设置模块如图10-6左侧所示。用户可通过图像属性设置模块自定义图像的各种属性，包括曲线线型、坐标轴单位、图表标题、是否隐藏、字体、颜色和大小等，同时还可以设置图边距、动画效果，从而获得定制化的分析图表。设置完成后便可导出图像。

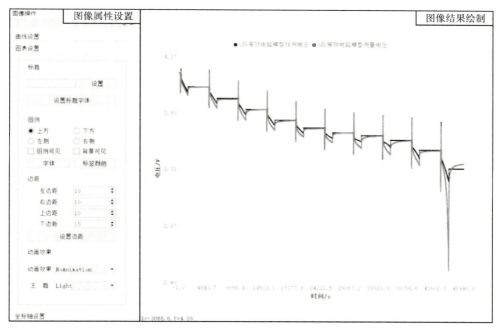

图 10-6　软件的图像结果绘制和图像属性设置

⑤ 数据结果显示：如图10-5所示，数据结果显示模块用于展现软件运行过程中产生的计算结果，以方便用户定量分析算法和参数配置结果。所有数据均支持一键导出存储。

基于上述开发的模块，实现了动力电池数据处理、模型优选和评估、状态估计算法优化和图形输出等功能。软件模型库集成了大量的动力电池等效电路模型、分数阶模型和电化学机理模型，依据输入的动力电池不同SOC、温度和老化区间上的充放电响应数据选取合适的模型，并评价模型的全区间性能，在不满足精度的情况下可采用融合思路建立融合模型。

10.2.3 算例分析

（1）基本数据处理

选定额定容量为 2A·h 的 NMC 三元锂离子动力电池，其充放电截止电压分别为 4.10V 和 3.00V。提取该动力电池单体静态容量和 10℃ HPPC 实验数据，利用软件进行离线参数辨识。图 10-7 所示为软件输出的 0 阶、1 阶和 2 阶等效电路模型开路电压辨识结果对比图。为定量评价各阶等效电路模型的辨识精度，软件自动计算并输出了各阶模型预测电压的最大误差和 RMSE 误差，见表 10-1。

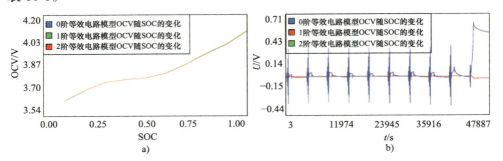

图 10-7 软件输出的 0 阶、1 阶和 2 阶等效电路模型开路电压辨识结果对比图

a) OCV 辨识结果对比　b) 预测电压误差对比

表 10-1　0 阶、1 阶和 2 阶等效电路模型电压预测误差结果对比

RC 网络数	最大误差 /mV	RMSE 误差 /mV
$n=0$	46.8519	146.754
$n=1$	21.2436	6.83223
$n=2$	21.0972	6.16677

由图 10-7 可见，各阶等效电路模型的开路电压辨识结果比较接近，SOC 为 30%~60% 之间时 OCV 变化相对较为缓慢，SOC 大于 60% 或小于 30% 时 OCV 变化则较为明显。同时从电压预测误差计算结果可见，0 阶等效电路模型预测精度最差，1 阶和 2 阶等效电路模型预测精度相差不大，但 1 阶等效电路模型相较于 2 阶等效电路模型能够有效降低运算量，因此针对该款电芯选用 1 阶等效电路模型开展算法开发即可。通过以上算例可以发现，利用系统设计与仿真辅助软件能够有效缩减开发人员数据处理、模型分析的时间，大幅提升算法开发效率，为算法和策略开发决策提供更为直观的理论参考。

（2）模型优选和评估

选定额定容量为 2A·h 的 NMC 三元锂离子动力电池，为实现模型优选，以动态工况下每 1%SOC 间隔的模型均方根误差为评价指标，分别求取各个模型

10℃、25℃下的模型均方根误差，如图 10-8 所示。

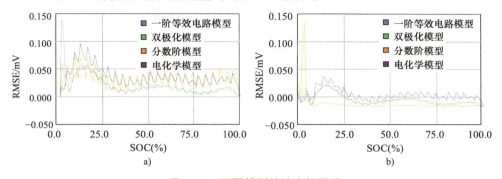

图 10-8 不同模型的均方根误差

a）10℃下各模型的误差 b）25℃下各模型的误差

从图 10-8 中可以看出，分数阶模型在常温下具有较高的精度，在低温下精度降低，介于同温下的等效电路模型和电化学模型之间。电化学模型精度较为稳定，受温度影响较小。在低 SOC 区间，特别是 5%SOC 区间附近电化学模型仍能够保持一定的精度，而其他模型在低 SOC 区间内精度大幅下降，因此电化学模型更适合动力电池低 SOC 区间建模。

（3）SOC 估计算法性能评估

选定额定容量为 50A·h 的 NMC 三元锂离子动力电池，其充放电截止电压分别为 4.2V 和 2.8V。对不同状态估计算法在各温度下的性能进行评估，如图 10-9 所示。

图 10-9 各算法的估计误差

a）10℃下各算法的估计误差 b）25℃下各算法的估计误差

从图 10-9 中可以看出，四种 SOC 估计算法在不同温度下均能够实现较好的估计精度，且具备良好的收敛性能，但在低 SOC 区间和高 SOC 区间 SOC 误差有较大差异。

10.3 快速原型仿真测试

RCP 技术的主要思想是在虚拟环境中进行产品设计,以达到缩短产品开发周期、降低开发费用的目的。在系统开发的初期阶段,快速建立控制器模型,并对整个系统进行多次离线和在线的测试来检验控制策略的可行性。

早期的 RCP 系统,绝大多数以 DSP 和 PowerPC 等微处理器为核心构建,是某些公司根据自己的应用需求开发的专用系统,技术先进但价格昂贵,这类 RCP 系统中应用最广的是德国的 dSPACE。后来,MathWorks、NI 等公司推出了基于 PC 的 RCP 系统。目前,我国也开发了类似的系统,比如北京九州华海科技的 RapidECU、郑州微纳科技的 cSPACE,价格更为低廉。算法快速原型仿真测试示例基于 xPC Target 实时仿真系统进行。相比其他仿真系统,在相同仿真精度的条件下,xPC Target 具有价格低廉、计算效率高的优势,已成为广受汽车设计企业、高校研究机构认可的高性能快速原型仿真测试平台。

10.3.1 系统构成

1. 动力电池快速原型仿真系统的一般构成

动力电池快速原型仿真系统的一般构成如图 10-10 所示,主要由上位机、控制器原型和实际被控对象组成。上位机和控制器原型之间基于 TCP/IP 协议进行通信。上位机作为编程和监测的主体,可通过图形化编程软件,如 MATLAB/Simulink、LabVIEW 等开发控制策略、自定义显示参数,实现对前期程序的有效编写和调试。

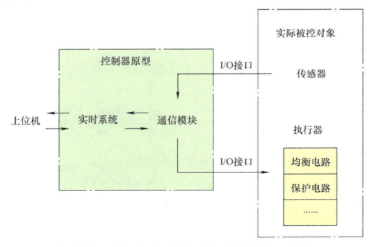

图 10-10 动力电池快速原型仿真系统的一般构成

控制器原型包含实时系统模块和通信模块。其中，实时系统模块作为控制策略的载体，可运行复杂、实时性较高的控制程序。结合通信模块传递的动力电池参数，实时系统模块可完成对动力电池隐含状态量的实时估算并发送控制命令，通过通信模块完成对执行器的间接控制，并将动力电池状态信息发送给上位机。通信模块可连接不同的板卡，将传感器采集的动力电池系统电压、电流、温度等参数发送给实时系统，同时将实时系统模块的控制命令发送给执行器。

实际被控对象一般分为两类：第一类是传感器，主要包括电压传感器、电流传感器以及温度传感器等；另一类为执行器，动力电池系统中常见执行器包括保护电路、均衡电路等。

2. 基于 xPC Target 的快速原型仿真系统

该系统包含软、硬件两部分，如图 10-11 所示，其中硬件部分包括仿真计算机、高速数据采集设备、测试所需动力电池、电子负载仪以及相应的 I/O 接口，软件部分包括操作系统、仿真软件、仿真模型等。依据 xPC Target "双机模式"的特点，采用宿主机完成 Simulink 模型开发以及 C 代码的编译，目标机则作为实际代码的执行器。

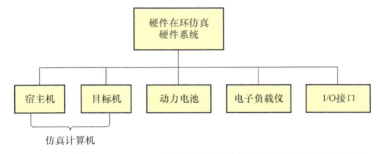

图 10-11　基于 xPC Target 的快速原型仿真实验平台硬件系统组成

电子负载仪类似 Arbin 等电池充放电设备，基于目标机发出的指令对所测试的动力电池进行充放电操作，以模拟指定的运行工况。同时，电子负载仪能够实时测量动力电池的端电压、电流值，并将参数上传至目标机。本章所用电子负载仪如图 10-12 所示，其主要性能参数见表 10-2。

图 10-13 所示为基于 xPC Target 的快速原型仿真系统结构示意图，其中宿主机提供仿真软件的开发环境，目标机运行由宿主机生成的代码，驱动电子负载仪对动力电池进行充放电。

图 10-12　电子负载仪

表 10-2　电子负载仪性能参数

指标	参数	附加说明
额定功率	15kW	—
充放电直流电流	0A~±100A	—
直流电压工作范围	5~50V（总电压）	分 5~16V、18~50V 两个量程
电流控制精度	4%	30~100A
	1.3%	0~30A
响应时间	< 5ms	—

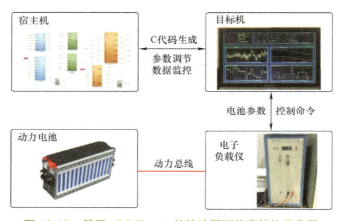

图 10-13　基于 xPC Target 的快速原型仿真结构示意图

10.3.2　算法集成

基于 xPC Target 的算法快速原型仿真测试与评价的核心步骤是在宿主机的开发环境下搭建算法的 Simulink 模型，主要分为动力电池系统核心算法仿真模型和 CAN 总线通信模型两部分。

CAN 总线通信模型主要是为了实现目标机与电子负载仪间的信息交换，包括目标机对电子负载仪的控制命令和电子负载仪采集的电流电压等电池参数。CAN 总线通信模型示例如图 10-14 所示。

动力电池系统核心算法仿真模型即所需评价的算法，它基于电子负载仪实时反馈电流电压信息，实现动力电池模型在线参数辨识和实时状态估计。通过对比估计值与参考值，完成算法的测试与评价。当误差较大时，可直接在 MATLAB/Simulink 中对算法进行调整与优化。MHIF 估计方法部分仿真模型如图 10-15 所示。

第 10 章
算法开发、评估与测试

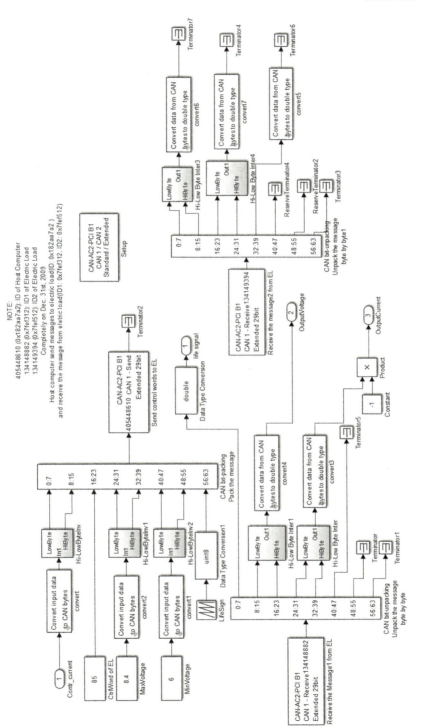

图 10-14 CAN 总线通信模型示例

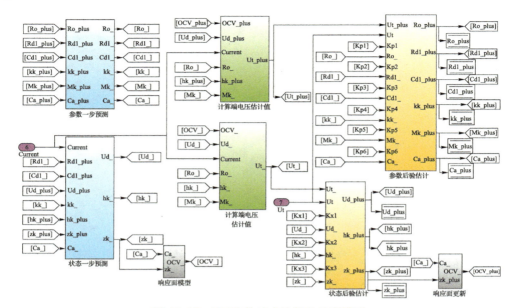

图 10-15 MHIF 估计方法部分仿真模型

动力电池系统核心算法仿真模型和 CAN 总线通信模型搭建完成后，需采用自动代码生成技术将 Simulink 模型转化为源代码。与基于模型的 "V" 开发流程中的代码自动生成不同，该源代码基于虚拟控制器，一般通过系统目标文件 xpctarget.tlc 生成。

10.3.3 算例分析

下面分别对动力电池静态最大可用容量已知与可用容量未知两种情况进行算例分析。

（1）基于动力电池静态容量已知的 SOC 估计

基于上述锂离子动力电池状态估计快速原型仿真测试平台，完成基于 MHIF 的 SOC 估计算法的评价。这里的 MHIF 应用于动力电池系统时，将动力电池可用容量视为已知静态量。由于电子负载仪直流侧最小工作电压为 5V，大于 NMC 电池单体的工作电压，故需要选取两节性能基本一致的 NMC 电池串联作为被控物理对象。在串联动力电池组充满电（100%SOC，室温）的情况下，目标机通过电子负载仪给该动力电池组加载标准 DST 工况，同时目标机基于动力电池系统核心算法仿真模型完成动力电池状态与参数的在线估计，从而评价算法的精确性与鲁棒性。

图 10-16 所示为目标机显示界面，图 10-17 所示为端电压与 SOC 估计结果（串联动力电池组）。结果表明，动力电池端电压误差基本稳定在 50mV 以内，

SOC 估计结果也能逐渐收敛，误差稳定在 3% 以内，基本符合实际使用需求，证明了该算法实际应用的可行性。

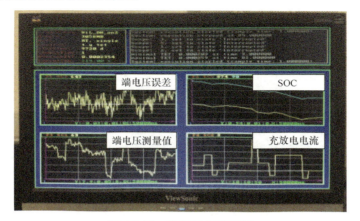

图 10-16　目标机显示界面

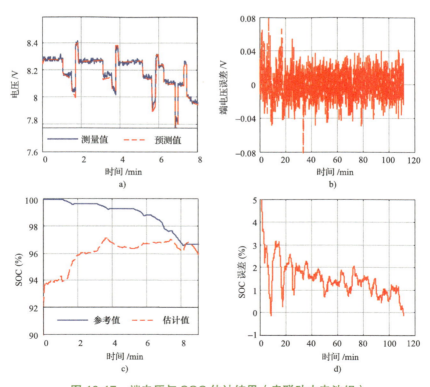

图 10-17　端电压与 SOC 估计结果（串联动力电池组）
a）端电压预测值与测量值对比（局部）　b）端电压预测误差
c）SOC 估计值与参考值对比（局部）　d）SOC 估计误差

（2）动力电池 SOC 与实时动态容量的协同估计

基于上述动力电池快速原型仿真实验平台，对动力电池 3- 单体 1、单体 2 动力电池在室温 [（22±3）℃] 条件下进行工况实验，对基于 MHIF 的动力电池 SOC 和可用容量在线估计算法进行评价。这里的 MHIF 应用于动力电池系统时，将动力电池可用容量视为未知量。两节动力电池室温下的静态可用容量分别为 31.54A·h、31.40A·h。动力电池 SOC 与可用容量估计快速原型仿真实验曲线如图 10-18 所示。

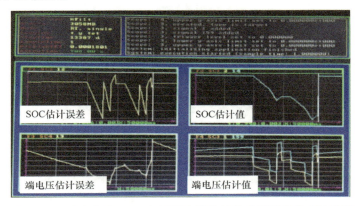

图 10-18　动力电池 SOC 与可用容量估计快速原型仿真实验曲线

设置初始 SOC 为 80%，初始容量为 30A·h，进行 300min 工况实验。SOC 与可用容量估计结果如图 10-19 所示。图 10-20 所示为端电压测量值、估计值及其估计误差。

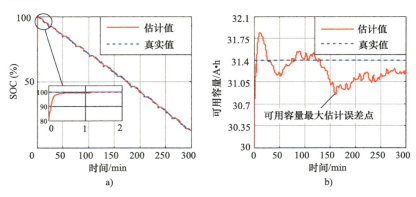

图 10-19　SOC 与可用容量估计结果
a）SOC 估计值和真实值对比　b）可用容量估计值和真实值对比

图 10-19a 中，仿真实验 SOC 估计值可快速收敛至真实值，最大 SOC 估计误差为 0.38%。图 10-19b 中，可用容量估计值同样具有优异的收敛特

性，整体估计误差在 2% 以内。第 9750s 出现最大估计误差，此时估计容量为 30.87A·h，估计误差为 1.78%。图 10-20 中，端电压的估计误差在 50mV 以内。综合上述实验结果，基于 MHIF 的估计方法是可行有效的，且该方法在初值不准确的条件下仍能快速收敛，证明该估计方法具有一定的鲁棒性。

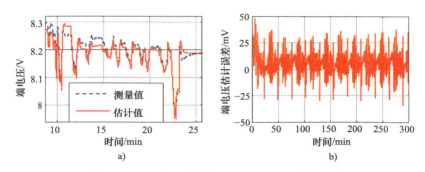

图 10-20 端电压测量值、估计值及其估计误差

a）端电压测量值和估计值对比（局部） b）端电压估计误差

可见，动力电池动态容量实时在线估计可以提高动力电池 SOC 估计精度，即动力电池 SOC 与 SOH 协同估计可以获得更好的应用效果。

10.4 硬件在环算法测试

硬件在环仿真结合了物理仿真与数值仿真，在仿真过程中将计算机与实际系统的一部分相连，在计算机中建立数学模型，对其中不便于实验或不存在的部分进行仿真。这种仿真模式利用了计算机建模的优势，具有建模简单、成本低、参数修改方便和使用灵活等特点。对于系统中难以建立数学模型的部分，则将实际系统或物理模型接入，这样可以保证系统整体运行，实现对整个系统的仿真。硬件在环仿真具有较高的真实性，所以一般用于评价控制系统方案的可行性与正确性，也可以对产品进行故障模式仿真、对控制系统进行闭环实验的动态仿真等。硬件在环仿真条件与实际情况更加接近，在产品的调试与测试过程中，更能准确、客观地反映出产品的性能。

一般来说，真实的控制系统与真实的被控对象的联合测试（即台架实验、实车实验）能最有效地评价控制策略的性能。但对于某些成本较高、存在一定危险的被控对象，在台架、实车实验之前采用虚拟的被控对象，能够实现降低开发成本、保证开发过程的安全性等目的。

10.4.1 系统构成

硬件在环算法测试平台如图 10-21 所示。该平台主要由 Arbin BT2000 充放电机、恒温箱、直流电源、上位机、BMS（BCU 和 BMC）以及被测对象构成。由于动力电池参数易于获取，因此该平台可使用实际动力电池单体作为被测对象。

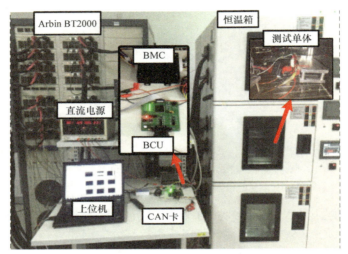

图 10-21　硬件在环算法测试平台

被测单体置于第 2 章所述的恒温箱内，Arbin BT2000 设备通过动力总线对其进行充放电。BMC 采集动力电池单体的电压、温度和电流并通过 CAN 总线发送至 BCU 进行数据处理。所需评价的算法下载至 BCU，通过在线运算将算法结果由 CAN 总线发送给上位机并实时显示。BMC 和 BCU 由直流电源进行供电。

其中，BCU 基于 MPC5644A 芯片进行开发，可实现算法的实时计算、系统通信和故障诊断等功能。该芯片主要特性如下：

① 数字信号处理功能增强的 PowerArchitecture 内核。
② 运行频率高达 150MHz。
③ Flash 内存高达 4MB。
④ 8KB 指令高速缓存提高内存性能。
⑤ 具有三个 FlexCAN 通信控制器模块，可根据 CAN2.0B 协议规范进行 CAN 通信，支持高达 64 位数据缓冲区。
⑥ 静态随机存取内存高达 192KB。

基于 LTC6804-1 芯片开发的 BMC 如图 10-22 所示，主要特性如下：

① 12 路电压采集通道，室温下采集误差可控制在 ±2mV 以内。
② 12 路温度采集通道，温度采集误差在 ±1℃以内。
③ 采样周期为 100ms。
④ 具有一路 CAN 通信端口、两路 SCI 通信端口。
⑤ 4 位编码器可实现对 BMC 硬件层面的 ID 编码。
⑥ 可选用外部电源或动力电池组供电。
⑦ 实现被动均衡以及常见故障诊断功能。

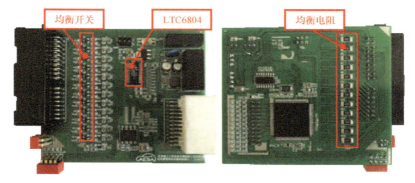

图 10-22　基于 LTC6804-1 芯片开发的 BMC

10.4.2　算法集成

本节算法集成采用自动代码生成技术。代码自动生成是通过开发软件将算法模型语言（控制策略模型）转换为高级语言（C 语言等）代码的过程。该过程只需事先进行代码转换配置，即可实现代码的自动转换。实际上，快速原型仿真过程也应用了自动代码生成方法，但是其生成的代码仅适用于特定的虚拟控制器，而本节自动生成的代码则能直接应用于实际控制器。

相比传统的人工编程，代码自动生成技术主要有以下三方面优势：

① 将开发人员从繁琐的编程任务中解放出来，开发人员不需要熟练掌握高级语言代码编程技术，只需专注于控制策略的制定，从而可降低对开发人员的要求。

② 节省了以往人工编写代码的时间，极大地提高了开发效率，缩短了核心算法开发周期。

③ 代码自动生成技术能大大降低代码生成过程的错误率，保证代码质量的同时，提高开发效率。

采用 RTW 自动生成代码的一般流程如图 10-23 所示，首先通过 RTW 编译命令将 Simulink 模型编译为 rtw 文件，然后通过目标语言编译器（Target Language Compiler，TLC）将 rtw 文件转换为一系列的 C 文件、h 文件等，生成模型的源代码。生成的源代码有两种应用方式，一种是使用 Simulink 提供的模板自动生成 Makefile 来编译链接生成的源代码从而得到目标文件；另一种则是将生成的源代码加入到目标芯片所使用的集成开发环境（Integrated Development Environment，IDE）的工程项目之中，通过该 IDE 编译链接，同样能得到目标文件。最后，将目标文件通过仿真器或调试器下载到目标硬件之中。

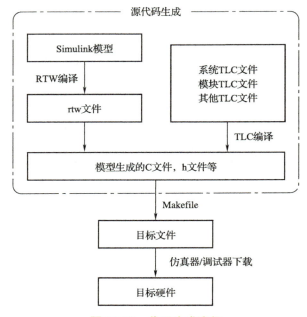

图 10-23　代码生成流程

在由 Simulink 模型自动生成代码时，至少需要进行如下基本设置：

① 配置模型求解器。由于 RTW 只能从固定步长的模型生成代码，需将求解器配置为固定步长。针对目标芯片定制的代码生成过程中，步长应等于实际控制器的程序运行周期。由于本节算法计算周期为 1s，因此设置固定步长为 1，如图 10-24 所示。对于不同的算法和控制器，可相应地设置不同的求解器和步长。

② 硬件实现设置。如图 10-25 所示，配置代码对应的硬件厂商和型号，设置代码变量所占硬件的内存空间大小等。

③ 系统目标文件设置。如图 10-26 所示，在"code generation"选项卡下配置代码生成过程的系统目标文件。ert.tlc 文件是 Embedded Coder 提供的能够生成专门用于嵌入式系统 C 代码的系统目标文件。

最终自动生成算法源代码，根据控制器底层程序框架进行适当修改和嵌入，实现自动生成代码的运行。

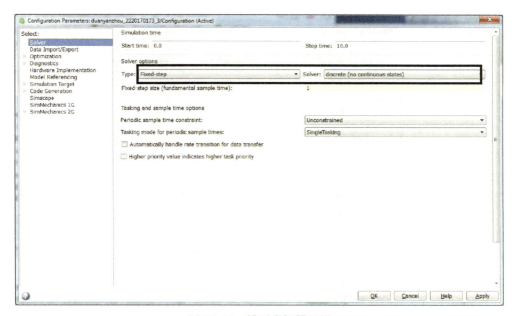

图 10-24　模型求解器设置

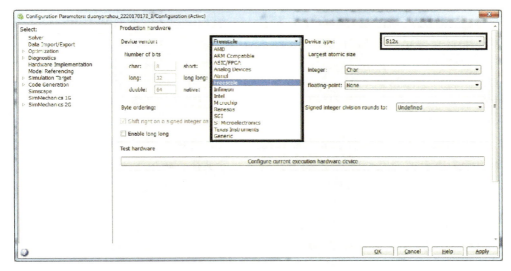

图 10-25　硬件实现设置

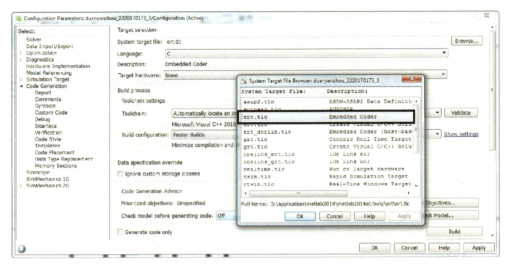

图 10-26　系统目标文件设置

10.4.3　测试评价

1. 动力电池模型与 SOC/SOH 估计评价

该示例测试对象为动力电池 9-单体 1~单体 3，实验分为 UDDS-NEDC-CTCDC 混合工况动力电池单体算法实验和动力电池单体算法收敛能力测试实验。UDDS-NEDC-CTCDC 混合工况单体算法实验由 UDDS、NEDC 和 CTCDC 工况块组成，进行 MHIF 算法测试，这里将算法中的动力电池可用容量视为未知量。将未进行老化循环的单体均置于 25℃温箱中。实验前对动力电池单体进行标准容量测试，最后阶段采用 CCCV 方式充满电并静置 1h。设置算法 SOC 初始误差为 70%，容量初始误差为 2%，开启基于上述混合工况的算法测试实验，以动力电池达到下截止电压作为实验终止条件。实验结束后，统计算法输出的 SOC 估计结果、容量估计结果，并以对应状态下安时积分法的结果作为参考值计算相应的误差。

动力电池单体算法收敛能力测试用于评价算法在不确定 SOC 初值条件下的收敛能力。将动力电池静置于 25℃温箱中，分别在三种情况下进行评价：

① SOC 参考初值为 100%，算法初值为 70%。

② SOC 参考初值为 80%，算法初值为 50%。

③ SOC 参考初值为 60%，算法初值为 30%。

算法评价结果如图 10-27 所示。由图 10-27a 和图 10-27b 可知，基于 MHIF 算法的 SOC 动态估计误差绝对值小于 1%，动力电池容量和端电压动态估计相对误差小于 0.5%。

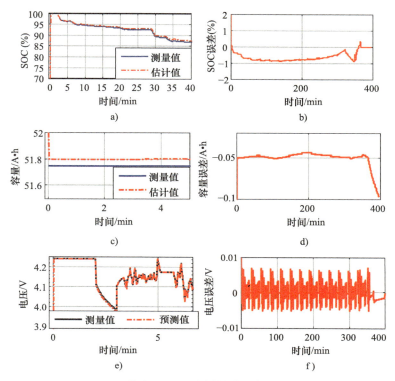

图 10-27　MHIF 算法 SOC、容量估计和电压预测结果与误差

a）SOC 测量值和估计值对比（局部）　b）SOC 估计误差　c）容量测量值和估计值对比（局部）
d）容量估计误差　e）电压预测值和测量值对比（局部）　f）电压预测误差

MHIF 收敛时间结果如图 10-28 所示。可见，在动力电池 SOC 初值分别为 100%、80% 和 60% 且算法初值分别为 70%、50% 和 30% 时，基于 MHIF 算法的动力电池 SOC 估计收敛时间均小于 60 个采样周期。

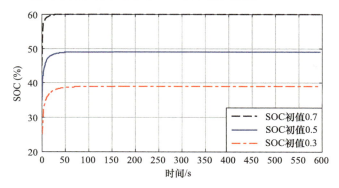

图 10-28　MHIF 算法不同 SOC 初值收敛结果

2. 动力电池剩余寿命预测算法评价

本示例基于实际 BMS 控制器,通过上位机实时发送真实的电池实验数据至控制器进行运算,实现对不同电流倍率和温度下的动力电池 RUL 预测算法的评价分析。基于部分历史数据的经验预测法(采用线性模型)的动力电池 RUL 预测硬件在环评价结果如图 10-29 所示,其中拟合过程所用的历史数据长度为 100。图中同时展示了基于 MATLAB 仿真的计算结果。评价结果显示,基于 BMS 实际控制器的结果与 MATLAB 仿真结果一致,两者动力电池 RUL 估计误差小于 2 次循环。

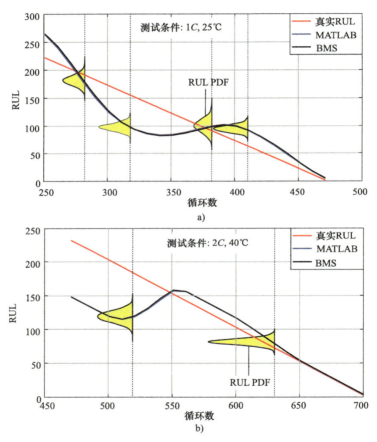

图 10-29 基于移动窗口法的 RUL 预测硬件在环评价结果

a)1C, 25℃ b)2C, 40℃

10.5 实车实验验证

实车实验是指将经过仿真平台评价后的 BMS 核心算法，应用于真实的新能源汽车，对该车所有可能的实际运行工况进行充分的测试，从而评价所设计的核心算法的稳定性和可靠性等，并根据测试结果进行相应的调试，最终使得 BMS 及其核心算法满足需求说明书中的所有要求。实车实验为基于模型的"V"开发流程中的最后一步，也是汽车产品投入市场前的关键一步。一般来说，实车实验又可以分为转鼓实验台测试和实际道路测试两个阶段。

10.5.1 转鼓实验台测试

在 BMS 核心算法应用评价过程中，为了充分测试实车 BMS 中的核心算法在多种典型行驶工况中的估计效果，可以在转鼓实验台上进行一系列实验，开发动力电池管理算法的测试现场如图 10-30 所示。转鼓测试过程可以在专门的环境仓中进行，通过将实验过程中的环境温度保持在一定的范围，使得开发测试人员能在不同环境温度下对 BMS 核心算法与相关控制策略进行应用评价。此外，与实际道路测试不同，转鼓实验台测试可以对被测电池系统进行满充满放，从而标定实车电池系统的真实容量和电量，获取算法测试的参考值。实车实验的各项实验数据均基于车载传感器获取，但考虑到车载传感器的精度比专业采集设备的精度低，因此实验前通常需先对车载传感器精度进行校准和验证。

图 10-30 动力电池管理算法的测试现场

10.5.2 实际道路测试

车辆在实际道路运行时，行驶工况受到道路情况、交通状况、环境气候等多种因素的影响，随机性比实验室测试环境下更大，对电池管理系统核心算法的可靠性和鲁棒性提出了更大的挑战。因此，有必要对实车路况下 BMS 核心算法的各项性能做进一步的实际道路评价。在通过实际道路测试和调校后，算法完成全部的评价流程，方可投入实际使用。

以商用车实际道路测试为例，如图 10-31 所示。在实际道路测试前，应通过 BMS 应用层的预留接口完成待验证算法的集成，生成可执行代码并下载至车载 BMS 完成算法代码更新。

图 10-31　商用车实际道路测试

a）算法代码下载更新　b）实际道路测试实时监测

某商用车实际道路测试结果如图 10-32 所示。车辆实际道路工况运行前首先进行了满充标定以确定 SOC 参考值的初始值。经过指定道路工况运行后，车载电池系统 SOC 下降约 20%，全部测试过程中 BMS 运行可靠未出现算法发散或误差异常增大现象，车载嵌入式系统满足计算需求，未出现数值溢出、停机复位等现象，且测试过程中 SOC 最大估计误差小于 0.4%，算法可靠性得到了验证。

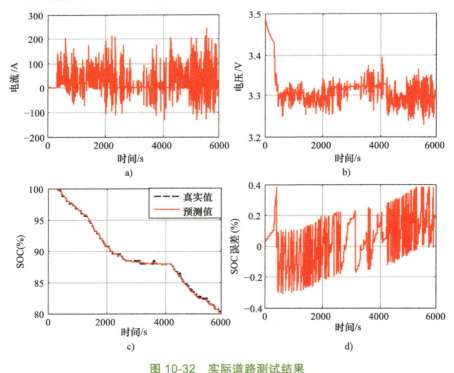

图 10-32　实际道路测试结果

a）工况电流　b）特征单体电压　c）SOC 估计结果　d）SOC 估计误差

10.6 本章小结

本章首先对比了传统算法开发流程和基于模型的"V"开发流程，接着以基于 xPC Target 的快速原型仿真系统为例，详细描述了该系统的搭建与应用方法，并给出了基于可用容量已知和 SOC 与动态容量协同估计的两种算法示例。结果表明，基于实时动态容量在线估计的 SOC 与 SOH 协同估计可以获得更好的估计效果。随后，本章描述了系统设计与仿真辅助软件的开发和使用流程，并介绍了硬件在环仿真测试平台的一般构成和测试与评价的具体步骤，基于实际动力电池管理控制器搭建了相关的硬件在环仿真测试平台。基于该测试平台进一步验证了 MHIF 在实际 BMS 中的应用效果，结果显示，SOC 动态估计误差绝对值小于 1%。硬件在环台架试验表明了动力电池 RUL 预测误差小于 2 个循环，算法具有优异的应用前景。最后，本章简要介绍了实车实验验证方法，证实了算法实车应用的可行性。

第 11 章

新一代动力电池管理系统展望

目前车载 BMS 虽然能够实现基本的状态估计、热管理、均衡管理等功能，但受限于车载芯片的计算和存储能力，单一的车载 BMS 难以满足复杂算法的需求，制约了动力电池系统整体效能的提升。随着大数据和人工智能算法的兴起，基于车-云协同架构的新一代 BMS 有望突破传统车载 BMS 的瓶颈。本章针对车-云协同架构进行了详细阐述，并对新一代 BMS 核心技术进行了简要介绍。

11.1 新一代动力电池管理系统概述

欧洲"EVERLASTING"项目发表的《未来 BMS》白皮书阐述了未来 BMS 的需求，除自加热、数据安全和云计算技术以外，还包括篡改防护、BMS 虚拟化和 BMS 第二生命模式等。

当前车载 BMS 的计算能力和存储空间有限，且单车信息难以全面反映电池多维特性，导致依赖数据驱动的高精度电池管理算法无法应用。新一代 BMS 将引入云计算技术，结合物联网技术使车载 BMS 与云端系统协同工作。借助车-云协同架构，新一代 BMS 能够利用更先进的算法对数据进行更高精度的计算，从而实施更精细化的管理，提高整车性能。

由于动力电池具有复杂的非线性特性，外表征量耦合了多维影响因素，传统的 BMS 主要通过采集电压、电流和温度等参数来监测电池状态，维度单一，难以全面反映电池内部状态变化。随着传感器技术的发展，新一代 BMS 将搭载更加先进的传感器，从更多维度获取电池物理化学信息，如利用超声波传感器检测电池内部产气，利用压力传感器检测电池鼓包，利用内嵌式传感器直接获取电池内部参数等。而数据维度的扩张对传统车载 BMS 的算力和存储空间提出了新的挑战，但也为车-云协同架构下数据驱动的先进算法开发提供了机遇。

在动力电池热管理方面，新一代 BMS 将实现热场全域监控、低温快速加热、常温热均衡、高温可靠散热与起火热阻隔等全方位精细化立体热管理，如利用先进模型和算法精确计算动力电池单体内部温度或利用内嵌式传感器直接获取电池内部温度、压力等信息,引进新型材料抑制热失控和阻隔热蔓延等。未来 BMS 热管理系统将基于动力电池状态估计结果,借助车 - 云协同架构,制定更加精细化的控制策略,使动力电池始终工作在最优的温度区间。

在精细化热管理的基础上,为进一步延长动力电池的使用寿命,提升系统的整体性能,BMS 将由传统的被动管理向主动管理升级。新一代 BMS 将充分考虑动力电池的工作特性,通过对动力电池温度和功率的主动调控,充分发挥动力电池的性能潜力,实现高效的充放电管理,进而提升电动汽车的续驶里程与安全性。

在动力电池全寿命周期管理方面,传统 BMS 通常仅从容量和内阻角度进行寿命评估,而新一代 BMS 在车 - 云协同架构的基础上不仅可以从不同领域交叉建模,使寿命的观测视角和失效阈值拓展至多个维度,还可将结果反馈至车载 BMS,进一步优化车载控制策略。随着对动力电池梯次利用需求的不断加大,全寿命周期管理技术将会成为新一代 BMS 核心技术之一,使 BMS 真正做到"物尽其用"。

然而,车 - 云协同架构下的 BMS 也将面临数据安全问题。区块链作为一种先进的信息管理技术,在电池的全生命周期管理和退役电池梯次利用方面将发挥巨大作用。新一代 BMS 将成为区块链网络中的一个节点,借助去中心化和去信任的分布式数据库系统,参与各种数据交易,有效提升数据安全性,保护用户合法权益,推动新能源汽车的进一步发展。

结合大数据、物联网、云计算、人工智能和区块链等新兴技术,动力电池数字孪生将有望解决目前动力电池研究的瓶颈。数字孪生可以实现电池实体和虚拟模型的双向动态映射和控制,实时更新充电策略、均衡管理策略、热管理策略等,以应对复杂工况和用户个性化需求。数字孪生还可以指导动力电池的生产设计、装配和梯次利用等,实现动力电池全寿命周期的数字化和可视化。

11.2 车 - 云协同架构

传统车载 BMS 基于嵌入式系统开发,受限于成本和体积约束,存在如下问题:

① 计算能力有限,无法从单体层面实现精准状态估计和精细化管理。

② 存储空间不足,无法存储全寿命周期的电池信息,因此难以基于历史信息实现电池的多维诊断。

③ 多车信息互相隔离,无法利用大数据分析技术实现快速故障隔离从而提升单车安全性。

随着信息技术的发展，云计算逐渐被应用到电动汽车 BMS 中。基于云计算的车-云协同架构能够有效提升传统 BMS 的整体性能，其优势主要表现在以下几方面：

① 更高的精确度。云端的并行计算能力和海量的存储空间可以实现多模型和多算法融合，进一步提升计算精度。

② 更高的安全性。基于多车大数据可以更准确地开展故障诊断的集成分析，从而实现故障的提前预警，提升单车的安全性。

③ 更智能化的算法。智能算法通常需要耗费大量的计算资源，在传统 BMS 的嵌入式系统中难以实现。基于云计算平台，BMS 的优化性能将得到大幅提升。

④ 更精细化的管理。通过对单车历史数据和多车交通信息进行分析，能够基于驾驶人行为制定精细化、个性化的管理策略，有效减少不良用车习惯对动力电池系统造成的损害。

基于车-云协同架构的新一代 BMS 如图 11-1 所示，其由终端层、网络层、平台层、应用层组成。

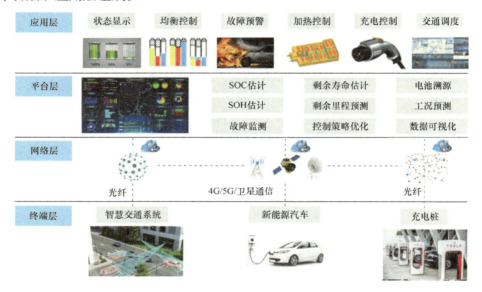

图 11-1　基于车-云协同架构的新一代 BMS

（1）终端层

终端层负责数据采集、初步处理、加密、传输、命令执行等多种功能，是车-云协同架构的信息源和应用载体。在车-云协同架构中，终端层主要包含智慧交通系统、新能源汽车以及充电桩。通常终端层设备应至少具备外围感知接口、中央处理模块和外部通信模块三部分。其中，智慧交通系统通过运动检测相机、激光雷达扫描仪、红外传感器、气象探测器和声音探测器等不同功能的传感设备实时探测当前道路交通信息；新能源汽车基于车载嵌入式系统采集动力电池温度、电流、电压以及电机和整车关键参数；充电桩则记录车辆充电状态、充电频率以及不同充电网点的功率负荷等信息。各终端设备获取多源信息并预处理后，基于高速光纤、5G 网络、WiFi 等通信方式，经由网络层将数据传至平台层。

（2）网络层

网络层是终端层和平台层连接的桥梁，能够实现数据的汇总、加工和传输。网络层通过制定专用的能够满足协同异构网络通信需求的网络架构和协议模型整合终端层的数据，将整合后的原始信息通过网络传送至平台层，并由服务器进行分析处理并存储。网络层对车 - 云协同架构的可靠运行具有决定性作用，因此网络层应具备良好的安全性和可靠性，应保证数据在传输过程中不被破坏、篡改和丢弃，同时应具备良好的时间同步性，确保多源数据在时间维度上的一致性。

（3）平台层

平台层基于云端分布式系统实现数据的存储、处理和分析等，是车 - 云协同架构的核心，也是新一代 BMS 的"大脑"。一方面，平台层接收网络层传递的多源数据并实时存储，为动力电池溯源和梯次利用提供数据支撑；另一方面，基于大数据处理技术对数据清洗整理后，可实现云端动力电池状态估计、老化状态识别、剩余寿命预测等功能，同时利用人工智能算法联合智慧交通系统、不同工况条件车辆以及充电桩的多源信息，有望大幅提升动力电池故障诊断和工况预测的准确性，并针对不同动力电池系统进行定制化的控制策略优化。

（4）应用层

应用层接收平台层分析处理后下发的动力电池状态信息和控制指令，从而基于终端层设备搭载的执行模块实现状态显示、均衡控制、故障预警、加热控制、充电控制以及交通调度等功能。应用层和终端层、网络层、平台层共同构成了车 - 云协同架构的数据闭环，实现了对动力电池全寿命周期的高效可靠管理。

11.3 新一代动力电池管理系统核心技术

11.3.1 先进传感器技术

动力电池的复杂非线性特性以及内部参数难以直接获取的特点导致仅基于

电压、电流、温度传感器难以全面监测电池状态。随着先进传感器技术的发展，新一代 BMS 将搭载超声波传感器、压力传感器和电池内嵌式传感器等传感器，为管理系统提供更多维的数据信息。

（1）超声波传感器

超声波传感器是将超声波信号转换成其他能量信号（通常是电信号）的传感器。超声波是指振动频率高于 20kHz 的机械波，它具有频率高、波长短、绕射现象小、方向性好、能够成为射线而定向传播等特点，可以在气体、液体及固体中以不同的传播速度传播。利用超声波的折射、反射现象和传播过程中的衰减特性，配合不同的外部电路，可制成各类超声测量仪器。超声检测作为新兴的无损检测手段，具有成本低、体积小、不受电磁干扰无污染等特点，其在生物医学、无损探伤等领域得到广泛应用。

压电式超声波传感器是目前常用的超声波传感器。该传感器由两个压电晶片和一个共振板组成，利用逆压电效应的原理将高频的电振动转化为压电晶片的高频机械振动，从而产生超声波；作为超声波接收器时，其利用正压电效应的原理，将超声波作用到压电晶片上引起晶片伸缩，在晶片的两个表面上产生极性相反的电荷，将机械能转换为电信号。

动力电池在充放电过程中，各种粒子在电池正负极之间的移动以及电池内部结构的变化、不良副反应引起的产气，都会影响超声波的传递，超声无损检测为动力电池实时监测提供了新思路，主要可应用于：

① 检测动力电池内部产气。有多种因素会导致动力电池内部产气，如过充电、低温充电、大倍率充电、微短路等，但是通常动力电池每次产气过程只有微量气体产出，传统 BMS 难以通过电压、电流等外部表征参数进行监测。而超声波对气体十分敏感，即使穿过极少量的气体物质也会产生极大幅度的衰减，通过反馈信号的衰减程度可以判别动力电池内部是否产气。

② 动力电池 SOC 估计。石墨负极在锂离子的脱嵌过程中层状间隙的填充状态不断改变，力学性能也在随时变化，这将影响声阻抗的大小。利用超声波对气体的敏感性来检测石墨负极片层间隙的填充状态，能够推导出接收到的超声波强度与电池 SOC 的映射关系，从而获取电池的 SOC。

然而，目前超声波传感器在 BMS 中应用仍存在一定的局限性，比如为避免外部气体对超声波传感器的影响，对传感器和样品表面的贴合度有很高的要求，难以适用于圆柱形电池。不过相信随着技术的进一步发展，超声波传感器将为锂离子动力电池的析锂检测、"跳水"预警、寿命预测等领域带来革命性的突破。

（2）压力传感器

压力传感器通常包含压敏元件和信号处理单元，能够将压力信号转换为电信号。压力传感器的种类繁多，如压阻式压力传感器、陶瓷压力传感器、压电式压力传感器和扩散硅压力传感器。压力传感器在检测动力电池体积变化、故障预警等方面具有巨大的潜力，具体如下：

① 动力电池鼓包检测。产气鼓包不但影响动力电池的使用寿命，甚至会导致动力电池热失控，进而引起爆炸、火灾等安全事故，但早期的鼓包现象通过电压、电流信息难以识别。而压力传感器对电池鼓包的力学变化极为敏感，将压力传感器贴附在动力电池表面，即可通过分析动力电池力学维度的变化对动力电池鼓包进行及时预警。

② 应力检测。锂离子在脱出和嵌入正负电极时，会导致电极材料发生膨胀和收缩变形，在动力电池内部产生应力。压力传感器可通过测量电池形变得到内部应力大小，基于热-力耦合模型提升对内部应变和产热进行量化和评估的能力，有助于新一代 BMS 的热管理和安全管理。

（3）内嵌式传感器

内嵌式传感器可在动力电池制造过程中将传感器嵌入电池内部，从而直接获取部分电池内部参数。动力电池具有特殊的电化学反应和内部结构，因此内嵌式传感器需具备高机械强度、抗电磁辐射、耐腐蚀和低侵入性等特点。但内嵌式传感器不可避免地会对动力电池性能产生影响，为尽量减小影响的程度，内嵌式传感器还需满足以下三个关键要求：①嵌入式传感器对电极间离子流动影响小；②嵌入式传感器不能与电解液发生反应或溶解于电解液中；③与动力电池的装配工艺兼容。

常见的内嵌式传感器有光纤传感器和薄膜式热电偶传感器。

① 光纤传感器。光纤传感器具有体积小、机械强度高、抗电磁辐射、耐高温、耐腐蚀、寿命长、支持多点测量等优点。该类传感器将被测物理量的变化转变为调制光信号，为实时检测动力电池多点内部温度和应变提供了一种可行、无创的解决方案。通过调整传感器纤维形态和波长，能够监测电池充放电过程中的化学变化，如 SEI 膜的形成和结构演化等，为动力电池副反应分析和界面生长动力学研究提供了数据支撑。

② 薄膜式热电偶传感器。热电偶是一种感温元件，通过将温度信号转换成电动势信号进行信息传递，再利用电气仪表转换成被测介质温度。相较于传统温度传感器，薄膜式热电偶传感器体积小、重量轻，可以将其直接嵌入动力电池内部实现多点温度监测。

11.3.2 动力电池系统精细化热管理技术

新能源汽车的日益普及无疑对动力电池系统的环境适应性提出了更高的要求，面对全气候应用场景，动力电池系统精细化热管理应同时满足热场全域监控、低温快速加热、常温热均衡、高温可靠散热与起火热阻隔等多种功能的需求，见表 11-1。

表 11-1 不同场景下对动力电池系统热管理的要求

场景	要求	目的
低温环境	加热保温、较高导热系数	提高温度，提升当前可用电量
常温环境	适当散热、较高导热系数	控制温度均一性，避免温差过大导致局部老化严重
高温环境	加速散热、高导热系数	避免温度过高导致电池老化过快
热失控	阻隔散热、低导热系数	避免电池热蔓延引发的连锁效应

为满足新一代动力电池热管理系统的设计需求，计算机、材料与热学等学科领域涌现出大量新技术。针对电池系统热场全域监控问题，单一依赖外部温度传感器难以获取电池内部温度分布情况。新一代 BMS 基于动力电池单体热模型和滤波算法能够精确计算动力电池单体内部温度，从而结合外部热场信息构建电池系统全域热模型。针对电池热失控情况下的热阻隔问题，水凝胶（如聚丙烯酸钠）和纳米多孔气凝胶等新型材料有望应用于新一代动力电池冷却系统。在动力电池外表面发生损伤破裂时，水凝胶能够侵入电池有效抑制热失控，而纳米多孔气凝胶则可凭借导热系数小的优势有效阻隔热蔓延。针对动力电池全寿命周期应用问题，考虑电池老化不一致性的电池系统精细化热管理也将成为未来关注的重点。各电池单体因制造工艺差异或热场不均等因素导致的老化不一致问题，会加剧热场不均效应，进一步加剧电池老化不一致性。新一代 BMS 应结合电池 SOX 估计与热管理系统进行协同控制，基于车-云架构诊断电池老化并监控热场变化，及时调整电池热管理系统控温策略，从而最大程度减少热不一致性对电池系统使用寿命造成的影响。

11.3.3 电池主动管理技术

目前车载 BMS 多采用主从分布式架构，从控系统实现数据采集和通信功能，主控系统依据总线上传的单体信息获取系统故障状态、电量状态、老化状态，并向执行机构下达控制指令。这种被动管理方式忽视了动力电池的工作特性，无法保证电池始终工作在合适的条件下，不利于动力电池使用寿命和整体效能的最大化。动力电池主动管理是一种以多状态准确估计为核心，通过对动力电池温度和功率主动调控，实现电池安全、长寿命、高效充放电的管理方法。

以基于目标功率的主动管理方法为例，其流程如图 11-2 所示。首先开展离线实验测试不同温度、不同 SOC 点下的持续峰值功率，获取功率-温度-SOC

曲面；然后基于高精度荷电状态估计算法、健康状态估计算法和内部温度估计算法，实现对 SOC、SOH 及内部温度的准确估计。在需求功率已知的前提下，利用功率 - 温度 -SOC 曲面预测电池的目标内部温度，最后基于当前的温度状态判断电池是否应进行加热或冷却。

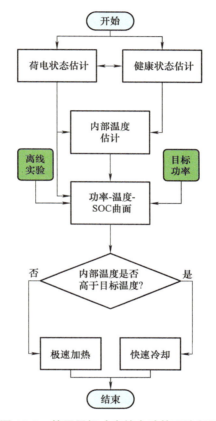

图 11-2　基于目标功率的主动管理流程图

11.3.4　全寿命周期管理技术

在车 - 云架构下，动力电池的寿命可以有更广泛的定义。传统的车用动力电池寿命通常是指当前状态衰减到寿命终结点所需要经历的循环周期数，其中，以最大可用容量退化到某一失效阈值（一般为出厂最大可用容量的 80%）为寿命终结点，而车 - 云架构下的寿命定义可以从以下三个方面得到推广：

① 寿命观测视角的多维化。因为大规模的动力电池历史数据和强劲的运算

能力可以支持电学、热学、机械、材料等领域的交叉建模，增加动力电池全生命周期演变的可观测视角，扫除老化认识的盲区。

② 失效阈值制定的多样化。除了增加失效阈值的评价维度，还允许从"某一失效阈值"转变到"个性化失效阈值"，因为车-云架构可以根据车辆的应用场合与驾驶习惯个性化制定合理的失效阈值，甚至可以结合整个新能源网络的需求优化设计各类用电设备之间的多级梯次利用方案，从宏观层面提高动力电池的能量利用率，做到"物尽其用"。

③ 寿命评价指标的多元化。车-云架构支持存储时间、行驶里程、累计能量吞吐量等多元化历史数据，这些数据都可以考虑用作寿命的量化指标。

在车-云架构下，动力电池的寿命预测不再止步于"预测"。传统的动力电池寿命预测主要致力于实时评估当前状态与寿命终结点之间的距离，以供筛选、维护、更换与梯次利用作为参考，实现类似于传感器的功能。车-云架构允许将"预测"反馈到管理算法之中，使得BMS在每一次充放电决策之前都能充分预判决策在寿命维度的影响，提供了控制动力电池寿命衰退路径的一种途径，而决策后的寿命预测偏差数据又可以反馈校正寿命预测算法，形成寿命管理的良性循环，让寿命预测真正加入到动力电池管理的行列。

11.3.5　区块链技术

区块链本质上是一种去中心化和去信任的分布式共享数据库，每个数据区块按时间顺序组合成链式数据结构，并以密码学和共识机制保证不可篡改和不可伪造。在这个共享数据集的点对点网络中，用户之间可以直接进行信息和数据的传递，不需要中间方的存在，而且，其中的每个交易信息都会被网络上的所有节点维护。如某个用户进行变更，需经过整个网络的验证和审批才可以将变更添加到这个去中心化的账本中，信息变更一旦完成，则不可被任何用户更改。

区块链中的区块是根据密码学技术产生的数据块，按照时间顺序以链式结构连接在一起，数据仅可以区块的形式增加。在周期性的计算过程中，新块的哈希值计算完成后，经打包处理后以广播的形式通知给其他节点。如果该区块在共识算法的约束下通过了全网51%以上节点的验证，便会被添加至区块链数据库。此后，任何记录和篡改都将对该区块无效。通过共识机制，所有节点共同保证数据的稳定性与安全性，这也使得区块链成为通信技术领域中最安全的分布式系统架构之一。智能合约是存储在区块链上能够自动运行的计算机程序，一旦合约的所有条件都得到满足，区块链网络将以规定的方式自动执行合约条款，整个过程不需要第三方的干预。用户可以以智能合约的形式设计代码，进行自动化和高效的信息交易。共识算法和智能合约使机器的信任替代了人与人、人与制度的信任，进而在一定程度上规避了人对数据的作弊行为，保证了数据的安全性和可信性。

区块链技术高度的数据安全性以及去中心化分布式架构使其在大数据背景下的动力电池管理领域拥有广阔的应用前景。车用动力电池的实际容量低于标称容量的 80% 后，便不适合继续在新能源汽车上使用，基于全寿命周期管理对电池进行梯次利用，能够充分发挥电池的价值，节约资源并减少成本。但目前梯次利用暂无一个全面且有效的标准，其推广应用存在诸多难点：

① 电池的状态信息以及历史信息存在被篡改的风险。部分相关人员可能从中牟利，导致已退役的电池仍在市场流通。企业与客户间信息的不对等导致信任度的丧失。

② 电池的状态信息以及历史信息的存储不够全面，可能遗漏诸多重要信息。因此需要建立一个连接动力电池生产线、车载 BMS、充电桩以及梯次利用企业的全寿命周期信息存储和监管平台。

在动力电池的梯次利用过程中利用区块链技术，可以快速获取电池的历史信息，并进行精确的筛选和分组。在此过程中，基于区块链的电池数据存储技术保证了所有节点的地位对等以及数据的一致性，能够有效解决电池在梯次利用过程中历史信息缺乏、可信度低的问题。而且，利用区块链技术可以实现缺陷电池的追本溯源，为用户提供生产、运输和销售等相关数据，为缺陷电池的追溯和召回提供依据。另外，区块链技术可以确保物联网支持下的 BMS 通信和数据安全，保护 BMS 免受恶意网络攻击。在电动汽车的电池更换和充电交易领域，区块链技术还可以凭借着其去中心化和去信任的特征，发挥巨大的优势和潜力，未来也将更好地与人工智能以及动力电池物联网系统相配合，推动新能源汽车进一步向前发展。

11.3.6 数字孪生技术

在大数据、人工智能、物联网和区块链等新兴技术的支撑下，数字孪生成为目前优化产品设计流程、实现产品寿命预测和降低产品整体成本的关键技术之一，现已初步应用于航空航天和智能制造等领域。它在物理实体和虚拟模型之间建立映射关系，利用高保真的虚拟模型、海量的孪生数据、实时的双向动态交互，实现模型仿真、故障诊断和优化控制等功能。数字孪生技术在动力电池全寿命精准状态估计、高效快速充电、精细化热管理、延长使用寿命等方面具有良好的潜力。动力电池数字孪生框架如图 11-3 所示，基于此框架，有望实现动力电池的全寿命周期数据监控、精确寿命预测、动态热管理和均衡管理等功能，使新一代 BMS 更加智能化。

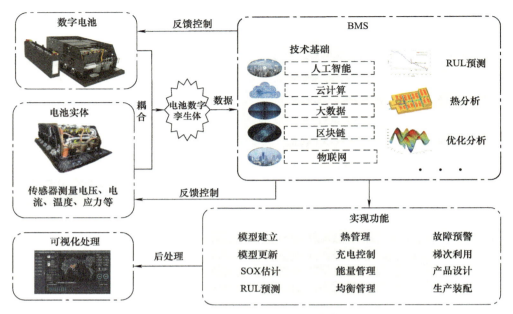

图 11-3 动力电池数字孪生框架

数字孪生从数字化建模到实现智能控制，需要融合大数据、人工智能、物联网、云计算、区块链等新兴技术，最终实现物理实体的全面感知、数字电池的高保真建模、虚拟模型与物理实体之间实时动态的双向交互、高效安全的数据传输以及更加智能化和个性化的功能。引进电池数字孪生体的新一代 BMS 将迎来以下机遇：

① 基于物联网和云计算实现车辆行驶过程中高精度、强鲁棒的在线状态估计。

② 基于全寿命周期运行数据，利用大数据和人工智能算法对老化趋势进行准确预测，包括未知工况的老化演变。

③ 通过对不同运行场景下动力电池系统大数据进行评估，优化系统设计和运行策略，包括充电策略、热管理策略、均衡策略等，最终实现对动力电池进行简单高效的动态控制，最大程度地延长电池寿命，提升系统性能。

④ 利用区块链技术保证数据的安全交易和不可篡改，并实现数字孪生体之间的信息交互。

⑤ 基于人工智能算法实现电池系统故障的检测、定位、溯源、隔离等，建立大规模的综合故障诊断系统，包括电池热故障、电气故障、传感器故障等，实现故障跟踪、故障预警等功能。

⑥ 将动力电池数字孪生体与车辆数字孪生体、道路数字孪生体融合，实现

车-路-云协同发展。

11.4 本章小结

本章首先对新一代BMS做了简要概述,介绍了新一代BMS车-云协同架构,详细描述了终端层、网络层、平台层和应用层的构成,对未来云端BMS进行了展望。围绕新一代BMS核心技术展开,以动力电池系统先进传感器技术、精细化热管理技术、主动管理技术、全寿命周期管理技术、区块链技术和数字孪生技术为例,对相关技术内容及其优势进行了详细的阐述。

参考文献

[1] 中华人民共和国中央人民政府.《中共中央关于制定国民经济和社会发展第十四个五年规划和二〇三五年远景目标的建议》发布（全文）[EB/OL].（2020-11-03）[2021-12-10]. http://www.gov.cn/zhengce/2020-11/03/content_5556991.htm.

[2] 任耀宇. 全固态锂电池研究进展 [J]. 科技导报，2017，35(08): 26-36.

[3] 陈雪丹，陈硕翼，乔志军，等. 超级电容器的应用 [J]. 储能科学与技术，2016，5(06): 800-806.

[4] 牛英凯. 中国电动汽车产业政策演变的分期 [J]. 广西民族大学学报（自然科学版），2015，21(3): 29-34.

[5] 中华人民共和国科学技术部. 国家重点研发计划新能源汽车重点专项实施方案（征求意见稿）[EB/OL].（2015-02-16）[2020-07-23]. http://www.most.gov.cn/tztg/201502/t20150216_118251.htm.

[6] 何洪文，熊瑞. 电动汽车原理与构造 [M]. 北京：机械工业出版社，2018.

[7] 中华人民共和国科学技术部. 科技部关于发布国家重点研发计划新能源汽车等重点专项2018年度项目申报指南的通知 [EB/OL].（2017-09-30）[2020-07-29]. http://www.most.gov.cn/mostinfo/xinxifenlei/fgzc/gfxwj/gfxwj2017/201709/t20170930_135194.htm.

[8] 熊瑞. 基于数据模型融合的电动车辆动力电池组状态估计研究 [D]. 北京：北京理工大学，2014.

[9] 中华人民共和国工业和信息化部. 电动汽车用电池管理系统技术条件：QC/T 897-2011[S]，2011.

[10] 中华人民共和国工业和信息化部. 电动汽车用电池管理系统技术条件：QC/T 897-2011[S]，2011.

[11] The IdA·ho National Laboratory Of U. S. Department Of Energy National. Battery Test Manual For Plug-In Hybrid Electric Vehicles [EB/OL].（2010-12）[2021-11-01]. http://www.inl.gov/technicalpublications/Documents/4655291.pdf.

[12] XIONG R, TIAN J, MU H, et al. A systematic model-based degradation behavior recognition and health monitoring method for lithium-ion batteries[J]. Applied Energy，2017，207:372-383.

[13] JIN X, VORA A, HOSHING V, et al. Physically-based reduced-order capacity loss model for graphite anodes in Li-ion battery cells[J]. Journal of Power Sources，2017，342: 750-761.

[14] FULLER T F, DOYLE M, NEWMAN J. Simulation and Optimisation of the Dual Lithium Ion Insertion Cell[J]. Journal of the Electrochemical Society，1994，141(1): 1.

[15] 李治润. 锂离子动力电池电化学模型建模与老化状态识别研究 [D]. 北京：北京理工大学，2018.

[16] TIAN J, XIONG R, YU Q. Fractional order model based incremental capacity analysis

for degradation state recognition of lithium-ion batteries[J]. IEEE Transactions on Industrial Electronics, 2018, 66(2):1576-1584.

[17] XIONG R, CAO J, YU Q, et al. Critical review on the battery state of charge estimation methods for electric vehicles[J]. IEEE Access, 2018, 6: 1832-1843.

[18] 穆浩. 电动汽车锂离子动力电池荷电状态鲁棒性估计方法研究 [D]. 北京：北京理工大学, 2016.

[19] XIONG R, HE H, SUN F, et al. Evaluation on state of charge estimation of batteries with adaptive extended Kalman filter by experiment approach[J]. IEEE Transactions on Vehicular Technology, 2013, 62(1): 108-117.

[20] ZHANG Y, XIONG R, HE H, et al. A lithium-ion battery pack state of charge and state of energy estimation algorithms using a hardware-in-the-loop validation[J]. IEEE Transactions on Power Electronics, 2017, 32(6): 4421-4431.

[21] 熊瑞, 于全庆, 陈铖, 等. 一种联合估计动力电池系统参数与荷电状态的方法 [P]: 中国, 201610802342.4. 2016-09-05.

[22] YANG R, XIONG R, HE H, et al. A novel method on estimating the degradation and state of charge of lithium-ion batteries used for electrical vehicles[J]. Applied Energy, 2017, 207: 336-345.

[23] MA Z, JIANG J, SHI W, et al. Investigation of path dependence in commercial lithium-ion cells for pure electric bus applications: Aging mechanism identification[J]. Journal of Power Sources, 2015, 274: 29-40.

[24] XIONG R, SUN F, CHEN Z, et al. A data-driven multi-scale extended Kalman filtering based parameter and state estimation approach of lithium-ion olymer battery in electric vehicles[J]. Applied Energy, 2014, 113: 463-476.

[25] 陈铖. 车用锂离子电池容量和荷电状态的多尺度联合估计研究 [D]. 北京：北京理工大学, 2016.

[26] 熊瑞, 陈铖, 杨瑞鑫, 等. 一种联合估计动力电池系统荷电状态与健康状态的方法 [P]: 中国, 201610675853.4. 2016-08-16.

[27] XIONG R, LI L, YU Q, et al. A set membership theory-based parameter and state of charge co-estimation method for all-climate batteries[J]. Journal of Cleaner Production, 2020, 249: 119380.

[28] 吕亮. 基于不一致分析的锂离子动力电池成组优化研究 [D]. 北京：北京理工大学, 2018.

[29] XIONG R, SUN F, GONG X, et al. Adaptive state of charge estimator for lithium-ion cells series battery pack in electric vehicles[J]. Journal of Power Sources, 2013, 242(22):699-713.

[30] SUN F, XIONG R, HE H, et al. Model-based dynamic multi-parameter method for peak power estimation of lithium–ion batteries[J]. Applied Energy, 2012, 96(3):378-386.

[31] HE H, XIONG R, FAN J. Evaluation of lithium-ion battery equivalent circuit models for state of charge estimation by an experimental approach[J]. Energies, 2011, 4(4):582-598.

[32] ROSCHER M A, SAUER D U. Dynamic electric behavior and open-circuit-voltage modeling of LiFePO$_4$-based lithium ion secondary batteries[J]. Journal of Power Sources, 2011, 196(1):331-336.

[33] KIM J, LEE S, CHO B H. Discrimination of Li-ion batteries based on Hamming network using discharging–charging voltage pattern recognition for improved state-of-charge estimation[J]. Journal of Power Sources, 2011, 196(4):2227-2240.

[34] 华旸, 周思达, 何瑢等. 车用锂离子动力电池组均衡管理系统研究进展[J]. 机械工程学报, 2019, 55(20): 73-84.

[35] HE W, WILLIARD N, OSTERMAN M, et al. Prognostics of lithium-ion batteries based on Dempster–Shafer theory and the Bayesian Monte Carlo method[J]. Journal of Power Sources, 2011, 196(23):10314-10321.

[36] ZHANG Y, XIONG R, HE H, et al. Lithium-ion battery remaining useful life prediction with Box-Cox transformation and Monte Carlo simulation[J]. IEEE Transactions on Industrial Electronics, 2019, 66(2):1585-1597.

[37] GU W, SUN Z, WEI X, et al. A new method of accelerated life testing based on the Grey System Theory for a model-based lithium-ion battery life evaluation system[J]. Journal of Power Sources, 2014, 267(3):366-379.

[38] XIAN W, LONG B, LI M, et al. Prognostics of lithium-ion batteries based on the verhulst model, particle swarm optimization and particle filter[J]. IEEE Transactions on Instrumentation & Measurement, 2013, 63(1):2-17.

[39] 邓凡平. 神经网络与深度学习应用实战[M]. 北京: 电子工业出版社, 2018.

[40] ZHANG Y, XIONG R, HE H, et al. Long short-term memory recurrent neural network for remaining useful life prediction of lithium-ion batteries[J]. IEEE Transactions on Vehicular Technology, 2018, 67(7):5695-5705.

[41] MALEKI H, HOWARD J N. Internal short circuit in li-ion cells[J]. Journal of Power Sources, 2009, 191(2): 568-574.

[42] XIONG R, MA S, LI H, et al. Toward a safer cattery management system: a critical review on diagnosis and prognosis of battery short circuit[J]. iScience, 2020, 23(4): 101010.

[43] 于全庆. 电动汽车动力电池多状态联合估计及鲁棒性研究[D]. 北京: 北京理工大学, 2019.

[44] WU C, ZHU C, SUN J, et al. A synthesized diagnosis approach for lithium-ion battery in hybrid electric vehicle[J]. IEEE Transactions on Vehicular Technology, 2017, 66(7): 5595-5603.

[45] 陈泽宇, 熊瑞, 孙逢春. 电动汽车电池安全事故分析与研究现状[J]. 机械工程学报,

2019, 55(24): 93-104.

[46] XIONG R, YANG R, CHEN Z, et al. Online fault diagnosis of external short circuit for Lithium-ion battery pack[J]. IEEE Transactions on Industrial Electronics, 2020, 67(2): 1081-1091.

[47] ZHANG L, CHENG X, MA Y, et al. Effect of short-time external short circuiting on the capacity fading mechanism during long-term cycling of $LiCoO_2$/mesocarbon microbeads battery[J]. Journal of Power Sources, 2016, 318: 154-162.

[48] 熊瑞, 马骕骁, 杨瑞鑫, 等. 动力电池外部短路故障热-力影响与分析 [J]. 机械工程学报, 2019, 55(02): 115-125.

[49] 叶佳娜. 锂电子电池过充电和过放电条件下热失控（失效）特性及机制研究 [D]. 合肥: 中国科学技术大学, 2017.

[50] WANG Y, TIAN J, CHEN Z, et al. Model based insulation fault diagnosis for lithium-ion battery pack in electric vehicles[J]. Measurement, 2019, 131: 443-451.

[51] XIA B, NGUYEN T, YANG J, et al. The improved interleaved voltage measurement method for series connected battery packs[J]. Journal of Power Sources, 2016, 334: 12-22.

[52] XIONG R, YU Q, SHEN W, et al. A sensor fault diagnosis method for a lithium-ion battery pack in electric vehicles[J]. IEEE Transactions on Power Electronics, 2019, 34(10): 9709-9718.

[53] YANG R, XIONG R, HE H, et al. A fractional-order model-based battery external short circuit fault diagnosis approach for all-climate electric vehicles application[J]. Journal of Cleaner Production, 2018, 187: 950-959.

[54] KONG S, SAIF M, CUI G. Estimation and fault diagnosis of lithium-ion batteries: a fractional-order system approach[J]. Mathematical Problems in Engineering, 2018: 1-12.

[55] 雷治国, 张承宁, 林哲炜. 电动车辆锂离子电池组加热系统的研究进展 [J]. 电源技术, 2014, 38(12): 2445-2455.

[56] WANG C, ZHANG G, GE S, et al. Lithium-ion battery structure that self-heats at low temperatures[J]. Nature, 2016, 529:515-519.

[57] ZHU J, SUN Z, WEI X, et al. Experimental investigations of an AC pulse heating method for vehicular high power lithium-ion batteries at subzero temperatures[J]. Journal of Power Sources, 2017, 367:145-57.

[58] 朱建功. 基于电极过程建模的锂离子动力电池低温交流加热理论与方法研究 [D]. 上海: 同济大学, 2017.

[59] GUO S, XIONG R, WANG K, et al. Sun. A novel echelon internal heating strategy of cold batteries for all-climate electric vehicles application[J]. Applied Energy, 2018, 219: 256-263.

[60] WU S, XIONG R, LI H, et al. The state of the art on preheating lithium-ion batteries in

cold weather[J]. Journal of Energy Storage, 2020, 27:101059-101059.

[61] LIN Q, WANG J, XIONG R, et al. Towards a smarter battery management system: A critical review on optimal charging methods of lithium ion batteries[J]. Energy, 2019, 183:220-234.

[62] CHEN L, WU S, CHEN T. Improving battery charging performance by using sinusoidal current charging with the minimum AC impedance frequency[C]// 2010 IEEE International Conference on Sustainable Energy Technologies (ICSET), NYC: ZEEE, 2010:1-4.

[63] YE M, GONG H, XIONG R, et al. Research on the Battery Charging Strategy with Charging and Temperature Rising Control Awareness[J]. IEEE Access, 2018, 6:64193-64201.

[64] YANG X, LIU T, GAO Y, et al. Asymmetric Temperature Modulation for Extreme Fast Charging of Lithium-Ion Batteries[J]. Joule, 2019, 3(12):3002-3019.

[65] LEE A, VRS M, DOSE W, et al. Photo-accelerated fast charging of lithium-ion batteries[J]. Nature Communications, 2019, 10(1):1-7.

[66] 孙海龙, 顾力强, 童晓敏. 纯电动汽车电驱动系统硬件在环仿真试验台架开发 [J]. 传动技术, 2014, 28(4):19-26.

[67] CHIN C S, LUM S H. Rapid modeling and control systems prototyping of a marine robotic vehicle with model uncertainties using xPC Target system[J]. Ocean Engineering, 2011, 38(17):2128-2141.

[68] XIONG R, DUAN Y. Development and Verification of the Equilibrium Strategy for Batteries in Electric Vehicles[J]. Journal of Beijing Institute of Technology, 2018, 27(1):22-28.

[69] 朱野, 王旭永, 陶建峰, 等. 实时控制系统平台 xPC 与 LabVIEW 接口分析及应用 [J]. 上海交通大学学报, 2008, 42(2):266-269.

[70] CIMINO C, NEGRI E, FUMAGALLI L. Review of digital twin applications in manufacturing[J]. Computers in Industry, 2019, 113:103130.

[71] HE Y, GUO J, ZHENG X. From Surveillance to Digital Twin: Challenges and Recent Advances of Signal Processing for Industrial Internet of Things[J]. IEEE Signal Processing Magazine, 2018, 35(5):120-129.

[72] WU B, WIDANAGE W D, YANG S, et al. Battery digital twins: Perspectives on the fusion of models, data and artificial intelligence for smart battery management systems[J]. Energy and AI, 2020, 1:100016.

[73] 汪菲. 基于区块链的去中心化可信数据共享技术研究 [D]. 南京：南京邮电大学, 2020.

[74] 金志刚, 吴若茜, 李根, 等. 基于联盟区块链的电动汽车充电交易模型 [J]. 电网技术, 2019, 43(12): 4362-4370.

[75] 陈慧如, 陈雪, 龚艳峰, 等. 基于条码和区块链技术的新能源汽车缺陷电池召回追溯研究 [J]. 中国自动识别技术, 2019(04): 70-76.